"十四五"高等学校新工科计算机类专业系列教材

高速动车组智能运维信息处理技术与应用

张　春◎主　编
张　宁　熊　轲◎副主编
刘　峰◎主　审

中国铁道出版社有限公司
CHINA RAILWAY PUBLISHING HOUSE CO., LTD.

内 容 简 介

本书是“十四五”高等学校新工科计算机类专业系列教材之一。本书运用 IT 架构理论，从方法、模型、视图、实践等方面，论述我国高速动车组智能运维信息处理的有关内容。

本书以铁路智能信息处理技术为主线，由抽象到具体地论述了高速动车组智能运维信息处理技术的基本理论、方法和应用。全书分为七章，包括概论、数据和数据分析、高速动车组智能运维信息处理常用算法、大数据环境下的信息处理技术、面向高速动车组故障与健康状态分析的信息处理、面向高速动车组运维知识图谱构建的信息处理、高速动车组智能运维信息处理综合案例等。

本书适合作为高等学校“计算机科学与技术”专业“铁路信息技术”方向以及信息化专业本科课程的教材，也可作为铁路信息技术方向研究生教材，还可作为高速铁路信息化专业技术人员的参考书。

图书在版编目(CIP)数据

高速动车组智能运维信息处理技术与应用/张春主编. —北京：中国铁道出版社有限公司，2024. 5

“十四五”高等学校新工科计算机类专业系列教材

ISBN 978-7-113-30707-3

Ⅰ. ①高…　Ⅱ. ①张…　Ⅲ. ①高速列车-动车-运行-信息处理-高等学校-教材　Ⅳ. ①U266

中国国家版本馆 CIP 数据核字(2024)第 057014 号

书　　名：高速动车组智能运维信息处理技术与应用
作　　者：张　春

策　　划：秦绪好　贾　星　　　**编辑部电话：**(010)63549501
责任编辑：贾　星　徐盼欣
封面设计：崔丽芳
封面摄影：王明柱
责任校对：苗　丹
责任印制：樊启鹏

出版发行：中国铁道出版社有限公司(100054，北京市西城区右安门西街 8 号)
网　　址：https://www.tdpress.com/51eds/
印　　刷：河北京平诚乾印刷有限公司
版　　次：2024 年 5 月第 1 版　2024 年 5 月第 1 次印刷
开　　本：787 mm×1 092 mm　1/16　**印张：**16　**字数：**395 千
书　　号：ISBN 978-7-113-30707-3
定　　价：56.00 元

序

在当今高速发展的时代，交通的便捷与高效成为经济繁荣和社会进步的重要基石。高速动车组作为高速铁路战略性关键资产，以其惊人的速度、卓越的安全性和舒适性，深刻地改变了人们的出行方式，显著地拉近了地域之间的距离。然而，保障高速动车组的安全可靠运行极具挑战，需要一系列先进的信息处理技术和科学的运维管理体系作为支撑。《高速动车组智能运维信息处理技术与应用》一书的问世，无疑是对这一领域的一项重要贡献。

该书聚焦于高速动车组智能运维中的信息处理技术，系统而深入地阐述了该领域的核心技术、算法应用和解决方案。编者以深厚的学术造诣和丰富的实践经验，深入浅出地介绍了各种先进的信息技术在高速动车组智能运维中的应用，包括但不限于大数据分析、人工智能算法、知识图谱等。通过具体技术的详细讲解和实际案例的深入分析，使读者不仅能够了解到相关技术的原理和特点，更能清晰地看到这些技术在解决实际运维问题中的具体效果和价值。

编者团队在高速动车组智能运维技术领域辛勤耕耘十多年。书中不仅全景式地展示了已有研究和实践的丰富成果，同时，也前瞻性地提供了对该领域发展趋势的深刻洞察。在阅读该书的过程中，能够感受到编者严谨的治学态度和对行业发展的深切关注。他们不仅致力于传播知识，更希望激发读者的创新思维，共同为我国高速动车组运维事业的发展贡献力量。随着科技的不断进步，新的技术和理念不断涌现，高速动车组智能运维模式也在不断创新和发展中。该书为读者提供了一个思考和探索的平台，引导大家展望未来，进一步推动高速动车组智能运维技术的发展，以更好地适应日益增长的运输需求和不断提高的安全标准。

该书面向国家重大需求，落实国家关于建设交通强国的战略部署，着力轨道交通领域研究、开发和运维高层次专业人才培养。相信该书的出版，将为广大轨道交通领域工作者提供有益的指导和启发，推动我国高速动车组智能运维水平不断提升，为我国交通运输事业可持续高质量发展注入新的活力。

2024 年 4 月 10 日

前言

当今，高速铁路和现代信息技术正在飞速发展，给人们的生活带来很大的便利。加快建设科技强国、交通强国，持续推动铁路科技创新，全面提高人才自主培养质量，对高铁信息技术人才的培养提出了更高的要求。本书及时落实党的二十大报告中关于加快建设交通强国及人才培养的部署要求，落实立德树人根本任务，全面系统地梳理、归纳和总结了高速动车组智能运维信息处理方面的技术及应用，并对其未来发展趋势进行分析，对培养高铁信息化建设高级人才、指导高铁信息化建设非常有意义。

本书按照高等学校高铁智能信息处理及相关课程的教学要求编写，系统梳理高铁智能信息处理有关内容，分为基础理论和方法、高铁智能信息处理技术及应用案例集三部分。

第一部分包括第1~4章，重点论述高铁智能信息处理发展的现状、基本理论、方法和共性技术。首先，阐述高速动车组智能运维信息处理技术发展历史、现状与趋势，全面论述了业务产生数据、数据隐含信息、数据科学、高速动车组全生命周期数据；介绍了高速铁路信息处理常用算法，如监督学习、无监督学习、深度学习等；阐释大数据处理技术，包括数据信息处理体系结构，为应对高铁数据规范性、海量性、真实性挑战，对数据融合关键技术、高速动车组全生命周期多源异构数据融合方法与实际案例分析等理论和技术进行了全面论述，以帮助读者系统地了解和学习高铁智能信息处理相关的基本知识、基础理论和共性技术。

第二部分包括第5、6章，重点论述面向高速动车组智能运维的信息处理技术，包括动车组故障诊断技术、健康状态评估技术、动车组监测数据预测技术、关系关联分析技术等，以高速动车组关键部件为案例进行分析；面向高速动车组运维知识图谱构建的信息处理技术，包括知识图谱概述、关键技术、高铁领域知识图谱构建与分析等，并以动车组关键部件为例，基于建立的智能运维知识图谱，设计研发智能应答系统。以上内容论述了相关的概念、模型和技术，以实际案例分析了系统的技术难点和创新思路，详细说明了系统的技术架构及相关技术，以使读者可以体会高铁智能信息处理技术对我国高铁事业发展的重要作用。

第三部分包括第7章,重点将知识性与实践性密切结合,以高速动车组智能运维信息处理案例集为主,详细论述了应用系统的设计和实现过程,包括数据融合、全生命周期数据集成管理的方法与实现过程,以使读者进一步加深对数据处理的理解;理解智能信息处理的工程意义,掌握信息处理的过程方法;理解全生命周期数据建模分析的全过程;理解数据—信息—知识—价值的过程,以帮助读者开拓视野、了解最新的信息技术发展以及应用前景。

本书适合作为高等学校"计算机科学与技术"专业"铁路信息技术"方向以及信息化专业本科课程的教材,也可作为铁路信息技术方向研究生教材,还可作为高速铁路信息化等专业技术人员的参考书。

本书编者在高速铁路网络管理教育部工程研究中心的支持下,长期从事铁路大数据、人工智能、高铁健康状态监测和故障预测理论、技术、标准等研发和教学工作,主持国家重点研发计划、科技重大专项、省部级等重大项目,具有深厚的理论基础和丰富的实践经验。

本书由北京交通大学张春任主编,张宁、熊轲任副主编,白岩慧、张文浩、时晨昊、高博、贺璐、许德智、张少帅、朱欣生、冯淳晨参与编写,刘峰主审。全书由张春、张宁、熊轲统稿定稿。

本书编写过程中得到了中车青岛四方机车车辆股份有限公司马利军、丁叁叁、崔玉龙、田毅,中国国家铁路集团有限公司谢赞德、郭全胜,中国铁道科学研究院集团有限公司张惟皎、王辉,中国铁路北京局集团有限公司贾璐,中国铁路上海局集团有限公司周斌等铁路智能运维行业专家的大力支持,以及北京交通大学李宇航、王闪闪、张秋霞、尹金豪、朱凌欣、贾琳瑛等的协助,在此特表感谢!

本书得到了国家重点研发计划项目"基于人工智能技术的创新创业服务技术集成研发与应用示范"(项目号:2019YFB1405200)在核心技术研究成果方面的支持。

由于高速铁路信息技术发展迅速,加之编者水平所限,本书难免有疏漏及不妥之处,欢迎广大读者批评指正。

编　者

2023年10月

目录

第一部分　基础理论和方法

第三部分　应用案例集

第一部分

基础理论和方法

第1章 概论

高速铁路是国家基础设施建设的重要组成部分，在国民经济中占据着非常重要的地位。我国高速铁路已有十多年的发展历程，高铁列车数量也在不断增加。 高铁系统积累了大量的数据。 如何通过智能化信息处理技术分析数据、快速挖掘潜在的有用信息成为高速铁路亟待解决的问题。

本章将介绍高速动车组智能运维信息处理的背景，系统地阐述高速动车组智能运维信息技术处理相关的基本概念，并对其发展历程进行介绍。

知识结构图

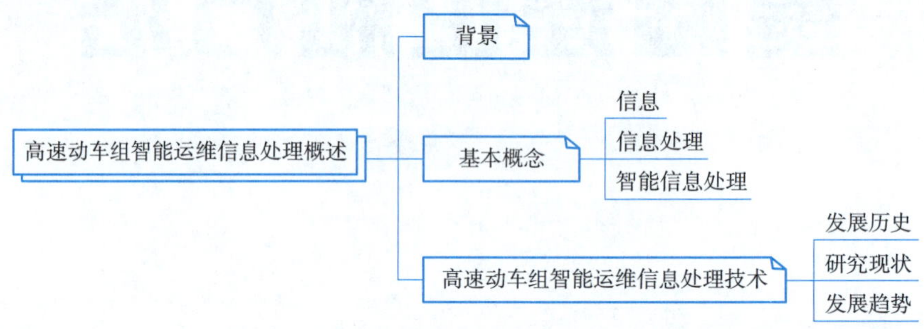

学习目标

- 了解信息、信息处理、智能信息处理的概念。
- 了解高速铁路信息技术的发展历史、研究现状和发展趋势。

1.1 背 景

21 世纪以来，随着网络化、信息化、数字化浪潮的席卷，现代社会每时每刻都发生着巨大的变化。在瞬息万变的时代，速度、节奏、效率贯穿于人们生活中的点点滴滴。根据国务院印发的《“十四五”现代综合交通运输体系发展规划》和中国国家铁路集团有限公司（以下简称国铁集团）编制的《新时代交通强国铁路先行规划纲要》，预计到 2035 年，我国铁路营业里程将达到 20 万 km 左右，其中高铁（含部分城际铁路）7 万 km 左右。由于我国高铁路网拓展十分迅速，新的交路不断开通，列车调度密度逐渐增加，维修间隔越来越短，因此时时刻刻都有着海量、呈指数级增长的数据产生，而如何从海量的数据中挖掘出有价值的信息是我国铁路系统发展的重要挑战。

国外高速铁路发展主要以日本、法国和德国为代表。

日本新干线高速列车的运行时间为每天的 6:00—24:00，而 0:00—6:00 则进行车辆、线路和供电设备等的检查和维护。车辆检修基地既要考虑整列编组列车的检修，也要考虑到列车的到发和夜间停放。日本新干线高速列车维修信息主要源于 COSMOS（computerized safety maintenance and operation systems of shinkansen），该系统由八个子系统组成：运输技术子系统、运行管理子系统、养护作业管理系统、动车组基地内作业管理子系统、车辆管理系统、设备管理子系统、信号通信设备及环境状态集中监控子系统、电力系统控制子系统。COMOS 系统能够将车辆状态信息传回地面，同时能够将故障信息、检修信息等传递给维修作业终端，以便工厂进行检修，大大提高了动车组运维效率。

法国国营铁路高速列车的检查和修理组织结构以三大干线为基础，分别为每条高速铁路设立检修段。法国高速铁路研发了 TIGRE 软件，并在动车组维修生产管理中广泛应用。以模块化的结构设计软件，将 TGV 动车组的所有配件纳入系统的管理，对配件的检修周期，装车配件的检修、装车日期、生产日期等都有相关记录，能够更好地对维修进行支持。各级检修计划全部由软件自动编制。同时，通过系统能够实时掌握每列 TGV 动车组的运用维修状况。

德国 ICE 动车组的维修策略是：按每年动车组的运行交路情况来确定列车的最低级修理，按每周/天列车运行的高峰、低谷情况来安排维修作业计划。德国 ICE 动车组计划维修按零部件磨损、磨耗进行定期修理，恢复其基本尺寸。按照零部件使用寿命定期换件修理，按部件可靠性的变化规律进行定期检测，按机车车辆运行状态的变化进行定期保养。德国生产的 ICE 系列列车采用的是 COBAR 诊断系统，其设计目标是能在允许时间内找到并排除出现的故障，将车务人员和维修人员纳入故障识别，减少其影响、排除和预防故障的连续过程。

总的来看，国外动车组运维系统具有全面的功能，不仅涵盖了信息的传输、接收、存储、管理等方面的功能，而且在一定程度上具备了对信息的深度挖掘和应用能力。其特点总结如下：①能够以先进的信息技术作为辅助来对动车组进行维修，建立了功能全面的运维检修系统；②能够深层次地分析历史数据信息，并能够将分析结果运用于动车组检修，提高动车组检修效率；③具有高度自动化的检修体制，检修机构和人员能够及时了解动车组的运行状态和故障数据，并且有些系统还提供了维修方法，能够自主按照运行计划编排维修计划，自动化水平较高。

国内高速铁路网络管理教育部工程研究中心研制的动车组车载信息管理和应用系统，其功能、信息化管理水平，已达到国际先进水平。它包括以下几个功能：①数据采集，通过安装在动车组车厢内传感器实时采集到数据，并由 WTD（无线传输装置）经过无线网发送到地面，进行持久化存储；②数据分析与处理，对采集到的数据进行分析处理，通过各种工具、算法、模型对它们进行清洗、分类、管理，以便寻找数据变化规律；③系统应用，将采集到的数据和分析结果直接发送到动车组制造厂和动车段（所），以供制造厂家在生产和制造过程中改进工艺、提高产品质量，也帮助动车段（所）改善维修作业。

1.2 基本概念

1. 信息

信息是对客观世界中各种事物的变化和特征的反映，对使用者具有价值或潜在价值，是客观事物之间相互作用和联系的表征及经过传递后的再现。人们通过获得、识别自然界和社会的不同信息来区别不同事物，得以认识世界，并能与其和谐相处。有人依据现代科学观点认为，信息指事物发出的消息、指令、数据、符号等所包含的内容；有人依据物理学的观念认为，信息只不过是被一定方式排列起来的信号序列。这个定义还不够完备，信息还必须有一定的意义，或者说信息必须是“意义的载体”。

信息既不是物质也不是能量，而是人类在适应外部环境以及感知外部环境而做出协调时与外部环境交换内容的总称。因此，可以认为，信息是人与外界的一种交互通信的信号量。

信息的基本特征如下：

①传递性：信息总处在一定的传递过程中。

②时效性：信息的产生、传递和利用都有一定的时间期限。

③累积性：反映事物不同侧面的信息随时间延续、增长。

④共享性：信息可有众多使用者。

⑤无限性：信息可随事物的存在和发展不断产生、扩充。

信息的特征也反映出其具有不确定性，不同时间、不同受体得到的信息量常常不同。可以将信息进行量化。人们根据信息的概念归纳出信息的如下特点：

①消息发生的概率 $P(x)$ 越大，信息量越小；反之，消息发生的概率越小，信息量就越大。可见，信息量和消息发生的概率成反比关系。

②当消息发生的概率为 1 时，是百分百发生的事，所有人都知道，所以信息量为 0。

③当一个消息是由多个独立的小消息组成时，那么这个消息所含信息量应等于各小消息所含信息量的和。

2. 信息处理

获取信息并对其进行加工处理，使之成为有用信息并发布出去的过程，称为信息处理。信息处理的过程主要包括信息的获取、存储、加工、发布和表示。信息处理已融入人们的日常工作和生活中。

信息处理的一个基本规律是“信息不增原理”。这个原理表明，对载荷信息的信号所做的任何处理，都不可能使它所载荷的信息量增加。一般来说，处理的结果总会损失信息，而且处理的环节和次数越多，这种损失的概率就越大，只有在理想处理的情况下，才不会丢失信息，但是也不能增加信息。图 1-1 中，U、V、W 为不同阶段的数据，$I(U,W)$、$I(V,W)$、$I(U,V)$ 分别为数据 U、V、W 间的互信息。虽然信息处理不能增加信息量，却可以突出有用信息，提高信息的可利用性。随着信息理论和计算机技术的发展，信息处理技术得到越来越广泛的应用。

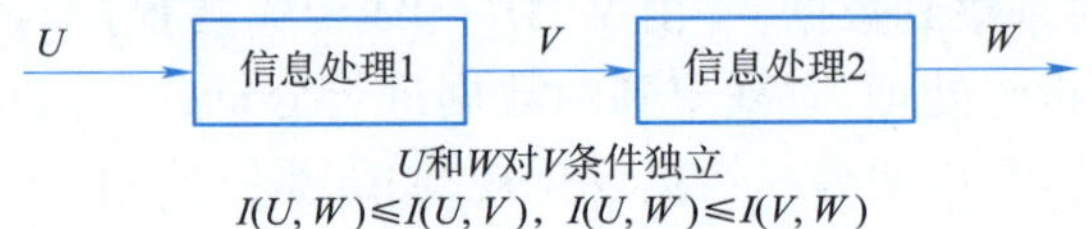

U和W对V条件独立

$I(U,W)\leqslant I(U,V)$，$I(U,W)\leqslant I(V,W)$

图 1-1 信息不增原理示意图

信息的传递需要物理载体,通常称这些载体为"信号"。信号的种类多种多样,主要包括电、磁、光、声等。对信息的处理总是通过对信号的处理来实现,所以信息处理往往和信号处理具有类同的含义。信息处理的主要目的是:①提高有效性;②提高抗干扰性;③改善主观感觉效果;④识别和分类信息;⑤选择与分离信息。总的来说,信息处理是为了更好地与信宿的性质相匹配,舍弃那些对信宿无关的部分,突出信宿需要的有用部分。

(1)提高有效性

根据信宿的性质和特点,压缩信息量的各种方法都属于提高有效性的信息处理。例如,通过过滤、预测、信源编码和阈变换等方法,可以在一定程度上压缩频带、动态范围、数据量。在允许一定失真条件下,信息率-失真理论是这类信息处理技术的理论基础。

(2)提高抗干扰性

提高抗干扰性的信息处理是指为了提高抗干扰的能力,针对干扰的性质和特点,对载荷信息的信号进行适当的变换和设计。例如,通过过滤和综合来消除画面的条纹干扰或孤立斑点;通过适当的设计使信号具有较强的相关性来抑制随机噪声的干扰;通过对信号附加适当的冗余,使信号具有发现和纠正错误的能力等,都是这类信息处理技术的应用实例。

(3)改善主观感觉效果

改善主观感觉效果的信息处理技术主要应用在图像处理方面。例如,通过灰度变换和修正,以及频率成分的加重和调整来改善图像的质量;为了便于观察图像各个部分的差别,把灰度差转换为色彩差,形成假彩色图等。此外,广播中的立体声处理也是改善主观感觉效果的信息处理技术。

(4)识别和分类信息

识别和分类的信息处理是信息处理技术中发展较快的一个分支,通常称为模式识别。这种方法的要点是:根据用户要求,合理地抽取模式的特征,然后根据一定的准则来对模式进行识别和分类。具体实现的方法主要有两类:基于模式的统计特征和统计推断理论的统计识别方法;基于模式结构特征和文法推理的文法识别方法。统计识别方法要求先抽取模式的特征,得到原始的特征空间,然后将其变换到低维空间,并根据一定的准则(如最小均方误差准则、最大熵准则等)对其进行分类(线性分类或非线性分类,后者具有较好的分类效果,但比较复杂)。文法识别方法要求先选取模式的元素(即结构特性),然后进行文法分析和推断,通过样板匹配的方法,按照相似度准则来识别模式。在这一领域,数码识别、文字识别、语声识别和特定图形(如指纹、染色体、癌细胞等)的识别等都取得了较大进展。

(5)选择与分离信息

通常从内容随时增减变动的数据库中有选择地提取信息,情报检索和文字加工等都属于信息选择。另外一类是分离信息,如在多数人交谈的环境中,只选取一个人的讲话,这需要有发话者的语声识别器。例如,利用基频和音调等特征来识别出选择的对象,然后再将有关信息提取出来。在场景识别中,为了从背景中将活动物体图像分离出来,可以仿照蛙眼识别活动目标的原理,通过侧抑制方法实现。

3. 智能信息处理

智能信息处理是模拟人与自然界其他生物处理信息的行为,建立处理复杂系统信息的理论、算法和系统的方法和技术。智能信息处理主要面对的是不确定性系统和不确定性现象的处理问题。智能现象处理在复杂系统建模、系统分析、系统决策、系统控制、系统优化和系统设计等领域具有广大的应用前景。例如,在图像处理中,为了适应复杂图像实时处理等需要,在计算机技术不断发展的基础上,利用并行处理技术、人工智能技术,强化对事物的理解、推理和判断能力,信息处理的效果就会有更大的改进。

智能信息处理技术主要依靠信息传输、信息交换及信息处理等功能展开。它所收集的范围相对比较广泛,其中包含了不同类型的通信与信息系统,如广播雷达、遥控遥感等,还包含经济与军事等不同领域的信息系统。在现代化的时代背景下,为了能够促使智能信息处理技术与社会需求相吻合,信息处理技术不断升级与创新,利用智能化技术处理信息,并与人工智能相结合,进一步推动了控制与自我了解的能力。立足于智能信息处理技术的方法与理论可知,该技术主要是为了探寻和认知新事物,并满足切身需求而存在的。利用相关的认知机制与组件能够实现对计算机模型的具体运用,从而打破以往信息处理技术所存在的限制。人们的生活与工作已经不能与信息处理分离,智能信息处理技术有助于减轻人员压力,优化资源的处理效率,降低人员成本。此外,智能信息处理技术还涉及诸多科学知识,如生物信息、神经信息处理、系统计算等,将科学化的知识进行全方位地融合,并促使其在社会诸多领域得到广泛应用,不仅促进了全球经济的发展,还成了具有广阔发展前景的一项现代化技术。

我国高速铁路的信息化建设已经从网络化、数字化向智能化发展,信息技术的应用已渗透到高铁行业的各个业务领域,从运输组织、行车调度、列车控制、经营管理、客货营销,到高铁移动设备(机车、车辆、动车组等)和固定设备(轨道、桥梁、隧道、供电、通信信号等)的设计、制(建)造、运营维护,各类信息系统都在其中发挥着举足轻重的作用。随着这些系统的运行,各类数据的体量和增量越来越大,智能信息处理技术以其高效、精准和敏锐等优势,越来越多地运用于高铁各业务系统。结合高铁行业的数据特征,挖掘海量高铁领域数据的潜在价值,结合机器学习、深度学习、知识图谱等人工智能技术,可以使数据的处理更加便捷与有效,更好地支撑数据的挖掘与分析。

1.3 高速动车组智能运维信息处理技术发展历史、现状与趋势

1.3.1 高速动车组智能运维信息处理技术发展历史

高速铁路自20世纪60年代诞生之日,因其运行速度快、运行时间间隔短等业务特点,强烈依赖以计算机为代表的信息技术。数据作为信息的载体,其信息处理方法随着信息化技术的不断发展而快速更新。

20世纪30年代信息处理技术产生,但因为缺乏具备高效运算功能的工具,限制了信息处理技术的发展。随着计算机的诞生,智能信息处理技术得以进一步发展,智能化的信息处理技术以及产品出现在了人们的日常生活中。此时,人们发现智能信息处理技术为人类的生活提供了诸多便利,也促进了整体经济的发展。智能信息处理技术主要是借助计算机和与之相关的电子设备进行信息处理和显示,并在自动化的模式下获取信息。智能信息处理技术可以减轻人工压力,实现真正意义上的无人化、智能化工作模式。智能信息处理技术需要以信息与知识的数学理论为基础,进行复杂的分析计算。另外,智能信息处理技术还需要依靠网络实现信息的交互和协同,从而实现大量信息的智能化处理。其中包含了对图像视频以及大数据的处理与分析,并对信息进行挖掘和提炼,以得到精准的数据。此外,智能信息处理技术在推动智

能信息技术广泛应用的同时,还推动了国民经济的整体发展,并为社会的经济发展提供了坚实的力量。20 世纪 70 年代初至 90 年代初,铁路信息化建设基本上是小规模单项部门,采用的也多是初级应用。20 世纪 90 年代初期至中期,小规模单项部门逐渐发展扩大,开始采用中级应用。

社会的进步与智能信息处理技术的日益成熟,促使信息处理技术在社会各个领域得到广泛的应用与重视,并促使智能信息处理技术的优势得以高效发挥。在社会进程中,它也成为相关研究者关注的内容。其中,智能信息处理技术在人们的日常生活中得到广泛应用。例如,医学上所使用的 CT,即借助智能信息处理技术来促使医学检测能力得以进一步升级。与此同时,智能信息处理技术还为社会创造了诸多财富,方便了人们的生活与生产,促进了各个领域的发展,成为诸多领域现代化的标志。在时间的推动下,智能信息处理技术不断更新换代。可以预期,在现代生产生活中,智能信息处理技术会伴随经济与社会的发展不断创新与完善,特别是与人工智能的结合,不仅可以提高智能化的水平,还能够为人们的生活带来便利,并促进了社会全方位的发展。

随着智能信息处理技术的不断发展,铁路行业也在积极探索信息化应用,以保障运行安全、提高运营效率、优化服务质量。20 世纪 90 年代中期至今,我国建设了综合、企业级信息系统,应用也进一步普及和深化,建设了包括运输管理信息系统、铁路客票预订和发售系统等业务管理信息系统。例如,运输管理系统是铁路信息化的关键系统之一,该系统将列车运行管理、调度指挥、客运、货运、秩序管理等多项业务统一集成到同一个平台上进行管理。该系统的实现,一方面可以提高列车运行的效率,另一方面能够通过线上销售渠道,提高客流量,减少旅客排队时间,加快乘车效率。再如,12306 系统通过在线购票、行程查询等方式提供公共信息服务,同时能够进行诊断性数据分析,提高管理效率,实现车站运营智能化。

1.3.2　高速动车组智能运维信息处理技术研究现状

现阶段计算机信息处理技术的发展已广泛应用于日常生活、生产之中,由此可在一定程度上表明智能信息技术处理所具备的重要价值。从现实视角出发,智能信息处理技术的涉及范围尤为广泛,主要包括语言理解翻译、工农业生产、灾害预防等诸多方面,且均收获了良好应用效果。在高速铁路领域,智能信息处理技术的研究主要有以下三个方向。

1. 动车组运维数据处理与分析

动车组运维的相关研究是近年来的研究重点,其在保证运行安全、提高管理水平、降低运营成本等方面均有积极意义。在动车组运维数据处理与分析方面,近年主要有以下成果:

(1)高速动车组在线运行数据分析

由北京交通大学和中车青岛四方机车车辆股份有限公司联合研发的 CRH2 型车车载信息采集与传输装置(WTD)是首款国产该类车载设备,实现了运行过程中动车组状态信息的实时上传到动车检修基地。相应的地面车载信息分析系统实现了对在途运行的动车组状态的分析,在提高动车组维修效率中发挥了重要作用。

(2)高速列车系统安全可靠性分析评估方法体系

针对我国高速铁路系统缺乏动车组安全可靠性评估规范的状况,提出了较为完整的高速列车系统安全可靠性分析评估体系,以及高速动车组设计研发过程中的本构安全典型技术项点,并通过现场试验发现实际线路中存在的安全隐患。

(3)动车组牵引供电设备运维计算

通过对我国高速铁路动车组牵引供电设备中常见的几类典型故障进行分析,分别提出应对方法,并针对我国高铁的牵引供电系统进行了主动维护方面的研究,通过多尺度变换和时空联合的方法,实现了对牵引供电系统的故障预测,从而达到减少和预防这些故障的目的,使我国铁路电气化的运行更加可靠、稳定。

国外学者也有动车组运维方面的相关研究。例如,法国阿尔斯通公司的 Brahimi 等通过总结近年的铁路基础设施的故障预测和健康管理相关方法,发现多源数据在故障预测决策方面有重要意义,故障决策中必须要结合不同数据源,不同维度的数据才能进行全面的分析。再如,Mines Douai 大学的 Guepie 等,将一种基于相似性的剩余寿命预测方法应用在铁路常见的裂纹生长预测上。

通过对研究现状的分析,可以总结出动车组运维相关研究的主要目的,是梳理清楚列车运行时轴承等关键零部件的故障概率、剩余寿命等信息和列车运行情况、外部环境等的关系。那么,相应的面向动车组运维的多源数据预处理阶段的主要工作应该是描述清楚列车运行时列车本身情况和所有的外界因素情况。列车本身情况如列车履历信息、运行状态等,外界因素如线路信息、外界天气、温度信息等。

2. 多源数据预处理

随着动车组运维的不断发展,相关研究不断深入,在动车组运维方面已积累了相当丰富的成果。在实际生产环境中,多源数据存在的数据量大、异构、多维、多尺度、不同步、不完整等问题,仍需进一步解决。

多源数据这一概念在发展中经历了两个阶段:一是数据源为某个传感器的情况,通过综合计算多个传感器的读数,得到待观测物理量更为客观和确切的值;二是数据源为一个完整的信息系统,通过综合分析多个系统中的信息,从而对研究对象有更准确的描述。第二阶段是第一阶段的延伸,第二阶段中的每一个数据源的信息都可以视为综合多个传感器信息得到的结果。

多源信息的价值是综合考虑多个侧面的信息,从而对对象进行完整全面描述的过程。在两个阶段的发展中对于对象的描述是一个逐步精确的过程。近年多源数据预处理在运营维护方面的相关研究案例有:

①中国国家电网针对电力系统故障数据分布在不同安全分区的问题,综合电力生产管理系统、调度管理系统以及能量管理系统的数据,建立了电力系统故障诊断平台。通过将警报数据进行过滤处理并转换为特定的知识形式,使得冗余的原始警报数据被压缩整合,以便在故障诊断中更好地使用。

②通过分析高速公路的路网基础数据、区域天气、交通状态等数据,对高速公路网络的脆弱性进行了预测,识别出高速公路网络中的脆弱路段,从而提高高速公路网络结构的科学性。其中对时间序列进行傅里叶变换,从而去除原始数据中有关时间漂移等时域空间的噪声。

③针对统计数据驱动方法中多变量无法建立退化模型的问题,提出一种多源统计数据驱动的航空发动机剩余寿命预测方法。对航空发动机多源的监测数据进行预处理,使之成为一维数据,即发动机的健康指标。在不增加退化模型复杂度的基础上,为实现对多源监测数据中信息高效、充分地利用提供可能性。

在国外的相关研究中,美国 Aptima 公司偏重于技术研究,致力于研究如何发现多源数据中的错误和冲突。针对一些开放的数据集中的问题,通过建立语义图来描述多源数据间的冲突和异常,并通过建立实体和事件间的软参考来发现这些错误。通过这些预处理的方法,使这些开放数据集能更好地被利用。

法国里尔大学的学者在研究自主导航系统的故障检测时,结合多个数据源的信息,通过接收自主完好性监测的思路来预测故障发生的概率,并使用系统分析与重构的方法除去多源数据中的错误数据,从而提高预测的准确率。

德国德累斯顿工业大学的学者在解决基于多源数据的海冰分类问题时,通过将图片的时间戳信息与船舶的位置信息相结合的方法,有效地解决了图片数据缺少位置信息以及船舶缺少时间戳信息的问题,为海冰分类问题打下了基础。

俄罗斯彼得罗扎沃茨克国立大学的学者设计了一款手机应用,可将不同软硬件的手机收集到的人体健康数据转化为统一的格式,用于进行人体健康的分析。

通过研究上述对于多源数据预处理方面的工作,主要有以下两个方面的发现:

①目前的多源数据预处理方法主要包括对数据进行特征提取和常规的过滤、清洗两类,并且往往是相关研究的一个附属过程,多源数据的预处理工作作为独立的研究点的情况较少。

②目前面向动车组运维的多源数据预处理相关研究虽已开始,但已进行的多源数据预处理方法基本依赖特定专业领域知识,难以移植和模仿。这主要是因为预处理的工作依附于具体的领域和分析需求,难以独立存在。

3. 异构数据融合

近年来,随着信息技术的不断发展,数据出现了多元性、演化性、真实性、普适性的新特征,因此,数据融合的范围也得以扩大,不仅包括了传感器数据获得的数据、信息,也包括了方法、经验甚至思想等知识,随之许多学者进行了一系列的研究。

①通过对动车组全生命周期数据多源异构特点的分析,提出基于大数据平台的数据融合方法,实现了对来自动车组设计、生产、运维等多个系统数据的集成管理和应用,在设计优化、工艺改进和精准运维等方面应用效果显著。

②通过研究网站之间的复制现象,构建了以发现数据源之间依赖关系为核心的 SOLOMON 系统。ScorlarSpace 集成了多个 Web 数据源中跨领域、多学科的学术信息,基于挖掘和社会网络分析进行了学术关系的融合与集成,从而帮助研究人员进行学术检索。

③针对融合环境和融合目的,提出简单融合、选择融合、扩展融合、吸收融合和平面融合五种典型的数据融合框架。

④运用网格平台,提出一种基于语义的高效共享和协同解决问题的方法,实现了智能系统中知识和信息的集成。

⑤通过对 Web 数据融合中存在问题的分析,提出一套涵盖实体统一、数据冲突解决、数据与实体关联的可回溯的数据融合机制,实现了对来自多数据源数据的有效融合。

⑥为了提高融合知识的语义规范性和准确性,提出利用融合知识测度提高新知识语义内涵和控制融合结果规模,并运用基于信息扩散原理的评价机制提高融合知识准确性的知识融合框架。

⑦将粒度计算理论引入知识融合领域,提出微商空间法;对本体模块进行分解与重构,提出一种基于粒度计算理论的知识融合模型。

在各行业领域中,数据融合方面的研究层出不穷。美国纽约州立大学的一个研究组建立了一个名为 Wise-Integrator 的系统,可以对电子商务信息进行数据融合与集成。华北电力大学研究人员针对智能电网数据集成中出现的问题进行了数据融合方面的研究,提出将 XML 和本体技术结合对电网数据进行融合的方案。针对多个数据源的生物学数据,中国科学院利用 RDF 数据技术对其进行了数据转换、关联和融合处理,建立了数据融合管理与服务系统。动车组相关的应用系统已经覆盖了动车组的设计、制造、运用、检修等各个阶段,呈现出业务范围广、分布层次多、数据量大的特点,因此一些学者也针对动车组的数据集成管理进行了研究。其中有针对高速列车运用维护数据来源广、实时性高等特点,利用数据融合、数据集成技术对其进行管理与挖掘分析,从而为高速列车的安全运营和高效检修提供信息支持。另还有将基于 XML 的中间件技术应用于动车段的异构数据源集成中,在数据层和应用接口层之间添加中间件层,利用 XML 进行数据转换,在协调各异构数据源的同时为动车段(组)信息系统提供统一的数据模式。

1.3.3 高速动车组智能运维信息处理技术发展趋势

我国铁路信息化发展战略有整体的目标,高铁信息化战略是其重要部分,其发展的主要战略目标如下。

1. 构建横向集成、纵向贯通的企业级业务应用系统

①以市场需求为导向,以服务客户为中心,建设线上线下深度融合的企业级经营系统,提升高铁客货产品经营开发、资产经营开发、资本运作开发能力,提高经营效益。

②建设集约化企业资源计划系统、协同办公系统和决策支持系统,实现企业经营资源与运力资源一体化管理,提高企业管控、业务协同和决策支持能力,实现企业管理流程化、规范化和精细化,提升科学管理水平。

③建设覆盖运输组织全过程的高效智能运输系统,为旅客提供更加便捷的出行服务,实现全过程、高可靠的高铁物流综合服务;优化高铁运营调度指挥方式,提升运输调度智能化、综合化应用水平;建设高铁安全监测应用,提高安全监测自动化水平,实现监测数据的综合利用,保障高铁运输安全。

④建设高铁管理系统,提升高铁信息化管理能力,提高高铁项目管理水平,实现规划、设计、施工、运营全流程信息无缝集成,为中国高铁"走出去"战略实施提供支持。

2. 建立集成共享、安全可靠的一体化信息集成平台

①建设企业集中统一的管理和生产工作平台。通过国铁集团内网门户,构建国铁集团及所属单位管理和生产工作平台。按照管理岗位和生产岗位职能,集成、整合六大业务应用系统相关数据资源,为高铁员工集中展示管理、生产所需的定制化信息。

②采用企业门户、客户服务中心、移动互联等多种交互方式,建设统一的客户服务平台,对外拓展信息交互渠道,对内提供统一集中入口,提升交互能力和协作水平。

③建设公用的集成服务平台,为业务流程集成、应用系统集成以及外部应用协作提供支持,实现信息系统互联互通、业务应用深度融合。

④建设共享的大数据服务平台,规范基础数据,整合业务数据,挖掘数据价值,实现数据交换与共享,增强信息服务能力,提升决策分析质量。

⑤建设完备的信息基础设施,建成覆盖全路的高速宽带信息网络,基于云计算优化信息基

础设施架构，建设绿色环保的数据（灾备）中心，国产化设备占比极大提高，实现基础设施弹性扩展、按需调配，增强信息系统的安全性和可靠性，确保核心业务的连续性。

3. 形成集中统一、规范专业的保障体系

建立健全信息化管理制度、工作流程和技术标准，强化信息化管控能力，构建统一的信息化管控、标准规范、运行维护、网络安全、人才队伍、考核评价六大保障体系，推动国铁集团信息化健康、快速和可持续发展。

我国高铁信息化建设将使得四个平台、六个应用系统以及六个保障体系相辅相成、紧密融合，构成了高铁信息化的宏伟蓝图，如图 1-2 所示。

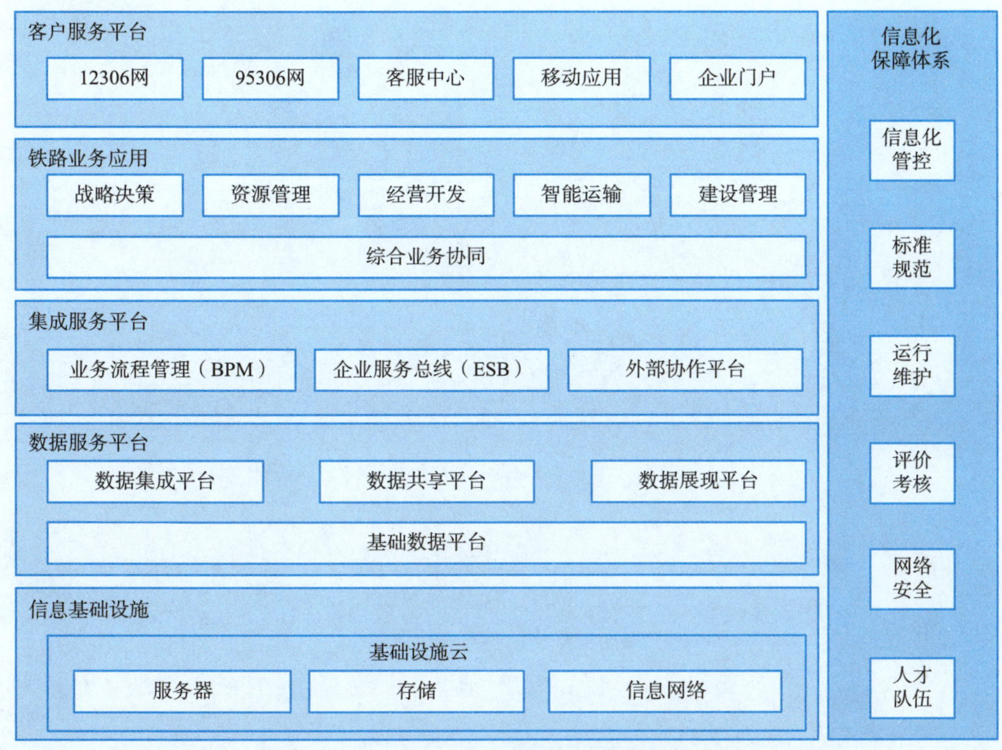

图 1-2 高铁信息化蓝图

①客户服务平台是铁路为旅客、货主提供服务的窗口和门户。

②铁路业务应用是企业信息化的核心，提供各种业务功能，实现各种业务逻辑，为铁路的客货营销、运输生产、经营管理活动提供手段支撑。

③集成服务平台、数据服务平台以及信息基础设施支撑业务应用运行，为应用功能的实现提供技术手段和工具。

④贯穿始终、全面覆盖的信息化保障体系是支撑信息化这部庞大而复杂的机器得以高效、稳定、持久运行的管理基础。

小 结

本章从我国铁路现状出发，介绍了高速动车组智能运维信息处理的背景和概念，引出了高

速动车组智能运维信息处理技术，介绍了高速动车组智能运维信息处理技术的发展历史、研究现状和发展趋势。

习　题

1. 简述高速动车组智能运维信息处理的概念。
2. 高速动车组智能运维信息处理技术有哪些？
3. 简述高速动车组智能运维信息处理技术发展趋势。

第 2 章 数据和数据分析

当前的世界已进入信息化快速发展的数字时代，数据正以前所未有的速度增长。 行业的竞争正在向信息竞争转变，谁掌握更多的信息，谁就将在竞争中占据更有力的地位。 信息的竞争具体则是数据的竞争，数据已成为行业发展的核心资源之一，是创新的关键及智能化发展的基础。

本章将从数据出发，重点讲述从数据到数据分析的生命周期，并探讨数据科学的相关知识。 同时，结合高铁数据的全生命周期过程进行进一步讲解。

知识结构图

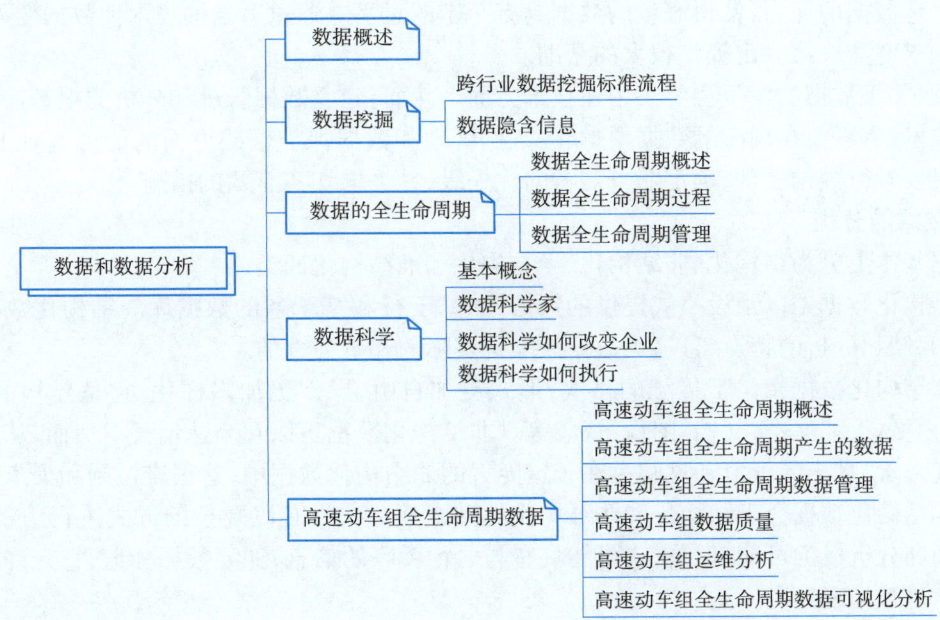

学习目标

- 了解数据挖掘的基本概念和标准流程。
- 了解数据全生命周期的概念，理解数据全生命周期的过程。

- 了解数据科学的基本概念,理解数据科学的应用过程。
- 了解数据全生命周期在高速动车组的应用。

2.1 数据概述

1. 数据的定义

“数据”(data)是事实或观察的结果,是对客观事物的逻辑归纳,是用于表示客观事物的未经加工的原始素材,如数字、单词、测量值,或者事物的文本说明。数据是无处不在的,世界上所有的实体直接或间接地与事务相关,如商业中的客户、商业业务的组成部分,以及处理业务的外部实体,这些实体产生了大量的数据。数据通常被看作为了参考或分析而收集在一起的事实、统计资料和观测值。数据为推理和计算提供了基础。

人们认为“数据”一词自16世纪开始便已被定义和使用了。随着计算机技术的进步,数据一词变得越发流行。然而,数据不仅限于计算机科学和电子学领域,各个领域的应用在某种程度上使用并产生了数据,各种数据源每天都产生大量的数据。这些数据源包括每日的工农业生产数据、服务业数据、金融业数据、教育和学术领域数据、文艺和传播领域数据、政府管理部门数据,以及体量巨大的互联网数据等。换言之,数据随处可见。

在这个数字时代,数据正以前所未有的速度激增。数据源是指列车运行过程中传感器获取的数据、铁路设备手册、故障记录等运维过程中获取的数据等。在当今世界,基本挑战是数据源、数据类型和增长速度带给数据管理的复杂性。显然,数据密集型计算正在走向世界,其目的是提供处理大规模数据问题所需的工具。近年来大数据革命不在于数据量的激增,而在于实际处理数据的能力,使得海量的数据具有一定的意义。通过适当的技术使数据变得有用,将为问题求解和决策制定提供很大的帮助。

今天,关于数据的竞争主要集中在技术方面。然而,建立数据管理和分析的根基需要的不仅仅是技术,更需要在现有的数据质量、主数据管理和数据保护框架方面的能力基础上,从业务角度出发看待数据管理,确定业务需求的优先级,并采取切实有效的措施。

2. 数据的分类

数据基本上分为结构化、非结构化、半结构化和准结构化四类。

①结构化数据是以预设格式提供的数据,如基于行和基于列的数据库。结构化数据具有易输入、存储和分析的特点,且这类数据大多是实际的和事务性的。

②非结构化数据相比于传统的格式,形式更加自由,操作更加多样化,它是异构的、可变的,有多种格式,如文本、文档、图像、视频等。非结构化数据正以超高速增长。然而,从业务利益的角度来看,真正的价值和见解存在于这庞大的非结构化数据中,这很难控制和渠道化。

③半结构化数据介于结构化和非结构化类型之间。它没有以复杂的方式进行组织,使复杂的访问和分析成为可能,但是,它可能具有与之相关联的信息,如元数据标记,它允许对所包含的元素进行处理。

④准结构化数据是数据格式不一致的文本数据,如包含不一样数据值和格式的网站点击数据。这类数据具有不规则数据格式,使用工具可以使之格式化。

数据结构的复杂性使得企业挖掘和分析蕴含于文本和文档中的大量信息的能力受到了制约。传统的数据环境旨在维护和处理结构化数据——数字和变量,而不是文本和图片。当今世界，集成和应用这类非结构化数据对越来越多的企业运营和发展意义尤为突出，得到更多的关注。例如，客户需求分析、监管文件分析、保险索赔裁决等。集成非结构化数据的能力正在扩展数据分析的范围，并可将定量指标与定性内容结合起来。

3. 数据规范和压缩

数据的来源多种多样，很多数据源每天可以产生高达 100 万 TB 的原始数据。如此大量的数据需要制定若干标准对其进行规范和压缩，否则这些数据的体量和分散性很难得到充分利用。这方面最重要的挑战是如何制定过滤器及其相关标准，以便不丢失任何有价值的信息。例如，用户偏好数据可以从他们在主要社交媒体渠道上分享的信息中获取。但是，应该如何获取和利用非社交媒体用户数据？这些用户也可能是一个有价值的客户群体。

数据压缩是一门需要进行大量研究的科学。由于先存储数据，然后进行压缩的方式昂贵且困难，因此，需要通过不断地研究与探索建立一个智能化的过程，将原始数据缩减到用户友好的大小，而不会遗漏实时的、微小的相关信息。构建健壮的数据仓库平台的一个重要工作是整合不同数据源的数据，以创建良好的主数据库，从而保障在整个组织中数据的一致性。

4. 数据可视化

收集到的数据，即使经过筛选，其格式也可能不适合分析。它具有多种模态，如文本、图片、音频、视频等。因此，需要一个完善的数据提取策略，该策略集成来自不同企业信息存储库的数据，并将其转换为可使用的格式。

创建数据库的适当机制一旦建立，相当复杂的数据分析过程就开始了。数据分析是最关键的方面之一，在数据驱动的行业中具有很大的发展空间。数据分析不仅仅是定位、识别、理解和呈现数据。行业需要完全自动化的大规模数据分析，基于计算机的智能化技术为处理不同的数据结构和语义提供了有力支撑。

大数据、机器学习等技术进步使非结构化数据分析成为可能。利用易于扩展的架构、处理框架和非关系并行关系数据库的分布式计算资源网格，正在重新定义数据管理和治理。在大数据时代，数据库已转向非关系型，以满足对复杂的非结构化数据的管理。NoSQL 数据库解决方案能够在没有固定表模式的情况下工作，避免连接操作，并可以水平扩展。

数据分析成功的最重要方面是以用户友好、可重用和可理解的格式呈现分析的数据。数据的复杂性也增加了其表示的复杂性。有时，在某些情况下，简单的表格表示可能不足以表示数据，需要进一步解释内在关系、事件的演化过程等。此外，分析工具也将更加智能化，对数据进行预测或统计分析，以支持决策。

整个数据分析的趋势是数据解释或数据可视化。数据可视化是商业智能的关键组成部分，交互式数据可视化是该行业发展的重要方向。从静态图形和电子表格到使用移动设备及数据实时交互，数据解释的未来变得更加灵活和灵敏。

2.2 数据挖掘

2.2.1 跨行业数据挖掘标准流程

随着信息化与网络的快速发展，各行各业每日都将产生大量的数据，各行各业也都在结合本领域的特征，采用相关的信息技术手段挖掘海量数据中潜在的知识与价值。其中跨行业数据挖掘标准流程(cross industry standard process for data mining,CRISP-DM)近几年发展迅速,在挖掘数据潜在知识的过程中发挥着重要作用。CRISP-DM 模型定义了数据挖掘生命周期的六个阶段,如图 2-1 所示。

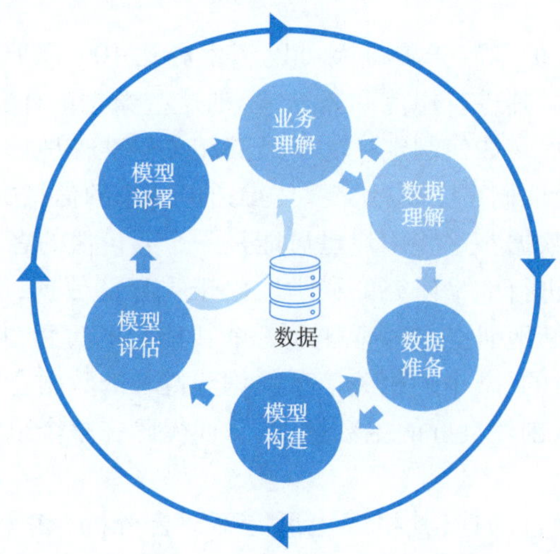

图 2-1 CRISP-DM 模型定义的六个阶段

CRISP-DM 模型定义六个阶段如下:

①业务理解——该阶段侧重于从业务角度理解项目目标和需求,将这些知识转化为数据挖掘问题定义,实现目标的初步计划。

②数据理解——该阶段从初始数据收集开始,通过数据治理提高数据质量,在此基础上,通过数据洞察,发现数据隐含的信息及数据与业务的关系,支撑数据利用。

③数据准备——该阶段包括从原始数据构建最终数据集的所有活动。

④模型构建——该阶段选择和应用各种建模技术,并且对模型的参数进行校准和优化。

⑤模型评估——该阶段对获得的模型进行更全面的评估,并审查构建模型所执行的步骤,以确定它正确地实现了业务目标。

⑥模型部署——模型的创建通常不是项目的结束。即使模型的目的是增加对数据的了解,也需要以客户可以使用的方式组织和表示所获得的知识。

CRISP-DM 模型特别完整且有文档记录,所有阶段都有适当的组织、结构和定义,使项目容易理解或修订。

2.2.2 数据隐含信息

海量的数据中往往隐含着许多价值,对于企业而言,大数据意味着更多的商机,如根据用户历史行为的电商推荐将有利于商家卖出更多的产品,基于大数据的专家诊断系统将为用户决策提供一定的支撑作用等。这样的运用除为用户提供便捷外,还具有一定的商机。

以动车组的全生命周期中产生的数据为例。动车组的全生命周期是指动车组从设计、建造开始所经历的新造、备用、运用、检修、报废等全部生命历程。在动车组全生命周期中,各类信息系统会产生海量的不同类型的设计、制造、运用、检修等业务数据,包括设计图纸、基本技术参数及数据字典、动车组关键履历数据、运用维护过程中的故障和检修记录等。这些数据可以贯穿动车组的整个生命周期，包含着动车组关键部件运用规律、关键部件状态、故障发生规律、检修方法等信息。这些数据伴随动车组关键部件的全生命周期而存在，甚至是在其报废后，依然以历史数据的形式保留。这些数据或多或少地包含影响部件的运维效率的信息，它们可以作为统计分析的基础。尽管现有动车组管理信息系统已经通过多种可视化方式为用户提供直观的信息展示，如图形、图像、图表等，但数据之间复杂的、隐藏的关系仍然很难被发掘出来。关联规则挖掘可以帮助用户从海量的数据中快速发现隐含的它们的相关性和变化趋势，为业务决策提供支持和依据，对于分析动车组关键部件故障规律、优化检修策略具有重要作用。

2.3 数据的全生命周期

2.3.1 数据全生命周期概述

全生命周期的概念在不同的领域有着不同的内涵。例如，信息系统的生命周期包括系统的需求分析、系统规划、系统设计、系统开发、系统测试、系统部署、系统运用维护、系统更替；产品的生命周期包括市场调研、产品设计、产品制造、产品营销、产品服务、产品报废；技术交易的生命周期可分为机会判断、合作方案策划、谈判、项目建设、经营等阶段；数据的全生命周期包括数据从产生、处理，运用，再到最后删除的全过程。

不同领域的全生命周期关注和要解决的问题是不一样的，对于数据而言，数据分析是最关键的过程之一。数据分析是一个更广泛的术语，其背后需要科学的支撑。科学是对认知过程的理解，分析人员使用有效的方式来理解数据和探索问题。数据分析还包括数据提取、转换和加载，需要利用特定的工具、技术和方法，以及沟通协作的能力。

数据分析师是指不同行业中，专门运用科学的计算方法，从事行业数据搜集、整理、分析，并依据数据作出行业研究、评估和预测的专业人员，他们为解决决策难题提供科学指导依据。数据分析师通常专注于描述过去的数据。而数据科学家则是精通多种科学方法和新工具，具备新的数据洞察能力的工程师或专家，通常扮演着操纵数据和创建模型以改善未来的角色。数据分析师的重要工作之一是利用在线分析处理（OLAP）、数据挖掘、预测和数据建模等工具，预测未来事件的可能性。这个过程包括分析当前和历史数据模式，以确定未来的模式，并提出处理这些数据的最可行的方法。数据分析是数据科学的核心，无论是在处理各类数据的初始阶段，还是在实际开发应用程序中，以及从数据获取的知识中获益，数据分析都发挥着重要作用。

然而，数据分析不仅涉及技术、硬件和数据，还需要思想上的变革。因此，对分析的支持不能仅仅是信息技术驱动的。如果想要成功，必须得到企业管理层的全力支持。

2.3.2 数据全生命周期过程

在最近的大数据革命中，数据分析越来越重要，并有望为企业创造更多的价值和竞争优势。数据分析的主要过程如图 2-2 所示。

1. 确定业务目标

数据分析从确定业务目标或问题陈述开始。一旦定义了整个业务问题，就可以将该业务问题转换为数据分析问题。

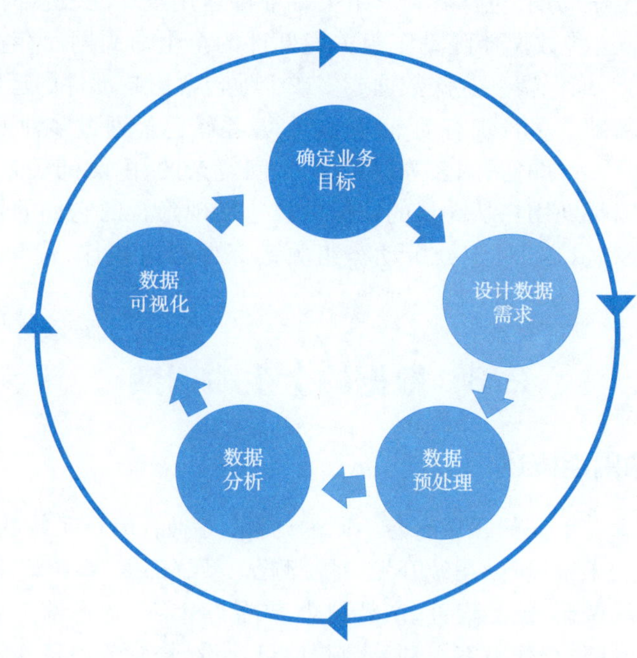

图 2-2 数据分析的主要过程

2. 设计数据需求

为了对特定的问题进行数据分析,需要来自相关领域的数据集。根据领域和问题规范,可以确定数据源,并根据问题定义这些数据集的数据属性。

3. 数据预处理

预处理用于对数据进行操作,将数据转换成固定的数据格式,再将数据提供给算法或工具。大多数应用场景具有多种数据源,它们的数据属性和数据格式不尽相同,需要利用不同的数据工具和算法对数据进行操作,如数据清理、数据聚合、数据扩充、数据排序和数据格式化,向所有的数据工具以及数据分析算法提供标准的数据支持。

如果是大数据,则需要将数据集格式化,并上传至 HDFS (hadoop distributed file system),供 Hadoop 集群中具有 mapper 和 Reducers 的各个节点使用。

4. 数据分析

经过预处理数据,即可有效支撑数据分析。数据分析即是通过对数据的计算、挖掘等系列操作,从数据中发现有意义的信息,从而做出更好的业务决策。数据分析可以通过机器学习及智能算法、规则等实现。对于大数据,这些算法可以转换为 MapReduce 算法,在 Hadoop 集群上运行它们,可将数据分析逻辑转换为 MapReduce 任务,在 Hadoop 集群上运行。这些算法模型需要进一步评估,并进行改进或优化,以实现更好的性能。

5. 数据可视化

数据可视化用于显示数据分析的结果。可视化是一种表示数据见解的人机交互方式。这可以通过各种数据可视化软件和实用工具来实现。

2.3.3　数据全生命周期管理

数据全生命周期管理(data life-cycle management,DLM)是一种数据管理的策略和方法,用于管理信息系统的数据在整个生命周期内的流动,从创建和初始存储,到它过时被删除。数据全生命周期管理通常根据业务需求,制定组织和存储策略,并根据制定的策略将数据组织成各个不同的等级,并基于业务相关性等关键条件自动地将数据从一个等级区域移动到另一个等级区域。例如,较新的数据和那些被频繁访问的数据,应该存储在更快、更可靠的存储媒介上,而那些不是很重要的数据则可以存储在比较便宜的、稍微慢些的媒介上。

分级存储管理(hierarchical storage management,HSM)是数据全生命周期管理策略中的一种。分级表示不同的存储媒介类型,如 RAID(独立磁盘冗余阵列)系统、光学存储等,不同级别的存储媒介类型的成本和检索速度不同。使用分级存储管理时,管理员可以建立管理规则,确定不同类型的文件被复制到备份存储设备的频率。一旦规则被创建,分级存储管理软件就自动地管理所有的事情。对于长期没有访问的数据,分级存储管理通常从该数据最后一次访问开始计时,到达规定的时间长度后移动该数据。数据全生命周期管理则可以根据更加复杂的条件来启用不同的数据管理策略。

有时人们把数据全生命周期管理(DLM)与信息生命周期管理(information life-cycle management,ILM)混用,但是这两者之间是有区别的。DLM 处理通常的文件属性,如文件的类型、大小以及生成时间;ILM 则具有更复杂的功能。例如,DLM 可以允许用户查找已存储的、具有某个时间的某类文件,而 ILM 则能让用户查找不同类型存储文件的某个数据片段,如客户号码。

根据商业价值实现数据存储与管理需要四方面的支持:①需要有一套能够分类数据集的方法论;②需要定义数据存放的不同位置;③需要定义策略,基于数据不同的类型、过期时间、关联度以及类似的因素等,从存储的一个地方迁移到另一个地方;④需要一个数据移动引擎将数据由一个存储设备迁移到另一个上。没有前三方面的支持,仅有数据移动引擎的意义不是很大。

2.4　数据科学

2.4.1　基本概念

数据科学(data science)的最简单定义是从原始数据中提取出有价值的部分来生产数据产品。数据科学是对各种数据资源的系统研究和分析,以理解数据的含义,并利用数据作为有效决策和解决问题的工具,是利用科学方法、流程、算法和系统从数据中提取价值的跨学科领域。数据科学揭示趋势并产生见解,企业可以利用这些见解做出更好的决策,并推出更多创新产品和服务。从这些数据中获得知识可以帮助企业在设计、生成和交付方面变得高效,发现新的机会,并创建一个强大的品牌形象。数据科学的目的是更加充分地利用数据,如数据采集、数据预处理、数据清洗、数据表示、数据评估、数据分析,以及利用数据挖掘获取业务相关的知识。数据科学有助于创新方法,以优化的方式共享、管理和分析数据。数据科学的目标是发现在个人、组织和国家层面上有助于决策的知识。除了识别、收集、表示、评估和应用数据以发现知识之外，数据科学还有助于数据的有效利用、降低数据的成本、提高数据的质量和准确性。数据科学的重要里程碑是大数据——具有分析由网络日志、传感器系统和交易数据产生的大量数据集的能力，发掘隐含的价值，并衍生出新的数据产品。

数据科学一般有五个阶段的生命周期，包括：

①采集：数据采集、数据输入、信号接收、数据提取。

②维护：数据仓库、数据清洗、数据暂存、数据处理、数据架构。

③处理：数据挖掘、聚类/分类、数据建模、数据汇总。

④分析：分析、探索性/确认性、预测性分析、回归、文本挖掘、定性分析。

⑤应用：数据报告、数据可视化、商业智能、决策制定。

虽然现在数据已被视为重要的资产，但仅仅拥有数据是不够的。为了更有效地利用现有数据，必须以适当的方式处理和分析数据，以获得对特定业务的洞察。特别是当数据来自多个数据源，没有特定的格式，并且有很多噪声时，就必须经过清洗、整理、分析和建模的过程。数据科学在商业的各个方面都有其适用性。所有的业务活动都会产生大量的数据。拥有丰富的这种资产（与业务相关的数据）对企业具有重要的意义。但数据的体量、非结构化和冗余等会给数据利用会带来很大的影响。一些研究人员认为，数据体量、增长速度和多样性等特征是处理数据的主要障碍。许多研究人员和创新贡献者为处理大数据提供了有用的模型和技术，然而还需要更为全面和有重点的方法。

在 Thomas H. Davenport、Don Cohen 和 Al Jacobson（2005）进行的一项调查中，确定了数据科学实践公司的一些关键特征和参数。该调查包括 32 家公司，它们在不同学科成功实践数据科学，并在数据科学活动和分析的基础上获得了竞争优势。根据观察研究，这些公司的主要特点如下：

①有多种类型的数据科学家，以及业务增长实践分析和数据科学相关活动的专家。

②不仅是统计，而且深度数据分析、建模和可视化技术被用于业务相关的决策。

③这些数据科学活动的广度不局限于一个业务的一个小功能，而是应用于多个业务活动。

④公司战略倾向于使用分析和数据科学活动。

大多数公司对数据科学的应用都有强烈的需求，但是很多公司并不能确切地知道如何计划这些活动，或如何优化业务战略。这需要有熟练的数据科学家和专家支持，他们能够综合公司发展的各种利益，规划实施数据科学相关活动所需的资源和基础设施。他们还需要确定可能的数据来源和权限，以及获取数据所需的方法。他们还应提供在此过程中可能有用的知识、工具和模型等的应用指导。他们还需根据公司的活动计划和未来发展的可能情况，识别和预测可能的会碰到的问题。被公司聘请的数据科学家或专家首先是要识别和确定实现公司目标的障碍；其次要熟练掌握和应用数据科学技能，如统计、建模、编程、可视化、机器学习和数据挖掘技术，这些都是做数据科学必不可少的；再次是确定具体消除影响公司目标实现障碍的数据处理方案，并提出优化数据处理步骤的建议；最后是基于收集到的数据，根据设计的方案实施数据科学活动。收集到的数据必须被清理、分析和处理成合适的模型，并以良好的方式呈现。在此阶段，可以在设计中进行微小的变化，以有效地实现模型。数据科学的主要活动如图 2-3 所示。

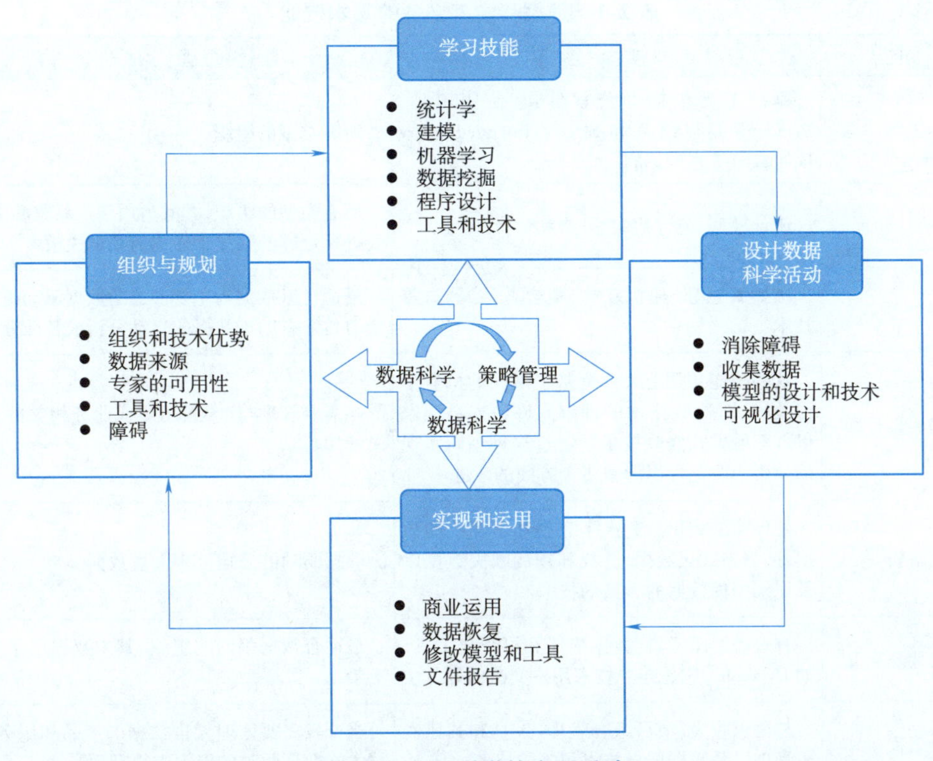

图 2-3　数据科学的主要活动

2.4.2　数据科学家

数据科学家是为商业和研究等的目的，获取、清理、表示和分析数据的核心专家。他们的工作支撑着企业或组织的各种业务活动，协调业务流程和管理业务的整个过程。要完成这项工作，数据科学家必须拥有多领域知识和丰富经验。最重要的是，数据科学家必须具备同时处理多个项目的能力，还应该具备机器学习、数据挖掘和数据统计等方面的技术，以及计算机编程能力，依此来分析从网络、智能手机、客户、传感器和其他来源搜集的数据，并从中获取有益的数据价值。

数据科学家的工作将根据企业或组织的性质、规模和跨度而有所不同。他们可能为一个以数据处理为主要业务活动的公司服务，在这种情况下，机器学习和数据统计是数据科学家需要具备的重要技能。有时公司会在某些阶段需要通过高效的基础设施处理大型数据，这时数据科学家能帮助建立数据基础设施和其他资源，在这种情况下，数据科学家应该具有软件工程的基础知识。有些公司不是数据驱动的，或者不处理和分析数据，但有适量的数据，从这些数据中获取的知识可能对公司的业务活动非常有用，在这种情况下，除了基本技能外，数据科学家还应该能够基于可视化技术展示数据。表 2-1 描述了数据科学家必备的基本技能。

具体地说，数据科学家应该是业务分析、统计和计算机科学方面的通才，精通架构设计、实验设计、复杂算法、仪表板和数据可视化等知识。数据科学家应该充当数据科学的捍卫者，负责将内部和外部数据结合起来，以助力企业决策能力的提高。

表 2-1　数据科学家必备的基本技能

技　能	描　述	适　用　性
基本工具	基础工具包括办公软件包、制图工具、Python 等编程语言和 SQL（structured query language）等查询语言	所有类型的组织
基本的统计知识	统计模型、统计检验、分布和估计	所有类型的组织，尤其适用于产品驱动的公司，需要处理足够的数据来做出有效的决策
机器学习	诸如 K 近邻、随机森林、集合方法、分类等技术	最适合以数据为主要产品的数据驱动组织。机器学习技能有助于数据的自动分析或智能分析
微积分与线性代数	这些技能实际上大都是基于不同的机器学习技术，对这些技术的理解允许数据科学家以创新的方式修改技术。通过这种创新实现的一个小改进可以导致多个方面的改进	当需要管理与产品、用户或业务相关的大量数据时使用
数据解析	处理非格式化、部分、不完整和不明确的数据，适当格式化数据、查找和预测缺失数据以及识别模糊数据的含义的技术	数据驱动的公司处理大量数据
数据可视化与交互	有效的绘图工具，数据描述和可视化工具，如 Dygraphs，这是与非技术用户交流的好方法	最适合数据驱动的组织，其中数据用于支持关键决策
软件工程	与需求收集、项目组合管理、人员和其他资源管理以及数据记录技术相关的技术	当开发需要处理大量数据的产品和服务时，这种技术在数据驱动的组织中很有用

2.4.3　数据科学如何改变企业

非结构化数据在企业做出重大决策中的作用越来越大。例如，跟踪社交媒体数据源（如 Instagram、Tumbler 等），提供了了解个人、群体和社会的途径。收集、归纳和分析这些丰富的数据，可以帮助企业改善产品和客户服务，并以更好的方式宣传和营销产品，以提升其品牌知名度。

企业利用数据向客户提供更加友好和个性化的服务并增强持久的关系，他们通常的做法如下。

1. 在客户提出要求之前准确预测他们想要什么

企业会收集大量关于客户的数据，不仅包括他们购买了什么，还包括他们访问了什么网站、住在哪里、何时与客服沟通，以及是否在社交媒体上与品牌进行互动。显然，这是大量看似无关紧要的数据，但能够适当挖掘这些数据的企业可以探知客户更个性化的需求。为了正确地把握未来，企业必须通过正确的渠道向正确的客户推广正确的产品。

2. 让客户对自己的数据感兴趣

随着 FuelBand 和 FitBit 等可穿戴工具的发展，客户可以接触到比以往任何时候更多的关于自己的数据。然而，仅仅向客户提供数据是不够的，企业需要过滤所有数据，并提取最相关的信息，为客户提供轻松的体验。如果处理得当，能改变客户日常生活的数据能对公司的投资回报产生影响。一旦人们关注自己的个人数据，他们就更有可能继续使用该产品。

3. 加强与客户服务的互动

当客户与品牌的联系渠道比以往任何时候都多时，利用数据来加强客户关系显得尤为重要。例如,一些航空公司正在使用语音分析技术,从实时记录的客户与员工之间的互动中提取数据丰富的信息,以便更好地服务客户。

4. 发现客户的不适并帮助他们

一些数据驱动的企业正在挖掘(隐藏的)信息,用以发现和解决客户的问题,改善客户体验。例如,我国铁路部门根据乘客购票和对餐饮服务的需求,提供网上购票及订餐服务,使得服务更加人性化。

2.4.4 数据科学如何执行

在许多企业中,数据科学是一门年轻的学科。因此,数据科学家很可能需要与业务人员以及对数据有一定理解的专业人员配合。这有助于数据科学家完成 CRISP-DM 模型的第一步和第二步——业务理解(business understanding)和数据理解(data understanding)。

数据科学项目应该具有一个规范的工作流程,它定义了流程的各个阶段和退出标准,允许根据预先制定的标准做出是否继续项目的决策,以优化资源利用并从数据科学项目中获得最大收益,这也可以防止项目追求不可行的假想目标。

Maloy Manna 提出的数据科学项目生命周期(data science project life cycle)是对 CRISP-DM 的修正,强调以工程为重点,如图 2-4 所示。

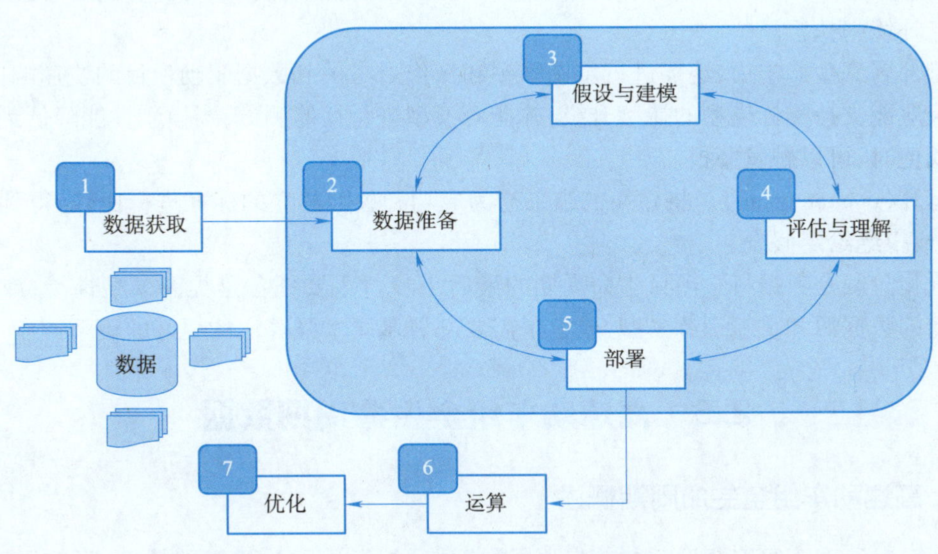

图 2-4 数据科学项目生命周期

①数据获取(data acquisition)包括从内部和外部获取数据,以及从社交媒体或网页抓取数据。数据也可以由设备、实验、传感器或计算机模拟产生。

②数据准备(data preparation)包括清理数据并将其重新整理为可用于执行数据科学的标准形式。此阶段涵盖了从初始的数据到构建最终数据集(将作为建模工具的处理对象)的各种操作过程。这些操作可以执行多次,而且可以不按顺序执行,包括表、记录和属性的选择,以及为适应建模工具而进行的转换和数据清理等。

③假设与建模(hypothesis and modelling)是标准的数据挖掘步骤,但在数据科学项目中,这些步骤并不局限于统计样本。在这一阶段,选择和应用各种建模工具,通过评估等技术将其

参数校准到最优值。对于相同类型的数据挖掘问题,有多种技术可供选择,有些技术对数据的形式有特定的要求。因此,经常需要重新回到数据准备阶段。这是一个至关重要的子阶段,即模型选择和参数优化。这个阶段包含用于训练候选模型的训练集的划分,以及用于评估模型性能和选择最佳模型、测量模型精度和防止过拟合的验证/测试集。

④评估与理解。评估(evaluation)从数据分析的角度考虑,对于已经建立一个或多个高质量的模型,在进行最终的模型部署之前,应更加彻底地评估模型,审视在构建模型过程中所执行的每一个步骤,以确保这些模型应用能够达到企业的目标,这一步是非常重要的。一个关键的评价指标就是:是否仍然有一些重要的企业问题还没有被充分地加以关注和考虑。评估阶段结束之时,有关数据挖掘结果是否使用应达成一致的意见。

⑤部署(deployment)即是将数据科学项目发现的结果及过程组织成为可读文本形式。模型的创建并不是项目的最终目的。尽管建模是为了挖掘更多有关于数据的信息,但这些信息仍然需要以一种客户能够使用的方式被组织和呈现。这经常涉及企业在处理某些决策过程时,如铁路部门在决定新的客运时刻表时,需要拥有一个客流分布和预测的“活”的模型支撑。

阶段②到④根据需要重复多次。一旦对数据和业务的理解变得更加清晰,并对初始模型和假设的结果进行评估,就可以实现额外的微调。这些可能会包括步骤⑤,并在具体部署之前在预生产环境中执行。

模型部署到生产中后,还需进行定期维护和操作。考虑到数据驱动项目的快速响应需求,维护阶段应能支持目标模型的持续升级,并能对模型进行性能测试,当模型性能降低到超过某个标准阈值时,可以触发警报。

⑥运算(communicate)。将建模的结果与为成功和失败建立的标准进行比较,得到比较结果:接受或拒绝给定假设。

⑦优化阶段是数据科学项目生命周期的最后一步。主要任务是提升模型性能,或者是需要添加新的数据源和重新训练模型,或者是需要部署基于增强算法的更好的模型。

2.5 高速动车组全生命周期数据

2.5.1 高速动车组全生命周期概述

如何在保证动车组安全运行的前提下,提高动车组运行和检修时的效率、降低运维成本,是铁路部门关心的重要问题。经过十几年的发展,我国在动车组运维方面已经进行了大量的工作,积累了一定的经验。例如,动车组故障关联关系分析和动车组关键部件剩余寿命预测等。然而,要想精确地诊断动车组故障,预测其关键部件的寿命,仅仅依赖运用过程中的数据是不够的。为了更全面准确地进行分析,需要充分利用动车组在设计、制造和运用维护等不同阶段的数据。

随着我国高速铁路行业信息化日益完善,铁路全生命周期数据的采集已经具备很好的条件。包括设计数据、制造数据、实时运行数据、维修数据等。面向动车组运维的相关分析,如故障预测、部件剩余寿命预测等,主要的解决途径是挖掘列车本身的情况与所有的外界因素的关系。列车本身情况包括列车的设计、制造和运用等的履历信息、运行状态和检测信息等,外界因素如线路信息、外界天气、温度信息等。为了支持这些复杂的分析，就引出了动车组全生命周期数据的概念。

动车组的完整生命周期包括动车组从设计到建造，再到运行、维修、报废的完整过程。在动车组的整个生命周期中，会产生大量的数据，这些数据具有多源、异构等特征。随着我国高铁信息化的逐步深入，这些数据在不同的信息系统中进行了完善的管理。以国内某动车制造厂为例，已经建立了以下系统：

①用来管理所有与产品相关信息和所有与产品相关过程的 PDM（product data management）系统。

②用于生成和管理采购订单、供应链管理、物料存储和分配的 ERP（enterprise resource planning）系统。

③用于管控产品制造过程、制造质量管理，数字化制造的 MES（manufacturing execution system）系统。

④用于管理动车组检修服务业务、整合动车组运用维修信息的 MRO（maintenance, repair & operations）系统。

⑤用于监控动车组实时运行状态、关键零部件工作情况的 WTD（wireless transfer device）系统。

上述系统都是动车组生命周期某一个阶段的数据源，数据共享是数据被充分利用的前提条件。在进行设计优化、工艺改进和精准运维等复杂数据分析时，需要利用多个来源数据分析内在关联，挖掘其中价值。这些数据具有数据量大、异构、多维、多尺度、不同步、不完整等特点和问题，导致数据难以直接利用。因此，数据的规范性、完整性和准确性方面的处理措施必不可少。为了支撑后续分析工作，获得更好的分析结果，需要一个完善的数据预处理流程来获取高质量的动车组数据，即通过提取适合、有效的数据，补充不完整数据，从而为动车组运维方面的相关研究提供良好的数据基础，提高数据的可用性。

2.5.2　高速动车组全生命周期产生的数据

高速动车组的全生命周期包括从设计开始直至报废的过程，包括设计、制造、备用、运用、检测、维修等阶段，涉及的信息系统种类繁多，且涉及国铁集团、铁路局集团公司、动车段（所）、主机厂、部件生产厂家等多家单位。例如，在制造阶段，针对高速动车组设计、生产、制造计划执行等业务流程，ERP、MES 等系统涵盖了计划管理、车间管理、工时管理、高级计划排产等功能，提供了制造相关的数据。在运用阶段，动车组运用调度管理信息系统按照动车组运行计划，组织和管理动车组的运用，业务覆盖了国铁集团、铁路局集团公司、动车段/所，实现了调度管理、作业管理、技术管理、物流管理、设备管理等功能。在检修阶段，动车段的动车组检修管理信息系统具备检修计划编制、检修资源信息一体化管理等功能，包含了动车组检修方面的数据。

总体来说，动车组全生命周期数据可以分为设计数据、基础数据、生产数据、实时运行数据、维修履历数据、故障数据、线路数据、环境数据八类，如图 2-5 所示。

1. 设计数据

动车组设计数据主要管理动车组部件的设计图纸、三维数字模型和采用工艺等信息，为设计人员提供直观明确的设计参考。除了基本的设计信息之外，还包括对于设计结果的检验策划。这些数据主要是由计算机辅助设计(computer aided design)工具制作的列车二维、三维模型数据,当这些非结构化数据在和结构化数据结合使用时,就存在异构数据源相互关联的问题。

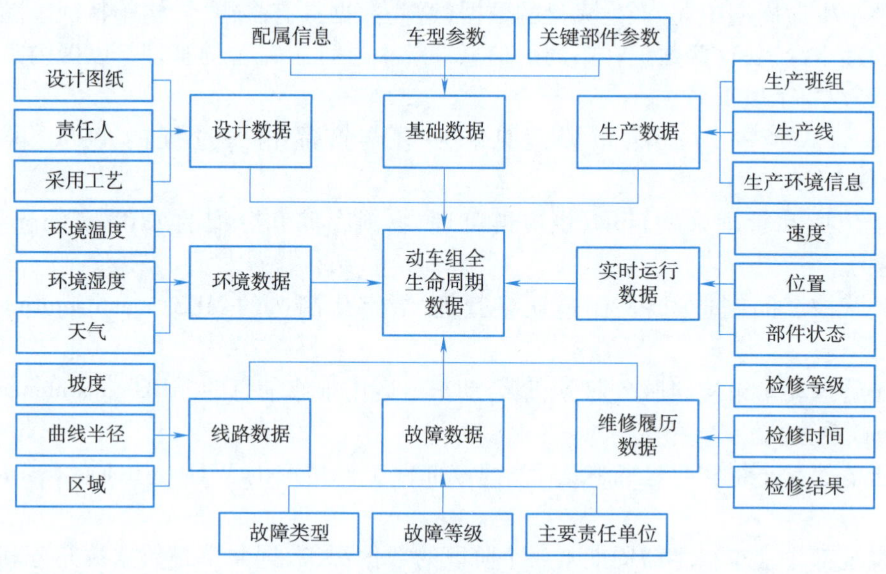

图 2-5 动车组全生命周期数据

2. 基础数据

动车组基础数据主要描述动车组自身静态信息和车载部件的静态信息,这些信息在动车组或部件的全生命周期中不会改变。动车组自身基础数据包括车型、总定员、列车长度、最大载重、列车构型等。部件基础数据中部件的技术参数由供应商提供,如额定电压、设计寿命等;部件的装配信息则是在动车组生产装配的过程中产生的,如物料编码、物料序列号、维修标记、位置串等。

3. 生产数据

动车组生产数据主要是记录动车组在生产组装过程中的信息,采集产品制造过程中的质量数据,实现动车组的制造履历及装配档案的数据采集功能,实现关键零部件位置信息以及制造过程可追溯信息的搜集。具体包括月度流水计划信息、制造班组信息、人员信息、生产环境温度、生产环境湿度等,完善地描述整个动车组生产制造过程。由于环境复杂、干扰大,因此在列车生产现场采集到的生产数据需要解决数据不完整的问题。

4. 实时运行数据

动车组实时运行数据又称动车组车地数据,主要记录动车组在运行过程中的状态和关键零部件的状态参数,用于在动车组运行时实时监控其运行情况和部件工作情况。实行运行数据主要包括时间、车速、GPS 信息、每个动力车的牵引力、电压、电流、制动反馈能量、牵引电机轴承温度、齿轮箱轴承温度等。发生故障时也会产生相应的实时故障信息。车地数据是列车全生命周期数据中的重要一环,粗略估计每天可以产生约 10 GB 的数据量。而由于网络延迟、传输丢包、传感器故障等原因,在这些海量数据中还有着不同步、噪声大、数据缺失严重等问题。此外,列车运行中还有实时采集的受电弓图片数据等,难以和其他数据关联。

5. 维修履历数据

动车组维修履历数据主要是管理动车组历史的维修记录和部件更换信息，同样是动车组信息溯源的重要组成部分。具体包括动车组维修等级、维修轮次、检修地点、检修内容等。更换部件的相关信息包括部件在列车构型树上的位置、物料编码、物料唯一序列号等。列车在运行中可能会在不同的动车段、检修所中进行，而这些不同的维修机构中对于同一物料可能存在不同的物料编码或者描述等，造成了数据多尺度的问题。

6. 故障数据

动车组故障数据是非常敏感的数据，也是优化动车组运维效率、提高服务质量的核心内容。主要包括故障车编号、故障车辆号、故障名称、故障位置、故障概要、发生地点、故障时间、故障级别、故障原因分类、构型位置、主要责任单位等。故障数据除了故障类型、故障时间等结构化数据，也包含文字、图片等对于故障现象的描述的非结构化数据，想要利用这些数据，同样需要解决数据异构的问题。

7. 线路数据

动车组线路数据主要描述动车组运行时所在的线路情况，提供轨道信息、电网信息等，主要包括轨道坡度、轨道弯度、轨道沉降情况、轨道年限、轨道养护情况、责任单位等。电网相关的信息有受电弓接触情况、电网年限、电网责任单位等信息。

8. 环境数据

动车组环境数据主要描述客观自然环境的数据，而动车组线路数据偏重于直接作用于动车组运行的线路信息，两者均可以为动车组故障分析等分析研究提供参考。环境数据包括环境温度、环境湿度、天气、风力、降水量、所处地区、季节等。

可以看出，动车组全生命周期数据涵盖范围非常广泛，所以动车组运维分析不限于使用单一数据源的数据，需要面对和解决多源数据情况下普遍存在的数据量大、异构、多维、多尺度、不同步、不完整等问题。

2.5.3　高速动车组全生命周期数据管理

高速动车组全生命周期数据管理是把高铁业务和信息技术融合起来的整套技术方案和相应的过程。动车组从设计、制造到运营维护的过程中积累了大量数据，数据资产从获取、存储、使用到删除是其生命周期，在其生命过程中可能被提取、导入、清洗、转换、归约、融合、导出、分析、挖掘等，以实现高速动车组专业领域的信息化管理。实现高铁的信息化，即将数据管理应用到高铁的各项装备、各大业务系统、各类数据的全生命周期管理中。以数据为核心，根据《DAMA 数据管理知识体系指南》建立的高速动车组全生命周期框架如图 2-6 所示。

可以从高速动车组全生命周期、数据全生命周期、系统开发生命周期三个维度构建高速动车组信息化管理体系框架。高铁装备的生命周期数据管理涉及固定设施（如线路、桥隧、通信、信号等）及移动装备（动车组等）的设计、建造/制造和运维数据，还涉及列控系统、防灾监控系统、安全控制系统、动车组健康状态管理和故障预测系统（PHM），以及相关的地理、气候等数据，构成了时间、空间的多源、多维度的数据。对多源、多维度的数据进行全生命周期集成化管理，包括完成数据导入、融合，进而面向不同的业务形成数据集市，消除信息孤岛。根据不同的业务要求进行数据开发，最终进行结果的可视化展示。

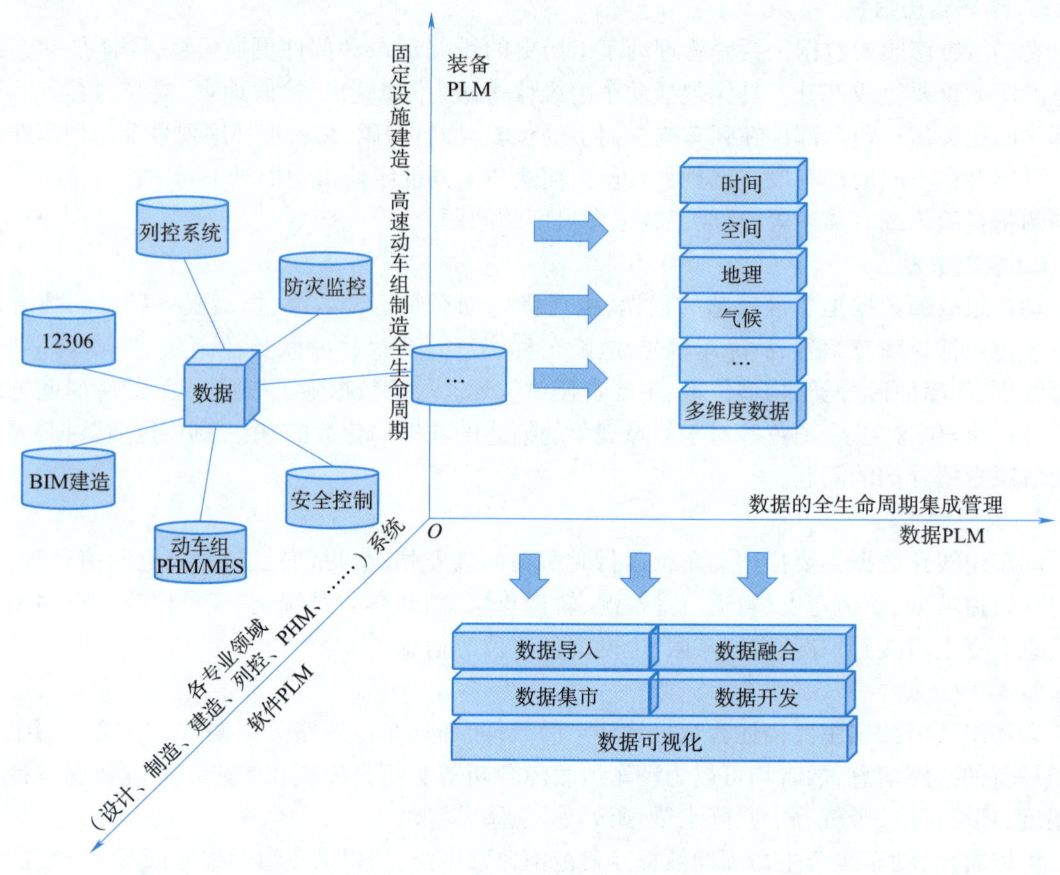

图 2-6 高速动车组全生命周期框架

2.5.4 高速动车组数据质量

对于一些企业来说，数据质量是一个挑战，因为他们希望通过数据洞察来提高效率和用户交互。而在实际生产业务运行中，会因各种因素导致数据质量不高，出现数据错误，如数据不完整或缺失、信息过时和数据不准确等。归类起来，数据质量大致有三种特性：

①数据有效性：数据是否完成了它应该做的事情。

②数据的完整性和准确性：数据是否足够好以完成业务。

③数据一致性：数据是否一直在做相同的事情。

数据质量是任何数据驱动工作的基础。随着企业数据量的持续增长，在进行数据分析时应优先考虑数据质量，以确保数据分析结果的可信度。在铁路的众多数据中，高速动车组数据质量存在以下几个问题。

1. 数据结构多样

各系统存储的数据结构多种多样，既包括存储于关系型数据库中的结构化数据，也有文本文件、影视资料等半结构化和非结构化数据。例如，许多动车组的技术参数是以 Excel 表格的形式存储的，这类数据涉及动车组的设计和制造阶段，是动车组全生命周期数据中重要的一环，必然要纳入集中管理的范畴内。

2. 数据模式不同

由于各业务系统是独立进行设计的,因而数据模式标准并不统一。这种不统一包括两种类型:第一种是描述同一属性的字段名称不同,如同样是描述第二车厢第一个牵引电机定子温度的字段,有的系统的数据库中采用"stator_temp_2_1"作为字段名,有些则采用"temper_stator_2_1";第二种是数据描述的标准不同,如同样是对车速的记录,有些数据中采用纯数字格式存储,如"200. 0",有些数据中采用带有计量单位的数值存储,如"270 km/h"。

3. 存在重复数据

这种情况主要存在于各个系统内部的数据当中,由于员工使用不熟练或系统问题,会出现信息重复的情况。例如,车载信息地面应用系统中存储的许多数据,由于网络信号差等原因,在发送端长时间未收到接收确认回复时,会再次发送未成功数据包,由此很容易造成数据重复,如图 2-7 所示。

TRAINNUM	TIME	SPEED	MILEAGE	CHANGE
1402A	20XX/10/21 15:53:02	0	536870912	0.10
1402A	20XX/10/21 15:53:02	0	536870912	0.10
1402A	20XX/10/21 15:53:02	0	536870912	0.10
1402A	20XX/10/21 15:53:02	0	536870912	0.10
1402A	20XX/11/29 14:38:02	0	536870912	0.10
1402A	20XX/11/29 14:50:02	771	536937475	0.10
1402A	20XX/11/29 15:00:02	771	536937475	0.10
1402A	20XX/11/29 15:00:02	771	536937475	0.10
1402A	20XX/11/30 9:50:02	771	536937475	0.10
1402A	20XX/11/30 9:50:02	771	536937475	0.10
1402A	20XX/11/30 9:50:02	771	536937475	0.10
1402A	20XX/10/21 15:53:02	0	536870912	0.10

图 2-7 动车组数据中的重复值

4. 存在信息缺失

这个问题是指系统表中已经设计了相关字段,但使用过程中,由于各种各样的原因,很多记录没有收集该字段信息,从而出现数据缺失情况。例如,在车地通信系统中,由于天气恶劣或地理环境复杂,可能会引起通信信号的中断,从而导致数据包中的个别字段无法按协议读取,从而造成数据的缺失,如图 2-8 所示。

SERIALNUM	TRAINNUM	TIME	SPEED	MILEAGE	CHANGE	ROUTE	GEAR
D295	2236A	20XX/11/25 13:43:10	116	651685	-0.10	1	P2
D3695	2238A	20XX/11/25 11:58:06	41	494805	-0.10	3	
D3695	2238A	20XX/11/25 12:02:06	0	493131		3	B7
D3695	2238A	20XX/11/25 12:03:06	0	493131	数据	3	B7
D3695	2238A	20XX/11/25 12:04:07	0	493131	缺失	3	B7
D3695	2238A	20XX/11/25 12:05:06	0	493131		3	B7
D3695	2238A	20XX/11/25 12:06:07	0	493131		3	B7
D3695	2238A	20XX/11/25 12:08:07	53	494041	0.90	3	P6
D334	6148A	20XX/5/4 15:20:55	0	0		1	非常
D334	6148A	20XX/5/4 16:01:55	0	0	数据	1	非常
D334	6148A	20XX/5/4 16:07:55	0	0	缺失	1	非常
D295	2236A	20XX/11/25 13:42:10	116	649742		1	P2
D295	2236A	20XX/11/25 13:44:10	117	653632	0.20	1	P2
D3695	2238A	20XX/11/25 11:45:06	204	458988		3	P2
	2237A	20XX/11/25 12:10:40	0				非常

图 2-8 动车组数据缺失示意图

5. 系统之间数据不一致

这种不一致存在以下两种情况：

①系统间的数据维护造成的不一致。为了满足各自信息系统的内部逻辑、减少数据传输从而提高应用访问效率，不同的业务系统内可能存放有相同的信息，即系统间存在冗余数据，如果这些数据不能够进行及时同步，必然会导致数据的不一致。

②系统间存在数据传输时由于同步时效性造成的不一致。对于不同的业务系统间存在信息共享的情况，需要数据传输同步，在未及时同步的情况下，系统间也会出现数据不一致。

6. 数据层次结构不分明

动车组是一个复杂的设备，内部结构层级分明，包含牵引、制动、控制、网络等多个子系统，涵盖了牵引电机、车轮、转向架等多个关键部件。动车组全生命周期数据集中管理后的一个主要应用便是对动车组数据进行故障规律统计、健康状态分析、寿命预测等，而这些应用多数是针对动车组的关键部件级别进行的。然而，现有业务系统中，数据大多是以车辆和时间作为索引进行组织管理的，关键部件级别的数据之间不存在直接联系，换句话说，无法对部件相关数据进行直接查找。因而，当需要提取关于某个关键部件的所有信息时，无法快速找到相关数据，这对于后续的应用分析是非常不利的。

2.5.5 高速动车组运维数据分析

1. 高速动车组运维数据分类

在高速动车组的整个运维过程中，会产生大量的数据，如动车组运用数据、履历数据、检测数据、环境基础数据、检修数据和车载状态数据等，这些数据就构成了多源数据，如图 2-9 所示。

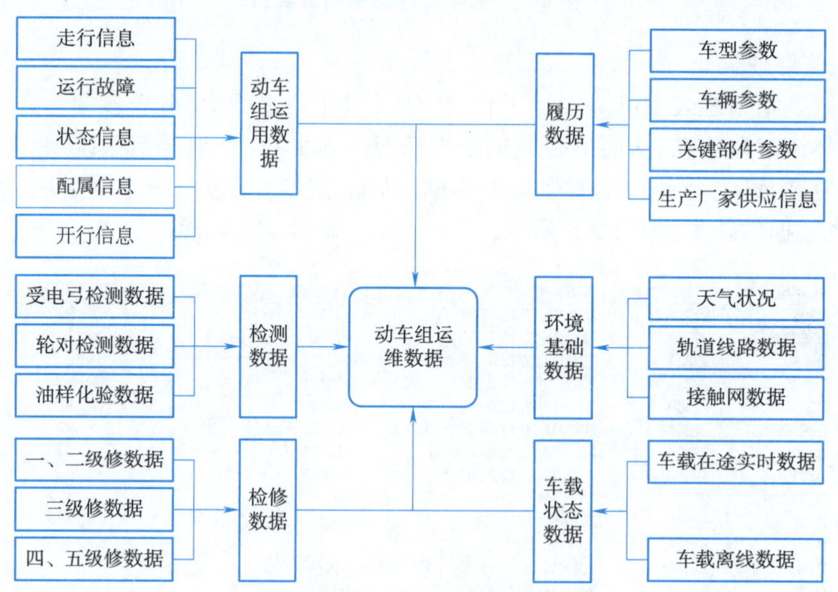

图 2-9 动车组运维数据分类

说明：2.5.2 节中动车组全生命周期数据是指高速动车组从设计开始直至报废的过程中产生的数据；这里动车组全生命周期数据是指相关信息系统中的管理应用的相关数据。应用的场景不一样，分类也稍有区别。

（1）动车组运用数据

该类数据主要来自国铁集团、铁路局集团公司和动车组运用所的动车组管理信息系统，包括走行信息、运行故障、状态信息、配属信息及开行信息，提供各铁路局集团公司所配动车组的车组状态和配属、运行交路、走行公里数和修程信息、运行途中发生的紧急故障和处理措施、车组每日的状态等，是对动车组整个车组运用过程中的整体信息。

（2）履历数据

动车组履历数据包括车型、车辆、关键部件的各种技术参数及关键部件生产厂家的供应信息，这些数据由主机厂和关键部件生产厂家提供，并且在动车组的整个生命周期过程中不会发生改变，属于静态信息。例如，车型参数包括编组车辆、总定员、列车总长、标记速度、最高试验速度、车轮原型直径等；车辆参数包括车号、轴重、转向架型号、载重等。

（3）检测数据

检测数据来自铁路局集团公司动车段对各个关键系统及部件的检测设备与应用系统，如动车组入库检修前受电弓及车顶状态动态检测数据和轮对自动检测数据、油液监测分析系统中的油样化验数据等。

（4）环境基础数据

环境基础数据又可分为气象数据和线路基础数据，其中气象数据包括列车发生故障时的天气状况，如时间、室外温度、风力、天气状况等；线路基础数据包括轨道线路数据和接触网数据。前者属于传统意识中的环境即天气，后者属于外部硬件设施意义上的环境，二者均可为列车进行故障原因分析、故障预测等统计分析提供天气状况的参考依据。

（5）检修数据

在动车组的运用维护阶段，每一次检修都要进行记录，成为后续检修工作的根据，由此产生了大量的维修数据。这些数据按照维修级别可分为一至五的五个检修级别。其中，由于一、二级检修频率较高，产生数据也比较多，主要包括来自故障管理系统的检修故障记录、检修管理系统的关键项目检修信息、运维管理系统的部件更换信息等。

（6）车载状态数据

车载状态数据来自动车组车载信息系统，包括车载在途实时数据和车载离线数据。车载在途实时数据会通过车地通信实时传输到地面应用系统，包括列车运行过程中的列车及各系统、部件的详细状态信息，如列车车次、运行速度、加速度、位置、牵引制动状态、转向架状态及温度、牵引电机温度、牵引变流器功率等。车载离线数据中主要包括列车每次运行后的故障历史数据和统计信息等。

2. 高速动车组数据的特征

高速动车组全生命周期数据具有如下特征。

（1）数据量大

在全国范围内共有列车约 3 600 列，每日运行时间 18 ~ 20 h。仅动车组实时数据一项，包含列车的实时信息、关键部件的工作信息、实时故障信息等。一列车 1 min 产生的数据量为 3 ~ 5 KB，粗略估计每天就有接近 15 GB 的数据量。在积累了海量历史数据的基础上，实时运行数据也是动车组全生命周期数据的重要组成部分，在实际运行环境中，每一列车都是一个数据源，数据经无线网络由列车发送到数据中心。如何接收这些大量的实时数据并对其进行预处理同样是需要考虑的问题。

数据量大，增长快，对运算时效率要求越来越高。而且随着存储文件的数量增加，单台服务器的存储扩展能力往往是受限的，使得服务器性能不能满足数据处理的要求，影响用户操作。数据量大可以说是多源数据的基本特征，此类问题普遍的解决思路是使用大数据工具进行处理，离线计算可以使用 Hadoop、Spark 等工具；实时处理可以使用 Kafka、Storm 等工具；数据存储可以使用分布式文件系统等。此外，对于图片、视频等占用空间较大的文件类型可以采用适当的压缩算法。这些解决方案在预处理阶段和具体的数据挖掘或分析阶段均可以良好地应用。

(2)异构

每一个单独的数据源都是一个完整的体系，在将它们结合成多源数据时，各系统的数据类型、格式和产生模式不尽相同，缺乏统一的数据模型，这就是多源数据中的异构问题。所以在进行数据的集成时就需要对不同数据源进行格式的解析和转换。不同业务系统的建立是独立进行的，缺少统一的规范，对于缺少数据治理的企业，这类问题在多源数据中是普遍存在的。主要需要处理两类问题：数据模型统一和非结构化数据分析。由于不同的信息系统是单独建立的，所以多个系统间必然存在数据模型不同的问题。

在非结构化数据方面，以受电弓为例，如图 2-10 所示，除了实时运行时的电流、电压为结构化数据之外，还涉及图片、视频、文本等非结构化数据。其中图片、视频是用来实时监控受电弓状态的数据，文本则是检修人员检修后描述受电弓的文本信息。通过建立受电弓的本体，就可以将这些数据关联起来，在针对具体的数据进行分析即可。

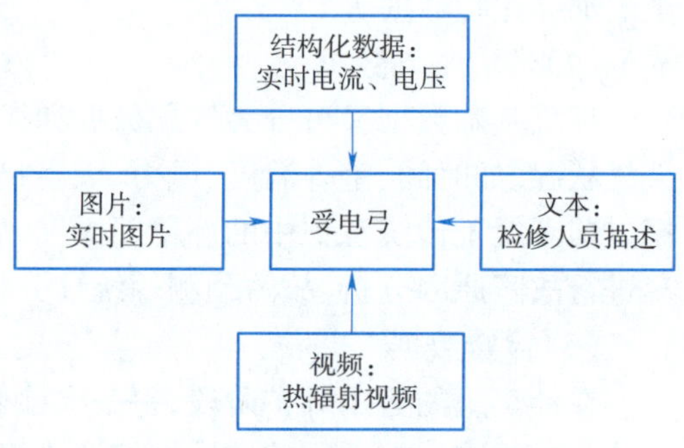

图 2-10　与受电弓相关异构数据

(3)多维

多维也称高维，同样是多源数据的基本特征。在许多研究中，收集多源数据的目的就是进行一些多维分析、多维决策等。多源数据中多维虽然为数据分析提供了更多的分析思路，但是引入的这些维度也可能会导致负向价值大于正向，如维数灾难问题。

从动车组全生命周期数据介绍中可以看出，动车组数据的维度非常多，即使限定在动车组运维相关分析这一子问题中，仅轴承温度数据就包括 200 多个维度，但在数据预处理这个阶段并不需要每个维度的信息。如图 2-11 所示。

此外，在预处理阶段的降维并不是过滤掉某些维度，因为预处理阶段无法确定具体的分析内容，只能梳理数据的关系，所以诸如主成分分析等算法不应应用在多源数据预处理阶段。

图 2-11 是动车组牵引电机故障分析时涉及的主要维度。图 2-12 所示为动车组实时数据的部分内容，在多数据源关联时，如果关心整车信息就只需要时间和列车编号即可。在预处理时关联整条记录的全部内容，会加重预处理工作的负担，之后的存储压力也会更大。

(4)多尺度

多尺度又称多坐标参考系，不同的数据源对同一对象采用不同的衡量尺度，导致得到的结果不同，如描述同一对象使用不同时间空间的比例尺、坐标系等。动车组运维数据中也存在相似或相同对象尺度不一的问题。比如，列车物料编码和描述不统一的问题；再如，在实际生产环境中，运行里程是评估轴承使用情况的一个重要指标，而在不同的数据源中对于剩余寿命的计算可能是通过时间进行描述也可能是通过里程进行描述，造成多尺度的问题。

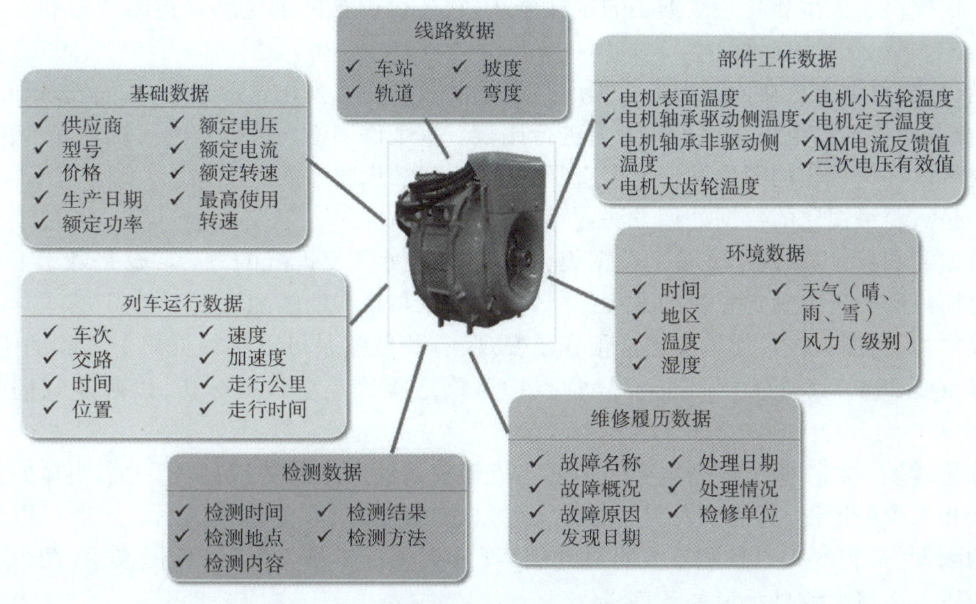

图 2-11 动车组牵引电机故障预测涉及维度

时间	列车速度(km/h)	动功率设定	环境温度(	1-4车牵引力(kN)	制动反馈能	引用电能量	6车牵引力	制动反馈	6车牵引用电能量(k
20XX-03-03 00:00:02	0.00	0.00	13.90	0.00	0.00	0.02	0.00	6511.51	36186.77
20XX-03-03 00:01:02	0.00	0.00	12.70	0.00	0.00	0.02	0.00	6511.51	36186.77
20XX-03-03 00:02:02	0.00	0.00	12.70	0.00	0.00	0.02	0.00	6511.51	36189.04
20XX-03-03 00:03:02	0.00	0.00	12.60	0.00	0.00	0.02	0.00	6511.51	36191.31
20XX-03-03 00:04:02	0.00	0.00	12.70	0.00	0.00	0.02	0.00	6511.51	36193.59
20XX-03-03 00:05:02	0.00	0.00	12.60	0.00	0.00	0.02	0.00	6511.51	36195.68
20XX-03-03 00:06:02	0.00	0.00	12.60	0.00	0.00	0.02	0.00	6511.51	36197.96

图 2-12 动车组实时数据样例图

再如，描述列车位置信息有三种方式：地面应答器、车载传感器、卫星信息。地面应答器是设置在轨道上的一种装置，间隔一定距离设置一个，列车通过时可以准确地记录列车的位置；车载传感器可以记录车轮转动圈数，再根据车轮周长即可算出列车在当前线路上的位置；卫星信息是卫星定位得到的结果。这三种数据都是描述列车位置信息的，而且精度各不一样。在使用时不同的数据源可能具有不同的数据精度和描述方法，造成数据尺度的不一致，必须转化或融合为统一的数据尺度。

解决多尺度问题的主要思路是建立不同坐标系间的映射，通常分为尺度分离、多尺度建模、关联跨尺度信息三步。一般来讲，不同参考系之间的映射关系都是可以被描述出来的，所以此类问题虽然复杂，但是总是能根据映射关系进行转换得出统一尺度下的数据。在多源数据预处理阶段，有效地解决多尺度问题，将多源数据转化为统一尺度，无疑为后面的分析做好了充足的准备工作。

2.5.6 高速动车组全生命周期数据可视化分析

数据可视化是数据的一种表示方法，它可以帮助用户直观地看到通过原始数据难以直接察觉的内容。

数据可视化对于复杂数据分析来说是必不可少的。在复杂的数据中，构造、特征、模式、趋势、异常和关系不容易观察。可视化通过以各种可视化形式显示数据来支持隐藏模式的提取。

可视化不仅提供了大型和复杂数据集的定性概述,它还可以帮助确定感兴趣的区域和进一步定量分析的参数。

目前,数据科学家正在通过图形数据库将记录的数据与可视化联系起来,从而发现新的知识,这些数据库将结果组织在一个图形上进行比较。有了许多不同数据点的可视化表示,数据科学家就可以在可视化的图中发现更多直观的信息,如知识图谱的可视化。

以下是需要可视化的数据处理方法:

①数据回归:可以取两个或多个数据集,并确定依赖水平和匹配的方程。这是数学上等价的依赖建模。回归可以确定直线的方程,并计算数据点与直线的匹配程度。

②异常检测:图表技术使偏离正常很容易发现,有些偏差是可以从数据集中移除的错误,其他则是重要业务关系的重要指标。异常点检测确定哪些点应该被分析,以确定它们的相关性。

③依赖建模:通常,两个数据集会因为某些依赖关系而一起趋势或循环,一个明显的例子就是雨天和雨伞的销售,其他不太明显的关系可以通过依赖关系建模来揭示。企业可以监测可访问的因素(如天气),以预测不太明显的因素(如雨伞的销售情况)。在图表中,两个数据集之间的正关系将大致显示为一条直线。

④聚类:随着数据集被绘制成图表,分析师可以发现数据点聚集成组的趋势。这可以以类似于依赖关系建模的方式揭示数据关系。

⑤数据分类:一种使用参数化数据对实体进行分类的方法,类似于聚类。例如,保险公司可以使用客户的"日常生活"数据来确定客户是否处于危险之中。

例 2.1 有效数据可视化案例。动车组的部件,如轴承,在不同的运行状态下其工作参数变化必然是不同的。在分析时,本例选择一种典型的并且情况较为简单的运行过程,即动车组速度曲线,如图 2-13 所示。经观察和分析,速度由 0 加速到 300 km/h 且在 15 min 内完成的加速过程是一种典型的运行过程。图 2-13 中箭头所指即为此过程,在分析中称其为目标过程。该可视化是由 Python 绘制的折线图,可以直观地看到动车组运行过程中速度变化规律。

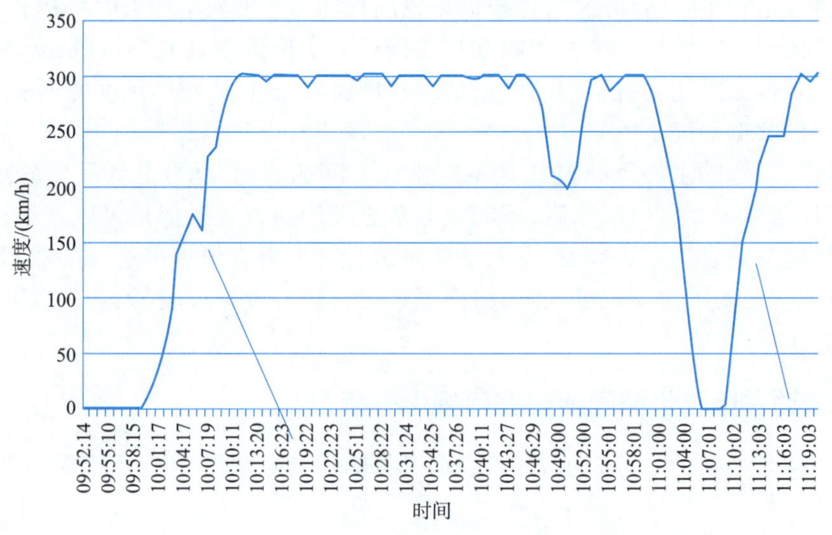

图 2-13 动车组运行过程中速度曲线

图 2-14 是根据知识图谱相关的技术构建的三元组知识形成的电机设备运维的知识图谱，并且通过 Neo4j 图数据库查询得到的部分数据节点关系图结构。可以直观地看到节点与节点之间的关系。

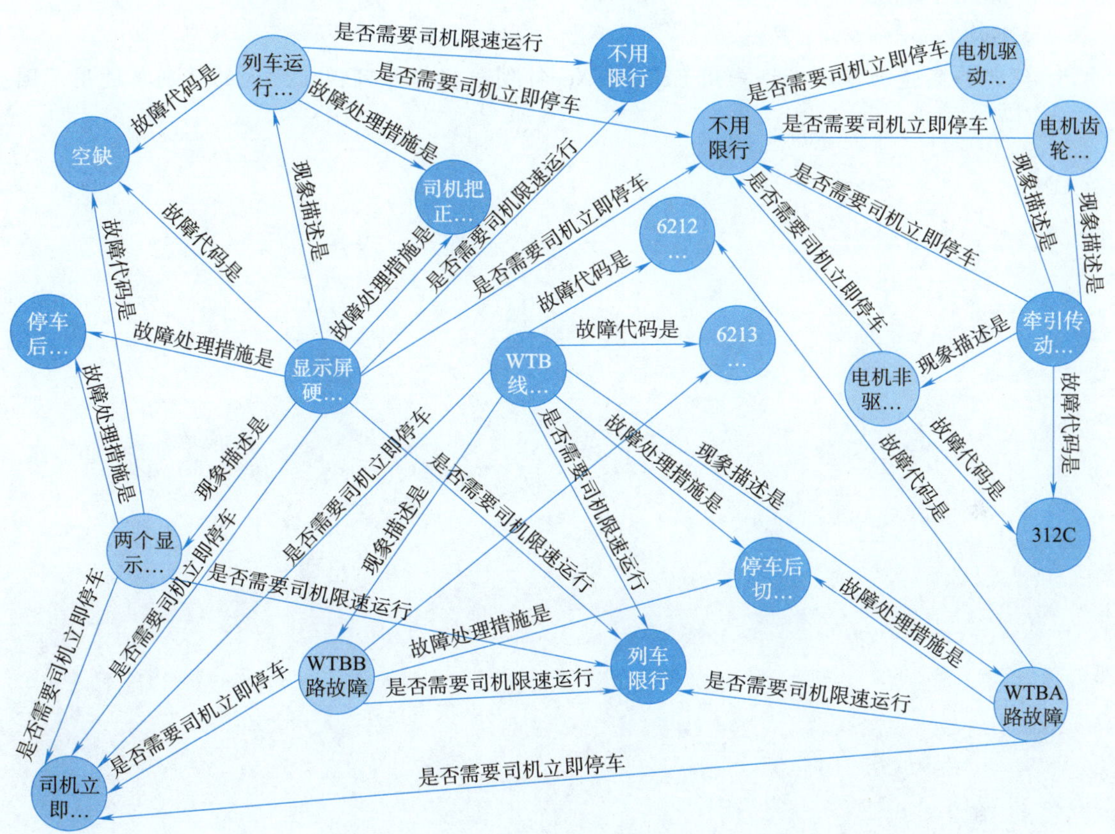

图 2-14 机电设备运维知识图谱后台部分节点

小 结

本章以信息处理的对象——数据为中心，介绍了数据的概念、类型等基本内容，从具体的业务谈起，介绍了业务过程中跨行业数据挖掘标准流程，同时对数据分析的全生命周期进行了探讨，对数据科学进行了介绍，从一般的方法拓展至铁路行业，结合高速动车组数据的全生命周期做了进一步分析。

习 题

1. 简述数据全生命周期的过程。
2. 高速动车组数据具有哪些特征？高速动车组数据常见的问题有哪些？
3. 数据科学如何在特定行业中应用执行？

4. 简述以下数据可视化常用的方法：
   - Tag clouds
   - Clustergram
   - Motion charts
   - Dashboard

5. 简述将高速动车组数据采用 Echarts、Neo4j 图数据库等可视化方式的区别与适用范围。

第3章 高速动车组智能运维信息处理常用算法

数据已经渗透到社会的每一个领域，成为影响社会发展的重要因素。每一天，甚至每一分钟，都会有海量数据通过企业的各种应用系统产生。从数据中获取有价值的信息，将成为数据化运营的基本能力。

高速铁路作为信息化程度非常高的系统，包含行车组织、列车控制、安全监测、旅客服务等多种不同的数据来源。其中，作为保障高铁安全、高效运行的高速动车组运维系统更是包括各种传感器检测数据、图片及音视频数据等多源、异质的数据，这些数据是对车组各种关键部件状态评估的主要依据和基础。但这些原始数据必须经过一定的算法处理，才能挖掘数据中隐含的业务对象的性能特征，并实现故障预测和健康理。本章将主要介绍高速铁路信息处理的几种常用算法。

知识结构图

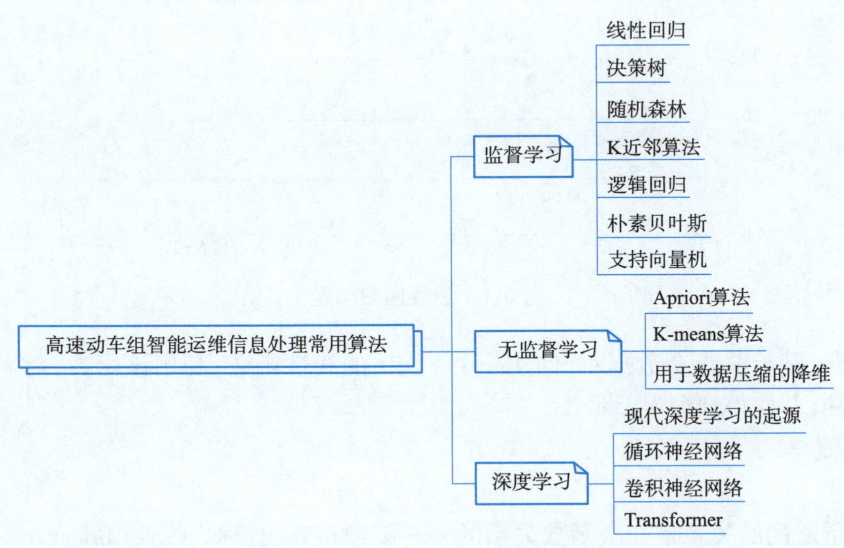

学习目标

- 了解高铁信息处理的常用算法。
- 理解算法的原理,掌握算法的计算过程。
- 了解算法的应用场景,应用算法处理高速动车组数据。

3.1 监督学习

监督学习是指根据已有的数据集,知道输入和输出结果之间的关系。根据这种已知的关系,训练得到一个最优的模型。也就是说,在监督学习中训练数据既有特征(feature)又有标签(label),通过训练,让机器可以自己找到特征和标签之间的联系,在面对只有特征没有标签的数据时,可以判断出标签。

监督学习的两个主要任务是回归和分类,其中回归用于预测连续的、具体的数值,而分类则对各种事物分门别类,用于离散型预测。

3.1.1 线性回归

1. 问题提出

给定 N 个时序数据对$(t_i,y_i)_{i=1}^{N}$(见图 3-1),预测当 $t=t_{N+1},t_{N+2},\cdots,t_{N+j}$时 $y_{N+1},y_{N+2},\cdots,y_{N+j}$的值。

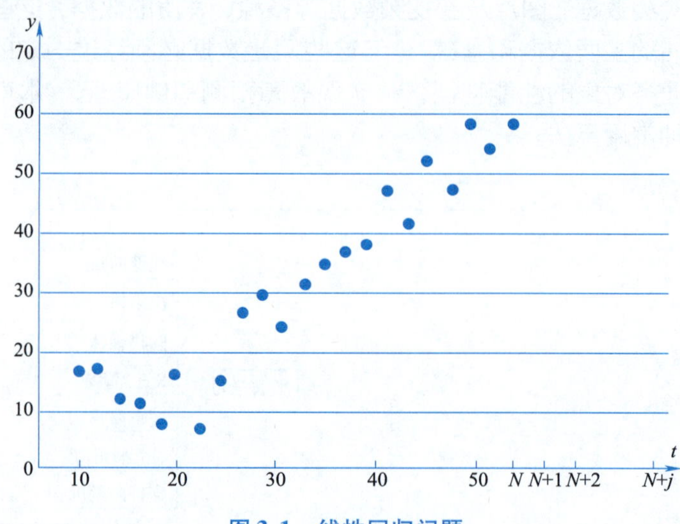

图 3-1 线性回归问题

解决思路:基于前 N 个数据对,构建一个 y 与 t 的线性函数,利用该函数,对 $t\geqslant N$ 的 y 值进行定量预测,并使得预测误差最小。

2. 基本概念

(1)线性

两个变量之间的关系是一次函数关系的——图像是直线,称为线性(linear)。

(2)非线性

两个变量之间的关系不是一次函数关系的——图像不是直线,称为非线性(non-linear)。

(3)回归

回归(regression)是一种有监督学习,主要是从中发现变量之间的相关性,确定变量间的关系式,从而预测输出的变量值。

回归要比其原始意义广泛得多。具体地说,回归分析的内容包括:

①确定响应变量与预报变量间的回归模型,即变量间相关关系的数学表达式(通常称为经验公式);

②根据样本估计并检验回归模型及未知参数;

③从众多的预报变量中,判断哪些变量对响应变量的影响是显著的,哪些是不显著的;

④根据预报变量的已知值或给定值来估计或预测响应变量的平均值并给出预测精度或根据响应变量的给定值来估计预报变量的值,即所谓的预报与控制问题。

(4)回归模型

回归模型(regression model)是对统计关系进行定量描述的一种数学模型,是一种预测性的建模技术,它研究的是因变量(目标)和自变量(预测器)之间的关系。这种技术通常用于预测分析,时间序列模型以及发现变量之间的因果关系。

(5)线性回归

线性回归(linear regression)是利用数理统计中回归分析,来确定两种或两种以上变量间相互依赖的定量关系的一种统计分析方法。

回归分析中只包括一个自变量和一个因变量,且二者的关系可用一条直线近似表示,这种回归分析称为一元线性回归分析。其表达形式为

$$y = a + bx + e \tag{3-1}$$

式中,a 为截距;b 为直线的斜率;e 为误差,服从均值为 0 的正态分布。

如果回归分析中包括两个或两个以上的自变量,且因变量和自变量之间是线性关系,则称为多元线性回归分析。其表达形式为

$$y = a_0 + a_1x_1 + a_2x_2 + \cdots + a_nx_n + e \tag{3-2}$$

使用线性回归,需要遵守下面几个假设:

①线性回归是一个回归问题。

②要预测的变量 y 与自变量 x 的关系是线性的。

③各项误差服从正态分布,均值为 0,与 x 同方差。

④变量 x 的分布要有变异性。

⑤多元线性回归中不同特征之间应该相互独立,避免线性相关。

在统计学中,线性回归是利用称为线性回归方程的最小平方函数对一个或多个自变量和因变量之间关系进行建模的一种回归分析。这种函数是一个或多个称为回归系数的模型参数的线性组合。只有一个自变量的情况称为简单回归,大于一个自变量的情况称为多元回归。

在线性回归中,数据使用线性预测函数来建模,并且未知的模型参数也是通过数据来估计。这些模型称为线性模型。最常用的线性回归建模是给定 x 值的 y 的条件均值是 x 的仿射函数。特殊情况下,线性回归模型可以以一个中位数或给定 x 值的条件下 y 的条件分布的分位数作为 x 的线性函数表示。像所有形式的回归分析一样,线性回归也把焦点放在给定 x 值的

y 的条件概率分布,而不是 x 和 y 的联合概率分布(多元分析领域)。

线性回归是回归分析中第一种经过严格研究并在实际应用中广泛使用的类型。这是因为线性依赖其未知参数的模型比非线性依赖其未知参数的模型更容易拟合,而且产生的估计的统计特性也更容易确定。

线性回归模型经常用最小二乘逼近来拟合,也可以用别的方法来拟合,如在一些规范里用最小化“拟合缺陷”(如最小绝对误差回归),或者在桥回归中最小化最小二乘损失函数的惩罚。最小二乘逼近可以用来拟合非线性模型。因此,尽管“最小二乘法”和“线性模型”是紧密相连的,但它们之间并不能划等号。

3. 线性回归模型求解过程

在统计学中,普通最小二乘法(ordinary least squares,OLS)是一种用于在线性回归模型中估计未知参数的常用方法。OLS 通过最小二乘法原则选择一组解释变量的线性函数的参数,使给定数据集中观察到的因变量(被预测变量的值)与预测变量之间残差的平方和最小化。

(1)一元线性回归模型求解

假设有一组数据 $x=((x_1,y_1),\cdots,(x_n,y_n))$,现欲求出对应的一元线性模型来拟合这一组数据,即

$$y_i=a+bx_i+e_i \tag{3-3}$$

式中,$i=1,2,\cdots,n$,e_i 为样本 i 的误差,以误差的平方和来判断拟合程度,所以目标函数(损失函数)为

$$Q=\sum_{i=1}^{n}e_i^2=\sum_{i=1}^{n}(y_i-a-bx_i)^2 \tag{3-4}$$

式(3-4)为一元线性模型的残差,求其最小值时的参数 a 和 b,也即

$$\underset{a,b}{\operatorname{argmin}}Q=\underset{a,b}{\operatorname{argmin}}\left[\sum_{i=1}^{n}(y_i-a-bx_i)^2\right] \tag{3-5}$$

式(3-5)的含义是求出使得 Q 值最小的 a,b 值。利用求极值的方法,分别对参数 a 和 b 求偏导,并令其为 0,即可得到关于 a 和 b 的二元方程组,解该方程组可得到使方差最小的参数 a 和 b,由此得到该问题的一元线性回归模型的解。

(2)多元线性回归模型求解

在现实问题研究中,因变量的变化往往受几个重要因素的影响,此时就需要用多个影响因素作为自变量来解释因变量的变化,这就是多元回归,亦称多重回归。当多个自变量与因变量之间是线性关系时,所进行的回归分析就是多元线性回归。

设 y 为因变量,$x_1,x_2,\cdots,x_k$ 为自变量,并且自变量与因变量之间为线性关系,则多元线性回归模型为

$$y=a_0+a_1x_1+\cdots+a_kx_k \tag{3-6}$$

假设经过 n 次实验,得到 n 个样本,如下所示:

$$\begin{matrix} y_1 & x_{11} & x_{12} & \cdots & x_{1k} \\ y_2 & x_{21} & x_{22} & \cdots & x_{2k} \\ & & \cdots\cdots & & \\ y_n & x_{n1} & x_{n2} & \cdots & x_{nk} \end{matrix}$$

可得到一组方程：

$$y_i = a_0 + a_1 x_{i1} + a_2 x_{i2} + \cdots + a_k x_{ik} + e_i \tag{3-7}$$

式中，$i=1,2,\cdots,n$；e_i 为样本 i 的误差。上面这组方程也可用下面的矩阵形式表示。

$$\begin{pmatrix} y_1 \\ y_2 \\ \vdots \\ y_n \end{pmatrix} = \begin{pmatrix} 1 & x_{11} & x_{12} & \cdots & x_{1k} \\ 1 & x_{21} & x_{22} & \cdots & x_{2k} \\ \vdots & \vdots & \vdots & & \vdots \\ 1 & x_{n1} & x_{n2} & \cdots & x_{nk} \end{pmatrix} \begin{pmatrix} a_0 \\ a_1 \\ \vdots \\ a_k \end{pmatrix} + \begin{pmatrix} e_1 \\ e_2 \\ \vdots \\ e_n \end{pmatrix} \tag{3-8}$$

利用普通最小二乘法原理，即要使得样本残差平方和最小，其中第 i 个样本的误差为

$$e_i = y_i - a_0 - a_1 x_{i1} - a_2 x_{i2} - \cdots - a_k x_{ik} \tag{3-9}$$

则其方差为

$$Q = \sum e_i^2 = \sum (y_i - a_0 - a_1 x_{i1} - a_2 x_{i2} - \cdots - a_k x_{ik})^2 \tag{3-10}$$

分别对 $a_0, a_1, \cdots, a_k$ 求偏导，并令其等于0，即可得到 Q 的最小值，即

$$\frac{\partial Q}{\partial a_0} = 0, \quad \cdots, \quad \frac{\partial Q}{\partial a_k} = 0 \tag{3-11}$$

可以得到

$$\begin{aligned} & a_0 n + a_1 \sum x_{i1} + \cdots + a_k \sum x_{ik} = \sum y_i \\ & a_0 \sum x_{i1} + a_1 \sum x_{i1}^2 + \cdots + a_k \sum x_{i1} x_{ik} = \sum x_{i1} y_i \\ & \cdots\cdots \\ & a_0 \sum x_{ik} + a_1 \sum x_{ik} x_{i1} + \cdots + a_k \sum x_{ik}^2 = \sum x_{ik} y_i \end{aligned} \tag{3-12}$$

转化为矩阵形式表示为

$$\begin{pmatrix} n & \sum x_{i1} & \cdots & \sum x_{ik} \\ \sum x_{i1} & \sum x_{i1}^2 & \cdots & \sum x_{i1} x_{ik} \\ \vdots & \vdots & & \vdots \\ \sum x_{ik} & \sum x_{ik} x_{i1} & \cdots & \sum x_{ik}^2 \end{pmatrix} \begin{pmatrix} a_0 \\ a_1 \\ \vdots \\ a_k \end{pmatrix} = \begin{pmatrix} 1 & 1 & \cdots & 1 \\ x_{11} & x_{21} & \cdots & x_{n1} \\ \vdots & \vdots & & \vdots \\ x_{1k} & x_{2k} & \cdots & x_{nk} \end{pmatrix} \begin{pmatrix} y_1 \\ y_2 \\ \vdots \\ y_n \end{pmatrix} \tag{3-13}$$

即

$$\boldsymbol{X}^{\mathrm{T}} \boldsymbol{X} \boldsymbol{a} = \boldsymbol{X}^{\mathrm{T}} \boldsymbol{y} \tag{3-14}$$

其中

$$\boldsymbol{X}^{\mathrm{T}} = \begin{pmatrix} 1 & 1 & \cdots & 1 \\ x_{11} & x_{21} & \cdots & x_{n1} \\ \vdots & \vdots & & \vdots \\ x_{1k} & x_{2k} & \cdots & x_{nk} \end{pmatrix}, \quad \boldsymbol{a} = \begin{pmatrix} a_0 \\ a_1 \\ \vdots \\ a_k \end{pmatrix}, \quad \boldsymbol{y} = \begin{pmatrix} y_1 \\ y_2 \\ \vdots \\ y_n \end{pmatrix} \tag{3-15}$$

$\boldsymbol{X}^{\mathrm{T}}$ 是 $\boldsymbol{X}$ 的转置矩阵。如果 $\boldsymbol{X}$ 满秩，则多元线性回归求解使用矩阵运算即可得

$$\boldsymbol{a} = (\boldsymbol{X}^{\mathrm{T}} \boldsymbol{X})^{-1} \boldsymbol{X}^{\mathrm{T}} \boldsymbol{y} \tag{3-16}$$

例 3.1　有一组时间序列的高速动车组轴承温度数据（单位：℃）30.5，36，37.5，38，39，42.5，请预测后两步的温度值。

解　由题意可得表 3-1。

表 3-1　一组时间序列温度数据

时间 t	1	2	3	4	5	6	7	8
温度/℃	30.5	36	37.5	38	39	42.5	?	?

利用线性回归模型预测第 7、8 时刻的温度值。设一元回归模型为

$$y_i = a + bx_i$$

利用最小二乘法估计参数 a,b,可得

$$\underset{a,b}{\operatorname{argmin}} Q = \underset{a,b}{\operatorname{argmin}} \left[\sum_{i=1}^{n} (y_i - a - bx_i)^2 \right]$$

将六组数据代入上式得

$$\begin{aligned} Q &= [(30.5 - a - b)^2 + (36 - a - 2b)^2 + (37.5 - a - 3b)^2 + \\ &\quad (38 - a - 4b)^2 + (39 - a - 5b)^2 + (42.5 - a - 6b)^2] \\ &= 8\,403.75 - 1\,634b - 447a + 42ab + 91b^2 + 6a^2 \end{aligned}$$

上式分别对 a,b 求偏导,可得

$$\frac{\partial Q}{\partial b} = 182b + 42a - 1\,643$$

$$\frac{\partial Q}{\partial a} = 42b + 12a - 447$$

令 $\frac{\partial Q}{\partial a} = 0, \frac{\partial Q}{\partial b} = 0$,可得

$$b = 1.99, a = 30.3$$

求得的线性回归模型为

$$y = 30.3 + 1.99x$$

基于该模型,可预测当 $t = 7,8$ 时的温度值,分别代入上式可得

$$y_7 = 30.3 + 1.99 \times 7 = 44.2$$

$$y_8 = 30.3 + 1.99 \times 8 = 46.2$$

答:当 $t = 7,8$ 时的温度值分别为 44.2 ℃和 46.2 ℃。

3.1.2　决策树

决策树(decision tree,DT)是在已知各种情况发生概率的基础上,通过构成决策树来求取净现值的期望值大于等于零的概率,评价项目风险,判断其可行性的决策分析方法,是直观运用概率分析的一种图解法。由于这种决策分支画成图形很像一棵树的枝干,故称决策树。在机器学习中,决策树是一个预测模型,代表的是对象属性与对象值之间的一种映射关系。Entropy 表示系统的凌乱程度,使用算法 ID3、C4.5 和 C5.0 生成树算法使用熵。这一度量是基于信息学理论中熵的概念。

决策树是一种常用的分类方法。它是一种监督学习。所谓监督学习就是给定一堆样本,每个样本都有一组属性和一个类别,这些类别是事先确定的,通过学习得到一个分类器,这个分类器能够对新出现的对象给出正确的分类。

1. 问题提出

当根据给出的属性判断最终划分类别结果时,需要根据不同的属性项进行抉择。每引入

一个属性就进行一步决策，最终生成判断结果。

一道菜品有颜色、香气、味道三种属性，通常根据此三种属性来判断是否品尝这道菜。现有多道菜品，见表3-2。

表3-2　菜品属性描述

编　号	颜　色	香　气	味　道	是否品尝
1	好看	很香	美味	品尝
2	好看	很香	一般	品尝
3	好看	一般	美味	犹豫
4	好看	一般	一般	犹豫
5	一般	很香	美味	品尝
6	一般	很香	一般	品尝
7	一般	一般	美味	犹豫
8	一般	一般	一般	拒绝

如何对每道菜品进行判断，最后决定是否品尝该菜品？

解决思路：对三个属性，构建一个树状选择结构，每个属性的值域构成树的分支。从根节点开始进行第一个属性的判断，经过中间多层判断，最后到达叶子节点，每个叶子节点对应一条选择路径和决策结果。所形成的树状判断结构即为决策树。

需要一个特点进行判断，最后判断结果形成一棵决策树。得到的树状结构如图3-2所示。

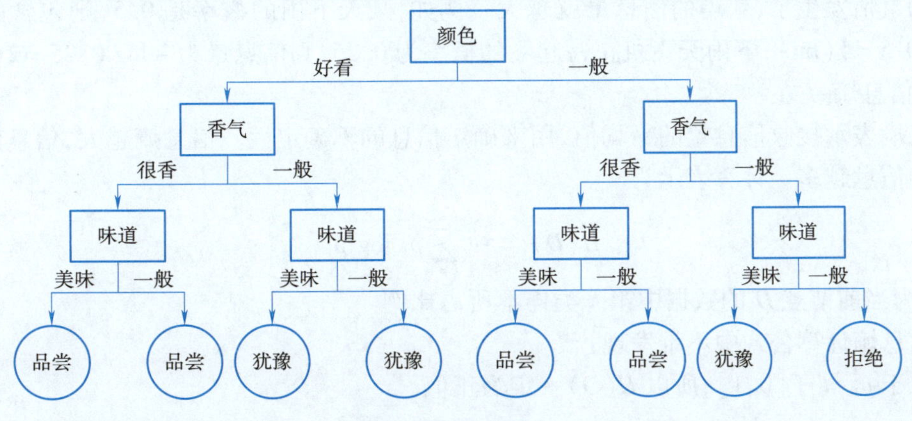

图3-2　决策树1

那么，如何选择每一层的决策属性呢？显然，不同的属性选择顺序会造成不同的复杂度（见图3-3）。对于同样的数据，不同的决策树合并后得到的叶子节点的个数是不同的，叶子节点越少，决策能力越强，越符合目标。

2. 基本概念

（1）结构

决策树在逻辑上以树的形式存在，包含根节点、内部节点和叶子节点。

（2）根节点

根节点包含数据集中所有数据的集合。

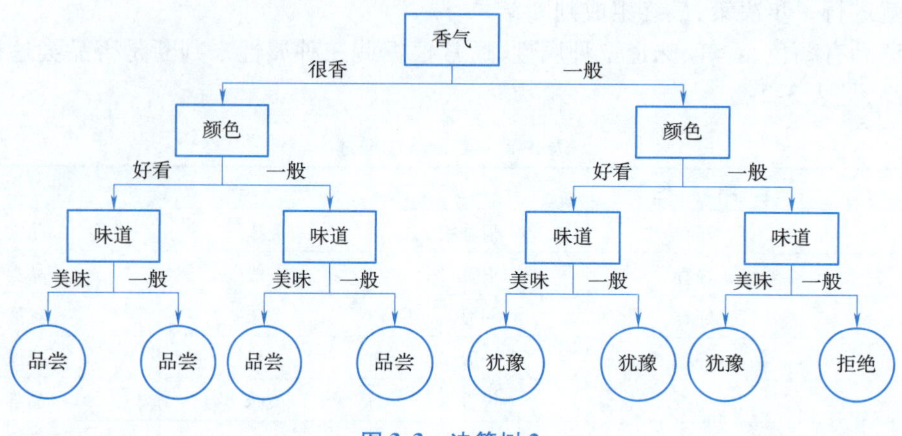

图 3-3 决策树 2

(3)内部节点

内部节点为一个判断条件,包含数据集中满足从根节点到该节点有条件的数据集合。由内部节点判断条件结果,对应数据集中的数据分到两个或多个子节点中。

(4)叶节点

叶节点为最终的类别,被包含在该叶节点的数据属于该类别。

(5)信息量

信息量是指信息"多少"的度量。一个事件发生的概率越大,能从中获得的信息越小。越不可能的事情发生了,获得的信息量就越大。例如,某天下雨的概率是 0.5,则包含的信息量为 $-\log_2 0.5=1(\text{bit})$;下雨天飞机正常起飞的概率为 0.25,则信息量为 $-\log_2 0.25=2(\text{bit})$。

(6)信息熵

信息熵表示接收信息量的平均值,用来确定信息的不确定性。信息熵越大,信息就越凌乱或传输的信息越多。计算表示为

$$H(D)=-\sum_{k=1}^{n}p_k\log_2 p_k \tag{3-17}$$

式中,p_k 为当前节点 D 的数据中第 k 类样本所占比例。

从信息熵计算公式中不难发现:

①由于 p_k 属于$[0,1]$,所以 $H(D)$一定为正值。

②$H(D)$在 $k=1,p_1=1$ 时取值最小值为 0;在 $k=n,p_k=\dfrac{1}{n}$时取得最大值$\log_2 n$。

③信息熵是一个节点的固有性质,和该节点选取什么属性进行下一步划分无关。

(7)信息增益准则

当选择某个特征对数据集进行分类时,分类后的数据集信息熵会比原来的小,其差值表示为信息增益。信息增益用于度量属性 A 对降低样本集合 X 的熵的贡献大小。信息增益可以衡量某个特征对于分类结果的影响大小。

在信息熵的基础上定义信息增益。假设选取属性 a 中共有 v 种取值 $a\{a_1,a_2,a_3,\cdots,a_v\}$,在决策树中 D 将被划分为 v 个不同的节点数据集,D_v 表示其中第 v 个节点,则信息增益表示为

$$\mathrm{Gain}(D,a) = H(D) - \sum_{v=1}^{V}\left(\frac{|D_v|}{|D|}H(D_v)\right) \tag{3-18}$$

式中,$H(D)$是确定的,和选取的属性 a 无关;$\frac{|D_v|}{|D|}$表示分支节点所占比例的大小,数据集越大,则分支节点的权重越高;分支节点整体纯度越大,则后一项 $\sum_{v=1}^{V}\left(\frac{|D_v|}{|D|}H(D_v)\right)$ 越小,信息增益 $\mathrm{Gain}(D,a)$越大。

(8)信息增益率准则

$$\mathrm{Gainatio}_r(D,a) = \frac{\mathrm{Gain}(D,a)}{\sum_{v=1}^{V}\left(\frac{|D_v|}{|D|}\log_2\frac{|D_v|}{|D|}\right)}$$

基于信息增益原则,每个分支节点会乘以其权重,分支越多每个节点数据越小,纯度会越高,导致信息熵准则偏向于数目较多的属性。可以在信息增益的基础上引入信息增益率加以限制。

3. 决策树构建

常见构建决策树的方法有 ID3、C4.5、C5.0。

基于 ID3 算法的决策分析:

①对当前样本集合计算出所有属性信息的信息增益。

②选择信息增益最大属性为测试属性,测试属性相同的样本转化为同一个子样本。

③若子样本集的类别只包含一个属性,则分支为叶子节点,判断其属性值并标上相应的符号返回调用处;否则对子样本递归调用本算法。

4. 算法应用

例 3.2 表 3-3 统计了 14 天某高铁施工工地的天气气象,特征属性包含 outlook、temperature、humidity、windy,类别属性为是否施工(work),试通过 ID3 构建决策树。

表 3-3 14 天的天气气象数据

outlook	temperature	humidity	windy	work
sunny	hot	high	false	no
sunny	hot	high	true	no
overcast	hot	high	false	yes
rainy	mild	high	false	yes
rainy	cool	normal	false	yes
rainy	cool	normal	true	no
overcast	cool	normal	true	yes
sunny	mild	high	false	no
sunny	cool	normal	false	yes
rainy	mild	normal	false	yes
sunny	mild	normal	true	yes
overcast	mild	high	true	yes
overcast	hot	normal	false	yes
rainy	mild	high	true	no

解 使用ID3算法构建决策树的计算过程如下：

①令数据集为S，目标属性play中有9个样本取值为yes，5个样本取值为no。根据S可知，新的一天取yes的概率为$\frac{9}{14}$，取值为no的概率为$\frac{5}{14}$。此时熵为

$$-\frac{9}{14}\log_2\frac{9}{14}-\frac{5}{14}\log_2\frac{5}{14}\approx 0.94$$

②决定树的根节点。

首先计算outlook属性的信息增益：

outlook = sunny时，共有5条数据，其中yes为3条，no为2条。sunny的熵为

$$-\frac{3}{5}\log_2\frac{3}{5}-\frac{2}{5}\log_2\frac{2}{5}\approx 0.971$$

outlook = overcast时，共有4条数据，其中全部为yes，overcast的熵为

$$-\frac{4}{4}\log_2\frac{4}{4}-\frac{0}{4}\log_2\frac{0}{4}=0$$

outlook = rainy时，共有5条数据，其中yes为3条，no为2条。rainy的熵为

$$-\frac{3}{5}\log_2\frac{3}{5}-\frac{2}{5}\log_2\frac{2}{5}\approx 0.971$$

由以上计算outlook属性的信息熵为

$$\frac{5}{14}\times 0.971+\frac{4}{14}\times 0+\frac{5}{14}\times 0.971\approx 0.69$$

计算outlook属性的信息增益（数据集的熵减去该属性的信息熵）为

$$0.94-0.69=0.25$$

同理计算temperature的信息增益：

temperature = hot时，共有4条数据，其中yes为2条，no为2条。hot的熵为1。

temperature = mild时，共有6条数据，其中yes为4条，no为2条。mild的熵为0.918。

temperature = cool时，共有4条数据，其中yes为3条，no为1条。cool的熵为0.81。

由以上计算temperature属性的信息熵为

$$\frac{4}{14}\times 1+\frac{6}{14}\times 0.918+\frac{4}{14}\times 0.81\approx 0.911$$

计算temperature属性的信息增益（数据集的熵减去该属性的信息熵）为

$$0.94-0.911\approx 0.029$$

计算humidity的信息增益：

humidity = high时，共有7条数据，其中yes为3条，no为4条。hot的熵为0.985。

humidity = normal时，共有7条数据，其中yes为6条，no为1条，normal的熵为0.59。

由以上计算humidity属性的信息熵为

$$\frac{7}{14}\times 0.985+\frac{7}{14}\times 0.59=0.787\,5$$

计算temperature属性的信息增益（数据集的熵减去该属性的信息熵）为

$$0.94-0.787\,5\approx 0.15$$

计算 windy 的信息增益：

windy = false 时，共有 8 条数据，其中 yes 为 6 条，no 为 2 条。false 的熵为 0.811。

windy = true 时，共有 6 条数据，其中 yes 为 3 条，no 为 3 条，true 的熵为 1。

由以上计算 windy 属性的信息熵为

$$\frac{8}{14}\times 0.811+\frac{6}{14}\times 1\approx 0.892$$

计算 windy 属性的信息增益（数据集的熵减去该属性的信息熵）为

$$0.94-0.892=0.048$$

根据上述计算可知，outlook 属性的信息增益最大，即 gain（outlook）最大，所以选取根节点属性为 outlook。

经过本步骤得到的决策树构建结果如图 3-4 所示。

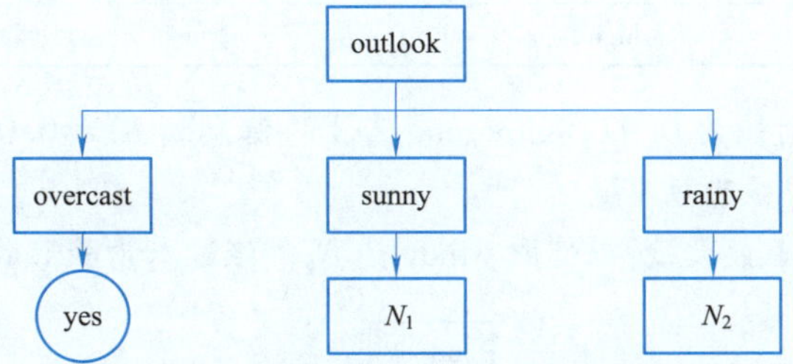

图 3-4　选取根节点属性为 outlook

③经过上一步选择完根节点后，在 overcast 属性下 work 全部为 yes，所以直接省去子节点的属性选择。

对于 sunny 子节点 N_1 属性的选择如下：

当 outlook = sunny 时，数据见表 3-4。

表 3-4　当 outlook = sunny 时的数据

temperature	humidity	windy	work
hot	high	false	no
hot	high	false	no
mild	high	false	no
cool	normal	false	yes
mild	normal	false	yes

此时 work 中共 5 条数据，其中 yes 为 2 条，no 为 3 条，所以数据的熵为

$$-\frac{2}{5}\log_2\frac{2}{5}-\frac{3}{5}\log_2\frac{3}{5}=0.97$$

计算 temperate 的信息增益：

temperate = hot 时，共有 2 条数据，其中 yes 为 0 条，no 为 2 条。hot 的熵为 0。

temperate = mild 时，共有 2 条数据，其中 yes 为 1 条，no 为 1 条。mild 的熵为 1。

temperate = cool 时，共有 1 条数据，其中 yes 为 1 条，no 为 0 条。cool 的熵为 0。

由以上计算 temperate 属性的信息熵为

$$\frac{2}{5}\times 0+\frac{2}{5}\times 1+\frac{1}{5}\times 0=0.4$$

计算 temperate 属性的信息增益为

$$0.97-0.4=0.57$$

同理计算 humidity 的信息增益为 0.97；计算 windy 的信息增益为 0.02。

所以，humidity 的信息增益最大，选取的 N_1 属性为 humidity。

对于 N_2 属性的选择，当 outlook = rainy 时，数据见表 3-5。

表 3-5　当 outlook = rainy 时的数据

temperate	humidity	windy	play
mild	high	false	yes
cool	normal	false	yes
cool	normal	true	no
mild	normal	false	yes
mild	high	true	no

同理计算可得数据的熵为 0.97；temperate 属性的信息增益为 0.021；humidity 的信息增益为 0.021；windy 的信息增益为 0.97。

可知 windy 的信息增益最大，所以选取 windy 为 N_2。经过本步骤形成的决策树如图 3-5 所示。

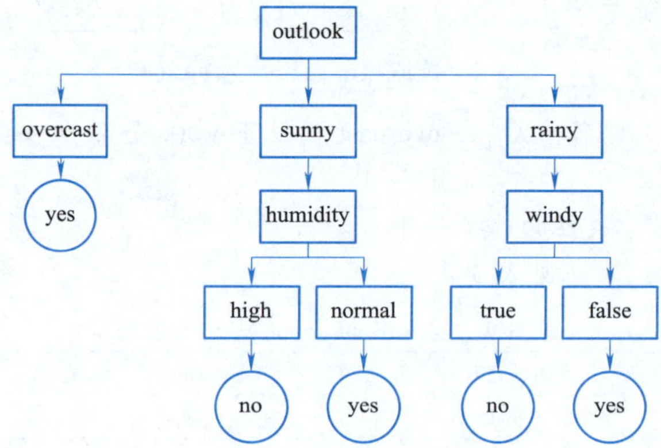

图 3-5　选取 windy 为 N_2

④经过以上步骤，对属性进行选择，并对划分结果进行合并，得到一棵决策树。对于新输入的数据，只需要代入上述树状决策结构一步步走到叶子节点即可得到决策结果。

上述步骤描述进行了一定的简化，实际遇到复杂问题时，可能需要多次递归计算信息增益来构成决策树。

ID3 决策树算法的优点：结构简单；灵活方便；不存在无解的情况；能利用全部的训练样例进行决策。

ID3 决策树算法的缺点：采用信息增益来选择最优特征划分，但信息增益倾向于取值较多的特征；没有考虑连续值，对连续值的特征无法划分；无法处理缺失值的数据；没有考虑过拟合问题。

3.1.3　随机森林

在机器学习中，随机森林是一个包含多个决策树的分类器，并且其输出的类别由个别树输出的类别的众数而定。Leo Breiman 和 Adele Cutler 发展出推论出随机森林的算法。随机森林这个术语是 1995 年由贝尔实验室的 Tin Kam Ho 所提出的随机决策森林(random decision forests)而来的。随机决策森林方法则是结合 Breimans 的自举汇聚法(Bootstrap aggregating)想法和 Ho 的随机子空间方法(random subspace method)以建造决策树的集合。

1. 问题提出

在以决策树为基础的前提下,利用集成学习的思想,如何对分类器改进以获得更好的分类性能?

解决思路:用随机方式建立一个森林,森林里面有很多的决策树,随机森林的每一棵决策树之间没有关联。在得到森林之后,当有一个新的输入样本进入时,让森林中的每一棵决策树分别进行判断,看看这个样本应该属于哪一类,然后看看哪一类被选择最多,就预测这个样本为哪一类。

2. 基本概念

(1)分裂

在决策树的训练过程中,需要一次次地将训练数据集分裂成两个子数据集,这个过程就称为分裂。

(2)特征

在分类问题中,输入分类器中的数据称为特征。以股票涨跌预测问题为例,特征就是前一天的交易量和收盘价。

(3)待选特征

在决策树的构建过程中,需要按照一定的次序从全部特征中选取特征。待选特征就是在某一步骤之前还没有被选择的特征的集合。例如,全部的特征是 *ABCDE*,第一步的时候,待选特征就是 *ABCDE*,第一步选择了 *C*,那么第二步的时候,待选特征就是 *ABDE*。

(4)分裂特征

接待选特征的定义,每一次选取的特征就是分裂特征。例如,在上面的例子中,第一步的分裂特征就是 *C*。因为选出的这些特征将数据集分成了一个个不相交的部分,所以称为分裂特征。

(5)Bootstrap aggregating

Bootstrap aggregating 即 Bagging,是并行式集成学习方法最著名的代表,它直接基于自助采样法(bootstrap sampling)。给定包含 m 个样本的数据集,先随机取出一个样本放入采样集中,再把该样本放回初始数据集,使得下次采样时该样本仍有可能被选中,这样,经过 m 次随机采样操作,得到含 m 个样本的采样集,初始训练中有的样本在采样集中多次出现,有的则从未出现。初始训练集中约有 63.2% 的样本出现在采样集中。随机森林是 Bagging 的一个扩展变体,它在以决策树为基学习器构建 Bagging 集成的基础上,进一步在决策树的训练过程中引入了随机属性选择。

3. 随机森林构建

(1)数据的随机选取

①从原始的数据集中采取有放回的抽样,构造子数据集,子数据集的数据量是和原始数据集相同的。不同子数据集的元素可以重复,同一个子数据集中的元素也可以重复。

②利用子数据集来构建子决策树,将这个数据放到每个子决策树中,每个子决策树输出一个结果。

③如果有了新的数据需要通过随机森林得到分类结果，就可以通过对子决策树的判断结果的投票，得到随机森林的输出结果。如图3-6所示，假设随机森林中有3棵子决策树，2棵子树的分类结果是A类，1棵子树的分类结果是B类，那么随机森林的分类结果就是A类。

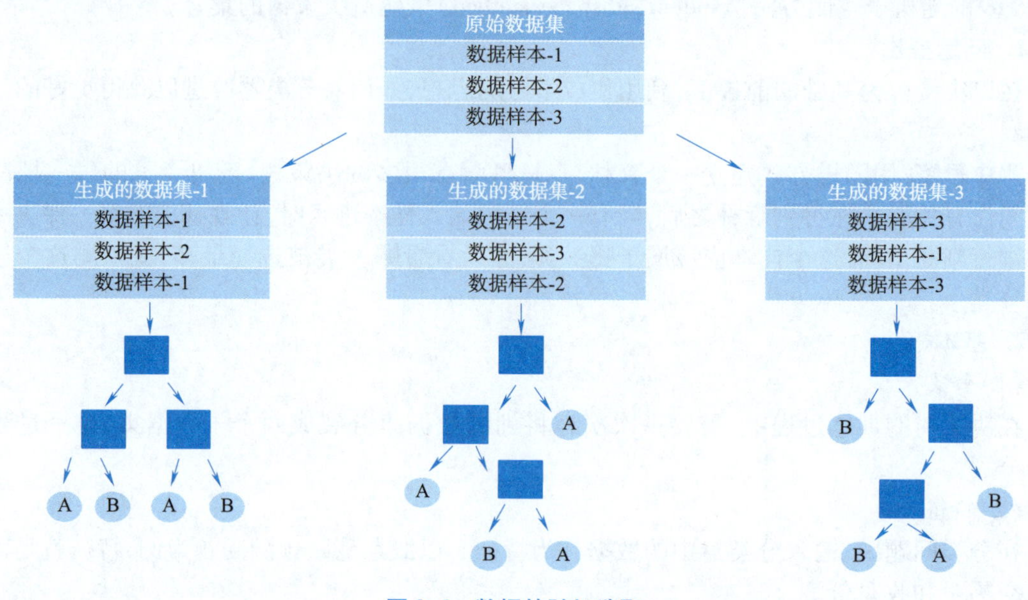

图3-6　数据的随机选取

(2)待选特征的随机选取

与数据集的随机选取类似，随机森林中的子树的每一个分裂过程并未用到所有的待选特征，而是从所有的待选特征中随机选取一定的特征，之后再在随机选取的特征中选取最优的特征(ID3算法、C4.5算法、CART算法等)。这样能够使得随机森林中的决策树彼此不同，提升系统的多样性，从而提升分类性能。

图3-7中，深色的方块代表所有可以被选择的特征，也就是待选特征。浅色的方块是分裂特征。图3-7(a)是一棵决策树的特征选取过程，通过在待选特征中选取最优的分裂特征，完成分裂。图3-7(b)是一个随机森林中的子树的特征选取过程。

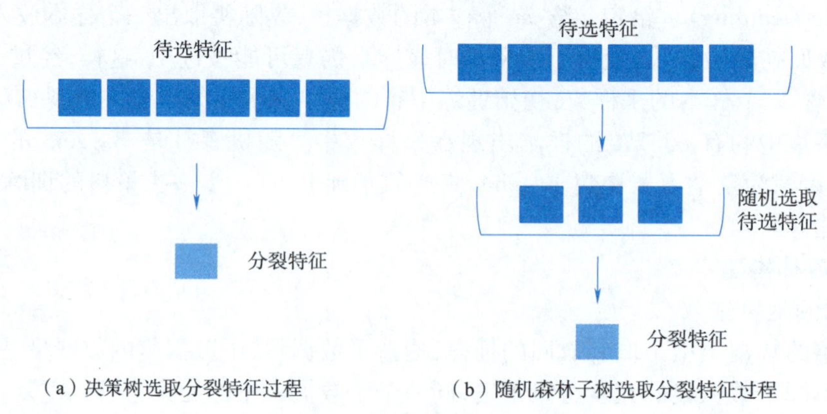

图3-7　待选特征的随机选取

3.1.4 K近邻算法

1. 问题提出

给定一个训练数据集 $T=(\boldsymbol{x}_i,y_i)_{i=1}^{N}$（见图3-8），其中 $\boldsymbol{x}_i\in\mathbf{R}^n$ 为实例的特征向量，$y_i\in\{c_1,c_2,\cdots,c_K\}$ 为实例的类别，不同类别用不同类型的图形表示。对新的输入实例 $\boldsymbol{x}$，预测该实例所属的类 y。

解决思路：对新的输入实例，在训练数据集中找到与该实例最邻近的 k 个实例，这 k 个实例的多数属于某个类，就把该输入实例分为这个类。

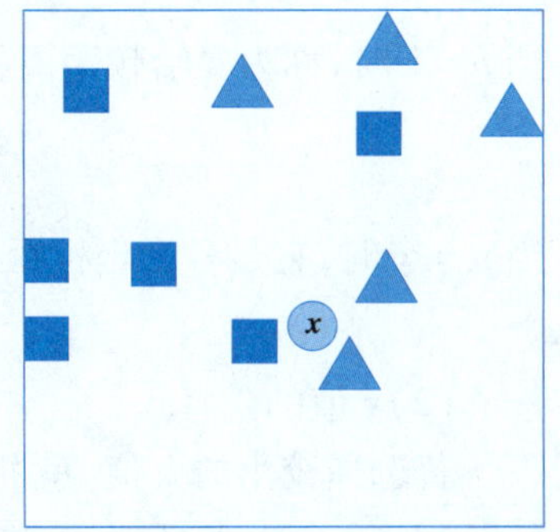

图3-8 K近邻分类问题

2. 基本概念

K近邻（K-nearest neighbor，KNN）是一种经典和简单的监督学习方法。K近邻算法是最简单的分类器，没有显式的学习过程或训练过程，是懒惰学习（lazy learning）。当对数据的分布只有很少或者没有任何先验知识时，K近邻算法是一个不错的选择。

K近邻算法既能够用来解决分类问题，也能够用来解决回归问题。该方法有着非常简单的原理：当对测试样本进行分类时，首先通过扫描训练样本集，找到与该测试样本最相似的 k 个训练样本，根据这 k 个样本的类别进行投票确定测试样本的类别。也可以通过 k 个样本与测试样本的相似程度进行加权投票。如果需要以测试样本对应每类的概率的形式输出，可以通过 k 个样本中不同类别的样本数量分布来进行估计。

对于给定的训练数据集 T 和输入实例 $\boldsymbol{x}$，KNN算法做如下处理：

①根据给定的距离度量（如欧几里得距离），在训练集 T 中找出与 $\boldsymbol{x}$ 最近邻的 k 个点，涵盖这 k 个点的 $\boldsymbol{x}$ 的邻域记作 $N_k(\boldsymbol{x})$；

②在 $N_k(\boldsymbol{x})$ 中根据分类决策规则（如多数表决）决定 $\boldsymbol{x}$ 的类别 y：

$$y=\underset{c_j}{\operatorname{argmax}}\sum_{\boldsymbol{x}_i\in N_k(\boldsymbol{x})}I(y_i=c_j),\quad i=1,2,\cdots,N;j=1,2,\cdots,K \tag{3-19}$$

式中，I 为指示函数，当 $y_i=c_j$ 时 I 为1，否则 I 为0。

K近邻算法的特殊情况是 $k=1$ 的情形，称为最近邻算法。对于输入的实例点（特征向量）$\boldsymbol{x}$，最近邻算法将训练数据集中与 $\boldsymbol{x}$ 最邻近点的类作为 $\boldsymbol{x}$ 的类。

3. KNN模型求解过程

K近邻算法使用的模型实际上对应于对特征空间的划分。模型由距离度量、k 值的选择和分类决策规则三个基本要素决定。

（1）距离度量

特征空间中两个实例点的距离是两个实例点相似程度的反映。K近邻模型的特征空间一般是 n 维实数向量空间 $\mathbf{R}^n$，使用的距离可以是欧几里得距离、l_p 距离、切比雪夫距离或曼哈顿距离等。

设特征空间是 n 维实数向量空间 $\mathbf{R}^n$，$\boldsymbol{x}_i,\boldsymbol{x}_j\in\mathbf{R}^n$，$\boldsymbol{x}_i=(x_i^{(1)},x_i^{(2)},\cdots,x_i^{(n)})^{\mathrm{T}}$，$\boldsymbol{x}_j=(x_j^{(1)},x_j^{(2)},\cdots,x_j^{(n)})^{\mathrm{T}}$，$\boldsymbol{x}_i,\boldsymbol{x}_j$ 的 l_p 距离定义为

$$l_p(\boldsymbol{x}_i,\boldsymbol{x}_j)=\left(\sum_{l=1}^{n}|\boldsymbol{x}_i^{(l)}-\boldsymbol{x}_j^{(l)}|^p\right)^{\frac{1}{p}},\quad p\geqslant 1 \tag{3-20}$$

当 $p=2$ 时，称为欧几里得距离，即

$$l_2(\boldsymbol{x}_i,\boldsymbol{x}_j) = \left(\sum_{l=1}^{n} |\boldsymbol{x}_i^{(l)} - \boldsymbol{x}_j^{(l)}|^2\right)^{\frac{1}{2}} \tag{3-21}$$

当 $p=1$ 时，称为曼哈顿距离，即

$$l_1(\boldsymbol{x}_i,\boldsymbol{x}_j) = \sum_{l=1}^{n} |\boldsymbol{x}_i^{(l)} - \boldsymbol{x}_j^{(l)}| \tag{3-22}$$

当 $p=\infty$ 时，它是各个坐标距离的最大值，即

$$l_\infty(\boldsymbol{x}_i,\boldsymbol{x}_j) = \max_{l} |\boldsymbol{x}_i^{(l)} - \boldsymbol{x}_j^{(l)}| \tag{3-23}$$

（2）k 值的选择

若选择较小的 k 值，就相当于用较小的邻域中的训练实例进行预测，“学习”近似误差（train loss）会减小，只有与输入实例较近或相似的训练实例才会对预测结果起作用，与此同时带来的问题是“学习”的估计误差（test loss）会增大，预测结果对邻近的实例点非常敏感。如果邻近的实例点恰巧是噪声，预测就会出错。换句话说，k 值的减小意味着整体模型变得复杂，容易发生过拟合，train loss 低，但 test loss 容易高。

若选择较大的 k 值，就相当于用较大邻域中的训练实例进行预测，其优点是可以减少学习的估计误差，缺点是学习的近似误差会增大。这时候，与输入实例较远（相似度低的）训练实例也会对预测起作用，使预测发生错误。且 k 值的增大意味着整体的模型变得简单，会出现 train loss 高、test loss 高的结果。

若 $k=N$（N 为训练样本个数），此时无论输入实例是什么，都只是简单地预测它属于训练实例中最多的类，模型过于简单，忽略了训练实例中大量有用信息，是不可取的。

在应用中，k 值一般取一个相对较小的数值，通常采用交叉验证法来选取最优的 k 值。

（3）分类决策规则

K 近邻算法中往往是多数表决，即由输入实例的 k 个近邻的训练实例中的多数类决定输入实例的类。

多数表决规则有如下解释：如果分类损失是 0－1 损失函数，那么分类函数为

$$f:\mathbf{R}^n \rightarrow \{c_1, c_2, \cdots, c_k\} \tag{3-24}$$

误分类的概率为

$$P(Y \neq f(X)) = 1 - P(Y = f(X)) \tag{3-25}$$

对于输入实例 $\boldsymbol{x}$，最近邻的 k 个训练实例点构成的集合是 $N_k(\boldsymbol{x})$。如果涵盖 $N_k(\boldsymbol{x})$ 的区域的类别是 c_j，那么误分类率为

$$\frac{1}{k}\sum_{x_i \in N_k(\boldsymbol{x})} I(y_i \neq c_j) = 1 - \frac{1}{k}\sum_{x_i \in N_k(\boldsymbol{x})} I(y_i = c_j) \tag{3-26}$$

要使误分类率最小即经验风险最小，就要使 $\sum_{x_i \in N_k(\boldsymbol{x})} I(y_i = c_j)$ 最大，所以多数表决规则等价于经验风险最小化。

4. 算法应用

例 3.3 鸢尾花数据集有三个类别，分别为 Iris setosa、Iris versicolor 和 Iris virginica。每个样本有四个特征，分别为花萼长度、花萼宽度、花瓣长度和花瓣宽度。现在给出六个训练样本（见表 3-6），预测编号为 7 的鸢尾花属于哪个类别。

表 3-6 鸢尾花部分数据集

编 号	花萼长度/cm	花萼宽度/cm	花瓣长度/cm	花瓣宽度/cm	类 别
1	4.9	3.1	1.5	0.1	Iris setosa
2	5.4	3.7	1.5	0.2	Iris setosa
3	5.2	2.7	3.9	1.4	Iris versicolor
4	5.0	2.0	3.5	1.0	Iris versicolor
5	6.3	2.7	4.9	1.8	Iris virginica
6	6.7	3.3	5.7	2.1	Iris virginica
7	5.5	2.5	4.0	1.3	?

解 这里用欧几里得距离作为距离的衡量标准,选取 $k=3$ 举例说明。

根据欧几里得距离公式,计算出表3-6中数据测试样本到各个训练样本的距离。

$$\begin{cases} d_1=\sqrt{(4.9-5.5)^2+(3.1-2.5)^2+(1.5-4.0)^2+(0.1-1.3)^2}=2.9 \\ d_2=\sqrt{(5.4-5.5)^2+(3.7-2.5)^2+(1.5-4.0)^2+(0.2-1.3)^2}=2.985 \\ d_3=\sqrt{(5.2-5.5)^2+(2.7-2.5)^2+(3.9-4.0)^2+(1.4-1.3)^2}=0.387 \\ d_4=\sqrt{(5.0-5.5)^2+(2.0-2.5)^2+(3.5-4.0)^2+(1.0-1.3)^2}=0.917 \\ d_5=\sqrt{(6.3-5.5)^2+(2.7-2.5)^2+(4.9-4.0)^2+(1.8-1.3)^2}=1.319 \\ d_6=\sqrt{(6.7-5.5)^2+(3.3-2.5)^2+(5.7-4.0)^2+(2.1-1.3)^2}=2.369 \end{cases}$$

因为 $k=3$,那么离测试样本最近的三个样本依次见表3-7。

表 3-7 三个样本数据

编 号	类 别
3	Iris versicolor
4	Iris versicolor
5	Iris virginica

显然,样本属于 Iris versicolor 类别的“票数”多,因此编号7的鸢尾花类别预测结果为 Iris versicolor。事实上,根据实际数据集,它的确属于 Iris versicolor 类。

3.1.5 逻辑回归

1. 问题描述

logistic 回归又称 logistic 回归分析,是一种广义的线性回归分析模型,常用于数据挖掘、疾病自动诊断、经济预测等领域。例如,探讨引发疾病的危险因素、根据危险因素预测疾病发生的概率等。以胃癌病情分析为例,选择两组人群,一组是胃癌组,一组是非胃癌组,两组人群必定具有不同的体征与生活方式等。因此,因变量为是否胃癌,值为“是”或“否”;自变量就可以包括很多了,如年龄、性别、饮食习惯、幽门螺杆菌感染等。自变量既可以是连续的,也可以是分类的。通过 logistic 回归分析,可以得到自变量的权重,从而可以大致了解到底哪些因素是胃癌的危险因素。同时,利用根据该权值可以根据危险因素预测一个人患癌症的可能性。

logistic 回归是从线性回归模型推广而来的，线性回归模型如下：

线性方程形式：

$$z = \theta_0 + \theta_1 x_1 + \cdots + \theta_n x_n \tag{3-27}$$

向量形式：

$$\boldsymbol{z} = \boldsymbol{\theta}^{\mathrm{T}} \boldsymbol{x} \tag{3-28}$$

式中，$\boldsymbol{\theta} = (\theta_0, \theta_1, \theta_2, \cdots, \theta_n)^{\mathrm{T}}$，$\boldsymbol{x} = (1, x_1, x_2, \cdots, x_n)^{\mathrm{T}}$，$z$ 输出为连续的值。但是，实际中会有“输出为离散型变量”这样的需求。例如，给定特征预测一次金融交易是否欺诈（1 表示是，0 表示不是），显然不能直接使用线性回归模型（上述线性回归方程自变量取值范围为 $-\infty \sim +\infty$，右侧表达式的值的范围也是 $-\infty \sim +\infty$），这时 logistic 回归就派上用场了。

logistic 回归的目标就是训练一个分类器，该分类器可以对输入数据的类别做出决策。logistic 回归的因变量可以是二分类的，也可以是多分类的，实际中最为常用的是二分类的 logistic 回归。

解题思路：首先，构造一个合适的预测函数，一般表示为 h 函数，该函数就是要找的分类函数，它用来预测输入数据的判断结果；然后，构造一个损失函数（Cost 函数），该函数表示预测的输出（h）与训练数据类别（y）之间的偏差，可以是二者之间的差（$h-y$）或者其他的形式，综合考虑所有训练数据的损失，将 Cost 求和或求平均，记为 $J(\theta)$ 函数，表示所有训练数据预测值与实际类别的偏差；显然，$J(\theta)$ 函数的值越小表示预测函数越准确，所以要找到 $J(\theta)$ 函数的最小值，logistic 回归实现时可采用梯度下降法。

2. 基本概念

(1) 回归问题与分类问题

分类问题和回归问题有一定的相似性，都是通过对数据集的学习来对未知结果进行预测，区别在于输出值不同。分类问题的输出值是离散值（如垃圾邮件和正常邮件）；回归问题的输出值是连续值（如房子的价格）。

(2) 二分类与多分类

二分类问题表示分类任务中有两个类别，新的样本属于其中之一；多分类问题表示分类任务中有多类别。

(3) 决策边界

在具有两个类的统计分类问题中，决策边界或决策表面是超曲面，其将基础向量空间划分为两个集合。分类器将决策边界一侧的所有点分类为属于一个类，而将另一侧的所有点分类为属于另一个类。

3. 逻辑回归求解过程

首先要找到预测函数 h，显然，该函数的输出必须是两个值（分别代表两个类别），所以利用了 sigmoid 函数（或称 logistic 函数），函数形式为

$$g(z) = \frac{1}{1 + \mathrm{e}^{-z}} \tag{3-29}$$

sigmoid 函数对应的函数图像是一个取值在 0 ~ 1 之间的 S 形曲线，如图 3-9 所示。

在二分类问题中，本书只讨论线性决策边界的情况。对于线性边界的情况，边界形式为

$$\theta_0 + \theta_1 x_1 + \cdots + \theta_n x_n = \sum_{i=0}^{n} \theta_i x_i = \boldsymbol{\theta}^{\mathrm{T}} \boldsymbol{x} \tag{3-30}$$

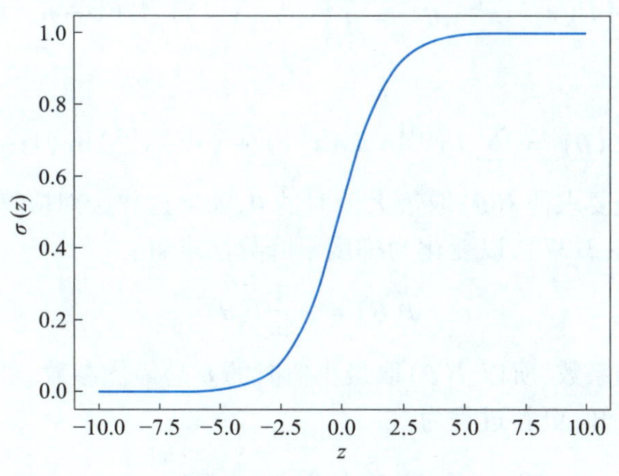

图 3-9　sigmoid 函数

构造预测函数 h 为

$$h_{\boldsymbol{\theta}}(\boldsymbol{x}) = g(\boldsymbol{\theta}^{\mathrm{T}}\boldsymbol{x}) = \frac{1}{1+\mathrm{e}^{-\boldsymbol{\theta}^{\mathrm{T}}\boldsymbol{x}}} \tag{3-31}$$

实际上，logistic 回归就是把线性回归预测的函数通过 sigmoid 函数转化为一个概率：如果 $h_{\boldsymbol{\theta}}(\boldsymbol{x}) \geqslant 0.5$，预测 $y=1$，此时$\boldsymbol{\theta}^{\mathrm{T}}\boldsymbol{x} \geqslant 0$；如果 $h_{\boldsymbol{\theta}}(\boldsymbol{x}) < 0.5$，预测 $y=0$，此时$\boldsymbol{\theta}^{\mathrm{T}}\boldsymbol{x} < 0$。

由以上可得二分类问题中的一个 logistic 回归函数。在 logistic 回归函数中，特征向量系数 $\boldsymbol{\theta}$ 是未知的，是需要从样本中学习得来的。当从样本中学习得到一个特征向量系数 $\boldsymbol{\theta}$ 时，怎么知道它对应的 $h_{\boldsymbol{\theta}}(\boldsymbol{x})$ 函数的预测能力会更好？判断更准确？因此，需要一个损失函数来表示 logistic 回归函数的好坏程度。

在二分类问题中，若用 $h_{\boldsymbol{\theta}}(\boldsymbol{x})$ 的值表示正样本的概率，且 $h_{\boldsymbol{\theta}}(\boldsymbol{x}) \in (0,1)$，则需要的损失函数如下：

①当样本标签的类型是正类型时，若该样本对应的 $h_{\boldsymbol{\theta}}(\boldsymbol{x})$ 值为 1，即为正样本的概率为 1，这时损失函数值应为 0；若该样本对应的 $h_{\boldsymbol{\theta}}(\boldsymbol{x})$ 为 0.000 1，即为正样本的概率为 0.000 1，这时损失函数值应该是一个很大的值。

②当样本标签的类型是负类型时，若该样本对应的 $h_{\boldsymbol{\theta}}(\boldsymbol{x})$ 值为 0，即为正样本的概率为 0，这时损失函数值应为 0；若该样本对应的 $h_{\boldsymbol{\theta}}(\boldsymbol{x})$ 为 0.999 9，即为正样本的概率为 0.999 9，这时损失函数值应该是一个很大的值。

在 logistic 回归中，上述损失函数可以通过极大似然估计来求得。以 $h_{\boldsymbol{\theta}}(\boldsymbol{x})$ 的值表示为正样本的概率，且以 $y=1$ 表示正样本，$y=0$ 表示负样本，则有

$$P(y=1|\boldsymbol{x};\boldsymbol{\theta}) = h_{\boldsymbol{\theta}}(\boldsymbol{x}) \tag{3-32}$$

$$P(y=0|\boldsymbol{x};\boldsymbol{\theta}) = 1 - h_{\boldsymbol{\theta}}(\boldsymbol{x}) \tag{3-33}$$

合并式(3-32)和式(3-33)则有

$$P(y|\boldsymbol{x};\boldsymbol{\theta}) = (h_{\boldsymbol{\theta}}(\boldsymbol{x}))^{y}(1-h_{\boldsymbol{\theta}}(\boldsymbol{x}))^{1-y} \tag{3-34}$$

因为样本数据（m 个）独立，所以它们的联合分布可以表示为各边际分布的乘积，取似然函数为

$$L(\boldsymbol{\theta}) = \prod_{i=1}^{m} P(y^{(i)} \mid \boldsymbol{x}^{(i)};\boldsymbol{\theta}) = \prod_{i=1}^{m} (h_{\boldsymbol{\theta}}(\boldsymbol{x}^{(i)}))^{y^{(i)}} (1 - h_{\boldsymbol{\theta}}(\boldsymbol{x}^{(i)}))^{1-y^{(i)}} \tag{3-35}$$

取对数似然函数

$$l(\boldsymbol{\theta}) = \ln L(\boldsymbol{\theta}) = \sum_{i=1}^{m} (y^{(i)} \ln h_{\boldsymbol{\theta}}(\boldsymbol{x}^{(i)}) + (1 - y^{(i)}) \ln (1 - h_{\boldsymbol{\theta}}(\boldsymbol{x}^{(i)}))) \tag{3-36}$$

极大似然估计就是要求使 $l(\boldsymbol{\theta})$ 取最大值时的 $\boldsymbol{\theta}$，如果这样会对应梯度上升算法，为了便于理解，将 $J(\boldsymbol{\theta})$ 定义为式(3-37)，以变化为梯度下降算法求解：

$$J(\boldsymbol{\theta}) = -\frac{1}{m} l(\boldsymbol{\theta}) \tag{3-37}$$

因为乘了一个负的系数，所以 $J(\boldsymbol{\theta})$ 取最小值时的 $\boldsymbol{\theta}$ 是最优参数。

根据梯度下降法可知，更新过程为

$$\boldsymbol{\theta}_j := \boldsymbol{\theta}_j - \alpha \frac{\delta}{\delta_{\boldsymbol{\theta}}} J(\boldsymbol{\theta}), \quad j = 0,1,\cdots,n \tag{3-38}$$

其中 α 为学习率。求偏导的步骤如下：

$$\begin{aligned}
\frac{\delta}{\delta \boldsymbol{\theta}_j} J(\boldsymbol{\theta}) &= -\frac{1}{m} \sum_{i=1}^{m} \left(y^{(i)} \frac{1}{h_{\boldsymbol{\theta}}(\boldsymbol{x}^{(i)})} \frac{\delta}{\delta \boldsymbol{\theta}_j} h_{\boldsymbol{\theta}}(\boldsymbol{x}^{(i)}) - (1 - y^{(i)}) \frac{1}{1 - h_{\boldsymbol{\theta}}(\boldsymbol{x}^{(i)})} \frac{\delta}{\delta \boldsymbol{\theta}_j} h_{\boldsymbol{\theta}}(\boldsymbol{x}^{(i)}) \right) \\
&= -\frac{1}{m} \sum_{i=1}^{m} \left(y^{(i)} \frac{1}{g(\boldsymbol{\theta}^{\mathrm{T}} \boldsymbol{x}^{(i)})} - (1 - y^{(i)}) \frac{1}{1 - g(\boldsymbol{\theta}^{\mathrm{T}} \boldsymbol{x}^{(i)})} \right) \frac{\delta}{\delta \boldsymbol{\theta}_j} g(\boldsymbol{\theta}^{\mathrm{T}} \boldsymbol{x}^{(i)}) \\
&= -\frac{1}{m} \sum_{i=1}^{m} \left(y^{(i)} \frac{1}{g(\boldsymbol{\theta}^{\mathrm{T}} \boldsymbol{x}^{(i)})} - (1 - y^{(i)}) \frac{1}{1 - g(\boldsymbol{\theta}^{\mathrm{T}} \boldsymbol{x}^{(i)})} \right) \\
&\quad g(\boldsymbol{\theta}^{\mathrm{T}} \boldsymbol{x}^{(i)}) (1 - g(\boldsymbol{\theta}^{\mathrm{T}} \boldsymbol{x}^{(i)})) \frac{\delta}{\delta \boldsymbol{\theta}_j} \boldsymbol{\theta}^{\mathrm{T}} \boldsymbol{x}^{(i)} \\
&= -\frac{1}{m} \sum_{i=1}^{m} \left(y^{(i)} (1 - g(\boldsymbol{\theta}^{\mathrm{T}} \boldsymbol{x}^{(i)})) - (1 - y^{(i)}) g(\boldsymbol{\theta}^{\mathrm{T}} \boldsymbol{x}^{(i)}) \right) \boldsymbol{x}_j^{(i)} \\
&= -\frac{1}{m} \sum_{i=1}^{m} \left(y^{(i)} - g(\boldsymbol{\theta}^{\mathrm{T}} \boldsymbol{x}^{(i)}) \right) \boldsymbol{x}_j^{(i)} \\
&= -\frac{1}{m} \sum_{i=1}^{m} \left(y^{(i)} - h_{\boldsymbol{\theta}}(\boldsymbol{x}^{(i)}) \right) \boldsymbol{x}_j^{(i)} \\
&= \frac{1}{m} \sum_{i=1}^{m} \left(h_{\boldsymbol{\theta}}(\boldsymbol{x}^{(i)}) - y^{(i)} \right) \boldsymbol{x}_j^{(i)}
\end{aligned} \tag{3-39}$$

所以更新过程可以写成

$$\boldsymbol{\theta}_j := \boldsymbol{\theta}_j - \alpha \frac{1}{m} \sum_{i=1}^{m} (h_{\boldsymbol{\theta}}(\boldsymbol{x}^{(i)}) - y^{(i)}) \boldsymbol{x}_j^{(i)} \tag{3-40}$$

因为 α 是常量，所以$\frac{1}{m}$可以省略，最后更新过程为

$$\boldsymbol{\theta}_j := \boldsymbol{\theta}_j - \alpha \sum_{i=1}^{m} (h_{\boldsymbol{\theta}}(\boldsymbol{x}^{(i)}) - y^{(i)}) \boldsymbol{x}_j^{(i)}, \quad j = 0,1,\cdots,n \tag{3-41}$$

4. 算法应用

例 3.4 依据两次测试的成绩，预测运维人员培训通过情况。数据见表 3-8。

表 3-8　测试成绩数据

exam1	exam2	accepted
34	78	0
30	43	0
35	72	0
60	86	1
79	75	1

解　由题意，数据可视化如图 3-10 所示。

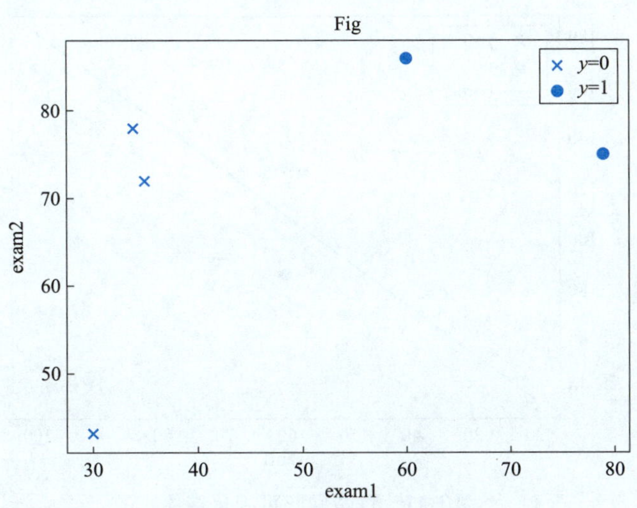

图 3-10　初始数据可视化

设初始化系数 $\boldsymbol{\theta}=(0,0,0)^{\mathrm{T}}$，$\alpha=0.004$，$\boldsymbol{x}^0=1$，则样本特征值输入 $\boldsymbol{x}$ 为

$$\boldsymbol{x}=((1,34,78),(1,30,43),(1,35,72),(1,60,86),(1,79,75))^{\mathrm{T}}$$

第 1 次迭代，得到线性回归结果为

$$\boldsymbol{\theta}^{\mathrm{T}}\boldsymbol{x}=(0,0,0,0,0)$$

经过 sigmoid 后，得到逻辑回归结果为

$$\boldsymbol{h}=(0.5,0.5,0.5,0.5,0.5)^{\mathrm{T}}$$

经计算，参数更新为

$$\boldsymbol{\theta}=(-0.0004,0.016,-0.0128)^{\mathrm{T}}$$

经计算，此时损失为 $J=0.60$。

第 2 次迭代，得到线性回归结果为

$$\boldsymbol{\theta}^{\mathrm{T}}\boldsymbol{x}=((-0.45),(-0.07),(-0.36),(-0.14),(0.3))$$

经过 sigmoid 后，得到逻辑回归结果为

$$\boldsymbol{h}=((0.39),(0.48),(0.41),(0.46),(0.57))^{\mathrm{T}}$$

经计算，参数更新为

$$\boldsymbol{\theta}=(-0.0006,0.0349,-0.0150)^{\mathrm{T}}$$

经计算，此时损失为 $J=0.59$。

依此类推，经过 20 次迭代后，得到线性回归结果为

$$\boldsymbol{\theta}^{\mathrm{T}}\boldsymbol{x}=((-10.23),(-2.71),(-8.5),(-5.41),(2.23))$$

得到最终逻辑回归结果为

$$\boldsymbol{h}=((0.000\,03),(0.06),(0.000\,2),(0.004),(0.9))^{\mathrm{T}}$$

最佳参数为

$$\boldsymbol{\theta}=(-0.006\,8,0.313,-0.172\,5)^{\mathrm{T}}$$

最终损失为 $J=0.40$。

可视化结果如图 3-11 所示，预测准确率为 80%。

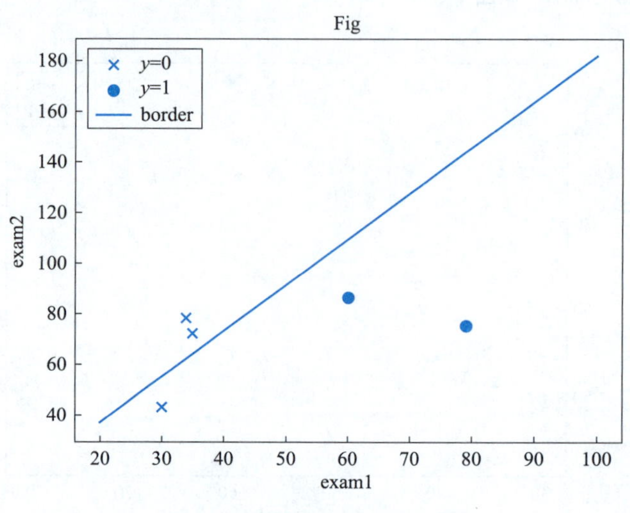

图 3-11　逻辑回归可视化结果

3.1.6　朴素贝叶斯

1. 算法引入

在众多机器学习分类算法中，朴素贝叶斯模型和其他绝大多数分类算法都不同，也是很重要的模型之一。

在机器学习中，如 KNN、逻辑回归、决策树等模型都是判别方法，也就是直接学习出特征输出 Y 和特征 X 之间的关系（决策函数 $Y=f(X)$ 或者条件分布 $P(Y|X)$）。但朴素贝叶斯是生成方法，它直接找出特征输出 Y 和特征 X 的联合分布 $P(XY)$，进而通过 $P(Y|X)=\dfrac{P(XY)}{P(X)}$ 计算得出结果判定。

朴素贝叶斯是一个非常直观的模型，在很多领域有广泛的应用，如早期的文本分类，很多时候会用它作为 baseline 模型。本节对朴素贝叶斯算法原理做展开介绍。

2. 基本概念

贝叶斯算法以贝叶斯原理为基础，使用概率统计的知识对样本数据集进行分类。由于其有着坚实的数学基础，因此误判率很低。贝叶斯算法的特点是结合先验概率和后验概率，既避免了只使用先验概率的主观偏见，也避免了单独使用样本信息的过拟合现象。贝叶斯分类算法在数据集较大的情况下表现出较高的准确率，同时算法本身也比较简单。

朴素贝叶斯算法(naive Bayesian algorithm)是应用最为广泛的分类算法之一。

朴素贝叶斯算法在贝叶斯算法的基础上进行了相应的简化,即假定给定目标值时属性之间相互条件独立。也就是说,没有哪个属性变量对于决策结果来说占有着较大的比重,也没有哪个属性变量对于决策结果占有着较小的比重。虽然这个简化方式在一定程度上降低了贝叶斯分类算法的分类效果,但是在实际的应用场景中,极大地简化了贝叶斯算法的复杂性。

相关名词解释如下所示:

先验概率:即基于统计的概率,是基于以往历史经验和分析得到的结果,不需要依赖当前发生的条件。

后验概率:是从条件概率而来,由因推果,是基于当下发生了事件之后计算的概率,依赖当前发生的条件。

条件概率:记事件 A 发生的概率为 $P(A)$,事件 B 发生的概率为 $P(B)$,则在 B 事件发生的前提下,A 事件发生的概率即为条件概率,记为 $P(A|B)$。

贝叶斯公式:贝叶斯公式是基于条件概率,通过 $P(B|A)$ 来求 $P(A|B)$,如下:

$$P(A|B)=\frac{P(B|A)\times P(A)}{P(B)} \tag{3-42}$$

将 A 看成“规律”,将 B 看成“现象”,那么可将贝叶斯公式看成

$$P(\text{规律}|\text{现象})=\frac{P(\text{现象}|\text{规律})\times P(\text{规律})}{P(\text{现象})} \tag{3-43}$$

全概率公式:表示若事件 $A_1,A_2,\cdots,A_n$ 构成一个完备事件组且都有正概率,则对任意一个事件 B 都有以下公式成立:

$$P(B)=\sum_{i=1}^{n}P(B|A_i)P(A_i) \tag{3-44}$$

3. 算法原理

特征条件假设:每个特征之间没有联系(相互独立),给定训练数据集,其中每个样本 x 都包括 n 维特征,即$(X=x_1,x_2,\cdots,x_n)$,类标记集合含有 k 种类别,即$(Y=y_1,y_2,\cdots,y_n)$。

对于给定的新样本 X,判断其属于哪个标记的类别,根据贝叶斯定理,可以得到 X 属于 y_k 类别的概率 $P(y=y_k|X)$为

$$P(y=y_k|X)=\frac{P(X|y=y_k)\times P(y=y_k)}{\sum_k P(X|y=y_k)P(y=y_k)} \tag{3-45}$$

后验概率最大的类别记为预测类别,即$\underset{y_k}{\arg\max}P(y_k|x)$。

朴素贝叶斯算法对条件概率分布作出了独立性的假设,通俗地讲就是假设各个维度的特征 $x_1,x_2,\cdots,x_n$ 互相独立,在这个假设的前提下,条件概率可以转化为

$$P(X|y=y_k)=P(x_1,x_2,\cdots,x_n|y=y_k)=\prod_{i=1}^{n}P(x_i|y=y_k) \tag{3-46}$$

代入贝叶斯公式(3-45)中,得到

$$P(y=y_k|X)=\frac{P(y=y_k)\times\prod_{i=1}^{n}P(x_i|y=y_k)}{\sum_k P(y=y_k)\times\prod_{i=1}^{n}P(x_i|y=y_k)} \tag{3-47}$$

于是,朴素贝叶斯分类器可表示为

$$f(X) = \underset{y_k}{\operatorname{argmax}} P(y = y_k \mid X) = \underset{y_k}{\operatorname{argmax}} \frac{P(y = y_k) \times \prod_{i=1}^{n} P(x_i \mid y = y_k)}{\sum_k P(y = y_k) \times \prod_{i=1}^{n} P(x_i \mid y = y_k)} \tag{3-48}$$

因为对所有的 y_k 上式中的分母的值都是一样的,所以可以忽略分母部分,朴素贝叶斯分类器最终表示为

$$f(X) = \underset{y_k}{\operatorname{argmax}} P(y = y_k) \times \prod_{i=1}^{n} P(x_i \mid y = y_k) \tag{3-49}$$

4. 朴素贝叶斯算法的适用范围

①朴素贝叶斯只适用于特征之间是条件独立的情况下,否则分类效果不好,这里的朴素指的就是条件独立。

②朴素贝叶斯被广泛地使用在文档分类中。

5. 例题分析

例 3.5 假设有一个打喷嚏的建筑工人,请问他患上感冒的概率有多大?(分析与评价表见表 3-9)

表 3-9 分析与评价表

症 状	职 业	疾 病
打喷嚏	工程师	感冒
打喷嚏	技术员	过敏
头痛	维修工人	脑震荡
头痛	维修工人	感冒
打喷嚏	管理人员	感冒
头痛	管理人员	脑震荡

解 根据贝叶斯定理

$$P(A \mid B) = P(B \mid A)\ P(A)\ /\ P(B)$$

可得

P(感冒 | 打喷嚏 × 维修工人) = P(打喷嚏 × 维修工人 | 感冒) × P(感冒)/ P(打喷嚏 × 维修工人)

假定"打喷嚏"和"维修工人"这两个特征是独立的,因此,上面的等式就变成了

P(感冒 | 打喷嚏 × 维修工人) = P(打喷嚏 | 感冒) × P(维修工人 | 感冒) × P(感冒)/ P(打喷嚏) × P(维修工人)

这是可以计算的。

P(感冒 | 打喷嚏 × 维修工人) = 0.66 × 0.33 × 0.5/0.5 × 0.33 = 0.66

因此,这个打喷嚏的维修工人有 66% 的概率是得了感冒。同理,可以计算这个病人患过敏或脑震荡的概率。比较这几个概率,就可以知道他最可能得什么病。

3.1.7　支持向量机

支持向量机(support vector machine,SVM)是一类按监督学习(supervised learning)方式对数据进行二元分类的广义线性分类器(generalized linear classifier),其决策边界是对学习样本求解的最大边距超平面(maximum-margin hyperplane)。

SVM 使用铰链损失函数(hinge loss)计算经验风险(empirical risk),并在求解系统中加入了正则化项以优化结构风险(structural risk),是一个具有稀疏性和稳健性的分类器。SVM 可以通过核方法(kernel method)进行非线性分类,是常见的核学习(kernel learning)方法之一。

1. 问题提出

有一个二维平面,平面上有两种不同的数据,分别用圈和叉表示。这些数据是线性可分的,确定一条直线,使得这条直线是最适合分开这两类数据的直线,如图 3-12 所示。

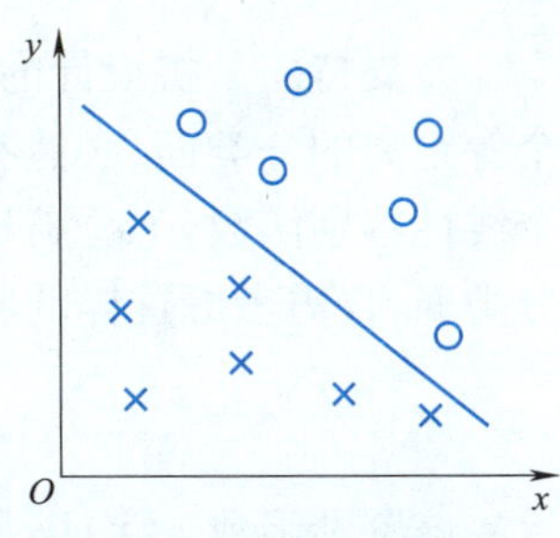

图 3-12　支持向量机

解决思路:这条直线相当于一个超平面,这个超平面应该是最适合分开两类数据的直线,而判定“最适合”的标准就是这条直线离直线两边的数据的间隔最大。因此,需要寻找有着最大间隔的超平面。

2. 基本概念

支持向量(support vector):直线两边间隔边界上的点,如图 3-13 所示。

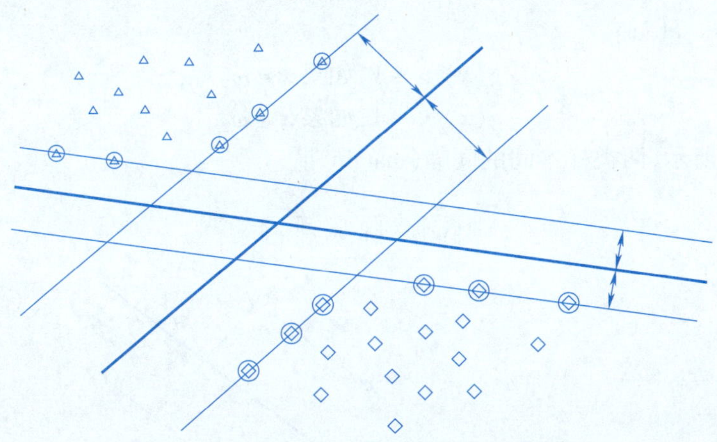
图 3-13　支持向量

支持向量机:是一个特殊的线性分类器 $g(\boldsymbol{x}) = \boldsymbol{w}^{\mathrm{T}}\boldsymbol{x} + w_0$,其分类面 $g(\boldsymbol{x}) = 0$ 满足:

①分类面与两类样本间的距离相等。

②分类面与两类样本间的距离最大。

监督学习:计算机从已经有标签的数据中进行训练,对新的无标签的数据进行预测或分类。

二元分类:在机器学习中,基础的神经网络做猫图片的分类是典型案例。输入一张图片,识别结果为 1 则是猫的图片,如果识别结果为 0,则不是。

核方法:通过将数据映射到高维空间,来解决在原始空间中线性不可分的问题。

3. 支持向量机模型求解过程

(1)线性可分情况下的支持向量机

①线性鉴别函数与分类面的对应关系。

线性鉴别函数与分类面不是一一对应的。每一个分类面有无穷多个鉴别函数与其对应。

$$\begin{cases} g(\boldsymbol{x}) = \boldsymbol{w}^{\mathrm{T}}\boldsymbol{x} + w_0 \\ g(\boldsymbol{x}) = \boldsymbol{w}^{\mathrm{T}}\boldsymbol{x} + w_0 = 0 \\ g_a(\boldsymbol{x}) = a\boldsymbol{w}^{\mathrm{T}}\boldsymbol{x} + aw_0 \\ g_a(\boldsymbol{x}) = a\boldsymbol{w}^{\mathrm{T}}\boldsymbol{x} + aw_0 = 0 \end{cases} \tag{3-50}$$

②支持向量机设计的目的,本质上是寻求一个距离最大化的等距离分类面。对于任意一个等距离的分类面,必然有无穷多个线性鉴别函数与其对应。在这些鉴别函数中,必然存在一个线性鉴别函数 $g(\boldsymbol{x})$ 满足 $|g(\boldsymbol{x})| = 1$,其中 $\boldsymbol{x}_0$ 为“支持向量”。对于任意一个给定的等距离分类面,仅需考虑这样的鉴别函数 $g(\boldsymbol{x})$。此时分类面距两类样本的间距为

$$z = \frac{|g(\boldsymbol{x}_0)|}{\|\boldsymbol{w}\|} = \frac{|\boldsymbol{w}^{\mathrm{T}}\boldsymbol{x}_0 + w_0|}{\|\boldsymbol{w}\|} = \frac{1}{\|\boldsymbol{w}\|} \tag{3-51}$$

该鉴别函数 $g(\boldsymbol{x})$ 满足如下性质,其中 ω_1、ω_2 分别为两类样本的向量集合。

- 对“支持向量”$\boldsymbol{x}$:

$$g(\boldsymbol{x}) = +1,\text{如果 } \boldsymbol{x} \in \omega_1 \tag{3-52}$$

$$g(\boldsymbol{x}) = -1,\text{如果 } \boldsymbol{x} \in \omega_2 \tag{3-53}$$

- 对“非支持向量”$\boldsymbol{x}$:

$$g(\boldsymbol{x}) > +1,\text{如果 } \boldsymbol{x} \in \omega_1 \tag{3-54}$$

$$g(\boldsymbol{x}) < -1,\text{如果 } \boldsymbol{x} \in \omega_2 \tag{3-55}$$

- 如图 3-14 所示,两类样本间的间隔(margin):

$$\frac{1}{\|\boldsymbol{w}\|} + \frac{1}{\|\boldsymbol{w}\|} = \frac{2}{\|\boldsymbol{w}\|} \tag{3-56}$$

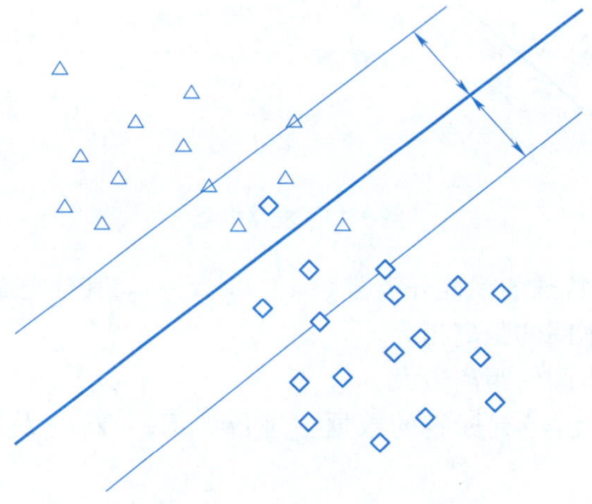

图 3-14 两类样本间的间隔

③支持向量机的数学描述。寻求一个鉴别函数 $g(\boldsymbol{x}) = \boldsymbol{w}^{\mathrm{T}}\boldsymbol{x} + w_0$,满足如下条件:

- $2/\|\boldsymbol{w}\|$取得最大值；
- $g(\boldsymbol{x}) \geqslant +1$ 如果 $\boldsymbol{x} \in \omega_1$，$g(\boldsymbol{x}) \leqslant -1$ 如果 $\boldsymbol{x} \in \omega_2$。

该问题等价于求解如下约束条件下的优化问题1：

$$\min J(\boldsymbol{w}) = \frac{1}{2}\|\boldsymbol{w}\|^2 \tag{3-57}$$

$$\text{s. t. } y_i(\boldsymbol{w}^{\mathrm{T}}\boldsymbol{x} + w_0) \geqslant 1, i = 1,2,\cdots,N$$

④约束条件下优化问题的求解。

拉格朗日函数的定义：

$$L(\boldsymbol{w}, w_0, \boldsymbol{\lambda}) = \frac{1}{2}\boldsymbol{w}^{\mathrm{T}}\boldsymbol{w} - \sum_{i=1}^{N} \lambda_i \{y_i(\boldsymbol{w}^{\mathrm{T}}\boldsymbol{x}_i + w_0) - 1\} \tag{3-58}$$

$\boldsymbol{\lambda}$ 为拉格朗日因子，$\lambda_i \geqslant 0$。

优化问题1的最优解$(\boldsymbol{w}', \boldsymbol{w}'_0)$满足如下条件，存在拉格朗日因子 $\boldsymbol{\lambda}'$，使得$(\boldsymbol{w}', \boldsymbol{w}'_0, \boldsymbol{\lambda}')$满足

$$\begin{cases} \dfrac{\partial}{\partial \boldsymbol{w}} L(\boldsymbol{w}', \boldsymbol{w}'_0, \boldsymbol{\lambda}') = 0, \boldsymbol{w}' = \sum\limits_{i=1}^{N} \lambda'_i y_i \boldsymbol{x}_i \\ \dfrac{\partial}{\partial w_0} L(\boldsymbol{w}', \boldsymbol{w}'_0, \boldsymbol{\lambda}') = 0, \sum\limits_{i=1}^{N} \lambda'_i y_i = 0 \\ \lambda'_i \geqslant 0, i = 1,2,\cdots,N \\ \lambda'_i \{y_i(\boldsymbol{w}'^{\mathrm{T}}\boldsymbol{x}_i + \boldsymbol{w}'_0) - 1\} = 0, i = 1,2,\cdots,N \\ L(\boldsymbol{w}, w_0, \boldsymbol{\lambda}) = \dfrac{1}{2}\boldsymbol{w}^{\mathrm{T}}\boldsymbol{w} - \sum\limits_{i=1}^{N} \lambda_i \{y_i(\boldsymbol{w}^{\mathrm{T}}\boldsymbol{x}_i + w_0) - 1\} \end{cases} \tag{3-59}$$

优化问题1的对偶问题为

$$\begin{aligned} &\max L(\boldsymbol{w}, w_0, \boldsymbol{\lambda}) \\ &\text{s. t. } \boldsymbol{w} = \sum_{i=1}^{N} \lambda_i y_i \boldsymbol{x}_i \\ &\sum_{i=1}^{N} \lambda_i y_i = 0 \\ &\lambda_i \geqslant 0, i = 1,2,\cdots,N \end{aligned} \tag{3-60}$$

该问题等价于优化问题2

$$\max_{\lambda}\left(\sum_{i=1}^{N} \lambda_i - \frac{1}{2}\sum_{i=1}^{N}\sum_{j=1}^{N} \lambda_i \lambda_j y_i y_j \boldsymbol{x}_i^{\mathrm{T}} \boldsymbol{x}_j\right)$$

$$\text{s. t. } \sum_{i=1}^{N} \lambda_i y_i = 0$$

$$\lambda_i \geqslant 0, i = 1,2,\cdots,N$$

最优$(\boldsymbol{w}, w_0)$的求解：

根据约束条件下的优化问题的求解方法求解优化问题2，得到 λ_i。

根据下式求解 $\boldsymbol{w}$

$$\boldsymbol{w} = \sum_{i=1}^{N} \lambda_i y_i \boldsymbol{x}_i$$

根据 KKT 条件求解 $\boldsymbol{w}_0$

$$\lambda_i\{y_i(\boldsymbol{w}^{\mathrm{T}}\boldsymbol{x}_i+w_0)-1\}=0,\lambda_i>0$$

(2)非线性可分情况下的支持向量机

①样本集非线性可分条件下的问题描述。

在非线性可分条件下，不存在一个$(\boldsymbol{w},w_0)$满足

$$\begin{cases}\boldsymbol{w}^{\mathrm{T}}\boldsymbol{x}_i+w_0\geqslant +1\\ \boldsymbol{w}^{\mathrm{T}}\boldsymbol{x}_i+w_0\geqslant +1,\text{如果 }\boldsymbol{x}_i\in\omega_1\\ \boldsymbol{w}^{\mathrm{T}}\boldsymbol{x}_i+w_0\leqslant -1,\text{如果 }\boldsymbol{x}_i\in\omega_2\end{cases}$$

但是，存在$(\boldsymbol{w},w_0)$满足如下条件：对于任意的 $\boldsymbol{x}_i$，存在 $\xi_i\geqslant 0$ 使得

$$\begin{cases}\boldsymbol{w}^{\mathrm{T}}\boldsymbol{x}_i+w_0\geqslant +1-\xi_i,\text{如果 }\boldsymbol{x}_i\in\omega_1\\ \boldsymbol{w}^{\mathrm{T}}\boldsymbol{x}_i+w_0\leqslant -1+\xi_i,\text{如果 }\boldsymbol{x}_i\in\omega_2\end{cases}$$

因此，可以提出一个如下的优化问题 3：

$$\begin{aligned}&\min J(\boldsymbol{w})=\frac{1}{2}\|\boldsymbol{w}\|^2+C\sum_{i=1}^{N}\xi_i\\ &\text{s. t. } y_i(\boldsymbol{w}^{\mathrm{T}}\boldsymbol{x}+w_0)\geqslant 1-\xi_i,i=1,2,\cdots,N\\ &\quad\xi_i\geqslant 0,i=1,2,\cdots,N\end{aligned}\tag{3-61}$$

②最优解$(\boldsymbol{w},w_0,\xi)$的性质。

拉格朗日函数的定义：

$$L(\boldsymbol{w},w_0,\xi,\lambda,\mu)=\frac{1}{2}\boldsymbol{w}^{\mathrm{T}}\boldsymbol{w}+C\sum_{i=1}^{N}\xi_i-\sum_{i=1}^{N}\mu_i\xi_i-\sum_{i=1}^{N}\lambda_i\{y_i(\boldsymbol{w}^{\mathrm{T}}\boldsymbol{x}_i+w_0)-1+\xi_i\}\tag{3-62}$$

KKT 条件：最优解$(\boldsymbol{w},w_0,\xi)$满足如下条件。

存在拉格朗日因子 λ 及 η，使得$(\boldsymbol{w},w_0,\xi,\lambda,\eta)$满足

$$\begin{cases}\dfrac{\partial L}{\partial \boldsymbol{w}}=0,\ \boldsymbol{w}=\displaystyle\sum_{i=1}^{N}\lambda_i y_i\boldsymbol{x}_i\\ \dfrac{\partial L}{\partial w_0}=0,\ \displaystyle\sum_{i=1}^{N}\lambda_i y_i=0\\ \dfrac{\partial L}{\partial \xi_i}=0,\ C-\mu_i-\lambda_i=0,\ i=1,2,\cdots,N\\ \lambda_i\{y_i(\boldsymbol{w}^{\mathrm{T}}\boldsymbol{x}_i+w_0)-1+\xi_i\}=0,\mu_i\xi_i=0,i=1,2,\cdots,N\\ \mu_i\geqslant 0,\ \lambda_i\geqslant 0,\ i=1,2,\cdots,N\end{cases}\tag{3-63}$$

③优化问题 3 的对偶问题：

$$\begin{aligned}&\max L(\boldsymbol{w},w_0,\xi,\lambda,\mu)\\ &\text{s. t. } \boldsymbol{w}=\sum_{i=1}^{N}\lambda_i y_i\boldsymbol{x}_i\\ &\quad\sum_{i=1}^{N}\lambda_i y_i=0\end{aligned}\tag{3-64}$$

$$C-\mu_i-\lambda_i=0, i=1,2,\cdots,N$$
$$\mu_i\geqslant 0, \lambda_i\geqslant 0, i=1,2,\cdots,N$$

该问题等价于优化问题4

$$\max_{\lambda}\left(\sum_{i=1}^{N}\lambda_i-\frac{1}{2}\sum_{i=1}^{N}\sum_{j=1}^{N}\lambda_i\lambda_j y_i y_j \boldsymbol{x}_i^{\mathrm{T}}\boldsymbol{x}_j\right)$$

$$\text{s.t.}\ \sum_{i=1}^{N}\lambda_i y_i=0\quad 0\leqslant\lambda_i\leqslant C, i=1,2,\cdots,N$$

④最优($\boldsymbol{w}$,w_0)的求解:

根据约束条件下的优化问题的求解方法求解问题2,得到λ_i。

根据下式求解$\boldsymbol{w}$

$$\boldsymbol{w}=\sum_{i=1}^{N}\lambda_i y_i \boldsymbol{x}_i$$

根据KKT条件求解w_0

$$\lambda_i\{y_i(\boldsymbol{w}^{\mathrm{T}}\boldsymbol{x}_i+w_0)-1+\xi_i\}=0, \mu_i\xi_i=0$$
$$C-\mu_i-\lambda_i=0, 0<\lambda_i<C$$
$$\to y_i(\boldsymbol{w}^{\mathrm{T}}\boldsymbol{x}_i+w_0)-1$$

3.2 无监督学习

无监督学习处理的是未标记数据或结构未知的数据。使用无监督学习技术,能够探索数据结构,以提取有意义的信息,而无须一个已知的结果变量或奖励函数的指导。

使用无监督学习,可以学习比监督学习更大、更复杂的模型。这是因为在监督学习中,人们试图找到两组观察数据之间的联系,学习任务的难度随着两个集合之间的步骤数量呈指数级增长,这也是为什么监督学习在实践中不能学习具有深度层次的模型。

在无监督学习中,学习可以从观察到更抽象的层次上进行。每个额外的层次结构只需要学习一个步骤,因此,学习时间随着模型层次结构的层次数线性增加。

例如,一组肿瘤学家审查一组肿瘤图像,并将它们归类为可能是恶性的(或非恶性的),但这种分类不是原始源数据的一部分。无监督学习技术帮助分析师识别数据驱动的模式,这可能需要进一步的研究。

聚类是一种探索性的无监督技术,它允许将一堆信息组织成有意义的子组(集群),而不需要事先知道它们的组成员。在分析过程中可能出现的每个聚类都定义了一组对象,这些对象有一定程度的相似性,但与其他聚类中的对象更不相似,这就是为什么聚类有时也称“无监督分类”。聚类是一种用于结构化信息和派生数据之间有意义的关系的技术。例如,它允许营销人员根据客户的兴趣发现客户群体,从而制定不同的营销方案。下面介绍几种常用的无监督学习算法。

3.2.1 Apriori 算法

Apriori 算法是一种挖掘关联规则的频繁项集算法,是由 Rakesh Agrawal 和 Ramakrishnan

Srikant 在 1994 年提出的布尔关联规则的频繁项集挖掘算法。算法的名字 Apriori 的由来是因为算法基于先验知识(prior knowledge)。算法核心思想是通过候选集生成和向下封闭检测两个阶段来挖掘频繁项集。Apriori 算法已经被广泛应用于商业、网络安全等各个领域。

1. 问题提出

关联规则挖掘发现大量数据中项集之间的关联或者相互联系。关联规则挖掘的一个典型例子就是购物篮事务,该过程通过发现顾客放入其购物篮中不同商品之间的联系,分析出顾客的购买习惯,通过了解哪些商品频繁地被顾客同时买入,帮助零售商制定合理的营销策略。购物篮事务的例子见表 3-10。

表 3-10 购物篮事务的例子

TID	项　　集
1	{面包,牛奶,啤酒,尿布}
2	{面包,牛奶,啤酒}
3	{啤酒,尿布}
4	{面包,牛奶,花生}

例如,在同一次去超市时,如果顾客购买牛奶,同时他也购买面包的可能性有多大?

通过帮助零售商有选择地经销和安排货架,可以引导销售。零售商有两种方法可以进行安排货架:第一种方法是将牛奶和面包尽可能地放得近一些,方便顾客自取;第二种方法是将牛奶和面包放得远一些,顾客在购买这两件物品的时候,这中间货架上的物品也会被顾客选择购买。这两种方法都可以进一步刺激消费。但是,如何发现牛奶和面包之间的关联关系呢?

解决思路:利用 Apriori 算法可以进行关联规则挖掘。

2. 基本概念

(1)项集和 K-项集

令 $I=\{i_1,i_2,i_3,\cdots,i_d\}$ 是购物篮数据中所有项的集合,而 $T=\{t_1,t_2,t_3,\cdots,t_N\}$ 是所有事务的集合,每个事务 t_i 包含的项集都是 I 的子集。在关联分析中,包含 0 个或多个项的集合称为项集。如果一个项集包含 K 个项,则称它为 K-项集。空集是指不包含任何项的项集。例如,在购物篮事务的例子中,{啤酒,尿布,牛奶}是一个 3-项集。

(2)事务

事务是指数据库中的记录。例如,表 3-10 中的所有记录就代表一个事务。

(3)支持度计数

项集的一个重要性质是它的支持度计数,即包含特定项集的事务个数,数学上,项集 X 的支持度计数 $\sigma(X)$ 可以表示为

$$\sigma(X)=|\{t_i \mid X\subseteq t_i, t_i\in T\}|$$

式中,符号 $|*|$ 为集合中元素的个数。

在购物篮事务的例子中,项集{啤酒,尿布}的支持度计数为 3,因为只有 1 和 3 两个事务中同时包含这两个项。

(4)关联规则

关联规则是蕴涵式,表示通过 A 可以推导得到 B。

关联规则的强度可以用它的支持度(support)和置信度(confidence)来度量。支持度确定规则可以用于给定数据集的频繁程度,而置信度确定 Y 在包含 X 的事务中出现的频繁程度。

①支持度:数据项集 A 的支持度 support(A)是数据库 D 中包含 A 的事务数量与 D 的总事务数量之比,即 support(A) = P(A)。有时为了表示方便,数据项集 A 的支持度用数据库 D 中包含 A 的数量来表示,即

$$\text{support}(\{A,B\}) = \text{num}(A\cup B)/W = P(A\cap B) \tag{3-88}$$

例如,在购物篮事务的例子中,考虑规则{牛奶,尿布}→{啤酒}。由于项集{牛奶,尿布,啤酒}的支持度计数为2,而事务的总数为5,所以规则的支持度为2/5 =0.4。

②置信度:置信度 confidence = P(B|A) = P(AB)/P(A),指的是发生事件 A 的基础上发生事件 B 的概率。最小置信度阈值 mincontinence 表示规则的最低可靠性。

$$\text{confidence}(A\rightarrow B) = \text{support}(\{A,B\})/\text{support}(\{A\}) = P(B|A) \tag{3-89}$$

规则的置信度是项集{牛奶,尿布,啤酒}的支持度计数与项集{牛奶,尿布}支持度技术的商,由于存在3个事务同时包含牛奶和尿布,所以规则的置信度为2/3≈0.67。

最小支持度 minsupport 表示用户指定的一个阈值,取值为0~1。

(5)关联规则发现

给定事务的集合 T,关联规则发现是指找出支持度大于等于 minsupport (最小支持度)并且置信度大于等于 mincontinence (最小置信度)的所有规则,minsupport 和 mincontinence 是对应的支持度和置信度阈值。

关联规则的挖掘过程如下:

①频繁项集产生:其目标是发现满足最小支持度阈值的所有项集(至少和预定义的最小支持计数一样),这些项集称为频繁项集。

②规则的产生:其目标是从上一步发现的频繁项集中提取所有高置信度的规则,这些规则称为强规则(必须满足最小支持度和最小置信度)。

3. 算法流程

整个算法分为两个步骤:①通过迭代,检索出事务数据库中的所有频繁项集,即支持度不低于用户设定的阈值的项集;②利用频繁项集构造出满足用户最小信任度的规则。具体做法是:首先找出频繁1-项集,记为 L_1;然后利用 L_1 来产生候选项集 C_2,对 C_2 中的项进行判定挖掘出 L_2,即频繁2-项集;不断循环,直到无法发现更多的频繁 k-项集为止。每挖掘一层 L_k 就需要扫描一遍整个数据库。

算法利用到了一个重要性质:Apriori 性质。

Apriori 性质:任一频繁项集的所有非空子集也必须是频繁的。也就是说,生成一个 k-项集的候选项时,如果这个候选项有子集不在 $(k-1)$-项集(已经确定是 frequent 的)中,那么这个候选项就不用拿去和支持度判断了,直接删除。

(1)连接步

为找出 L_k(所有的频繁 k-项集的集合),通过将 L_{k-1}(所有的频繁 $k-1$-项集的集合)与自身连接产生候选 k-项集的集合。候选集合记作 C_k。设 L_1 和 L_2 是 L_{k-1} 中的成员。记 $L_i[j]$ 表示 L_i 中的第 j 项。假设 Apriori 算法对事务或项集中的项按字典次序排序,即对于 $(k-1)$ 项集 L_i,$l_i[1] < l_i[2] < \cdots < l_i[k-1]$。将 L_{k-1} 与自身连接,如果

$$(l_1[1]=l_2[1])\&\&(l_1[2]=l_2[2])\&\&\cdots\&\&(l_1[k-2]=l_2[k-2])\&\&(l_1[k-1]<l_2[k-1])$$

那么认为 L_1 和 L_2 是可连接。连接 L_1 和 L_2 产生的结果是 $\{l_1[1], l_1[2], \cdots\cdots, l_1[k-1], l_2[k-1]\}$。

(2)剪枝步

C_k 是 L_k 的超集,也就是说,C_k 的成员可能是也可能不是频繁的。通过扫描所有的事务(交易),确定 C_k 中每个候选的计数,判断是否小于最小支持度计数,如果不是,则认为该候选是频繁的。为了压缩 C_k,可以利用 Apriori 性质:任一频繁项集的所有非空子集也必须是频繁的,反之,如果某个候选的非空子集不是频繁的,那么该候选肯定不是频繁的,从而可以将其从 C_k 中删除。

4. 算法设计

输入:数据集合 D,支持度阈值 α。

输出:最大的频繁 k-项集。

①扫描整个数据集,得到所有出现过的数据,作为候选频繁 1-项集。$k=1$,频繁 O 项集为空集。

②挖掘频繁 k-项集。

a. 扫描数据计算候选频繁 k-项集的支持度。

b. 去除候选频繁 k-项集中支持度低于阈值的数据集,得到频繁 k-项集。如果得到的频繁 k-项集为空,则直接返回频繁 $k-1$-项集的集合作为算法结果,算法结束。如果得到的频繁 k-项集只有一项,则直接返回频繁 k-项集的集合作为算法结果,算法结束。

c. 基于频繁 k-项集,连接生成候选频繁 $k+1$-项集。

③令 $k=k+1$,转入步骤②。

5. 算法应用

例 3.6 由表 3-10,其中最小支持度为 50%,最小置信度为 70%,求事务数据库中的频繁关联规则。

解 Apriori 算法的步骤如下所示:

①生成候选频繁 1-项集 $C_1=\{\{$面包$\},\{$牛奶$\},\{$啤酒$\},\{$花生$\},\{$尿布$\}\}$。

②扫描事务数据库 D,计算 C_1 中每个项集在 D 中的支持度。从事务数据库 D 中可以得出每个项集的支持数分别为 3,3,3,1,2,事务数据库 D 的项集总数为 4,因此可得出 C_1 中每个项集的支持度分别为 75%,75%,75%,25%,50%。根据最小支持度为 50%,可以得出频繁 1-项集 $L_1=\{\{$面包$\},\{$牛奶$\},\{$啤酒$\},\{$尿布$\}\}$。

③根据 L_1 生成候选频繁 2-项集 $C_2=\{\{$面包,牛奶$\},\{$面包,啤酒$\},\{$面包,尿布$\},\{$牛奶,啤酒$\},\{$牛奶,尿布$\},\{$啤酒,尿布$\}\}$。

④扫描事务数据库 D,计算 C_2 中每个项集在 D 中的支持度。从事务数据库 D 中可以得出每个项集的支持数分别为 3,2,1,2,1,2,事务数据库 D 的项集总数为 4,因此可得出 C_2 中每个项集的支持度分别为 75%,50%,25%,50%,25%,50%。根据最小支持度为 50%,可以得出频繁 2-项集 $L_2=\{\{$面包,牛奶$\},\{$面包,啤酒$\},\{$牛奶,啤酒$\},\{$啤酒,尿布$\}\}$。

⑤根据 L_2 生成候选频繁 3-项集 $C_3=\{\{$面包,牛奶,啤酒$\},\{$面包,牛奶,尿布$\},\{$面包,啤酒,尿布$\},\{$牛奶,啤酒,尿布$\}\}$,由于 C_3 中项集$\{$面包,牛奶,尿布$\}$中的一个子集$\{$牛奶,尿布$\}$是 L_2 中不存在的,因此可以去除。同理,项集$\{$面包,啤酒,尿布$\}$、$\{$牛奶,啤酒,尿布$\}$也可去除。因此,$C_3=\{$面包,牛奶,啤酒$\}$。

补充:至此已经是频繁最大项,所以可以计算它们的置信度。

⑥扫描事务数据库 D,计算 C_3 中每个项集在 D 中的支持度。从事务数据库 D 中可以得

出每个项集的支持数分别为2，事务数据库D的项集总数为4，因此可得出C_2中每个项集的支持度分别为50%。根据最小支持度为50%，可以得出频繁3-项集L_3 = {{面包，牛奶，啤酒}}。

⑦$L = \{L_1 \cup L_2 \cup L_3\}$ = {{面包}，{牛奶}，{啤酒}，{尿布}，{面包，牛奶}，{面包，啤酒}，{牛奶，啤酒}，{啤酒，尿布}，{面包，牛奶，啤酒}}。

⑧只考虑项集长度大于1的项集，如{面包，牛奶，啤酒}，它的所有非真子集{面包}，{牛奶}，{啤酒}，{面包，牛奶}，{面包，啤酒}，{牛奶，啤酒}，分别计算关联规则{面包}→{牛奶，啤酒}，{牛奶}→{面包，啤酒}，{啤酒}→{面包，牛奶}，{面包，牛奶}→{啤酒}，{面包，啤酒}→{牛奶}，{牛奶，啤酒}→{面包}的置信度，其值分别为67%，67%，67%，67%，100%，100%。由于最小置信度为70%，可得{面包，啤酒}→{牛奶}，{牛奶，啤酒}→{面包}为频繁关联规则。

也就是说，买面包和啤酒的同时肯定会买牛奶，买牛奶和啤酒的同时也是会买面包。

6. 算法练习

例 3.7 该题给出表3-11所示的数据，同时给出置信度为70%，支持度为50%。要求：

表3-11 例题数据

ID	Transations
100	{1,3,4}
200	{2,3,5}
300	{1,2,3,5}
400	{2,5}

①用Apriori算法找出频繁项集。

②找出强关联规则。

解 ①找出频繁1-项集，列出表格。由于相应的记录数是4，最小支持度是50%，故最小支持计数为4×50%=2。而1在记录中出现次数是2，满足条件$n \geqslant 2$，则加入表中。2出现次数是3，满足，加入表中。同理，3、5也满足，加入表中，只有4不满足条件不加入表格。

因此，频繁1-项集见表3-12。

表3-12 频繁1-项集

I_1	L_1
1	2
2	3
3	3
5	3

其中左边是出现的对象，右边是出现次数。

继续寻找频繁2-项集，从频繁1-项集中任意选两项，不记顺序。然后从原来记录中提取次数。如下所示：{1,2}:1；{1,3}:2；{1,5}:1；{2,3}:2；{2,5}:3；{3,5}:2。按照原来频繁1-项集的定义，得到表3-13所示的频繁2-项集。

表 3-13 频繁 2-项集

I_2	L_2
{1,3}	2
{2,3}	2
{2,5}	3
{3,5}	2

继续寻找频繁3-项集本质上就是从频繁2-项集中找到相应的组合,然后通过原记录进行查数,满足最小支持计数的加入频繁3-项集中。

{1,3,2,3} - > {1,2,3}:1;{1,3,2,5} - > {1,2,3,5}不是3-项集,不满足;{1,3,3,5} - > {1,3,5}:1;{2,3,2,5} - > {2,3,5}:2;{2,3,3,5} - > {2,3,5}:2;{2,5,3,5} - > {2,3,5}:2。

其中,- >表示简化转换。

故频繁3-项集见表3-14。

表 3-14 频繁 3-项集

I_3	L_3
{2,3,5}	2

由于频繁3-项集只有1个,无法组成频繁4-项集,故没有其他频繁项集了。

②L_3 的非空子集有{2},{3},{5},{2,3},{2,5},{3,5},其关联性见表3-15。

表 3-15 L_3 非空子集关联性

关联规则	置信度
{2,3} = >5	100%
{2,5} = >3	67%
{3,5} = >2	100%
2 = >{3,5}	67%
3 = >{2,5}	67%
5 = >{2,3}	67%

其中,= >表示前者与后者的关联性。

因为置信度为70%,所以强关联规则为{2,3} = >5,{3,5} = >2。L_2 的非空子集有{1},{3},{2},{5},其关联性见表3-16。

表 3-16 L_2 非空子集关联性

关联规则	置信度
{1} = >{3}	100%
{2} = >{5}	100%
{2} = >{3}	67%
{3} = >{5}	67%

因为置信度为70%,所以强关联规则为{1} = >{3},{2} = >{5}。

3.2.2 K-means 算法

1. 问题提出

假设有一个数据集包含许多水果的照片,每种水果有多张不同的照片。现想要将这些照片聚类成每个水果的一个组,以便完成后续分类任务。可以使用聚类算法来实现这个目标。具体地,可以使用 K-means(K 均值)聚类算法,将所有照片聚类成多个组,每个组代表一种水果。首先,需要准备好一个包含所有照片的数据集,并使用特征提取器从中提取出每张照片的特征,如颜色、形状、大小等。然后,可以将 K-means 算法应用于数据集,其中 K 是希望聚类的水果种数。在运行 K-means 算法后,将会得到多个聚类中心,每个聚类中心代表一种水果。可以使用这些聚类中心来标记每个水果的名称,并为后续的分类任务提供训练数据。例如,可以将每个聚类中心作为一类,使用标签来标记每个训练样本所属的类别,然后训练一个分类器自动分类新的未知照片。

再举一个层次聚类算法的例子。假设有一个包含多个城市的气候数据集,每个城市有多个不同日子的气温、湿度和降水量等数据。现想要将这些城市聚类成具有相似气候的组。具体地,可以使用层次聚类算法来将城市聚类成多个组,组内的城市具有相似的气候。首先,需要准备好一个包含所有城市的气候数据集,并使用距离度量来计算每对城市之间的相似性。然后,可以将层次聚类算法应用于数据集,其中层次数量是希望聚类成的组数量。在运行层次聚类算法后,将会得到一个树状图,其中每个叶子节点代表一个城市,而每个内部节点代表一个聚类组。可以将这个树状图可视化,并选择适当的高度来将城市划分为多个组。每个组内的城市具有相似的气候,可以为后续的气候分析提供有用的信息。

总之,聚类算法可以帮助将数据集中的样本划分为多个组,以便后续的数据分析和机器学习任务。

2. 基本概念

聚类是一种无监督学习,它将相似的对象归到同一个簇中。它有点像全自动分类(这里的自动是指连类别体系都是自动构建的)。但是,聚类和分类是不同的。聚类和分类的最大不同之处在于,分类的目标事先已知,而聚类则不一样。因为其产生的结果与分类相同,而只是类别没有预先定义,聚类有时也称无监督分类。聚类方法几乎可以应用于所有对象,簇内的对象越相似,聚类的效果越好。

聚类检测的 K-means(K-均值)算法是实践中最常用的方法。之所以称为 K-均值,是因为它可以发现 k 个不同的簇,且每个簇的中心采用簇中所含值的均值计算而成。当有相当多的组要分类时,这种方法很有用。它有很多变体,这里描述的形式是由麦奎因(1967)首次发表的。该算法有一个预定义的簇数的输入,称为 K;means 代表平均值:单个集群中所有成员的平均位置。

K-means 聚类算法示意图如图 3-15 所示。

K-means 聚类算法的特点:

①要求用户必须事先给出要生成的簇的数目 K;

②对初值敏感;

③对于孤立点数据敏感。

3. K-means 模型求解过程

K-means 是发现给定数据集的 k 个簇的算法。簇的个数 k 是用户给定的。每一个簇通过其质心(centroid),即簇中所有点的中心来描述。

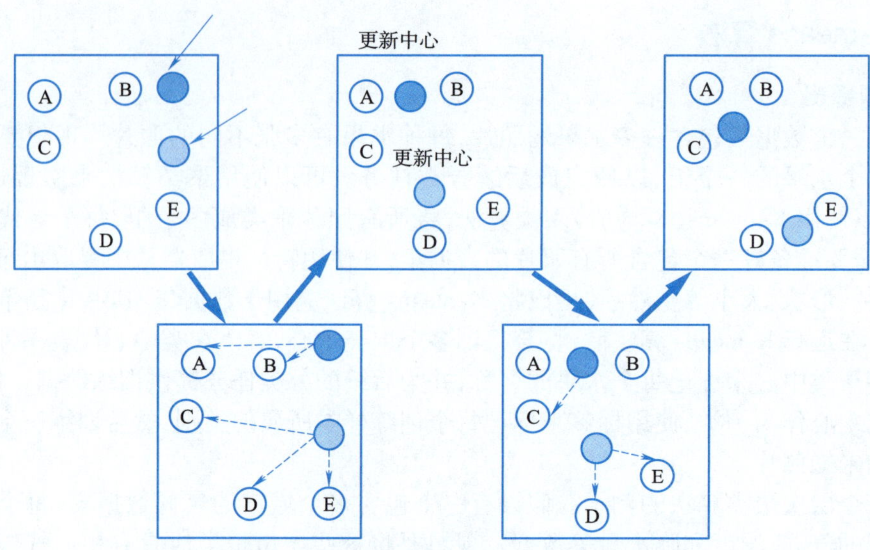

图 3-15 K-means 聚类算法示意图

K-means 算法的求解过程如下：首先，随机确定 k 个初始点作为质心。然后将数据集中的每个点分配到一个簇中，具体来讲，为每个点找距其最近的质心，并将其分配给该质心所对应的簇。这一步完成之后，每个簇的质心更新为该簇所有点的平均值。

上述过程的伪代码表示如下：

```
创建 k 个点作为起始质心(经常是随机选择)
当任意一个点的簇分配结果发生改变时
  对数据集中的每个数据点
    对每个质心
      计算质心和数据点之间的距离
    将数据点分配到距其最近的簇
  对每一个簇,计算簇中所有点的均值并将均值作为质心
(不断重复,直到每个簇所拥有的点不变)
```

4. 算法练习

例 3.8 ①簇的数目 $k=2$；②数据见表 3-17。使用 K-means 算法对其进行聚类。

表 3-17 例 3.8 数据

序号	属性 1	属性 2
1	1	1
2	2	1
3	1	2
4	2	2
5	4	3
6	5	3
7	4	4
8	5	4

解　①第一次迭代：由于最终结果要为 $k=2$ 个簇，所以第一次迭代先随机找两行数据，如第 1 行和第 3 行当为初始点。

a. 要将全部数据分为两个簇，运用欧几里得距离，让 2,4,5,6,7,8 依次和 1 和 3 分别进行距离计算，然后比较离 1 近则和 1 合并，离 3 近则和 3 合并，这次迭代得到两个簇：{1,2} 和 {3,4,5,6,7,8}。

b. 对产生的簇分别计算平均值，得到平均值点。对于 {1,2}，属性 1：(1+2)/2=1.5，属性 2：(1+1)/2=1，则平均值点为(1.5,1)。

对于 {3,4,5,6,7,8}，属性 1：(1+2+4+5+4+5)/6=3.5，属性 2：(2+2+3+3+4+4)/6=3，则平均值点为(3.5,3)。

②第二次迭代：将表中全部数据按离平均值点(1.5,1)和(3.5,3)最近的原则，重新分配。得到两个新的簇：{1,2,3,4} 和 {5,6,7,8}。

再重新计算簇平均值点，得到新的平均值为(1.5,1.5)和(4.5,3.5)。

③第三次迭代：将表中全部数据按离新的平均值点(1.5,1.5)和(4.5,4.5)最近的原则，重新分配。得到两个新的簇：{1,2,3,4} 和 {5,6,7,8}；这里发现与第二次迭代得到的两个簇相比，没有出现新的簇，则算法结束。

最终得到两个簇：{1,2,3,4} 和 {5,6,7,8}。

例 3.9　假设有如下八个点：(3,1)，(3,2)，(4,1)，(4,2)，(1,3)，(1,4)，(2,3)，(2,4)。使用 K-means 算法对其进行聚类。设初始聚类中心分别为(0,4)和(3,3)。写出详细的计算过程。

解　①将题目中数据用表 3-18 表示。

表 3-18　数据集

各点	X	Y
A_1	3	1
A_2	3	2
A_3	4	1
A_4	4	2
A_5	1	3
A_6	1	4
A_7	2	3
A_8	2	4

②初始聚类中心分别为 D_1(0,4) 和 D2(3,3)，根据两点间距离公式 $d=\sqrt{(x_2-x_1)^2+(y_2-y_1)^2}$，计算表 3-19 中各点到两中心的距离，结果见表 3-19（其中√表示该点距哪个中心点近，下同）。

表 3-19　距离表 1

各点	$D_1(0,4)$	$D_2(3,3)$
$A_1(3,1)$	4.242	2√
$A_2(3,2)$	3.605	1√

续上表

各点	$D_1(0,4)$	$D_2(3,3)$
$A_3(4,1)$	5	2.236√
$A_4(4,2)$	4.472	1.414√
$A_5(1,3)$	1.414√	2
$A_6(1,4)$	1√	2.236
$A_7(2,3)$	2.236	1√
$A_8(2,4)$	2	1.414√

③根据表3-19分成两簇：$\{A_1,A_2,A_3,A_4,A_7,A_8\}$，$\{A_5,A_6\}$。重新计算新的聚类中心$D_3$，$D_4$。并计算新的距离表(结果见表3-20)。

$$D_3=(3+3+4+4+2+2)/6,(1+2+1+2+3+4)/6=(3,2.167)$$

$$D_4=(1+1)/2,(3+4)/2=(1,3.5)$$

表3-20　距离表2

各点	$D_3(3,2.167)$	$D_4(1,3.5)$
$A_1(3,1)$	1.167√	3.201
$A_2(3,2)$	0.167√	2,5
$A_3(4,1)$	1.536√	3.905
$A_4(4,2)$	1.013√	3.354
$A_5(1,3)$	2.166	0.5√
$A_6(1,4)$	2.712	0.5√
$A_7(2,3)$	1.301	1.118√
$A_8(2,4)$	2.088	1.118√

④根据表3-20分成两簇：$\{A_1,A_2,A_3,A_4\}$，$\{A_5,A_6,A_7,A_8\}$。重新计算新的聚类中心D_5，D_6。并计算新的距离表(结果见表3-21)。

$$D_5=(3+3+4+4)/4,(1+2+1+2)/4=(3.5,1.5)$$

$$D_6=(1+1+2+2)/4,(3+4+3+4)/4=(1.5,3.5)$$

表3-21　距离表3

各点	$D_5(3.5,1.5)$	$D_6(1.5,3.5)$
$A_1(3,1)$	0.707√	2.915
$A_2(3,2)$	0.707√	2.121
$A_3(4,1)$	0.707√	3.535
$A_4(4,2)$	0.707√	2.915
$A_5(1,3)$	2.915	0.707√
$A_6(1,4)$	3.535	0.707√
$A_7(2,3)$	2.121	0.707√
$A_8(2,4)$	2.915	0.707√

⑤根据表3-21分成两簇：$\{A_1,A_2,A_3,A_4\}$，$\{A_5,A_6,A_7,A_8\}$，和步骤④分簇一致，停止计算。

3.2.3 用于数据压缩的降维

1. 问题描述

通常人们处理的是高维数据——每次观测都伴随着大量的测量数据——这对有限的存储空间和机器学习算法的计算性能提出了挑战。无监督降维是特征预处理中常用的去除数据噪声的方法,但这种方法也会降低某些算法的预测性能,并将数据压缩到更小维的子空间中,同时保留大部分相关信息。

有许多不同的高维数据集的例子很难一次性处理,如视频、电子邮件、用户日志、卫星观测,甚至人类基因表达。对于这样的数据,需要抛弃不必要的和嘈杂的维度,只保留最有信息的维度。主成分分析(principal component analysis,PCA)是一种经典的降维算法,它具有非线性扩展的核主成分分析(KPCA)。假设数据是实值,PCA 的目标是将输入数据投影到低维子空间,尽可能保持数据内的方差。

PCA 是一种常见的数据降维方法,其目的是在信息损失较小的前提下,将高维数据转换到低维。

PCA 的思想是将 n 维特征映射到 k 维上($0<k<n$),这 k 维特征称为主元(主成分),是旧特征的线性组合,这些线性组合最大化样本方差,尽量使用新的 k 个特征互不相关。这 k 维是全新的正交特征,是重新构造出来的 k 维特征,而不是简单地从 n 维特征中取出其余 $n-k$ 维特征。

PCA 的本质是发现一些投影方向,使得数据在这些投影方向上的方差最大,而且这些投影方向彼此之间是相互正交的,即寻找新的正交基,然后计算原始数据在这些正交基上投影的方差。

解题思路:将一组 n 维向量,降低到 k 维($0<k<n$),选择一个 k 维正交基,使得原有的数据映射到这组基上后,使得两两特征之间的协方差为 0,单个特征的方差最大,因为方差大的数据所包含的信息量也大。

2. 基本概念

均值:在 PCA 降维过程中,所求的均值是每个维度的均值。

$$\mu = \frac{1}{n}\sum_{i=1}^{n} x_i \tag{3-65}$$

零均值化:将每个维度的数据进行零均值化,即中心化。所谓零均值化就是让均值为 0,即每个数据都减去均值。

$$x_i \leftarrow x_i - \mu$$

方差:一个字段的方差可以看作每个元素与字段均值的差的平方和的均值,表示的数据离散程度。

$$\mathrm{Var}(X) = \frac{1}{n}\sum_{i=1}^{n} (x_i - \mu)^2 \tag{3-66}$$

协方差:计算不同变量之间的相关性。

$$\mathrm{cov}(X,Y) = \frac{1}{n}\sum_{i=1}^{n} (x_i - \overline{x})(y_i - \overline{y}) \tag{3-67}$$

如果 $\mathrm{cov}(X,Y)=-1$,则变量之间完全负相关;如果 $\mathrm{cov}(X,Y)=1$,则变量之间完全正相关;如果 $\mathrm{cov}(X,Y)=0$,则变量之间完全不相关;而当 X 和 Y 相等时,协方差的值就等于方差,所以也可以将方差看作协方差的一种特殊情况。

协方差矩阵:协方差只能表示两个维度变量之间的相互关系,如果有多个维度随机变量,就需要使用协方差矩阵。假设现在有三个维度随机变量 X,Y,Z,那么对应的协方差矩阵为

$$\boldsymbol{C}=\begin{pmatrix}\operatorname{cov}(X,Y) & \operatorname{cov}(X,Y) & \operatorname{cov}(X,Z)\\ \operatorname{cov}(Y,X) & \operatorname{cov}(Y,Y) & \operatorname{cov}(Y,Z)\\ \operatorname{cov}(Z,X) & \operatorname{cov}(Z,Y) & \operatorname{cov}(Z,Z)\end{pmatrix} \tag{3-68}$$

3. PCA 求解过程

假设给定一组数据$\{z_1,z_2,\cdots,z_n\}$,展开的样本矩阵为

$$\boldsymbol{X}=\begin{pmatrix}x_{11} & x_{12} & \cdots & x_{1n}\\ x_{21} & x_{22} & \cdots & x_{2n}\\ \vdots & \vdots & & \vdots\\ x_{m1} & x_{m1} & \cdots & x_{mn}\end{pmatrix} \tag{3-69}$$

取第一行为例,它的下标含义是:行表示样本序号,列表示样本维度。

$$(x_{11} \quad x_{12} \quad \cdots \quad x_{1n})$$

首先对数据进行中心化(取均值):

$$(\boldsymbol{x}_1,\boldsymbol{x}_2,\cdots,\boldsymbol{x}_n)=(z_1-\boldsymbol{\mu}_1,z_2-\boldsymbol{\mu}_2,\cdots,z_n-\boldsymbol{\mu}_n) \tag{3-70}$$

式中

$$\boldsymbol{\mu}_i=\frac{1}{n}\sum_{i=1}^{n}z_i$$

可以得到

$$\boldsymbol{X}=\begin{pmatrix}x_{11}-\mu_1 & x_{12}-\mu_2 & \cdots & x_{1n}-\mu_n\\ x_{21}-\mu_1 & x_{22}-\mu_2 & \cdots & x_{2n}-\mu_n\\ \vdots & \vdots & & \vdots\\ x_{m1}-\mu_1 & x_{m1}-\mu_2 & \cdots & x_{mn}-\mu_n\end{pmatrix} \tag{3-71}$$

现在的需求是经过映射,尽量能够保持原有数据的特征。中心化后的数据在第一主轴$\boldsymbol{\mu}_1$方向上分布散的最开,也就是说在$\boldsymbol{\mu}_1$方向上的投影的绝对值之和最大(也可以说方差最大),计算投影的方法就是将$\boldsymbol{\mu}_1$与$\boldsymbol{\mu}_1$做内积,由于只需要求$\boldsymbol{\mu}_1$的方向,所以设$\boldsymbol{\mu}_1$是单位向量。也就是最大化下式:

$$\frac{1}{n}\sum_{i=1}^{n}|\boldsymbol{x}_i\cdot\boldsymbol{\mu}_1| \tag{3-72}$$

式中,$|\boldsymbol{x}_i\cdot\boldsymbol{\mu}_1|$为$\boldsymbol{x}_i$投影到$\boldsymbol{\mu}_1$的内积。

相当于最大化

$$\frac{1}{n}\sum_{i=1}^{n}|\boldsymbol{x}_i\cdot\boldsymbol{\mu}_1|^2=\frac{1}{n}\sum_{i=1}^{n}(\boldsymbol{x}_i\cdot\boldsymbol{\mu}_1)^2 \tag{3-73}$$

两个向量做内积可以转换为矩阵乘法

$$\boldsymbol{x}_i\cdot\boldsymbol{\mu}_1=\boldsymbol{x}_i^{\mathrm{T}}\boldsymbol{\mu}_1 \tag{3-74}$$

所以目标函数可以表示为

$$\frac{1}{n}\sum_{i=1}^{n}(\boldsymbol{x}_i^{\mathrm{T}}\boldsymbol{\mu}_1)^2 \tag{3-75}$$

由于一个数的转置还是其本身，所以又可以将目标函数转化为

$$\frac{1}{n}\sum_{i=1}^{n}(\boldsymbol{x}_i^{\mathrm{T}}\boldsymbol{\mu}_1)^{\mathrm{T}}(\boldsymbol{x}_i^{\mathrm{T}}\boldsymbol{\mu}_1) \tag{3-76}$$

去掉括号后

$$\frac{1}{n}\sum_{i=1}^{n}\boldsymbol{\mu}_1^{\mathrm{T}}\boldsymbol{x}_i\boldsymbol{x}_i^{\mathrm{T}}\boldsymbol{\mu}_1 \tag{3-77}$$

由于$\boldsymbol{\mu}_1$与i无关，可以将其拿到求和符外面，即

$$\frac{1}{n}\boldsymbol{\mu}_1^{\mathrm{T}}\left(\sum_{i=1}^{n}\boldsymbol{x}_i\boldsymbol{x}_i^{\mathrm{T}}\right)\boldsymbol{\mu}_1 \tag{3-78}$$

上式中括号里是一个矩阵乘以自身的转置，这个矩阵的形式如下：

$$\boldsymbol{X}=(\boldsymbol{x}_1\quad \boldsymbol{x}_2\quad \cdots\quad \boldsymbol{x}_n) \tag{3-79}$$

$$\boldsymbol{X}^{\mathrm{T}}=\begin{pmatrix}\boldsymbol{x}_1^{\mathrm{T}}\\ \boldsymbol{x}_2^{\mathrm{T}}\\ \vdots\\ \boldsymbol{x}_n^{\mathrm{T}}\end{pmatrix} \tag{3-80}$$

$\boldsymbol{X}$的第i列就是$\boldsymbol{x}_i$，于是有

$$\boldsymbol{X}\boldsymbol{X}^{\mathrm{T}}=\sum_{i=1}^{n}\boldsymbol{x}_i\boldsymbol{x}_i^{\mathrm{T}} \tag{3-81}$$

所以目标函数最后化为

$$\frac{1}{n}\boldsymbol{\mu}_1^{\mathrm{T}}\boldsymbol{X}\boldsymbol{X}^{\mathrm{T}}\boldsymbol{\mu}_1 \tag{3-82}$$

式(3-82)中$\boldsymbol{\mu}_1^{\mathrm{T}}\boldsymbol{X}\boldsymbol{X}^{\mathrm{T}}\boldsymbol{\mu}_1$为标准二次型，并且$\boldsymbol{X}\boldsymbol{X}^{\mathrm{T}}$为半正定矩阵（所有特征值大于等于0），因此目标函数存在最大值。

目标函数与约束条件构成最大化问题

$$\begin{cases}\max\{\boldsymbol{\mu}_1^{\mathrm{T}}\boldsymbol{X}\boldsymbol{X}^{\mathrm{T}}\boldsymbol{\mu}_1\}\\ \boldsymbol{\mu}_1^{\mathrm{T}}\boldsymbol{\mu}_1=1\end{cases} \tag{3-83}$$

构造拉格朗日函数

$$f(\boldsymbol{\mu}_1)=\boldsymbol{\mu}_1^{\mathrm{T}}\boldsymbol{X}\boldsymbol{X}^{\mathrm{T}}\boldsymbol{\mu}_1+\lambda(1-\boldsymbol{\mu}_1^{\mathrm{T}}\boldsymbol{\mu}_1) \tag{3-84}$$

对$\boldsymbol{\mu}_1$求导，令其为0，即

$$\frac{\delta f}{\delta\boldsymbol{\mu}_1}=2\boldsymbol{X}\boldsymbol{X}^{\mathrm{T}}\boldsymbol{\mu}_1-2\lambda\boldsymbol{\mu}_1=0 \tag{3-85}$$

则得到

$$\boldsymbol{X}\boldsymbol{X}^{\mathrm{T}}\boldsymbol{\mu}_1=\lambda\boldsymbol{\mu}_1 \tag{3-86}$$

显然，$\boldsymbol{\mu}_1$即为$\boldsymbol{X}\boldsymbol{X}^{\mathrm{T}}$的特征值$\lambda$对应的特征向量，并且$\boldsymbol{X}\boldsymbol{X}^{\mathrm{T}}$的所有特征值和特征向量都满足式(3-86)，将式(3-86)代入目标函数中得

$$\boldsymbol{\mu}_1^{\mathrm{T}}\boldsymbol{X}\boldsymbol{X}^{\mathrm{T}}\boldsymbol{\mu}_1=\lambda\,\boldsymbol{\mu}_1^{\mathrm{T}}\boldsymbol{\mu}_1=\lambda \tag{3-87}$$

因此，如果取最大的特征值，得到的目标值就最大。

所以，目标函数在最大特征值对应的特征向量上取得最大值。第一主轴方向即为第一大特征值对应的特征向量方向，第二主轴方向为第二大特征值对应的特征向量方向，依此类推。

计算样本的协方差矩阵为

$$C=\frac{1}{m}XX^{\mathrm{T}}=\begin{pmatrix}\mathrm{cov}(\boldsymbol{x}_1,\boldsymbol{x}_1) & \mathrm{cov}(\boldsymbol{x}_1,\boldsymbol{x}_2) & \cdots & \mathrm{cov}(\boldsymbol{x}_1,\boldsymbol{x}_R)\\ \mathrm{cov}(\boldsymbol{x}_2,\boldsymbol{x}_1) & \mathrm{cov}(\boldsymbol{x}_2,\boldsymbol{x}_2) & \cdots & \mathrm{cov}(\boldsymbol{x}_2,\boldsymbol{x}_R)\\ \vdots & \vdots & & \vdots\\ \mathrm{cov}(\boldsymbol{x}_R,\boldsymbol{x}_1) & \mathrm{cov}(\boldsymbol{x}_R,\boldsymbol{x}_2) & \cdots & \mathrm{cov}(\boldsymbol{x}_R,\boldsymbol{x}_R)\end{pmatrix} \tag{3-88}$$

因为想尽可能表示更多的原始信息，不希望它们之间存在（线性）相关性的，因为相关性意味着两个字段不是完全独立，必然存在重复表示的信息，在数学上可以用两个字段的协方差来表示其相关性。当 $\mathrm{cov}(\boldsymbol{a},\boldsymbol{b})=0$，表示 $\boldsymbol{a},\boldsymbol{b}$ 是不相关的。

$$\mathrm{cov}(\boldsymbol{a},\boldsymbol{b})=\frac{1}{m}\sum_{i=1}^{m}a_ib_i \tag{3-89}$$

现在离整个 PCA 过程还有一步，先把每一个特征向量变成单位向量，然后再按照特征值的大小进行排序，取前 k 行特征值对应的单位向量组成的矩阵和标准化后数据相乘，就得到所需要的降维后的数据矩阵。

综上所述，PCA 的求解过程如下：

①每一行（代表一个属性字段）进行零均值化，即减去这一行的均值；

②得到原始数据的协方差矩阵 XX^{T}；

③求出协方差矩阵 XX^{T} 的特征值及对应的特征向量的单位向量；

④将特征向量按对应特征值大小从上到下按行排列成矩阵，取前 k 行组成矩阵 P；

⑤用得到的矩阵 P 和标准化后的数据相乘，即可得到降维到 k 维后的数据 $Y=PX$。

4. 算法练习

例 3.10 假设给定五个二维数据：(1,1)，(1,3)，(2,3)，(4,4)，(2,4)，使用 PCA 方法降为一维数据。

解 由题意，初始数据矩阵为

$$X=\begin{pmatrix}1 & 1 & 2 & 4 & 2\\ 1 & 3 & 3 & 4 & 4\end{pmatrix}$$

其每一行是一个维度，而每一列是一个样本。

首先求得均值

$$\mu_1=\frac{1}{5}\times(1+1+2+4+2)=2$$

$$\mu_2=\frac{1}{5}\times(1+3+3+4+4)=3$$

对矩阵 X 进行中心化得到矩阵

$$X=\begin{pmatrix}-1 & -1 & 0 & 2 & 0\\ -2 & 0 & 0 & 1 & 1\end{pmatrix}$$

计算协方差矩阵

$$C=\frac{1}{m}XX^{\mathrm{T}}=\frac{1}{5}\begin{pmatrix}-1 & -1 & 0 & 2 & 0\\ -2 & 0 & 0 & 1 & 1\end{pmatrix}\begin{pmatrix}-1 & -2\\ -1 & 0\\ 0 & 0\\ 2 & 1\\ 0 & 1\end{pmatrix}=\begin{pmatrix}\frac{6}{5} & \frac{4}{5}\\ \frac{4}{5} & \frac{6}{5}\end{pmatrix}$$

计算协方差矩阵的特征值

$$|\boldsymbol{C}-\lambda\boldsymbol{E}|=\begin{vmatrix}\frac{6}{5}-\lambda & \frac{4}{5}\\ \frac{4}{5} & \frac{6}{5}-\lambda\end{vmatrix}=\left(\frac{2}{5}-\lambda\right)(2-\lambda),\quad \lambda_1=\frac{2}{5},\lambda_2=2$$

计算协方差矩阵的特征变量

$$\left(\boldsymbol{C}-\frac{2}{5}\boldsymbol{E}\right)=\begin{pmatrix}\frac{4}{5} & \frac{4}{5}\\ \frac{4}{5} & \frac{4}{5}\end{pmatrix}\rightarrow\begin{pmatrix}1 & 1\\ 0 & 0\end{pmatrix},\quad \boldsymbol{P}_1=\begin{pmatrix}-1\\ 1\end{pmatrix}$$

$$(\boldsymbol{C}-2\boldsymbol{E})=\begin{pmatrix}-\frac{4}{5} & \frac{4}{5}\\ \frac{4}{5} & -\frac{4}{5}\end{pmatrix}\rightarrow\begin{pmatrix}1 & -1\\ 0 & 0\end{pmatrix},\quad \boldsymbol{P}_2=\begin{pmatrix}1\\ 1\end{pmatrix}$$

标准化特征向量后得到

$$\boldsymbol{P}=\begin{pmatrix}\frac{1}{\sqrt{2}} & \frac{1}{\sqrt{2}}\\ -\frac{1}{\sqrt{2}} & \frac{1}{\sqrt{2}}\end{pmatrix}$$

要降为一维数据，即 $k=1$，选择最大特征值对应的特征向量，即 $\lambda_2=2$ 对应的特征向量

$$\begin{pmatrix}\frac{1}{\sqrt{2}} & \frac{1}{\sqrt{2}}\end{pmatrix}$$

执行 PCA 处理，$\boldsymbol{Y}=\boldsymbol{PX}$ 得到的 $\boldsymbol{Y}$ 就是 PCA 降维后的数据集矩阵：

$$\boldsymbol{Y}=\boldsymbol{PX}=\begin{pmatrix}\frac{1}{\sqrt{2}} & \frac{1}{\sqrt{2}}\end{pmatrix}\begin{pmatrix}-1 & -1 & 0 & 2 & 0\\ -2 & 0 & 0 & 1 & 1\end{pmatrix}=\begin{pmatrix}-\frac{3}{\sqrt{2}} & -\frac{1}{\sqrt{2}} & 0 & \frac{3}{\sqrt{2}} & -\frac{1}{\sqrt{2}}\end{pmatrix}$$

3.3　深度学习

3.3.1　现代深度学习的起源

1943 年，心理学家麦卡洛克和数学逻辑学家皮兹发表论文《神经活动中内在思想的逻辑演算》，提出 MP 模型。MP 模型是模仿神经元的结构和工作原理，构成出的一个基于神经网络的数学模型，本质上是一种“模拟人类大脑”的神经元模型。MP 模型作为人工神经网络的起源，开创了人工神经网络的新时代，也奠定了神经网络模型的基础。

1949 年，加拿大心理学家唐纳德·赫布在《行为的组织》中提出一种基于无监督学习的规则——海布学习规则（Hebb rule）。海布规则模仿人类认知世界的过程建立一种“网络模型”，该网络模型针对训练集进行大量的训练并提取训练集的统计特征，然后按照样本的相似程度进行分类，把相互之间联系密切的样本分为一类，这样就把样本分成了若干类。海布学习规则与“条件反射”机理一致，为以后的神经网络学习算法奠定了基础，具有重大的历史意义。

20 世纪 50 年代末，在 MP 模型和海布学习规则的研究基础上，美国科学家罗森布拉特发

现了一种类似于人类学习过程的学习算法——感知机学习，并于1958年正式提出由两层神经元组成的神经网络，称为“感知器”。感知器本质上是一种线性模型，可以对输入的训练集数据进行二分类，且能够在训练集中自动更新权值。感知器的提出吸引了大量科学家对人工神经网络研究的兴趣，对神经网络的发展具有里程碑式的意义。

随着研究的深入，在1969年，“AI之父”马文·明斯基和Logo语言的创始人西蒙·派珀特共同编写了《感知器》一书，在书中他们证明了单层感知器无法解决线性不可分问题（如异或问题）。由于这个致命的缺陷以及没有及时推广感知器到多层神经网络中，在20世纪70年代，人工神经网络进入了第一个寒冬期，人们对神经网络的研究也停滞了将近20年。

1982年，物理学家约翰·霍普菲尔德发明了Hopfield神经网络。Hopfield神经网络是一种结合存储系统和二元系统的循环神经网络。Hopfield网络也可以模拟人类的记忆，根据激活函数的选取不同，有连续型和离散型两种类型，分别用于优化计算和联想记忆。但由于容易陷入局部最小值的缺陷，该算法并未在当时引起很大的轰动。

1986年，深度学习之父杰弗里·辛顿提出一种适用于多层感知器的反向传播算法——BP算法。BP算法在传统神经网络正向传播的基础上，增加了误差的反向传播过程。反向传播过程不断调整神经元之间的权值和阈值，直到输出的误差达到减小到允许的范围之内，或达到预先设定的训练次数为止。BP算法完美地解决了非线性分类问题，让人工神经网络再次引起了人们广泛的关注。

但是，由于20世纪80年代计算机的硬件水平有限，如运算能力跟不上，这就导致当神经网络的规模增大时，再使用BP算法会出现“梯度消失”的问题。这使得BP算法的发展受到了很大的限制。再加上20世纪90年代中期，以SVM为代表的其他浅层机器学习算法被提出，并在分类、回归问题上均取得了很好的效果，其原理又明显不同于神经网络模型，所以人工神经网络的发展再次进入了瓶颈期。

2006年，杰弗里·辛顿以及他的学生鲁斯兰·萨拉赫丁诺夫正式提出深度学习的概念。他们在《科学》发表的一篇文章中详细地给出了“梯度消失”问题的解决方案——通过无监督的学习方法逐层训练算法，再使用有监督的反向传播算法进行调优。该深度学习方法的提出立即在学术圈引起了巨大的反响，众多世界知名高校纷纷投入巨大的人力、财力进行深度学习领域的相关研究，而后又迅速蔓延到工业界中.

2012年，在ImageNet图像识别大赛中，杰弗里·辛顿领导的小组采用深度学习模型AlexNet一举夺冠。AlexNet采用ReLU激活函数，从根本上解决了梯度消失问题，并采用GPU极大地提高了模型的运算速度。同年，由斯坦福大学的吴恩达教授和计算机专家Jeff Dean共同主导的深度神经网络——DNN技术在图像识别领域取得了惊人的成绩，在ImageNet评测中成功地把错误率从26%降低到了15%。深度学习算法在世界大赛的脱颖而出，再一次引起了学术界和工业界对于深度学习领域的关注。

随着深度学习技术的不断进步以及数据处理能力的不断提升，2014年，基于深度学习技术的DeepFace项目在人脸识别方面的准确率已经能达到97%以上，跟人类识别的准确率几乎没有差别。这样的结果再一次证明了深度学习算法在图像识别方面的一骑绝尘。

2016年，随着谷歌公司基于深度学习开发的AlphaGo以4:1的比分战胜了国际顶尖围棋高手李世石，深度学习的热度一时无两。后来，AlphaGo又接连和众多世界级围棋高手过招，均取得了完胜。这也证明了在围棋界，基于深度学习技术的机器人已经超越人类。

3.3.2　循环神经网络

1. 问题提出

面对图像数据，研究人员设计了专门的神经网络结构来利用数据的规律。换句话说，如果拥有一张图像，图像中的内容看起来就像模拟电视时代的测试图，那么对图像中的像素位置进行重排，就会对图像中的内容推理造成极大的困难，因为各个像素间都是独立的。

最重要的是，目前默认数据都来自某种分布，并且所有样本都是独立同分布的(independently and identically distributed，IID)。然而，大多数的数据并非如此。例如，文章中的单词是按顺序写的，如果顺序被随机地重排，就很难理解文章原始的意思。同样，视频中的图像帧、对话中的音频信号以及网站上的浏览行为都是有顺序的。因此，针对此类数据而设计特定模型，可能效果会更好。

循环神经网络(recurrent neural network，RNN)通过引入状态变量存储过去的信息和当前的输入，从而可以确定当前的输出。简言之，卷积神经网络可以有效地处理空间信息，循环神经网络这种设计可以更好地处理序列信息。

RNN 的目的是处理序列数据。在传统的神经网络模型中，是从输入层到隐藏层再到输出层，层与层之间是全连接的，每层之间的节点是无连接的。但是，这种普通的神经网络对于很多问题无能为力。例如，要预测句子的下一个单词是什么，一般需要用到前面的单词，因为一个句子中前后单词并不是独立的。理论上，RNN 能够对任何长度的序列数据进行处理。但是在实践中，为了降低复杂性，往往假设当前的状态只与前面的几个状态相关。

2. 基本概念

RNN 是一类以序列(sequence)数据为输入，在序列的演进方向进行递归(recursion)且所有节点(循环单元)按链式连接的递归神经网络。

RNN 是一种特殊的神经网络结构，它是根据人的认知是基于过往的经验和记忆这一观点提出的。它与 DNN、CNN 不同的是：它不仅考虑前一时刻的输入，而且赋予了网络对前面的内容的一种记忆功能。

RNN 之所以称为循环神经网络，即一个序列当前的输出与前面的输出也有关。具体的表现形式为网络会对前面的信息进行记忆并应用于当前输出的计算中，即隐藏层之间的节点不再无连接而是有连接的，并且隐藏层的输入不仅包括输入层的输出还包括上一时刻隐藏层的输出。RNN 与基础神经网络的联系与区别在于：

①神经网络模型通过训练“学”到的东西蕴含在“权值”中。

②基础的神经网络只在层与层之间建立权连接。

而 RNN 最大的不同之处在于隐藏层内的神经元也建立了权连接，如图 3-16 所示。

RNN 的应用领域很多。可以说，只要考虑时间先后顺序的问题都可以使用 RNN 来解决。常见的应用领域如下：

①自然语言处理(NLP)：主要有视频处理、文本生成、语言模型、图像处理。

②机器翻译，机器写作。

③语音识别。

④图像描述生成。

⑤文本相似度计算。

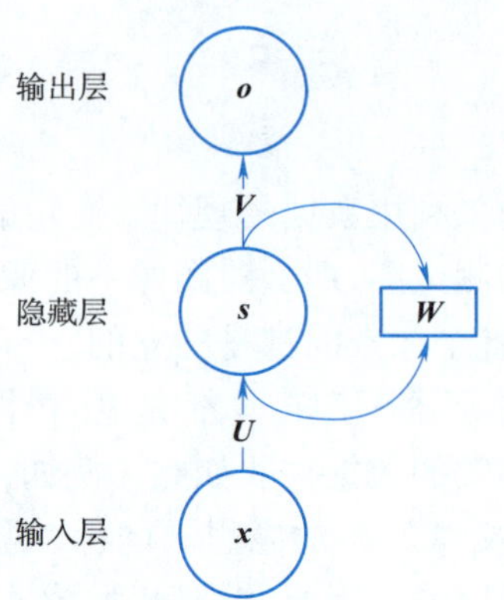

图 3-16　一个简单神经网络

⑥音乐推荐等新的应用领域。

3. 循环神经网络 RNN 求解过程

RNN 包含输入单元(input units),输入集标记为$\{x_0,x_1,\cdots,x_t,x_{t+1},\cdots\}$,用向量表示为$\boldsymbol{x}(t)$,而输出单元(output units)的输出集则被标记为$\{y_0,y_1,\cdots,y_t,y_{t+1},\cdots\}$,表示成向量形式为$\boldsymbol{y}(t)$。RNN 还包含隐藏单元(hidden units),将其输出集标为$\{s_0,s_1,\cdots,s_t,s_{t+1},\cdots\}$,表示成向量形式为$\boldsymbol{s}(t)$,这些隐藏单元完成了最为主要的工作。可以发现,在图 3-17 中,有一条单向流动的信息流是从输入单元到达隐藏单元的,与此同时,另一条单向流动的信息流从隐藏单元到达输出单元。在某些情况下,RNN 会打破后者的限制,引导信息从输出单元返回隐藏单元,称为 back projections,并且隐藏层的输入还包括上一隐藏层的状态,即隐藏层内的节点可以自连也可以互连。

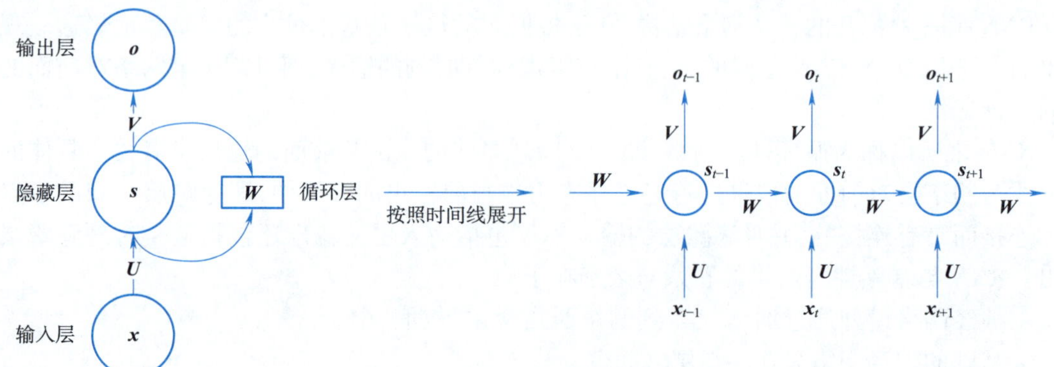

图 3-17　RNN 求解过程

图 3-17 将循环神经网络进行展开成一个全神经网络。例如,对一个包含五个单词的语句,展开的网络便是一个五层的神经网络,每一层代表一个单词。对于该网络的计算过程如下:

① $\boldsymbol{x}(t)$表示第 t 时刻($t=1,2,3,\cdots$)的输入,比如,x_1 为当前输入句子中第二个词的 Vow (vector-of-word)向量。请注意:使用计算机对自然语言进行处理,需要将自然语言处理成为机器能够识别的符号,加上在机器学习过程中,需要将其进行数值化,而词是自然语言理解与处理的基础,因此需要对词进行数值化,词向量(word representation,word embeding)便是一种可

行又有效的方法。词向量,即使用一个指定长度的实数向量 $\boldsymbol{v}$ 来表示一个词。有一种最简单的表示方法,就是使用 one-hot vector 表示单词,即根据单词的数量 $|V|$ 生成一个 $|V|\times 1$ 的向量,当某一位为一的时候其他位都为零,然后这个向量就代表一个单词。所以,训练之前要先建立词典(工作量也不小),于是出现了一种更加有效的词向量模式,该模式是通过神经网或者深度学习对词进行训练,输出一个指定维度的向量,该向量便是输入词的表达。

② $\boldsymbol{s}(t)$ 为隐藏层的第 t 时刻的状态,它是网络的记忆单元。$\boldsymbol{s}(t)$ 根据当前输入层的输出与上一步隐藏层的状态进行计算。$\boldsymbol{s}(t)=f(\boldsymbol{U}*\boldsymbol{x}(t)+\boldsymbol{W}*\boldsymbol{s}(t-1))$,其中 $f(\ )$ 一般是非线性的激活函数,如 tanh 或 ReLU 或 Sigmoid,在计算 $\boldsymbol{s}(0)$ 时,即第一个单词的隐藏层状态,需要用到 $s(-1)$,在实现中一般置为 $\boldsymbol{0}$ 向量即可。

③ $\boldsymbol{o}(t)$ 是 t 时刻的输出,即下个单词的向量表示,$\boldsymbol{o}(t)=\text{softmax}(\boldsymbol{V}*\boldsymbol{s}(t))$。

需要注意的是:可以认为隐藏层状态 $\boldsymbol{s}(t)$ 是网络的记忆单元,包含了前面所有步的隐藏层状态。而输出层的输出 $\boldsymbol{o}(t)$ 只与当前步的 $\boldsymbol{s}(t)$ 有关,在实践中,为了降低网络的复杂度,往往 $\boldsymbol{s}(t)$ 只包含前面若干步而不是所有步的隐藏层状态;在传统神经网络中,每一个网络层的参数是不共享的。而在 RNN 中,每输入一步,每一层各自都共享参数 $\boldsymbol{U},\boldsymbol{V},\boldsymbol{W}$。其反映了 RNN 中的每一步都在做相同的事,只是输入不同,因此大大地降低了网络中需要学习的参数。

循环神经网络的计算:

$$\begin{cases}\boldsymbol{o}_t=g(\boldsymbol{V}\boldsymbol{s}_t)\\ \boldsymbol{s}_t=f(\boldsymbol{U}\boldsymbol{x}_t+\boldsymbol{W}\boldsymbol{s}_{t-1})\end{cases}\tag{3-90}$$

循环神经网络可以往前看任意多个输入值的原因

$$\begin{cases}\boldsymbol{o}_t=g(\boldsymbol{V}\boldsymbol{s}_t)\\ \boldsymbol{s}_t=f(\boldsymbol{U}\boldsymbol{x}_t+\boldsymbol{W}\boldsymbol{s}_{t-1})\end{cases}\tag{3-91}$$

如果反复将下面的式子带入上面的式子中,将得到

$$\begin{aligned}\boldsymbol{o}_t&=g(\boldsymbol{V}\boldsymbol{s}_t)\\&=g(\boldsymbol{V}f(\boldsymbol{U}\boldsymbol{x}_t+\boldsymbol{W}\boldsymbol{s}_{t-1}))\\&=g(\boldsymbol{V}f(\boldsymbol{U}\boldsymbol{x}_t+\boldsymbol{W}f(\boldsymbol{U}\boldsymbol{x}_{t-1}+\boldsymbol{W}\boldsymbol{s}_{t-2})))\\&=g(\boldsymbol{V}f(\boldsymbol{U}\boldsymbol{x}_t+\boldsymbol{W}f(\boldsymbol{U}\boldsymbol{x}_{t-1}+\boldsymbol{W}f(\boldsymbol{U}\boldsymbol{x}_{t-2}+\boldsymbol{W}\boldsymbol{s}_{t-3}))))\\&=g(\boldsymbol{V}f(\boldsymbol{U}\boldsymbol{x}_t+\boldsymbol{W}f(\boldsymbol{U}\boldsymbol{x}_{t-1}+\boldsymbol{W}f(\boldsymbol{U}\boldsymbol{x}_{t-2}+\boldsymbol{W}f(\boldsymbol{U}\boldsymbol{x}_{t-3})))))\end{aligned}\tag{3-92}$$

即输出值 $\boldsymbol{o}_t$,受前面历次输入值 $\boldsymbol{x}_t,\boldsymbol{x}_{t-1},\boldsymbol{x}_{t-2},\boldsymbol{x}_{t-3},\cdots$ 的影响,如图 3-18 所示。

仔细观察图 3-18 并与隐变量模型做对比,发现当前时刻 h_t 决定了当前输出 $\boldsymbol{o}_t$,而 h_t 不能用 $\boldsymbol{x}_t$ 的东西,而是 $\boldsymbol{x}_{t-1}$,那么这样做对语言模型有什么用呢?

假设输入是"你",那么回去更新我的隐变量,并去预测"好"字,接下来我观测到了"好",再去更新隐变量,输出","。其实 $\boldsymbol{o}_t$ 是用来 match 到"你"的输入 $\boldsymbol{x}_t$,但"你"在生成 $\boldsymbol{o}_t$ 时"你"看不到 $\boldsymbol{x}_t$,"你"的当前时刻的输出是要预测当前时刻的输入。那么计算损失的时候计算 $\boldsymbol{o}_t$ 与 $\boldsymbol{x}_t$ 的损失就可以了。

更新当前状态:

$$h_t=\phi(\boldsymbol{W}_{hh}h_{t-1}+\boldsymbol{W}_{hx}\boldsymbol{x}_t+b_h)\tag{3-93}$$

输出:

$$o_t=\phi(\boldsymbol{W}_{ho}h_t+b_o)\tag{3-94}$$

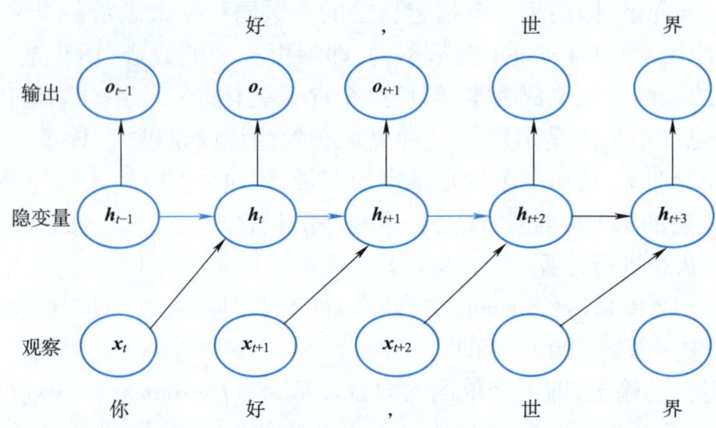

图 3-18　循环神经网络计算示意图

先看第一个公式，$\boldsymbol{W}_{hx}$代表了$\boldsymbol{X}_{t-1}$到h_t之间的权重，如果只看这一部分是一个做了线性变换的多层感知机。而$\boldsymbol{W}_{hh}$表示h_{t-1}与h_t之间的权重，再加上偏置b_h，两者共同主导了h_t的状态更新。第二个公式，$\boldsymbol{W}_{ho}$代表h_t到$o\{t\}$的权重。

4. RNN 的应用举例

例 3.11　假设现在已经训练好了一个 RNN，如图 3-19 所示。假设每个单词的特征向量是二维的，也就是输入层的维度是二维，且隐藏层也假设是二维，输出也假设是二维，所有权重的值都为 1 且没有偏差，所有激活函数都是线性函数。现在输入一个序列到该模型中，求解输出序列。

$$输入序列：\begin{pmatrix}1\\1\end{pmatrix}\begin{pmatrix}1\\1\end{pmatrix}\begin{pmatrix}2\\2\end{pmatrix}\cdots$$

解　W 在实际的计算中，在图像中表示非常困难，所以可以想象上一时刻的隐藏层的值是被存起来，等下一时刻的隐藏层进来时，上一时刻的隐藏层的值通过与权重相乘，两者相加便得到了下一时刻真正的隐藏层，如图 3-20 所示。a_1，a_2 可以看作每一时刻存下来的值，当然初始时 a_1，a_2 是没有存值的，因此初始值为 0。

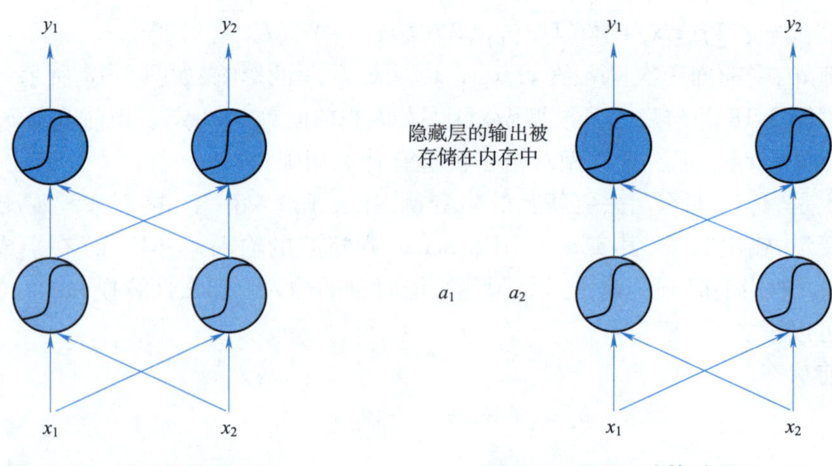

图 3-19　训练好的 RNN　　　　图 3-20　RNN 计算过程-1

当输入第一个序列(1,1)，如图3-21所示，其中隐藏层的值，也就是浅色神经元，是通过公式 $\boldsymbol{S}_t = f(\boldsymbol{U} * \boldsymbol{X}_t + \boldsymbol{W} * \boldsymbol{S}_{t-1})$ 计算得到的，因为所有权重都是1，所以也就是 $1\times1+1\times1+1\times0+1*0=2$（这里把向量 $\boldsymbol{X}$ 拆开计算的，由于篇幅关系，只详细列了其中一个神经元的计算过程），输出层的值4是通过公式 $\boldsymbol{O}_t = g(\boldsymbol{V} * \boldsymbol{S}_t)$ 计算得到的，也就是 $2\times1+2\times1=4$（同上，也是只举例其中一个神经元），得到输出向量(4,4)：

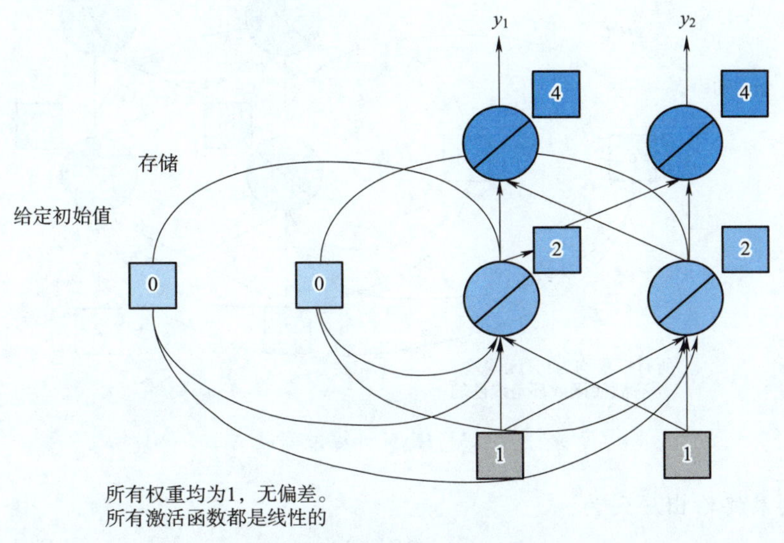

图3-21　RNN计算过程-2

当(1,1)输入过后，a_1，a_2 已经不是0了，而是把这一时刻的隐藏状态放在里面，即变成了2，如图3-22所示，输入下一个向量(1,1)，隐藏层的值通过公式 $S_t = f(U * X_t + W * S_{t-1})$ 得到，$1\times1+1\times1+1\times2+1\times2=6$，输出层的值通过公式 $S_t = f(U * X_t + W * S_{t-1})$，得到 $6\times1+6\times1=12$，最终得到输出向量(12,12)。

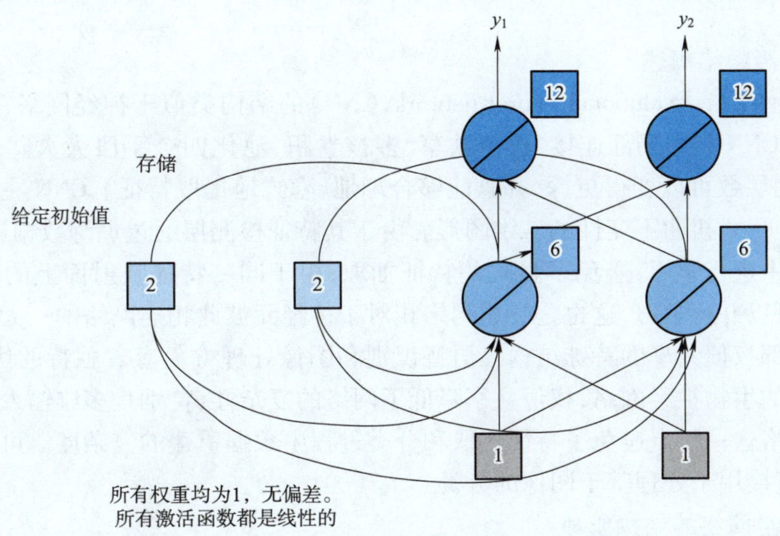

图3-22　RNN计算过程-3

同理，该时刻过后 a_1,a_2 的值变成了6，也就是输入第二个(1,1)过后所存下来的值，同理，输入第三个向量(2,2)，如图3-23所示，细节过程不再描述，得到输出向量(32,32)。

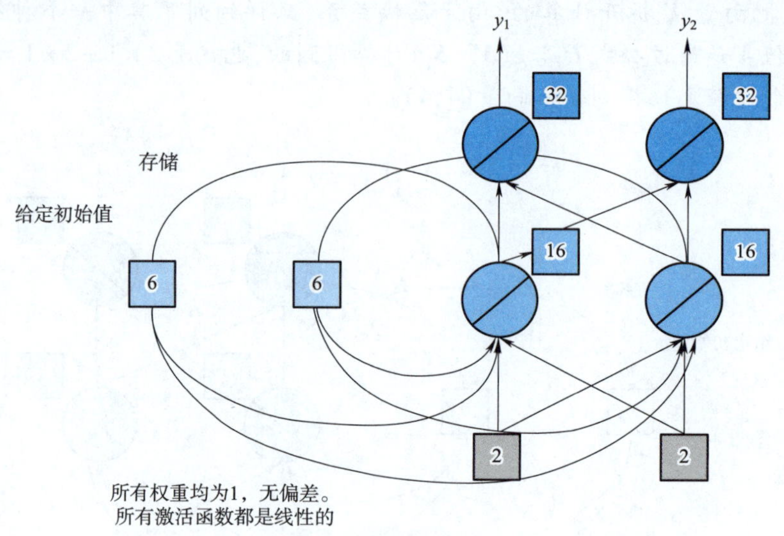

图3-23 RNN计算过程-4

由此，得到最终输出序列为

$$\begin{pmatrix}4\\4\end{pmatrix}\begin{pmatrix}12\\12\end{pmatrix}\begin{pmatrix}32\\32\end{pmatrix}$$

至此，一个完整的RNN结构已经经历了一遍。可以注意到，每一时刻的输出结果都与上一时刻的输入有着非常大的关系，如果将输入序列换个顺序，那么得到的结果也将截然不同，这就是RNN的特性，可以处理序列数据，同时对序列也很敏感。

3.3.3 卷积神经网络

1. 卷积神经网络概述

卷积神经网络(convolutional neural network，CNN)的结构类似于神经网络，可以看作是对RNN的改进。CNN利用局部连接、权值共享、多核卷积、池化四个手段大大降低了参数的数目，使得网络的层数可以变得更深，并且能够合理地、隐式地提取特征。CNN主要用来识别位移、缩放及其他形式扭曲不变性的二维图形。由于其特征检测层通过训练数据进行学习，隐式地从训练数据中进行学习，避免了显式的特征抽取；由于同一特征映射面上的神经元权值相同，因此网络可以并行学习，这也是卷积网络相对于神经元彼此相连网络的一大优势。卷积神经网络以其局部权值共享的特殊结构在语音识别和图像处理方面有着独特的优越性，其布局更接近于实际的生物神经网络，权值共享降低了网络的复杂性，特别是多维输入向量的图像可以直接输入网络这一特点避免了特征提取和分类过程中数据重建的复杂度。可以直接处理灰度图片，能够直接用于处理基于图像的分类。

2. 卷积神经网络的结构组成

卷积神经网络是一种带有卷积结构的深度神经网络，卷积结构可以减少深层网络占用的内存量。卷积神经网络的结构组成如图3-24所示。

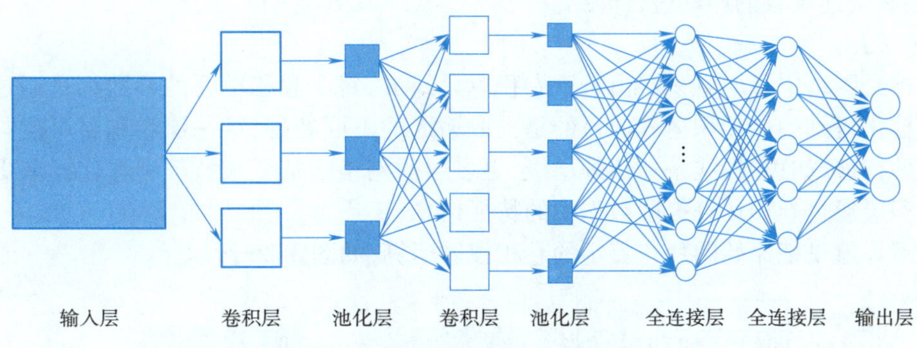

图 3-24　卷积神经网络的结构组成

其中包含输入层、卷积层(convolutional layer)、池化层(pooling layer,又称下采样层)、全连接层(fully connected network)和输出层。

卷积层、池化层(下采样层)、全连接层合称为隐藏层。在卷积神经网络中,卷积层池化层的连接方式是局部连接,即每层的神经元只连接输入层中与它相近的节点。而全连接层中采用的是全连接,即每一个神经元与输入层中所有节点连接。

感受野机制(receptive field)主要指听觉、视觉等神经系统中一些神经元的特性,即神经元只接受其所支配的刺激区域内的信号。视觉神经系统中,视觉皮层的神经细胞的输出依赖视网膜上的光感受器。视网膜上的光感受器受到刺激兴奋时,把神经冲动信号传到视觉皮层,但不是所有的视觉皮层的神经元都会接受这些信号。一个神经元的感受野是指视网膜上的特定区域,只有这个区域内的刺激才能激活这个神经元。

卷积神经网络是受到生物学上的感受野机制的启发而提出来的。卷积神经网络一般是由卷积层、池化层和全连接层交叉堆叠而成的前馈神经网络。

卷积神经网络的一般性结构框架如图 3-25 所示。

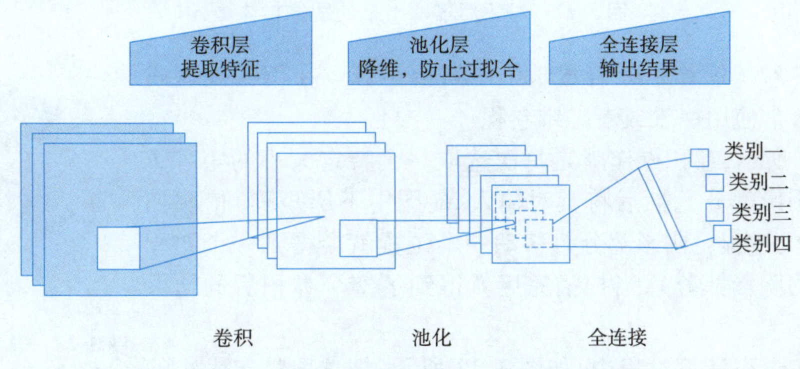

图 3-25　卷积神经网络的一般性结构框架

卷积神经网络有三个结构上的特性:局部连接、权重共享以及池化。这些特性使得卷积神经网络具有一定程度上的平移、缩放和旋转不变形。相较于前馈神经网络,卷积神经网络的参数更少。从本质上讲,卷积和全连接的计算是一致的,卷积计算过程中进行线性组合时选择的是特定位置上的神经元。

了解卷积神经网络的整体结构后,下面进一步对卷积神经网络的主要三个组成部分:卷积层、池化层和全连接层的原理进行介绍。

(1)卷积层

卷积神经网络中每层卷积层由若干卷积单元组成,每个卷积单元的参数都是通过反向传播算法最佳化得到的。卷积运算的目的是提取输入的不同特征,第一层卷积层可能只能提取一些低级的特征,如边缘、线条和角等层级,更多层的网络能从低级特征中迭代提取更复杂的特征。卷积层通过卷积运算提取数据中的特征信息。

卷积运算就是把原始图片与特定的卷积核做运算,如图 3-26 所示。

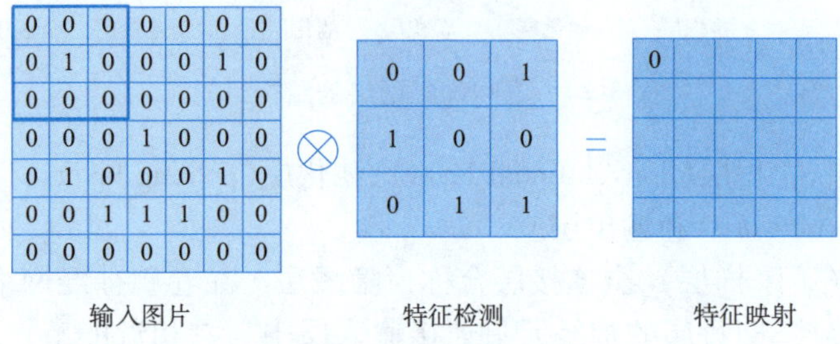

图 3-26　卷积运算示意图

在图像处理中,卷积常作为特征提取的有效方法,一幅图像经过卷积操作后得到的结果称为特征映射(feature map)。

图 3-27 所示是经过卷积后提取出的图像物体边界。

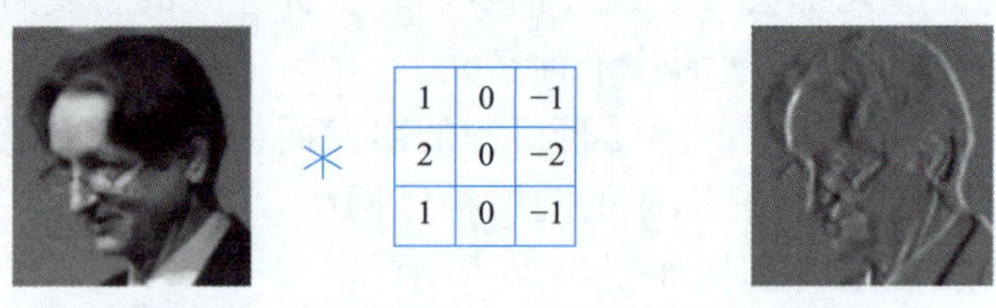

图 3-27　卷积后提取出来的图像物体边界

卷积运算:卷积运算是分析数学中的重要运算。在信号处理或者图像处理中,常使用一维或者二维卷积。

如图 3-28 所示,卷积操作就是每次选取一个特定大小的矩阵 $\boldsymbol{F}$(下层矩阵的阴影部分),然后将其对输入 $\boldsymbol{X}$(图中下层矩阵)依次扫描并进行内积的过程。阴影部分每移动一个位置就会得到一个卷积值(上层矩阵的阴影部分),当扫描完后就得到了整个卷积后的结果 $\boldsymbol{Y}$(上层矩阵)。

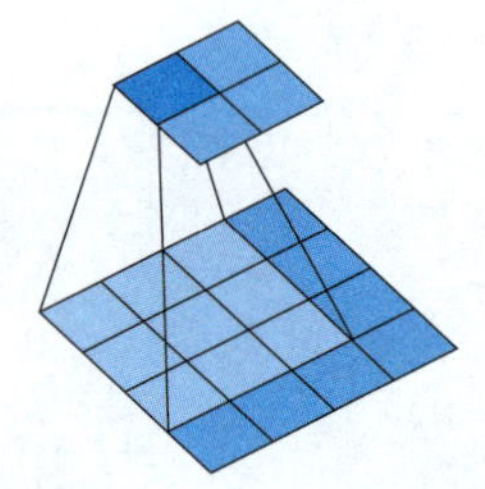

图 3-28　卷积运算示意图

卷积核:在卷积计算过程中,如图 3-28 所示,把选取特定大小的矩阵 $\boldsymbol{F}$(下层矩阵的阴影部分)称为卷积核,即 convolutional kernel 或者 kernel 或者 filter 或者 detector。卷积计算过程中卷积核可以是一个或者是多个。进行卷积计算结束后的结果 $\boldsymbol{Y}$ 称为提取到的特征图,即 feature map,并且每一个卷积核卷积后都会得到一个对应的特征图。对于输入 $\boldsymbol{X}$ 的形状,会在三个维度上进行表示,即宽(width)、高(heigh)和通道(channel)。图 3-28 中的 $\boldsymbol{X}$ 的形状即为(4,4,1)。

多核卷积:卷积核的个数可以是一个或者多个,那么什么时候运用多个卷积核进行卷积呢？对于一个卷积核，可以认为其具有识别某一类元素（特征）的能力；但是，对于复杂的数据来说，仅仅通过一类特征来进行辨识是不够的。因此，会通过多个不同的卷积核来对输入进行特征提取得到多个特征图，进行后续网络的计算。

卷积的计算过程如下：

①单通道单核卷积的计算。

如图3-29所示，有一张形状为(5,5,1)的灰度图，卷积核kernel形状为(3,3,1)。

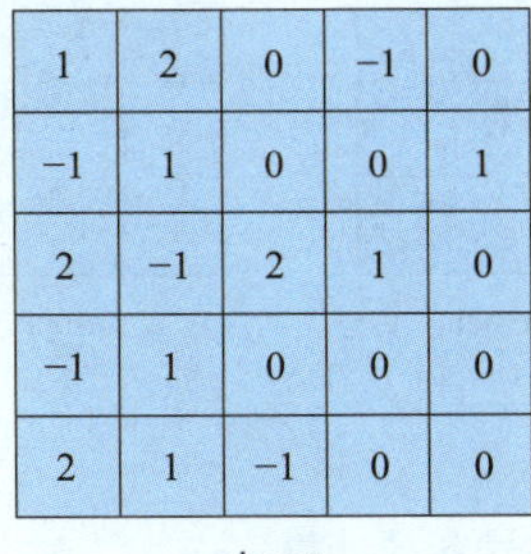

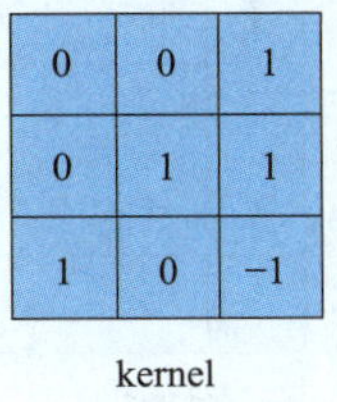

图3-29　二维卷积计算

则卷积计算过程如图3-30所示。

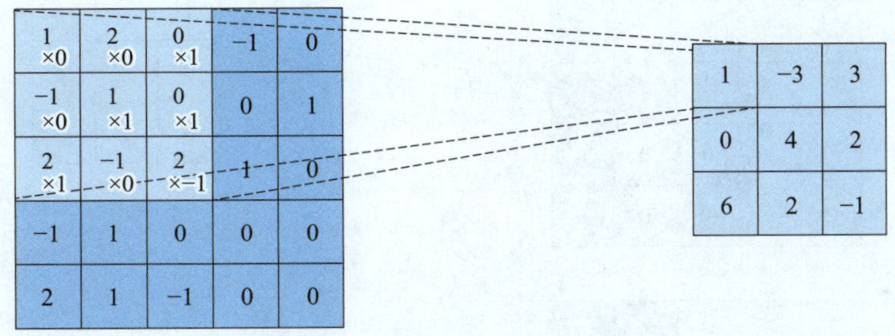

图3-30　卷积计算过程示意-1

计算卷积结果的最左上角，根据卷积核选定输入input的左上角区域（图3-30中左侧的浅色部分），input的值和卷积核做内积得

$$1\times0+2\times0+0\times1-1\times0+1\times1+0\times1+2\times1-1\times0+2\times(-1)=1$$

即卷积结果的最左上角元素为1。

通过移动卷积核，不断地进行内积，进行到最右下方进行内积时，计算如图3-31所示。

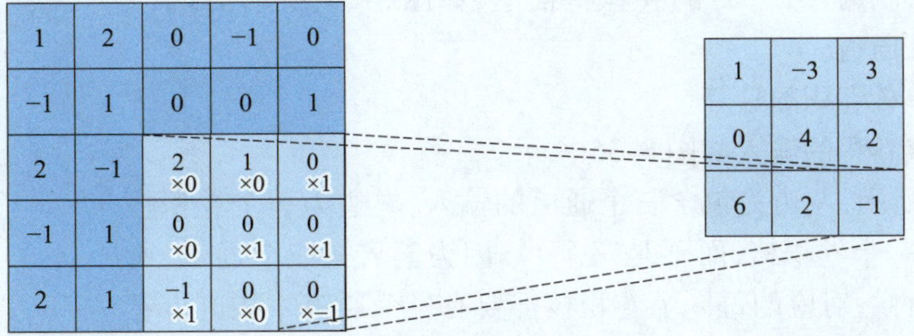

图3-31　卷积计算过程示意-2

卷积结果最下层的输出结果为：$2\times0+1\times0+0\times1+0\times0+0\times1+0\times1-1\times1+0\times0+0\times(-1)=-1$。

综上，得到的卷积结果为图 3-31 右侧所示。

②单通道多核卷积的计算。

对于单通道多核卷积计算的输入如图 3-32 所示。

1	2	0	−1	0
−1	1	0	0	1
2	−1	2	1	0
−1	1	0	0	0
2	1	−1	0	0

input

0	0	1
0	1	1
1	0	−1

kernel

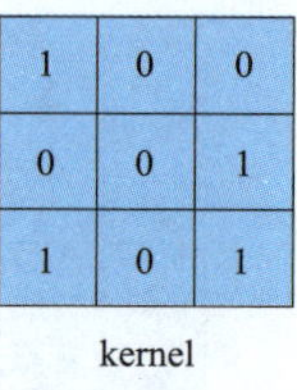

kernel

图 3-32　单通道多核卷积的计算

如图 3-33 所示，其中包含两个卷积核，则需要利用两个卷积核计算两次。

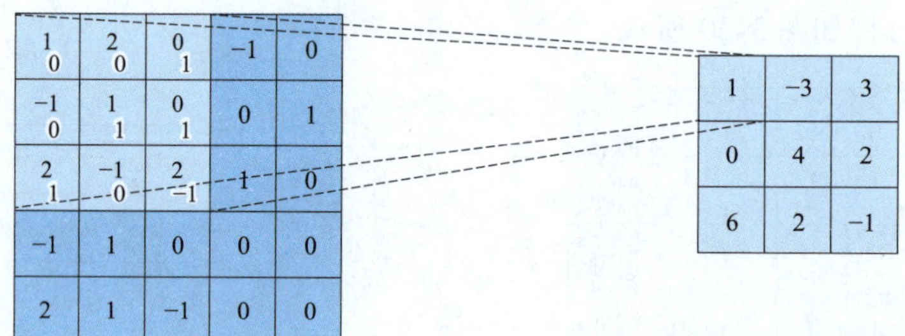

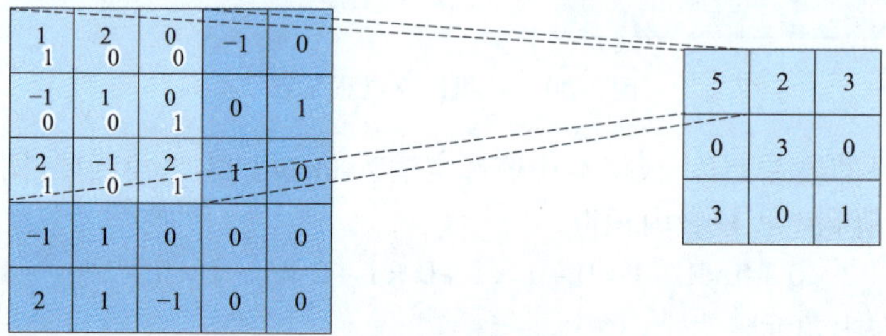

图 3-33　利用两个卷积核计算两次

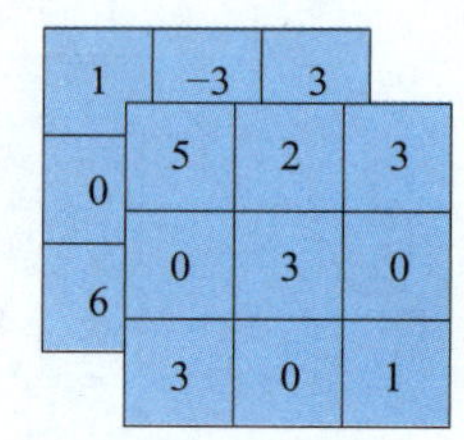

图 3-34　形状为(3,3,2)的卷积特征图

最终得到形状为(3,3,2)的卷积特征图，如图 3-34 所示，其中 2 表示为两个特征通道。

③多通道单核卷积的计算。

多通道单核卷积的输入如图 3-35 所示。

如图 3-35 所示，左边为包含三个通道的输入，右边为一个卷积核（右边的整体是一个卷积核，而不是三个）。因为输入是三个通道，所以进行卷积的时候，对应的每一个卷积核都要有三个通道才能进行卷积。具体的计算过程如图 3-36 所示。

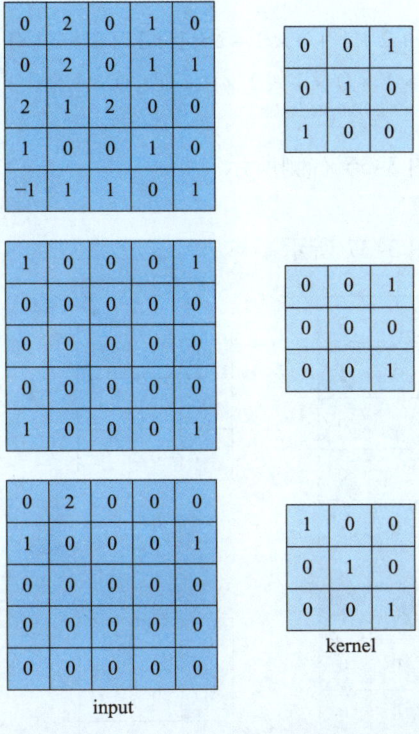

图 3-35 多通道单核卷积

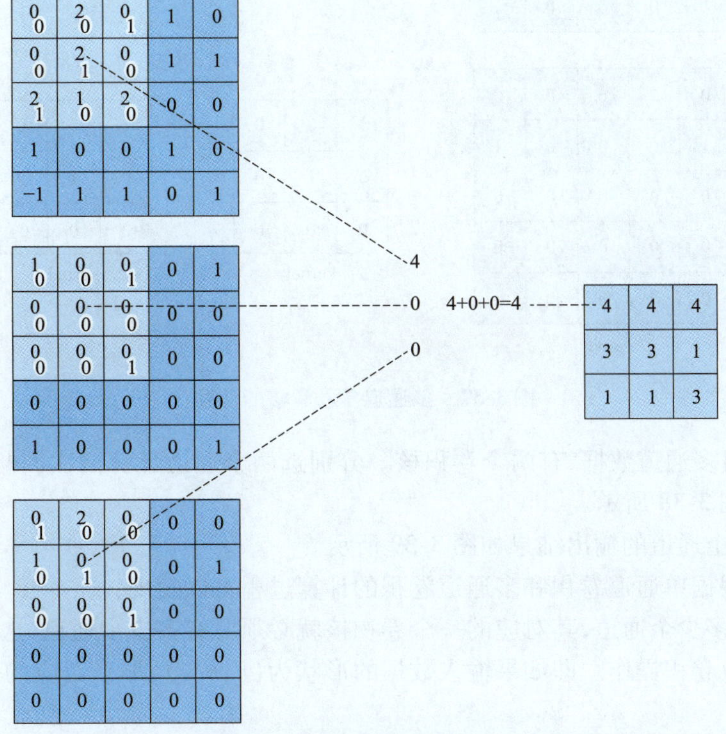

图 3-36 卷积具体的计算过程

如最左上角计算：

$0\times0+2\times0+0\times1+0\times0+2\times1+0\times0+2\times1+1\times0+2\times0+1\times0+0\times0+0\times1+0\times0+0\times0+0\times0+0\times0+0\times0+0\times1+0\times1+2\times0+0\times0+1\times0+0\times1+0\times0+0\times0+0\times0+0\times1=4+0+0=4$

最终得到的卷积结果如图 3-36 右侧所示。

④多通道多卷积核的计算。

多通道多核卷积输入如图 3-37 所示。

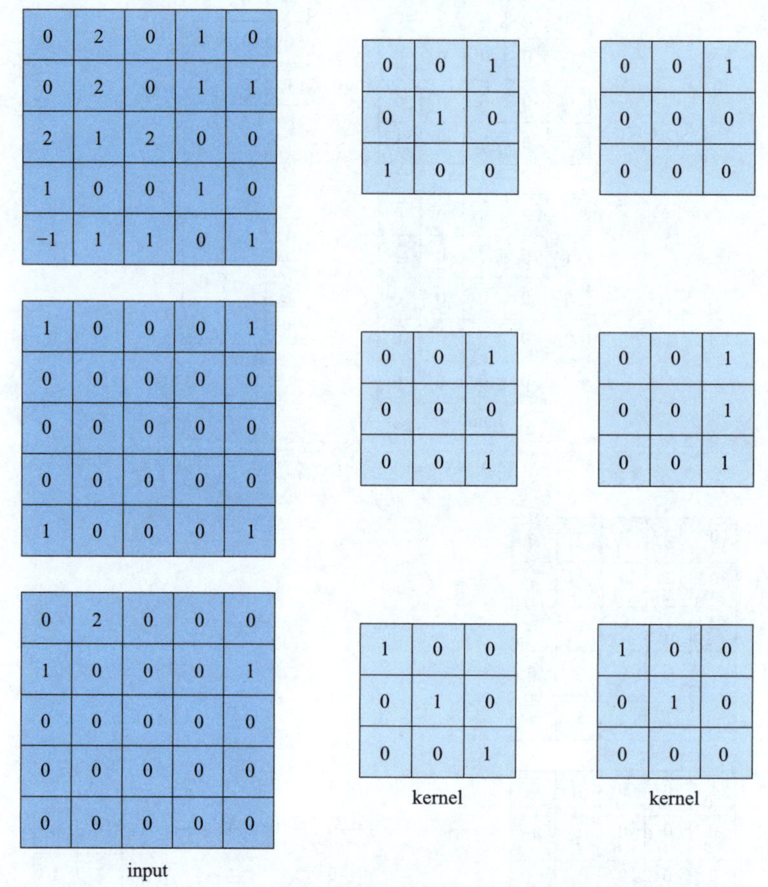

图 3-37　多通道多卷积核的计算

如图 3-37 对多通道数据，有两个卷积核。分别选两个通道计算两次，得到两个通道的输出，计算结果如图 3-38 所示。

最后得到两个通道的输出结果如图 3-39 所示。

综上所述，根据单通道卷积和多通道卷积的计算过程可以发现：

原始输入有多少个通道，其对应的一个卷积核就必须要有多少个通道，这样才能和输入进行匹配，才能完成卷积操作。即如果输入数据的形状为(n,n,c)，那么对应的每个卷积核的通道数也必须为 c。

用 k 个卷积核对输入进行卷积操作，最后得到的特征图一定会包含 k 个通道。例如，输入

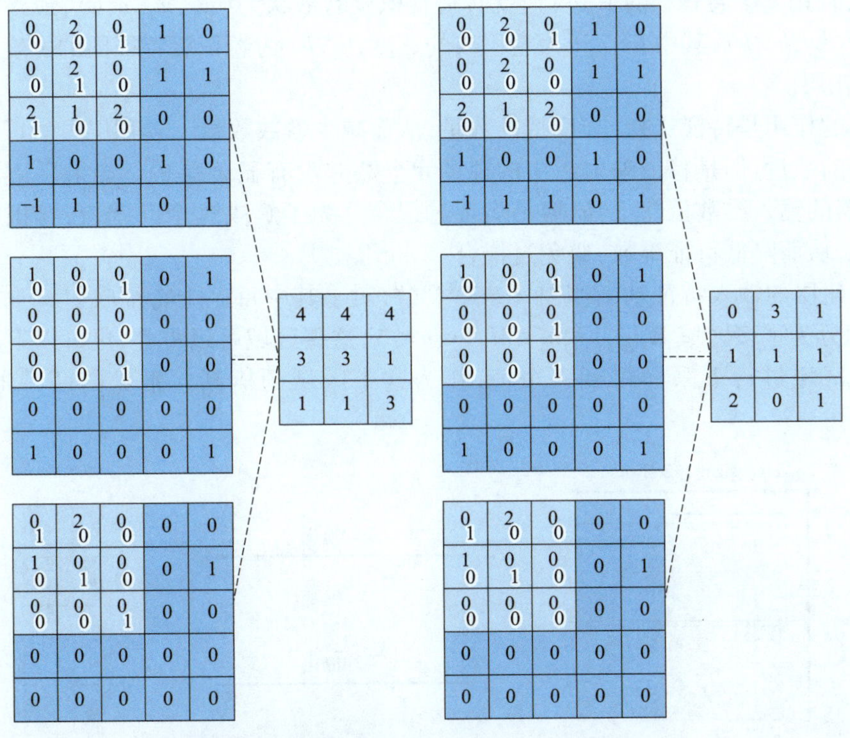

图 3-38　两个通道的输出计算

0	2	0	1	0
0	2	0	1	1
2	1	2	0	0
1	0	0	1	0
−1	1	1	0	1

1	0	0	0	1
0	0	0	0	0
0	0	0	0	0
0	0	0	0	0
1	0	0	0	1

0	2	0	0	0
1	0	0	0	1
0	0	0	0	0
0	0	0	0	0
0	0	0	0	0

input

4	4	4
3		
1		

0	3	1
1	1	1
2	0	1

feature map

图 3-39　两个通道的输出结果

为(n,n,c)，且用k个卷积核对其进行卷积，则卷积核的形状为(w_1,w_1,c,k)，最终得到的特征图形一定为(h_1,h_2,k)，其中w_1、w_2为卷积核的宽度，h_1、h_2为卷积后特征图的宽度。

(2)池化层

池化层的作用是特征选择，降低特征数量，从而减少参数数量。卷积层虽然可以显著减少网络中连接的数量，但是特征映射组中的神经元个数并没有显著减少。如果后边添加一个分类器，分类器的输入维数依然很高，容易出现过拟合。为了解决这个问题，在卷积层之后加上一个池化层，从而降低特征维数，避免过拟合。

假定池化层的输入特征映射组是$\boldsymbol{x}\in\mathbf{R}^{M\times N\times D}$，对于其中每一个特征映射$\boldsymbol{x}^d\in\mathbf{R}^{M\times N}$，$1\leqslant d\leqslant D$，将其划分为很多区域$\mathbf{R}_{m,n}^d$，$1\leqslant m\leqslant M$，$1\leqslant n\leqslant N$，这些区域可以重叠，也可以不重叠。池化是指对每个区域进行下采样得到一个值，作为这个区域的概括。常见的两种池化方法如图3-40所示。

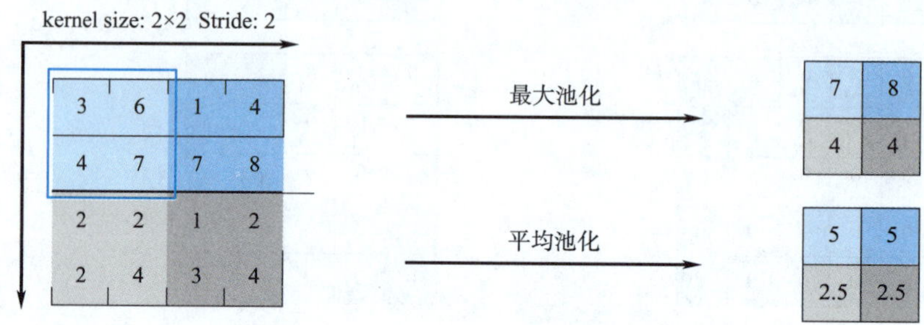

图3-40 最大池化与平均池化

最大池化(max pooling)是指对一个区域$\mathbf{R}_{m,n}^d$，选择区域内所有神经元的最大活性值作为这个区域的表示$y_{m,n}^d=\max x_i, i\in\mathbf{R}_{m,n}^d$。最大池化能够抑制网络参数误差造成的估计均值偏移现象，在计算机视觉中对纹理的提取较好。

平均池化(mean pooling)一般是取区域内所有神经元活性值的平均值。$y_{m,n}^d=\dfrac{1}{|\mathbf{R}_{m,n}^d|}\sum x_i$，$x_i$为区域$\mathbf{R}_{m,n}^d$内每个神经元的活性值。平均池化主要用来抑制邻域值之间的差别过大，造成方差过大。在计算机视觉中，对背景的保留效果较好。

(3)全连接层

全连接层实际上就是传统的神经网络，每一层神经元与输出层的神经元通过权值相连。将前面经过多次卷积后高度抽象化的特征进行整合，然后可以进行归一化，对各种分类情况都输出一个概率，之后的分类器(classifier)可以根据全连接得到的概率进行分类。

3. 深度卷积神经网络

以上介绍了卷积是怎么计算的，那为何要进行深度卷积呢?

所谓的深度卷积，就是卷积之后再进行卷积。在卷积神经网络中，可以通过更深的隐藏层来获取更高级更抽象的特征，来提高后续任务的精度。

由于卷积操作可以看成对上一次输入的特征提取，即用来抓取输入中是否包含有某一类的特征。通常在图像数据处理当中，输入的图像数据都是由一系列特征横向和纵向组合叠加起来的。因此，对于同一层次(横向)的特征需要通过多个卷积核对输入进行特征提取；而对于不同层次(纵向)的特征需要通过卷积的叠加来进行特征提取。

如图 3-41 所示，对于一张汽车图像可以取多次叠加卷积后的结果进行物体的分类任务。原始图像中用人眼能够清晰辨别出图中汽车的信息，经过几次卷积后还能看到一些汽车的轮廓。但经过多次叠加卷积后，人眼就难以辨别出其中的汽车信息。但在深度学习中，这些卷积后更加高级的、抽象的特征更能提高模型的任务精度。

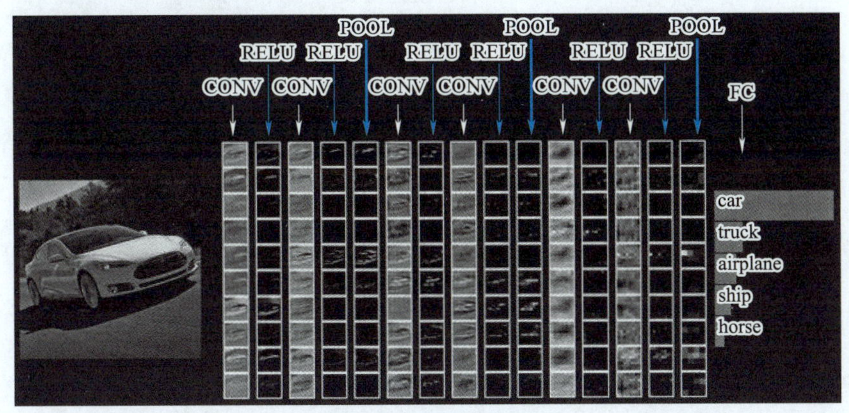

图 3-41 卷积操作过程

CONV—卷积操作；RELU—线性整流函数；POOL—池化；FC—全连接层；
car—小汽车；truck—货车；airplane—飞机；ship—船；horse—马

3.3.4 Transformer

1. 问题提出

给定一个中文句子 S，输出其英文翻译结果，如图 3-42 所示。

图 3-42 中译英示例

解决思路：先将处理输入序列的模型视为一个黑盒，将一种语言的一个句子作为输入，然后将其翻译成另一种语言的一个句子作为输出。模型根据输入的前 i 个单词预测第 $i+1$ 个单词，直到完成整个句子的翻译。

2. 基本概念与结构

Transformer 是谷歌公司提出的一种新颖结构，其摒弃了 RNN 和 CNN 的建模方式，完全依赖注意力机制来建模输入和输出之间的全局依赖关系，用多头注意力机制（multi-head attention）替换了编码器-解码器架构中最常用的循环层，除了其优越的性能外，还通过并行性提高了运行效率，因此该结构运用于诸多 NLP 任务。

Transformer 的一般结构如图 3-43 所示，包括编码（Encoder）和解码（Decoder）两部分，Encoder 和 Decoder 都包含六个块（block）。Encoder 对输入序列进行编码输出一个序列，转交给 Decoder，Decoder 对这个序列进行解码，输出需要的序列。

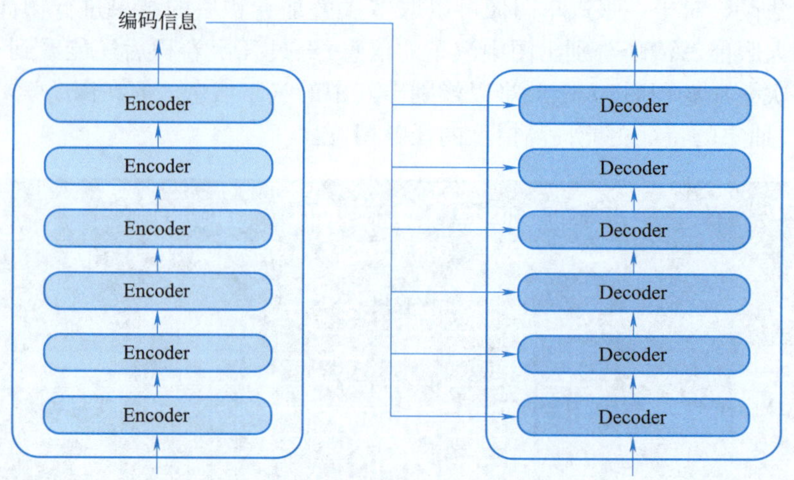

图 3-43 Transformer 的一般结构

(1)编码结构

在文本表示阶段，主要采用 Transformer 编码结构(见图 3-44)捕获句子的特征。Transformer 编码结构由多个编码块组成，每个编码块由多头注意力机制和全连接前馈神经网络(feed forward neural network, FFN)两部分组成，每个子部分后接的是残差连接与归一化(add & norm)，其中，多头注意力机制是在自注意力机制(self-attention)的基础上，经过多次操作后进行线性映射获取。同时，编码结构的输入序列，需要先通过嵌入层(embedding)。接下来分别对每个部分进行介绍。

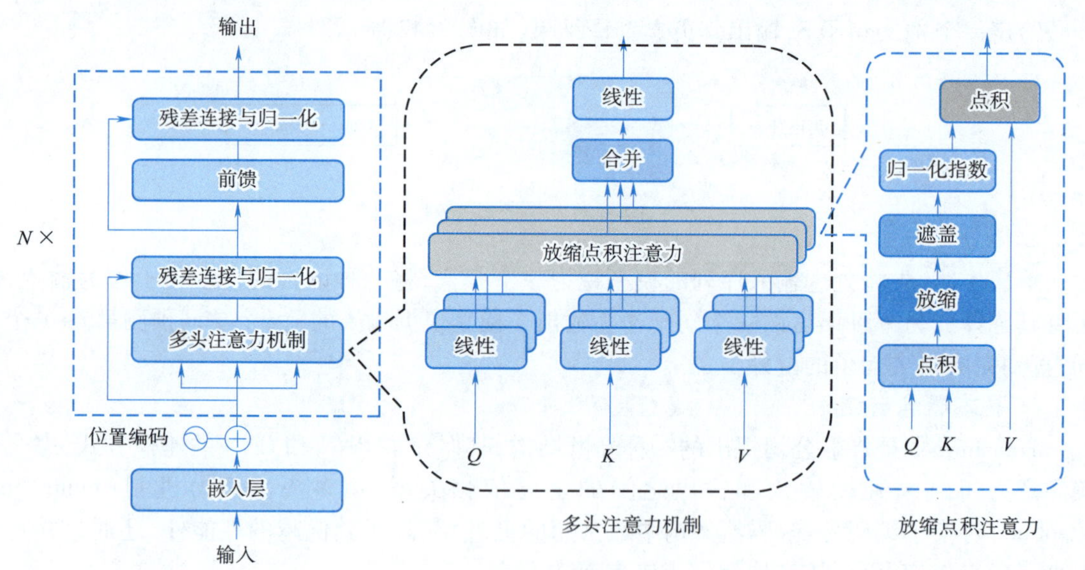

图 3-44 Transformer 编码结构

①嵌入层(embedding)。

Transformer 中单词的输入表示由单词 embedding 和位置 embedding(positional encoding, PE)相加得到。

单词 embedding 有很多种方式可以获取，如可以采用 Word2Vec、Glove 等算法预训练得到，也可以在 Transformer 中训练得到。

Transformer 中除了单词的 embedding，还需要使用位置 embedding，表示单词出现在句子中的位置。因为 Transformer 不采用 RNN 的结构，而是使用全局信息，不能利用单词的顺序信息，而这部分信息对于 NLP 来说非常重要，所以 Transformer 中使用位置 embedding 保存单词在序列中的相对或绝对位置。位置 embedding 用 PE 表示，PE 的维度与单词 embedding 是一样的。PE 可以通过训练得到，也可以使用某种公式计算得到。在 Transformer 中采用了后者，计算公式如下：

$$\mathrm{PE}(\mathrm{pos},2i) = \sin\left(\mathrm{pos}/10\,000^{2i/d}\right) \tag{3-95}$$

$$\mathrm{PE}(\mathrm{pos},2i+1) = \cos\left(\mathrm{pos}/10\,000^{2i/d}\right) \tag{3-96}$$

式中，pos 为单词在句子中的位置；d 为 PE 的维度（与词 embedding 一样）；$2i$ 为偶数的维度；$2i+1$ 为奇数的维度（即 $2i\leqslant d$，$2i+1\leqslant d$）。使用这种公式计算 PE 有以下的好处：

a. 使 PE 能够适应比训练集里面所有句子更长的句子，假设训练集里面最长的句子只有 20 个单词，而测试时出现了一个长度为 21 的句子，则使用公式计算的方法可以计算出第 21 位的 embedding。

b. 可以让模型容易地计算出相对位置，对于固定长度的间距 k，$\mathrm{PE}(\mathrm{pos}+k)$ 可以用 $\mathrm{PE}(\mathrm{pos})$ 计算得到。因为 $\sin(A+B)=\sin A\cos B+\cos A\sin B$，$\cos(A+B)=\cos A\cos B-\sin A\sin B$。

然后将单词的词 embedding 和位置 embedding 相加，就可以得到单词的表示向量 $\boldsymbol{x}$，句子中所有单词的表示向量 $\boldsymbol{x}$ 会组成矩阵 $\boldsymbol{X}$，$\boldsymbol{X}$ 就是 Transformer 的输入（其中 $\boldsymbol{X}\in\mathbf{R}^{n\times d}$，$n$ 为句子长度，d 为单词 embedding 的维度）。

②多头注意力机制

多头注意力模块是 Transformer 编码结构的核心，旨在按照人关注事物的方式进行学习。通常人在阅读时，除关注文本的整个内容外，更会关注一些重要或是关键的词汇，以此更高效地理解文本信息。而 attention 也是从大量的信息进行筛选，将注意力聚焦于少量且重要的信息。注意力函数可以描述为将查询向量和一组键值对向量映射到输出，输入的查询矩阵 Query、键 Key、值 Value 是通过输入所有序列的向量进行线性映射（与 $\boldsymbol{W}^Q$、$\boldsymbol{W}^K$、$\boldsymbol{W}^V$ 矩阵做点积运算）而获得，分别表示为 Q,K,V。其中，X,Q,K,V 每一行都表示一个单词。

$$\begin{cases}\boldsymbol{Q}=\boldsymbol{X}\boldsymbol{W}^Q\\ \boldsymbol{K}=\boldsymbol{X}\boldsymbol{W}^K\\ \boldsymbol{V}=\boldsymbol{X}\boldsymbol{W}^V\end{cases} \tag{3-97}$$

先采用放缩点积计算各个查询 $\boldsymbol{Q}$ 与各个键 $\boldsymbol{K}$ 之间的相似度，得到权重信息，代表了信息的重要程度，然后应用 Softmax 函数将权重矩阵归一化到概率分布，最后得到自注意力机制的输出，即 $\boldsymbol{V}$ 的加权和，从而实现模型对于关键特征的关注。其中，$\sqrt{d_k}$ 表示放缩因子。

$$\mathrm{Attention}(\boldsymbol{Q},\boldsymbol{K},\boldsymbol{V}) = \mathrm{Softmax}\left(\frac{\boldsymbol{Q}\boldsymbol{K}^{\mathrm{T}}}{\sqrt{d_k}}\right)\boldsymbol{V} \tag{3-98}$$

多头注意力机制的设计是使模型能够联合关注在不同位置上的不同表示子空间的信息，其基于自注意力机制，并行执行多次注意力函数，使得每次执行都能获取到不同的特征信息，随后将不同注意力头捕获的特征进行拼接，通过全连接层进行映射得到多头注意力机制的结果,形式化计算见式(3-99)和式(3-100),其中,$W_i^Q, W_i^K \in \mathbb{R}^{d_{\text{model}} \times d_k}$,$W_i^V \in \mathbb{R}^{d_{\text{model}} \times d_v}$,$W^O \in \mathbb{R}^{hd_v \times d_{\text{model}}}$均为模型可学习的参数。将输入 X 分别传递到 h 个不同的 self-attention 中,计算得到 h 个输出矩阵, multi-head attention 将它们拼接在一起,然后传入一个 linear 层(与 W^O 做矩阵乘法运算),得到 multi-head attention 最终的输出。

$$\text{MultiHead}(\boldsymbol{Q},\boldsymbol{K},\boldsymbol{V}) = \text{Concat}(\text{head}_1,\text{head}_2,\cdots,\text{head}_h)\boldsymbol{W}^O \tag{3-99}$$

$$\text{head}_i = \text{Attention}(\boldsymbol{Q}\boldsymbol{W}_i^Q,\boldsymbol{K}\boldsymbol{W}_i^K,\boldsymbol{V}\boldsymbol{W}_i^V) \tag{3-100}$$

③全连接前馈神经网络(FFN)。

全连接前馈神经网络位于编码结构的后一部分,用于整合之前学到的特征信息,包括两个线性转换,第一层采用 ReLU 激活函数,第二层不采用激活函数,形式化计算见式(3-101)。其中,W_1, W_2, b_1, b_2 均表示模型可学习的参数。Feed Forward 最终得到的输出矩阵的维度与 X 一致。

$$\text{FFN}(x) = \max(0, xW_1 + b_1)W_2 + b_2 \tag{3-101}$$

④残差连接与归一化(add & norm)。

残差连接与归一化连接在多头注意力机制与前馈神经网络之后,使用残差连接是为解决多层网络训练困难的问题,归一化可以加速模型的训练过程,使得模型收敛速度更快,该模块计算见式(3-102)。其中,X 表示前置模块(multi-head attention 或者 feed forward)的输入,Sublayer(X)表示前置模块的输出,输出与输入 X 维度是一样的,所以可以相加。

$$\boldsymbol{Y} = \text{LayerNorm}(\boldsymbol{X} + \text{Sublayer}(\boldsymbol{X})) \tag{3-102}$$

Add 指 X + Sublayer(X),是一种残差连接,通常用于解决多层网络训练的问题,可以让网络只关注当前差异的部分,在 ResNet 中经常用到,如图 3-45 所示。

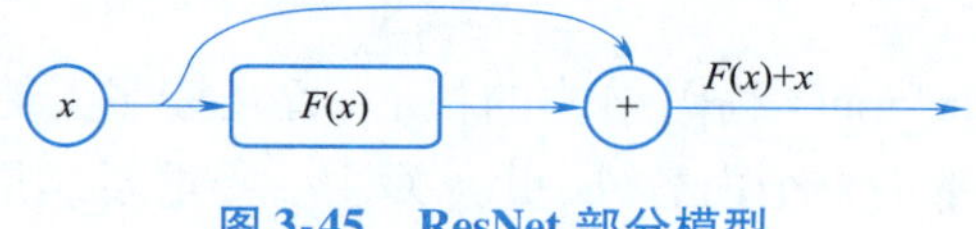

图 3-45　ResNet 部分模型

Norm 指 Layer Normalization,通常用于 RNN 结构。Layer Normalization 会将每一层神经元的输入都转成均值方差都一样的,这样可以加快模型收敛。

(2) 解码结构

解码结构如图 3-46 所示。与编码结构相似,但是存在一些区别:

- 包含两个多头注意力层。
- 第一个多头注意力层采用了 Masked 操作。
- 第二个多头注意力层的 $\boldsymbol{K},\boldsymbol{V}$ 矩阵使用编码结构的编码信息矩阵 $\boldsymbol{C}$ 进行计算,而 $\boldsymbol{Q}$ 使用上一个 decoder block 的输出计算。
- 最后有一个归一化指数(softmax)层计算下一个单词的概率。

①第一个多头注意力机制。

解码块的第一个多头注意力机制采用了遮盖操作,目的是防止第 i 个单词知道 $i+1$ 个单词之后的信息。计算 attention 分数时,$\boldsymbol{QK}^{\mathrm{T}}$ 需要先与 Masked 做运算,得到 Mask$\boldsymbol{QK}^{\mathrm{T}}$。Mask $\in \mathbf{R}^{n \times n}$($n$ 为输入的句子长度,即单词数。1 表示不遮挡,0 表示遮挡),$*$ 运算规则为对应位置为 1 则不做处理,对应位置为 0 则加上一个负无穷数,使得后续经过归一化指数操作后,该位置为 0。

$$\text{Mask}\boldsymbol{QK}^{\mathrm{T}} = \boldsymbol{QK}^{\mathrm{T}} * \text{Mask} \tag{3-103}$$

$$\text{Mask} = \begin{pmatrix} 1 & 0 & \cdots & 0 \\ 1 & 1 & \cdots & 1 \\ \vdots & \vdots & & \vdots \\ 1 & 1 & 1 & 1 \end{pmatrix} \tag{3-104}$$

使用 Mask$\boldsymbol{QK}^{\mathrm{T}}$ 代替 $\boldsymbol{QK}^{\mathrm{T}}$,其余步骤与前面 encoder 的注意力(attention)分数计算相同,如式(3-123)。

②第二个多头注意力机制。

解码块第二个多头注意力机制变化不大,主要的区别在于其中 self-attention 的 $\boldsymbol{K}$,$\boldsymbol{V}$ 矩阵不是使用上一个解码块的输出计算的,而是使用 encoder 输出的编码信息矩阵 $\boldsymbol{C}$ 计算的。计算方法与之前描述的一致。

这样做的好处是在 decoder 的时候,每一个单词都可以利用到 encoder 所有单词的信息(这些信息无须 Mask)。

③线性层(linear)和归一化指数(softmax)预测输出单词。

解码块最后的部分是 linear 和 softmax 层。线性层是一个简单的全连接神经网络,其将解码器栈的输出向量映射到一个更长的向量,这个向量称为 logits 向量。

现在假设模型有 10 000 个英文单词(模型的输出词汇表)。因此 logits 向量有 10 000 个数字,每个数表示一个单词的分数。

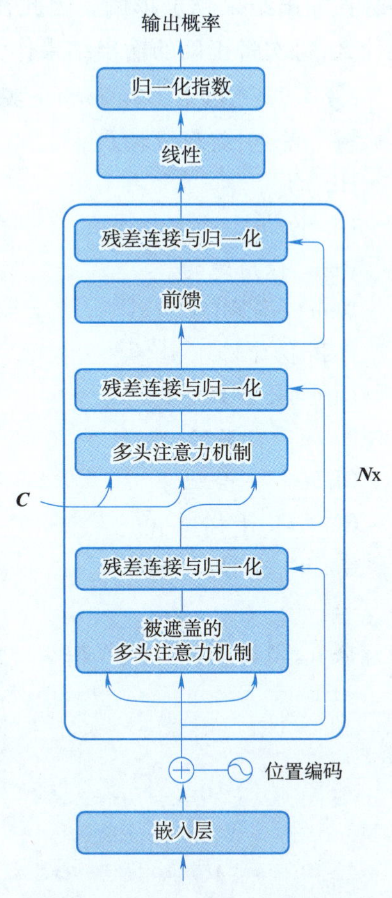

图 3-46　Transformer 解码结构

然后,softmax 层会把这些分数转换为概率(把所有的分数转换为正数,并且加起来等于 1)。最后选择最高概率所对应的单词,作为这个时间步的输出。

3. transformer 模型求解过程

首先创建 transformer 模型,随机初始化模型参数。假设有一个文本训练集,每输入一个文本序列 S,首先进入嵌入层,获得词嵌入(word embedding)和位置嵌入(position embedding);将合并后的 embedding 输入 transformer 模型,通过梯度下降方式更新模型参数。训练完成后,可进行文本预测。

模型训练和预测关键步骤如下:

(1)模型预测流程

①将输入源语言句子的 Embedding 经过 Encoder 进行编码。

②将 Encoder 输出的编码和句子起始标志位一起输入 Decoder 进行预测。

③将 Decoder 的预测结果和 Encoder 输出的编码作为 Decoder 的输入进行预测,直到预测结果出现句子结束标志位。

(2)模型训练流程

训练流程和预测流程稍有不同。在训练时,如果每次将预测结果输入还没有训练好的模型会让输出结果越走越偏。因此在训练时采用了 Teacher Forcing 技巧，不管模型输出的结果是什么，每次将正确的输出结果作为 Decoder 的输入继续预测。

例 3.12 基于 Transformer 实现英语句子翻译成汉语。

解 首先，获取数据集。

Hi. 嗨。

Hi. 你好。

Run. 你用跑的。

Wait！ 等等！

Hello！ 你好。

I try. 让我来。

I won！ 我赢了。

Oh no！ 不会吧。

Cheers！ 干杯！

Got it？ 你懂了吗？

… …

接着，创建 Transformer 模型。包括 Encoder、Decoder 和 Embedding 等结构：

```
def make_model (src_vocab, tgt_vocab, N = 6, d_model = 512, d_ff = 2048, h = 8,
dropout = 0.1):
  …
    # model 是 Transformer 的类
    model = Transformer (
      Encoder (EncoderLayer (d_model,c (attn), c(ff), dropout ).to (args.device), N)
.to (args.device),
        Decoder (DecoderLayer (d _model, c (attn), c (attn), c (ff), dropout ).to
(args.device), N).to (args.device),
      nn.Sequential (Embeddings (d_model, src_vocab ).to (args.device), c(position)),
      nn.Sequential (Embeddings (d_model, tgt_vocab ).to(args.device), c(position)),
      Generator (d_model, tgt_vocab)).to (args.device)
    #模型参数初始化
    for p in model.parameters ():
      if p.dim () > 1:
        nn.init.xavier_uniform_(p)
      …
```

最后，选择 loss 函数为 cross-entropy loss，优化算法为梯度下降法。进行模型训练后，可输入文本进行预测，完成文本翻译。

小　结

本章对信息处理常用算法进行了总结与归纳。首先介绍了为什么要从数据中进行学习，并且介绍从数据中学习到的结果。其次介绍了一些监督学习的常用算法。再次介绍了无监督学习的常用算法。接下来介绍了深度学习的常用算法。最后对具体的案例进行了研究。

习　题

1. 假设有一个大的训练集。说出一个在测试时使用 K 近邻的缺点。

2. 什么是决策树？在 ID3 算法中，期望的信息增益是什么，它是如何使用的？什么是增益比？使用增益比比使用期望的信息增益有什么好处？描述一个策略，可以用来避免在决策树过拟合。

3. 开发一些领域的训练示例表，如按物种对动物进行分类，并通过 ID3 算法跟踪决策树的构建。

4. 在大多数学习算法中，训练所需的计算时间较大，而应用分类器所需的时间较短。最近邻算法的情况正好相反。如何减少查询所需的计算时间？

5. 解释 K-means 算法的原理。描述应该使用或不使用 K-means 算法的情况。

6. 思考本章介绍的算法可以应用在高铁智能信息处理领域的哪些方面？

7. 尝试使用本章介绍的算法处理一些高速动车组数据。

第 4 章 大数据环境下的信息处理技术

大数据时代已经到来，大数据正在各种领域产生和使用，包括数据驱动的科学、电信、社交媒体、大规模电子商务、医疗记录和电子健康等。当数据可以与其他数据进行链接和融合时，其价值就会爆发，解决大数据信息处理挑战对于实现大数据在这些以及其他领域的美好愿景至关重要。

高速铁路建造/制造、运营维护等每时每刻都在产生着各类大量的数据，这些数据具有体量大、种类多、增长速度快、价值密度低等大数据特征，基于大数据处理技术，挖掘其中的价值，对于保障高铁安全、高效运行有着重要的意义。本章介绍大数据处理面临的挑战，以及主要的数据处理技术。

知识结构图

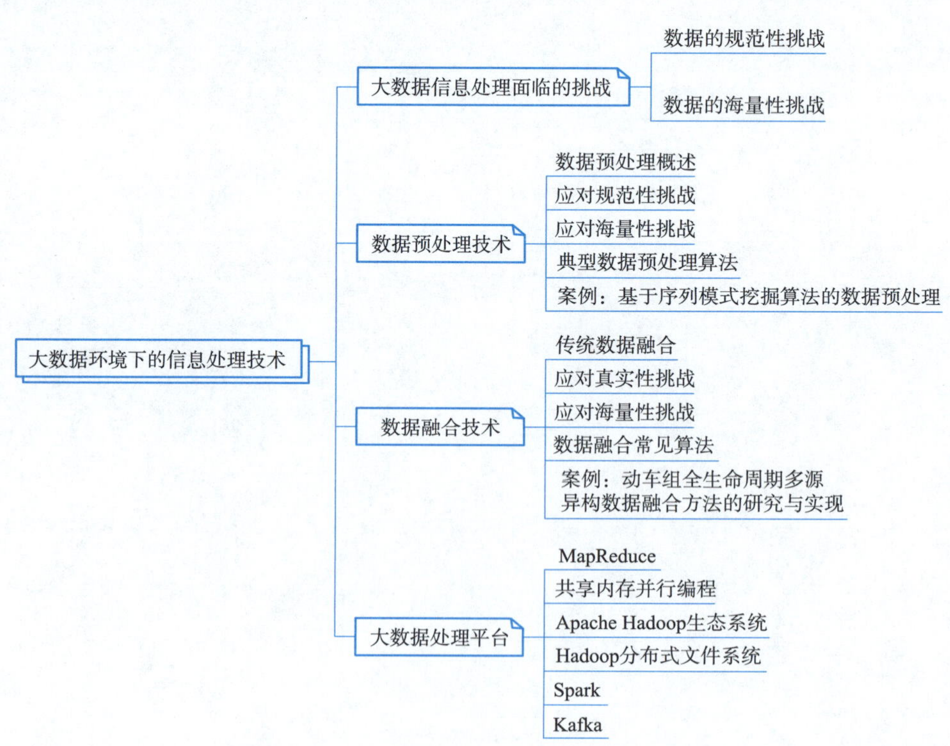

学习目标

- 了解大数据信息处理挑战和数据信息处理体系结构。
- 了解数据预处理的基本概念和典型算法,从案例中获取数据预处理相关的实践经验。
- 了解数据融合的基本概念和典型算法,从案例中获取数据融合相关的实践经验。
- 了解先进的大数据处理方法。

4.1　大数据信息处理面临的挑战

大数据信息处理在多个维度上不同于传统数据信息处理,类似于大数据不同于传统数据库的维度。

4.1.1　数据的规范性挑战

通过中国铁路建设者的不懈奋斗,中国高速铁路技术迅猛发展,在吸纳和融合国际先进高速铁路技术的基础上,结合自身铁路系统特点进行了多元创新,已经在世界高铁舞台上占据了重要地位。

伴随着我国高铁建设,信息化建设也从未间断过。以高速铁路动车组为例,动车组从设计、制造、运营、维护的全生命周期各个阶段都有相关的信息系统发挥着重要的作用。例如,PDM(product data management,产品数据管理)、ERP(enterprise resource planning,企业资源规划)、MES(manufacturing execution system,制造执行系统)、MRO(maintenance, repair & operations,运维)、WTD(wireless transfer device,无线传输设备)等信息系统。然而,上述业务系统中的数据分布于动车组的各个相关业务系统中,各个系统的功能大都专注于产品全生命周期的某个阶段,相关产品自成体系,独立设计、独立实施,各系统的数据类型、格式和产生模式不尽相同,缺乏统一的数据模型,难以实现数据的集成化管理。若要对其进行统计分析,需要从各个业务系统中分别读取相关数据,并进行格式解析等操作。在进行多个数据源协同等复杂的分析时,需要借助多源数据进行分析。

要达到对这些数据集成管理的目的,现有的信息系统面临以下问题:

①应用系统环境的不一致;

②数据库环境不一致;

③缺乏统一的数据格式;

④不同系统之间缺乏数据传递的统一机制;

⑤难于支持分布式的应用要求和灵活动态的连接方式;

⑥难于进行统一的远程部署和监控管理。

数据源的质量差别很大,所提供数据的覆盖范围、准确性和及时性有很大差异。针对以上问题的解决方案之一是建立与各个信息系统的数据接口,将分布于各个系统中的数据同步存储于统一的大数据平台中进行管理。

4.1.2　数据的海量性挑战

在动车组全生命周期中,各类信息系统会产生海量的不同类型的制造、运用、检修等业务数据,包括设计图纸、基本技术参数及数据字典、动车组关键履历数据、生产作业过程中的故障和检修记录等。这些数据可以贯穿动车组的整个生命周期,包括静态的基础数据和动态的实时监测数据,隐含着动车组的健康状态、运行规律以及故障产生规律等信息,甚至在该动车组报废后,这些数据仍然可以保留,成为各种潜在知识统计、分析的依据。这些数据具有体量大、增长快、价值密度低、种类多等特点。体量大、增长快、价值密度低就需要及时处理,并将占用庞大的存储资源;种类多同样对存储提出了新的要求。目前大数据技术已得到普遍应用,成为应对这一挑战的有效手段。

4.2 数据预处理技术

现实中的数据往往存在很多问题,如属性值缺损,数据形式不合适,数据重复、冗余等问题。在进行数据分析或数据挖掘前如果不对这些问题进行有效的处理,必然会导致最终的分析结果较差。所以,成功的数据挖掘不只是分析和挖掘的算法本身,还包括通过数据预处理使数据更适合算法的需要。

4.2.1 数据预处理概述

数据预处理旨在消除原始数据存在的各种问题,并针对应用需求统一整合数据,从而提高数据的质量,使得后面的数据分析和数据挖掘工作更关注算法和模型本身,提高研究发现的起点和研究的可信度,提高研究效率。

多源数据预处理的研究已成为研究的热点。多源数据涵盖的范围广,在不同的领域中会有不同的问题存在。通过总结多源数据的相关研究可以总结出多源数据预处理中主要任务包括提高处理效率、异构数据集成、统一数据尺度、多源时间同步等。多源数据预处理的主要任务更多的是关注多个数据源集成时出现的问题,并提出相应的解决方案。

4.2.2 应对规范性挑战

多源数据预处理的目标除了剔除错误数据、提高数据质量等常规问题之外,还应关注各类多源数据的整合和关联匹配,以及尽量减少预处理时操作的数据量。对于动车组全生命周期数据来说,多源数据中也存在着数据量大、异构、多维、多尺度、不同步、不完整等问题,需要根据行业的实际情况提出相应的解决方案。

1. 挑战

通过对动车组全生命周期数据的分析,并根据多源环境下需要解决的提高处理效率、异构数据集成、统一数据尺度、多源时间同步等任务,结合动车组全生命周期数据,针对动车组运维这一场景下分析,可以总结出以下规范性挑战。

(1)异构

每一个单独的数据源都是一个完整的体系,在将它们结合成多源数据时,各系统的数据类型、格式和产生模式不尽相同,缺乏统一的数据模型,这就是多源数据中的异构问题。所以,在进行数据的集成时就需要对不同数据源进行格式的解析和转换。因为不同业务系统的建立是独立进行的,缺少统一的规范,对于缺少数据治理的企业,这类问题在多源数据中是普遍存在的。主要需要处理两类问题:数据模型统一和非结构化数据分析。由于不同的信息系统是单独建立的，所以多个系统间必然存在数据模型不同的问题。

在非结构化数据方面，以受电弓为例，如图4-1所示，除了实时运行时的电流电压为结构化数据之外，还涉及图片、视频、文本等非结构化数据。其中图片、视频也都是用来实时监控受电弓状态的数据，而文本数据则是检修人员检修后描述受电弓的文本信息。通过建立受电弓的本体，可以将这些数据关联起来，再针对具体的数据进行分析即可。

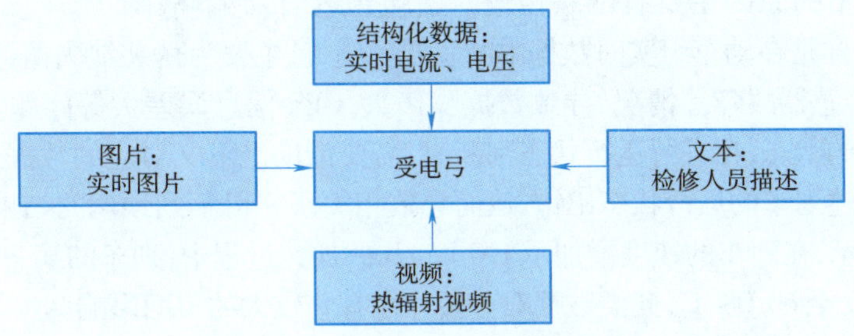

图4-1 与受电弓相关的异构数据

(2)不同步

不同步问题只有在多源环境下才会显示出来，多个数据源的数据在进行关联时可能会出现无法对齐的情况。这类问题主要是不同数据源中数据的产生时间不同步导致的，在单数据源情境下这个问题体现不出来。但在多源数据的情境下，数据不同步就会成为棘手的问题。这类问题会导致不同数据源在按照时间相互关联时，可能会出现数据缺失而导致无法关联的情况。在这种情况下，想要进行数据融合就会出现难以对应的情况。

动车组运维数据中主要体现为动车组实时数据落地频率不同，见表4-1。当需要以时间来关联数据时，会有大量的数据难以对齐的情况，难以关联，导致丢失很多数据。从实例数据中可以看出，同一种数据落地的时间间隔短则1 s，长则30 s以上。当这些实时数据和动车组地面应答系统等进行关联时，就会出现数据不同步的问题。

表4-1 数据落地频率不同而导致不同步

时间	列车速度/(km/h)	时间	列车速度/(km/h)
20××-07-01 17:16:34	0.00	20××-07-01 17:21:05	170.73
20××-07-01 17:16:47	2.78	20××-07-01 17:21:35	204.05
20××-07-01 17:17:04	12.34	20××-07-01 17:21:47	215.50
20××-07-01 17:18:37	38.16	20××-07-01 17:22:05	227.27
20××-07-01 17:18:47	55.11	20××-07-01 17:22:36	251.55
20××-07-01 17:19:05	64.06	20××-07-01 17:22:47	260.05
20××-07-01 17:19:35	81.00	20××-07-01 17:23:07	271.86
20××-07-01 17:19:47	104.53	20××-07-01 17:23:37	288.48
20××-07-01 17:20:05	119.98	20××-07-01 17:23:38	288.48
20××-07-01 17:20:35	129.92	20××-07-01 17:23:47	292.20
20××-07-01 17:20:45	145.64	20××-07-01 17:24:07	293.44
20××-07-01 17:20:47	148.16	20××-07-01 17:24:37	288.73
20××-07-01 17:20:52	155.72		

(3)不完整

在实际的应用中,数据总是会存在一定的质量问题。特别是大数据时代,越来越多带有缺失值的数据需要处理。数据不完整指的就是数据集中存在某些属性值缺失的情况。缺失值按表现形式可以分为明显缺失值,即明显能看到的缺失值,以及不能直接看到的伪装缺失值,也就是噪声数据,这样的数据看似没有数据缺失但填写的数据却是不真实的。在多源数据环境中,造成数据不完整的原因主要有网络传输时丢包延迟、传感器故障等。

数据不完整同样是在动车组实时数据中的主要问题,且主要为伪装缺失值,如在无线网络传输时存在丢包严重,传感器故障等情况,导致数据噪声大,GPS 信息误差大等问题。这就导致不能完整地描述列车当前的状态,在进行运行状态判断时,需要借助上下文对应的数据来补充说明。数据的不完整会导致描述列车的运行状态出错,从而导致相关研究得不到预期的结果,甚至得到错误的结果。如表 4-2 所示,在列车的速度增加了 190 km/h 的加速过程中,列车的某一轴承的温度保持在 54.39 ℃后突然跳变至 60.08 ℃,此类数据对分析往往有着较大的负面影响。

表 4-2 数据不完整问题

时间	列车速度/(km/h)	14 车电机 2 驱动侧轴承温度/℃
20××-07-01 17:16:34	0.00	55.53
20××-07-01 17:16:47	2.78	55.53
20××-07-01 17:17:04	12.34	**54.39**
20××-07-01 17:18:37	38.16	**54.39**
20××-07-01 17:18:47	55.11	**54.39**
20××-07-01 17:19:05	64.06	**54.39**
20××-07-01 17:19:35	81.00	**54.39**
20××-07-01 17:19:47	104.53	**54.39**
20××-07-01 17:20:05	119.98	**54.39**
20××-07-01 17:20:35	129.92	**54.39**
20××-07-01 17:20:45	145.64	**54.39**
20××-07-01 17:20:47	148.16	**54.39**
20××-07-01 17:20:52	155.72	**54.39**
20××-07-01 17:21:05	170.73	**54.39**
20××-07-01 17:21:35	204.05	**54.39**
20××-07-01 17:21:47	215.50	**54.39**
20××-07-01 17:22:05	227.27	**54.39**
20××-07-01 17:22:36	251.55	**54.39**
20××-07-01 17:22:47	260.05	**54.39**
20××-07-01 17:23:07	271.86	**60.08**
20××-07-01 17:23:37	288.48	**60.08**
20××-07-01 17:23:38	288.48	60.08
20××-07-01 17:23:47	292.20	60.08
20××-07-01 17:24:07	293.44	60.08
20××-07-01 17:24:37	288.73	60.08

如前所述,在面向动车组运维的分析中,运行过程如加速、减速、惰行是分析人员关心的内容。虽然业务人员可以通过一定的规则去定义一种运行过程,并可以用代码来获取对应的数

据,但得到的结果噪声较大,并会有不符合要求的序列。比如,即使同样是列车由速度为 0 加速到 300 km/h 的过程中,也会有因为传感器故障、网络延迟等导致结果不符合要求。此外,这些缺失的属性值会导致多源数据在集成时数据无法相互关联,或者对后期的数据分析工作造成负面影响,因为目前的多源数据关联方法都是基于完整数据的。对于此类问题已经有了较为完善的解决思路,主要是度量缺失数据和其他完整数据间的相似程度,将相似的数据用来填充缺失的值。如何衡量这种相似度则需要根据具体的领域和情景来设定。

动车组运维的多源数据中存在许多问题,问题的严重程度不一。如数据量大和异构的问题,根据现有的研究成果和行业现状已经可以使用通用的方法得到较好的解决。但是不同步、不完整的问题情况最为突出和严重,且没有适当的方法解决,是多源数据预处理中的难点。这两个问题严重影响了从实时数据中获取列车运行状态的准确性,需要重点关注。

2. 解决方案

为应对数据预处理的规范性挑战,设计相应的解决方案。

(1)异构

异构数据融合作为一个单独的研究领域已经较为成熟,目前较为主流的方法是基于本体的多源数据融合方法。本体就是一个明确的、规范的、计算机可处理的语义模型,该模型定义了特定领域内的类及类之间的关系。当然,从根本上解决多源数据中异构的问题还是应该设计统一的、行业通用的数据标准、数据模型、数据规范等。

得益于铁路行业里完善的信息化工作,此类问题在动车组全生命周期数据中已经有了较好的处理方法。不同数据源可以通过时间和列车编号关联列车;可以通过部件的唯一序列号关联部件信息等。但是,对于图片、文本等非结构化数据的处理和识别还有很多工作要做,而由于图像识别自然语言处理是独立的研究领域,因此在此不做深究。

由于动车组整个生命周期已经有良好的信息系统作为管理工具,全生命周期数据已经有了较好的管理,在数据进行关联的时候可以通过列车编号和时间或者部件的唯一序列号进行关联,因此此类问题可以得到较好的解决。动车组专业本体示意图如图 4-2 所示。

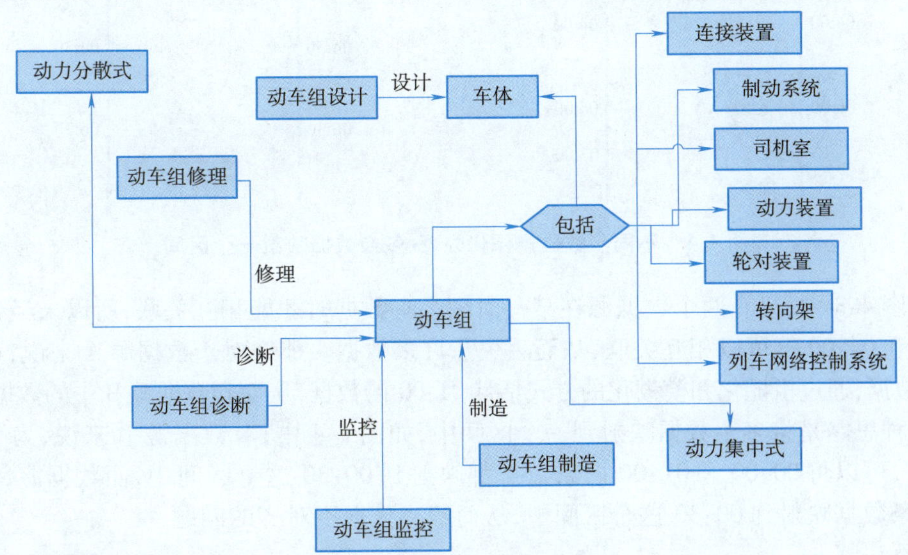

图 4-2　动车组专业本体示意图

(2)不同步

总体来说,解决多源数据不同步问题的思路是将数据粗糙化或者模糊化,将原始数据代表的一个点粗糙化成为一个区间或者多个与原始数据相似的点,从而去关联其他数据。具体来说,时间轴上的一个数据点不仅能代表某一瞬时的信息,也可以大致看作一个极短时间段内的平均信息,如图4-3和图4-4所示。当然,粗糙化和模糊化必然导致不准确,所以,必须严格控制这种处理方式的模糊范围,或者是在数据集中查找和不同步数据相近的数据,补全缺失的信息。

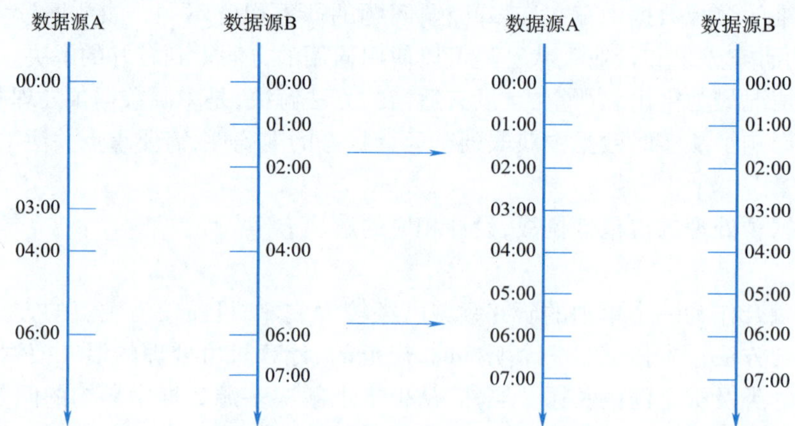

图4-3 不同步数据模糊化处理-一条数据映射多个区间

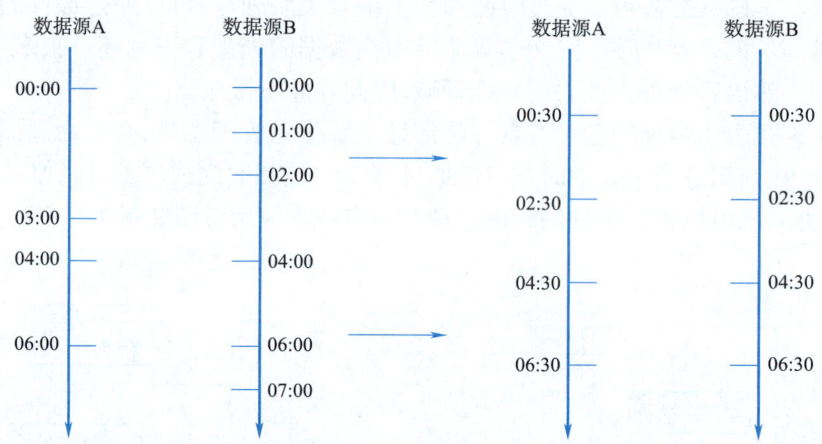

图4-4 不同步数据模糊化处理-多条数据映射一个区间

如在图4-3中,只有两个数据源在某一时刻都有数据时才能相互关联,所以未经处理时只有00:00和04:00等可以相互关联,从而丢失了许多数据。那么对于数据源A来说,可以根据00:00的数据,通过粗糙化和模糊化的方式估计01:00的数据,从而和数据源B中的数据相关联。

另一种思路是将多个数据映射到一个区间中,如图4-4中,对数据源B来说,为了和数据源A对齐,可以将00:00和01:00两条数据都映射到00:30这个区间中,而数据源A中是将00:00一条数据映射到00:30这个区间中,从而解决数据不对齐的问题。

(3)不完整

如前所述,列车的运行状态信息在动车组运维分析中有着重要的地位。而不同步、不完整这两类问题使得在数据分析时无法从列车的实时数据中获取运行状态，也就无法完整地描述列车在一个运行过程中的情况，如速度的变化情况，以及部件的工作状态变化情况等。这两类问题集中出现在动车组实时数据中，可以统一解决。这种问题最为复杂，数据无法直接获取或计算，在预处理过程中需要从原始数据中通过特定的算法去提取。相比其他几类问题，这些问题的不确定性高，处理难度大，需要从大量的历史数据中分析出结果。

本章提出一种基于序列模式挖掘的数据预处理算法 FCSPM（fast convergence sequence pattern mining），对于某一种运行过程，通过挖掘相同或相似的情景中速度的变化规律，作为此运行过程的判断依据。当新的数据到来时，就可以判断出新到数据是否属于该运行状态，并且可以对该数据做出补全和修正等预处理工作。

动车组运维的相关研究内容虽然十分丰富，但通过总结这些研究的内容，可以提炼出数据预处理工作中诸多的相似之处。通过归纳这些相似之处，并建立完整的多源数据预处理体系，将某些多数研究者都需要解决的预处理问题用一套成体系的预处理流程包括在其中，一次性解决这些问题，这样才能体现预处理工作的研究价值。

4.2.3　应对海量性挑战

为应对数据预处理的海量性挑战，设计相应的解决方案。

（1）数据量大

随着大数据相关技术的不断成熟，开源数据处理工具的种类也逐步丰富。对于离线数据的批处理工作可以由 Hadoop、Spark 等工具完成，在线数据的流式处理可以使用大数据实时处理工具 Kafka。这些并行化的处理工具可以最大限度地发挥每一个节点处理数据的能力。常用的工具有三类：第一类是分布式流数据处理工具，如 Kafka、Storm 等；第二类是分布式计算引擎，如 Yarn、Spark 等；第三类是分布式文件存储系统，如 HDFS。

（2）多维

由于无法确定后续的数据分析的具体需求情况，在多源数据预处理阶段不宜采用 PCA 等传统的降维算法压缩，那样会丢失信息，可能会导致后边的分析过程难以进行。所以不建议采用自动降维处理的算法来进行降维，必须要根据实际业务情况，分析数据字段的业务意义，根据其业务联系，采用适当的方式进行压缩。例如，对于动车组实时数据来说，原始数据见表 4-3。

表 4-3　动车组实时数据

字段名	说　明
timeStamp	当前时间
trainNo	列车编号
speed	速度
temperature	环境温度
drive_bearing_temp_1_1	1 车 1 电机驱动侧轴承温度
nondrive_bearing_temp_1_1	1 车 1 电机非驱动侧轴承温度
drive_bearing_temp_1_2	1 车 2 电机驱动侧轴承温度
nondrive_bearing_temp_1_2	1 车 2 电机非驱动侧轴承温度
drive_bearing_temp_1_3	1 车 3 电机驱动侧轴承温度
nondrive_bearing_temp_1_3	1 车 3 电机非驱动侧轴承温度
…	…

因篇幅有限,此处不列出所有字段,但仅动车组轴承温度一项就有 200 多个字段,在预处理阶段如果不进行一定的降维,会占用很多无意义的空间,造成系统负荷过重。根据之前对于动车组全生命周期数据的讨论,在数据预处理阶段,不用关心具体部件在某一时刻的工作状态,而是整车的运行状态。所以,可以从表 4-3 中提取出运行状态,转化成表 4-4 的形式。

表 4-4　压缩后实时数据

字段名	说　明
trainNo	列车编号
processType	运行过程类型
processStartTime	运行过程开始时间
processEndTime	运行过程结束时间

动车组部件的工作信息依然保存在原始数据中,可以利用表 4-4 中的运行过程开始时间和结束时间去查看相应部件的工作参数。通过这样的数据降维和压缩,就把运行状态和部件工作情况这两个部分合理地区分开了,可以大大减少预处理阶段的数据量和处理时的负载。如前所述,在从原始数据中提取运行状态时,需要解决多源数据中不同步、不完整的问题。

(3)多尺度

此类问题解决的要点在于获取到不同尺度下的映射关系,或者是建立行业统一的标准等。此类问题往往并不困难,但在建立映射关系和建立行业统一标准的过程中需要足够的专家知识以及大量的时间付出,才能得到统一的评价尺度。多尺度问题解决方案如图 4-5 所示。

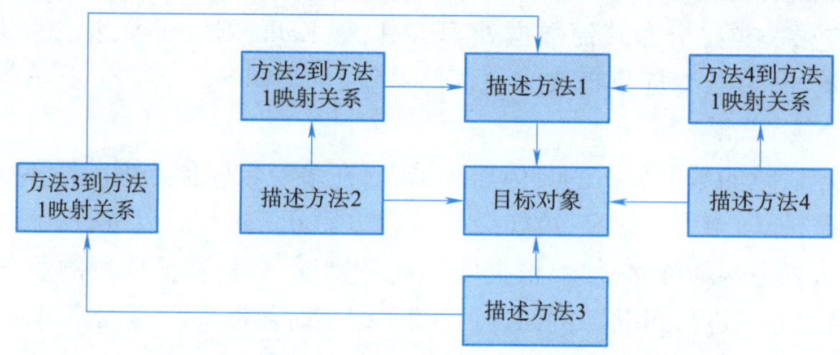

图 4-5　多尺度问题解决方案

4.2.4　典型数据预处理算法

不同步、不完整等挑战,可以通过序列模式挖掘的方法处理。

基本的序列模式挖掘主要包括以下几类经典算法。

①基于 Apriori 特性的算法:Apriori 算法、AprioriSome 算法、AprioriAll 算法、DynamicSome 算法等。

②基于垂直格子的算法:SPADE 算法。

③增量式序列模式挖掘:用来研究当序列增加时,如何维护序列模式,提高数据挖掘效率的问题,典型算法有 ISM 算法、ISE 算法、IUS 算法。

④多维序列模式挖掘:它是将多维有价值的信息融合到单位序列中,进而挖掘出最优价值

的信息，典型算法有 Uni-Seq、Seq-Dim 和 Dim-Seq 三种。

⑤基于约束的序列模式挖掘：目前的序列模式挖掘算法产生了大量的无用信息或者冗余信息，降低了挖掘的效率，因此提出了约束序列模式挖掘，通过添加约束条件，挖掘用户最感兴趣、最优价值的序列模式。

序列模式挖掘的发展方向：并行序列模式挖掘、周期序列模式挖掘、分布式序列模式挖掘、图序列模式挖掘。

1. AprioriAll 算法应用

（1）基本思路

每当扫描数据库时，计算上一次扫描生成的候选序列的 support，如果 support 不小于 min_sup，就将其当作大序列。

（2）算法描述

①排序阶段，主要根据交易时间和 ID 进行排序。

②频繁项集挖掘阶段，执行一次 Apriori 算法，找到所有 support 不小于 min_sup 的频繁项集，这个阶段主要是为下一步的转换做铺垫工作。

③转化阶段，根据上一步产生的频繁项集，扫描交易序列数据，根据 MAP 映射得到新的序列项集。

④序列阶段，根据上一步得到的新序列项集，再次执行 Apriori 算法，找到新的频繁项集。

⑤最大化序列阶段，从挖掘的新的频繁序项集中，找出长度最长的序列模式。

（3）算法分析

AprioriAll 算法是对 Apriori 算法的进一步改进，主要区别是在产生候选项集和频繁序列模式方面需要考虑序列元素的顺序。

（4）存在的问题

①容易生成大量的候选项集。

②需要对数据库进行多次扫描。

③很难找到长序列模式。

④在转换阶段产生巨大的开销。

2. GSP 算法应用

基于 Apriori 理论，首先产生较短的候选项集，其次将短候选项集进行剪枝，再次通过连接生成长候选序列模式，最后计算其支持度。

（1）基本思路

GSP 算法有两个方面的改进：①对冗余候选模式进行剪枝；②采用哈希树存储候选模式。

（2）算法描述

①除此扫描序列数据库，得到所有长度为 1 的序列即为 $\boldsymbol{F}_1$，作为种子集。

②对长度为 i 的种子集 $\boldsymbol{F}_i$ 进行连接和剪枝，生成长度为 $i+1$ 的候选序列 $\boldsymbol{C}_{i+1}$，再次扫描序列数据库，统计每个候选序 support，然后产生长度为 $i+1$ 的序列 $\boldsymbol{F}_{i+1}$，并将 $\boldsymbol{F}_{i+1}$ 作为新种子集。

③重复第②步，直到没有新的序列模式产生为止。

（3）算法分析

与 AprioriAll 算法对比，GSP 算法统计较少的候选集，并且在数据转化过程中不需要事先计算频繁集。GSP算法的时间复杂度与序列中的元素个数呈线性比例关系，执行时间随数据序列中字段的增加而增加，但增加不明显。

(4)存在的问题

①当序列数据库比较大时，容易生成庞大的候选序列。

②需要对数据库进行多次扫描。

③对长序列模式的处理效率比较低。

3. FreeSpan算法应用

(1)基本思路

FreeSpan算法基于分而治之的思想，将原始数据集进行划分，同时在分割的过程中动态地进行序列模式挖掘，并将产生的序列模式作为新的划分集。

(2)算法描述

①扫描序列数据库 S，找到 S 中的所有的长度为1的频繁项集，并且按照字母表的顺序生成 f_{list} 列表。

②按照 f_{list} 列表将序列数据库划分成若干子集。

③首次扫描序列数据库 S，找到所有的频繁项；其次与前一项连接组成候选序列，计算该候选序列在序列数据库中的支持度，对于support小于min_sup的项进行剪枝。

④递归的挖掘长度更长的序列，直到挖掘出所有长度的频繁序列。

(3)算法分析

从性能上分析，FreeSpan算法要优于类Apriori算法，它不仅能够高效地挖掘到所有长度的频繁序列，而且能够大大减少候选项集的数量。

(4)存在的问题

在挖掘过程中会产生大量的投影数据库，而且投影数据库一般不会缩减。另外，候选序列很多，需要考虑每一个的候选序列的组合情况。

4. PrefixSpan算法应用

(1)基本思路

PrefixSpan算法采用分而治之的思想，首先扫描序列数据库，找到所有长度为1的序列模式，把这些序列模式作为前缀，将序列数据库划分为多个小投影数据库；其次在各个投影数据库上进行递归的序列模式挖掘。有一个序列数据库 S，根据前缀划分，产生多个投影数据库，然后分别在这多个投影数据库中进行递归的挖掘，直到找到所有的频繁序列模式为止。

(2)算法描述

①首次扫描序列数据库，找到长度为1的所有频繁序列；

②按照①中得到频繁序列划分为 n 个不同前缀；

③根据 n 个不同的前缀，构造相应的投影数据库，并递归地挖掘频繁序列的子集，直到不能产生长度为1的频繁序列模式为止。

(3)存在的问题

尽管PrefixSpan算法能够提升挖掘的效率，但该算法仍存在一些不足：第一，该算法需要构造大量的投影数据库，并且构造投影数据库的开销较大；第二，该算法需要递归地扫描投影数据库，耗费大量的时空代价，同时也大大降低了算法的挖掘效率；第三，该算法挖掘出的频繁序列模式，都是按照字典序进行排列，不能满足实际的需求。

4.2.5 案例:基于序列模式挖掘算法的数据预处理

序列模式挖掘的主要研究点是从多个相似的序列中找出变化规律,旨在从海量数据中提取出有效的、新颖的、潜在有用的、易被理解的知识的过程。序列模式挖掘又分为连续变量序列模式挖掘(如温度、流量等)和离散变量序列模式挖掘(如购买记录等)。在连续变量序列模式挖掘方面,主要应用于流量监测、异常报警等方面;离散变量序列模式挖掘主要用于电商推荐算法。序列模式挖掘算法尚未应用于数据预处理方面。基于序列模式挖掘的预处理算法的优点在于既可以用不同序列互相参照,一个序列内的数据也可以互相参照。通过两个横向和纵向两个方向的计算,比一般的数据清洗预处理方法更为准确和全面。

本节介绍快速收敛序列模式挖掘 FCSPM 算法,该算法用于挖掘某一运行过程中列车的速度、轴承温度等物理量的变化规律,并基于挖掘出的规律去识别新到的数据是否属于该过程,如果属于则修正一些误差,从而一次性解决不同步、不完整问题。

在面向动车组运维的多源数据预处理中,需要先挖掘出特定运行过程中速度的变化规律,才能获取到其对应的轴承温度等在此种运行过程中的变化规律。所以,根据历史数据,提取某运行过程中动车组速度的变化规律是后面提取该运行过程中轴承温度的变化规律的前提。此处以速度为例,展示算法的处理流程,当限定运行过程后,对于轴承温度数据等也是同样的处理方法。具体处理流程如下。

1. 选取目标过程

动车组的部件,如轴承,在不同的运行状态下其工作参数变化必然是不同的。在分析时本案例选择一种典型的,并且情况较为简单的运行过程用于实验,动车组速度曲线如第 2 章图 2-13 所示。经观察和分析,速度由 0 km/h 加速到 300 km/h 且在 15 min 内完成的加速过程是一种典型的运行过程。如图 4-6 中箭头所指即为此过程,在分析中称其为目标过程。选择此过程作为目标过程的好处主要如下:

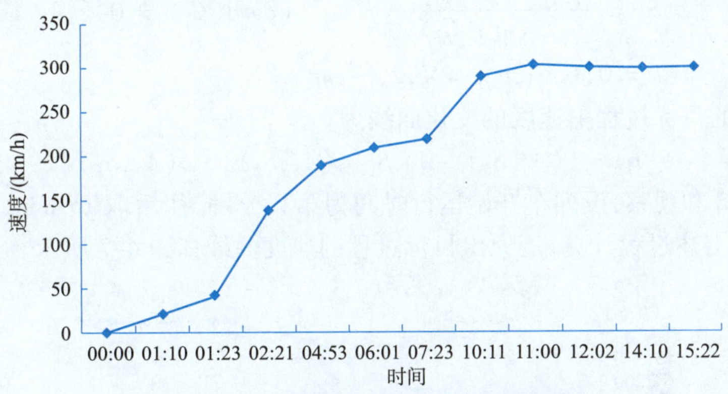

图 4-6 动车组实时运行落地速度数据

①这是一种典型的运行过程,是列车从启动时大部分情况都会经历的过程,这意味着在原始数据中会有大量的素材可以提取。但是,即使是相同的过程仍然不能保证每个细节完全一致,所以目标过程中的速度及轴承温度等的变化是有区别的。

②该运行过程较为简单,速度和温度在此过程中都是单调上升的,对于数据质量较低的动车组车的数据来说降低了处理难度。

2. 还原目标过程曲线

选定目标过程后,需要将原始数据处理成统一的规范的格式,才能进行下一步的分析。如图4-6所示,是某次目标过程中速度的采样点,可以看出采样的频率并不固定,不同的过程间差别可能更大,即不同的目标过程之间无法进行对齐。

为了能进行后续分析,首先需要将不同的序列进行粗糙化,保证其在每分钟都至少有一条数据,对于不完整的数据需要对其进行粗糙化或模糊化的处理,以填充不完整的数据。当然这种模糊化的处理方法中,填充的数据并不一定准确,所以还需要通过序列模式挖掘的方法进行修正。具体流程如下:

对于一次目标过程,有 m 个采样点,第 i 个采样点表示为

$$r_i = \langle t_i, s_i \rangle, \quad i=1,2,\cdots,m \tag{4-1}$$

式中,t_i 为采样点 r_i 中的时间;s_i 为采样点中的速度。经观察,大多数目标过程会在15 min内完成,那么可以将15 min划分为若干均匀的区间,然后将采样点映射在这些区间上,从而为规范化的建立依据,假设划分为 n 个区间,则第 i 个记为 A_i,即

$$A_i = \left\{ k \in \mathbf{R} \,\middle|\, \frac{15i}{n} \leqslant k < \frac{15(i+1)}{n} \right\}, \quad i=0,1,\cdots,n \tag{4-2}$$

此时虽然将散点映射到了某些区间,但是并不是每个区间都有数据,所以需要补全空白的区间,此时目标过程选择的优势就可以体现出来了。由于目标过程中速度等物理量是单调增长的,所以可以根据两个散点来估计中间缺少的数据。对于一个目标过程来说,定义一个区间中的数据 $\mathrm{card}(C_i)$ 为

$$\mathrm{card}(C_i) = \mathrm{card}(\forall t_j \in A_i), \quad i=0,1,\cdots,n;\ j=1,2,\cdots,m \tag{4-3}$$

就可以补全空白的区间中的值,如

$$\overline{S_i} = \frac{\sum_{i=1}^{\mathrm{card}(C_i)} (s_j \mid \forall t_j \in A_i)}{\mathrm{card}(C_i)} \qquad (\mathrm{card}(C_i) \neq 0), \tag{4-4}$$

$$i = 0,1,\cdots,n;j = 1,2,\cdots,m$$

从而还原出最终的目标过程中速度的变化曲线为

$$S(n) = \{(A_0,\overline{S_0}),(A_1,\overline{S_1}),(A_2,\overline{S_2}),\cdots,(A_n,\overline{S_n})\} \tag{4-5}$$

为了便于计算和观察,设列车开始运行时间为第0分钟,往后取15 min,共16个区间,即取 n 为16。通过上述过程计算,还原出目标过程的速度曲线如图4-7所示。

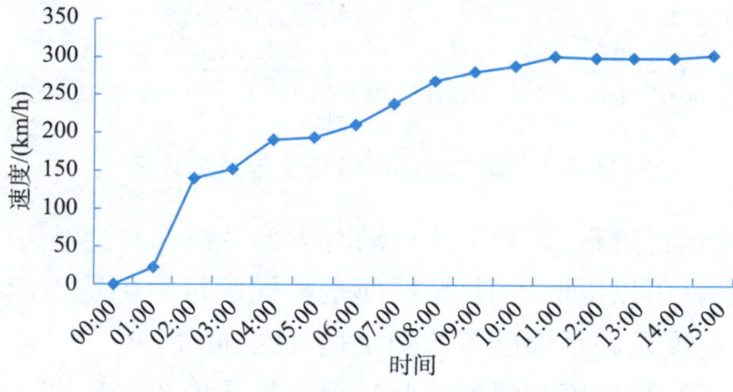

图4-7　还原后的目标过程速度曲线

此步骤中 n 的取值在一定程度上影响了最终的结果，而 n 的取值还是依赖采样点的密集程度，大致保证每个区间中有一个采样点即可较为完美地还原出曲线，即可视为一个序列。由于单次的过程有一定的偶然性，且上述的处理过程还远谈不上精确，因此需要根据多个序列进行序列模式挖掘。下面将介绍本算法的核心部分。

3. 序列模式挖掘

如前所说，在还原目标过程曲线中使用了粗糙化和模糊化的处理方法，可能会导致被填充数据不准确的问题，需要对其进行修正。那么就需要参考其他相似序列中这个被填充位置的值。

基于这个目的提出快速收敛序列模式挖掘算法 FCSPM，用于对动车组车地数据进行预处理，保证处理后的数据完整、准确。序列模式挖掘的具体流程如下：

①初始化序列及序列的权重，可以为任意大于 0 的数，为了便于计算通常设置为 1；

②根据序列和序列的权重计算出生成规则；

③以欧几里得距离来评价两次生成规则的差异度，如果本次得出的规则和前一次得出的规则相比无变化，则流程结束；

④否则根据本次得出的规则和每条序列间的差异调整每条序列的权重。差异越大则权重越小，反之则越大。

假设序列 S 中有 n 个点，即

$$S(n)=\{(A_0,P_0),(A_1,P_1),(A_2,P_2),\cdots,(A_n,P_n)\} \tag{4-6}$$

为了更好地观察序列的变化规律序列间变化趋势的比较，需要将所有数据的初始数值置为 0，即

$$S(n)=\{(A_0,0),(A_1,P_1-P_0),(A_2,P_2-P_0),\cdots,(A_n,P_n-P_0)\} \tag{4-7}$$

那么对于 m 组数据来说，每个序列有 n 个点，第 i 组数据为

$$D(i,j)=\{(A_0,0),(A_1,P_{i1}-P_{i0}),(A_2,P_{i2}-P_{i0}),\cdots,(A_n,P_{in}-P_{i0})\} \quad i=0,1,\cdots,m \tag{4-8}$$

则任意一个过程的序列可以记为 n 维向量

$$\boldsymbol{\alpha}_i=(0,P_{i1}-P_{i0},P_{i2}-P_{i0},\cdots,P_{in}-P_{i0}),\quad i=1,2,\cdots,m \tag{4-9}$$

并将所有序列表示为

$$\boldsymbol{A}^{\mathrm{T}}=(\boldsymbol{\alpha}_1^{\mathrm{T}},\boldsymbol{\alpha}_2^{\mathrm{T}},\boldsymbol{\alpha}_3^{\mathrm{T}},\cdots,\boldsymbol{\alpha}_m^{\mathrm{T}}),\quad i=1,2,\cdots,m \tag{4-10}$$

为每组数赋初始权重，初始权重是相同的，不妨设为 1，表明它们在计算规则时的贡献是相同的。此处权重设置可以为任意大于 0 的数，但是考虑到实际通过程序计算时会涉及浮点数精度等问题，所以建议设置为 1。第一次计算完成后会根据生成规则和每组数据的差异调整权重，减小偏离中心较远的数据对规则的影响。不同序列的权重记为 m 维向量，即

$$\boldsymbol{w}=(\boldsymbol{w}_1,\boldsymbol{w}_2,\cdots,\boldsymbol{w}_m) \tag{4-11}$$

到此就结束了初始化工作。然后是计算规则。计算规则的过程就是根据权重计算每条序列对规则的贡献，权重越大则贡献越大。根据序列数据和权重可得规则同样为 n 维向量，即

$$\boldsymbol{\varphi}^{\mathrm{T}}=\frac{1}{\sum_{i=1}^{m}(w_i)}\boldsymbol{A}^{\mathrm{T}}\cdot\boldsymbol{w}^{\mathrm{T}} \tag{4-12}$$

为了计算出更准确的序列变化规律，就要更新权重，再次计算规则和原始序列间的差异度。在此以欧几里得距离标定这种差异。并且，用差异度更新序列的权重，差异度越大权重越

小，这样可以逐步淘汰偏离较远的序列。现取差异度的倒数作为序列新的权重，即

$$d_i = \sqrt{(\alpha_i - \varphi) \cdot (\alpha_i - \varphi)^{\mathrm{T}}}, \quad w_i = \frac{1}{d_i}, \quad i = 1, 2, \cdots, m \tag{4-13}$$

重复计算规则的过程直到规则 φ 不再变化为止，即得到最终的规则。但在实际实验中几乎不能达到完全不再变化，所以可以设定规则 φ 的变化量小于 10^{-10} 等极小量作为算法结束的边界条件。

4. 算法结果

为了能较为清晰地展示算法的效果，取目标过程中部分有代表性的动车组速度数据，共 20 条，如图 4-8 所示。可以看出，数据主要集中在中间部分，但也有偏离中心较多和波动较大的序列。

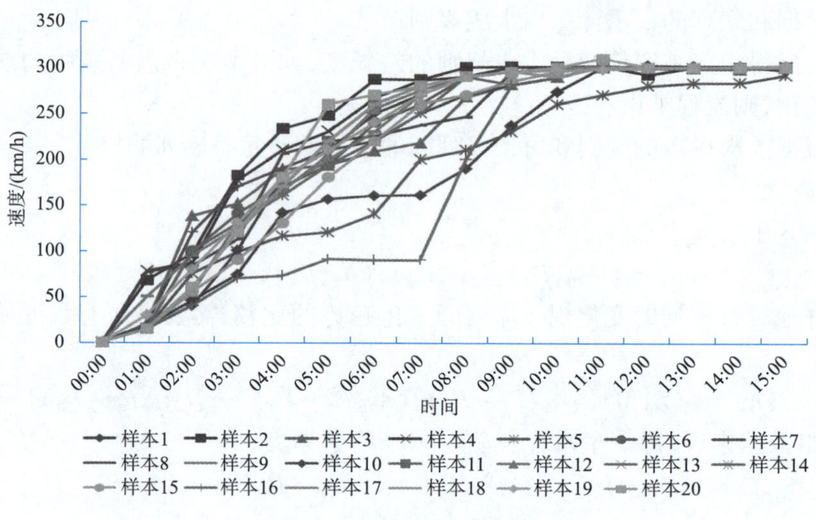

图 4-8 序列模式挖掘输入样本

根据上述算法计算出规则如图 4-9 所示，其中浅色线为输入数据，深色线为输出的规则。可以看出，通过 FCSPM 算法的挖掘，较好地提取出了目标过程中列车速度的变化规律。

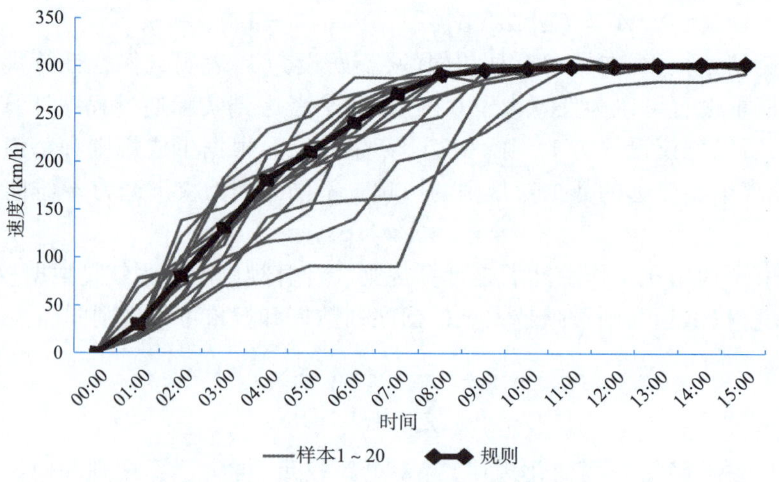

图 4-9 序列模式挖掘生成规则

5. 算法应用

在对大量的历史数据进行序列模式挖掘之后,得到的即是该序列的普遍变化规律。基于此,就可以利用挖掘出的规则来进行数据清洗和修正。如新的速度数据产生时,即可判断其是否属于该运行过程。当新的数据到来时,仍然需要进行还原目标过程曲线的工作。之后,同样是利用欧几里得距离来表达新到序列和规则间的差异,如果差异超过一定的阈值即被认定为不属于该运行过程或者噪声序列。阈值过大会导致将某些噪声数据视为正常数据,而阈值过小会导致得到的结果太少。生成的规则和待分析序列如图 4-10 所示。

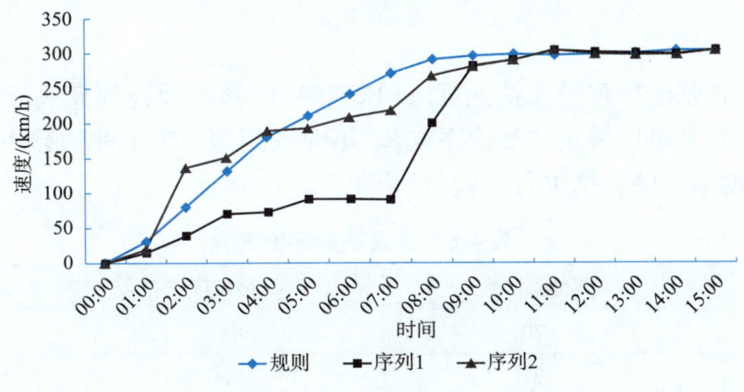

图 4-10　生成的规则和待分析序列

其中序列 1 是一种典型的噪声数据,中间出现了传感器延迟或者传输错误等问题,整个序列被忽略。而序列 2 是整体符合这个变化趋势的,但其中仍然有一些波动的点,需要根据规则对其进行一定的修正。记生成的规则为向量 $\boldsymbol{\varphi}$,新到的序列为 $\boldsymbol{B}$,两者均为 n 维向量。采用的修正方法为

$$\begin{gathered}\boldsymbol{\varphi}=(\alpha_1,\alpha_2,\cdots,\alpha_n),\boldsymbol{B}=(\beta_1,\beta_2,\cdots,\beta_n)\\ \beta_i=\beta_i-\frac{\beta_i-\alpha_i}{k},\quad i=1,2,\cdots,n,k\in\mathbf{R}^+\end{gathered}\tag{4-14}$$

通过上述公式的修正,可以使得整个序列更接近规则,现取 k 为 2,也可以调整 k 的值,以调整序列向规则靠近的幅度,只要 k 为大于 0 的数即可。得到的修正结果如图 4-11 所示,可以看出原序列中的一些噪声得到了较好的修正。

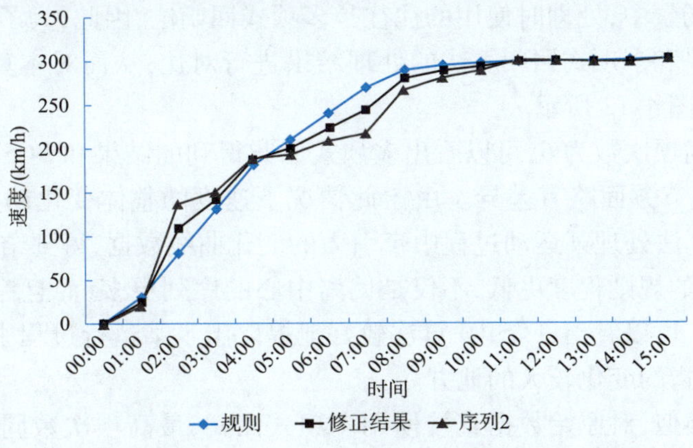

图 4-11　对序列中噪声修正结果

在获取到列车在该运行过程中速度的变化规律即可获取该运行过程下所有完整的、无噪声的数据。对于符合目标过程速度要求的数据，就可以获取目标过程中其他参数的变化规律，如牵引力、轴承温度等。同样使用上述处理方法，就可以进一步挖掘该过程下轴承温度数据等的变化规律。这样就可描述列车在目标过程中各种变量的变化规律，当新数据到来时即可进行去噪，最终支撑面向动车组运维的相关分析。

虽然一些突发性的严重故障也会导致相关数据突变或有较大的波动，但对于这种情况会有相应的应急报警机制，所以在去噪和识别的过程中可以不考虑突发故障导致数据突变的情况。

6. 算法评价

本章中提出一种基于序列模式挖掘算法(FCSPM)的数据预处理算法，解决了动车组车载监控数据中问题严重且难以解决的数据不同步、不完整问题。为了评估算法的性能，采用多组大小不一、离散程度不一的数据进行实验，见表4-5。

表4-5 算法性能评价表

编　号	数据量/条	离散程度	迭代次数
1	20	中	18
2	27	低	13
3	51	中	35
4	30	高	68
5	98	中	63
6	132	低	66

可以看出，算法对离散程度敏感，对数量大小不敏感。这是由于算法在迭代过程中会逐步降低偏离中心的序列的权重，越远离权重下降得越快，使得这些序列对生成规则造成的影响变得很小。这样的好处是，数据量增大离散程度不变的情况下，算法的效率依然很高。同时，生成的规则对于偏离中心的异常序列数据更为敏感，而对于在正常范围内波动的数据不敏感。

在动车组实际运行过程当中，当按照特定的模式运行时，数据的变化趋势和幅度是一致的。少数情况下，因为传感器误差或网络阻塞等原因会有数据缺失或错误的情况，需要对其进行修正或忽略。这一情况完全符合快速收敛序列模式挖掘算法的应用场景。

由于在类似的场景中，处理时使用的往往是多项式回归法，因此，为了评价本算法的效果，将本算法的处理结果和多项式回归算法的处理结果进行对比，从而对本算法作出评价。仍然以速度数据为例，如图4-12所示。

此时多项式最高项次数为6，可以看出多项式回归得到的结果和FCSPM算法得出的结果是相近的，只是在细节方面略有差异。由于此情况下速度的整体变化趋势比较平稳，作为对比，再使用FCSPM算法处理某运动过程中牵引力的变化曲线数据，得到结果如图4-13所示。

在此例中，序列的规则程度更低，不仅是偏离中心的序列更多，而且序列的整体变化趋势也存在较大的波动。可以看出，FCSPM算法较好地提取出了某运行过程中牵引力变化的特征曲线，特别是箭头所指的变化较大的地方。

与上面的例子类似，对原始数据直接使用多项式回归，最高项次数同样为6，回归出的结果与FCSPM算法的结果进行对比，如图4-14所示。可以看出，在原始数据变化幅度较大的位置处，两种算法出现了较大的差异，而从原始数据中显然能看出，在箭头所指的地方是 FCSPM 算法有更好的结果。

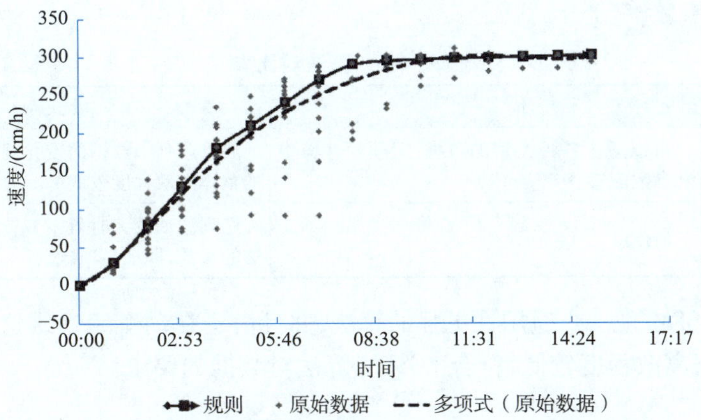

图 4-12　速度数据 FCSPM 算法和多项式回归算法对比

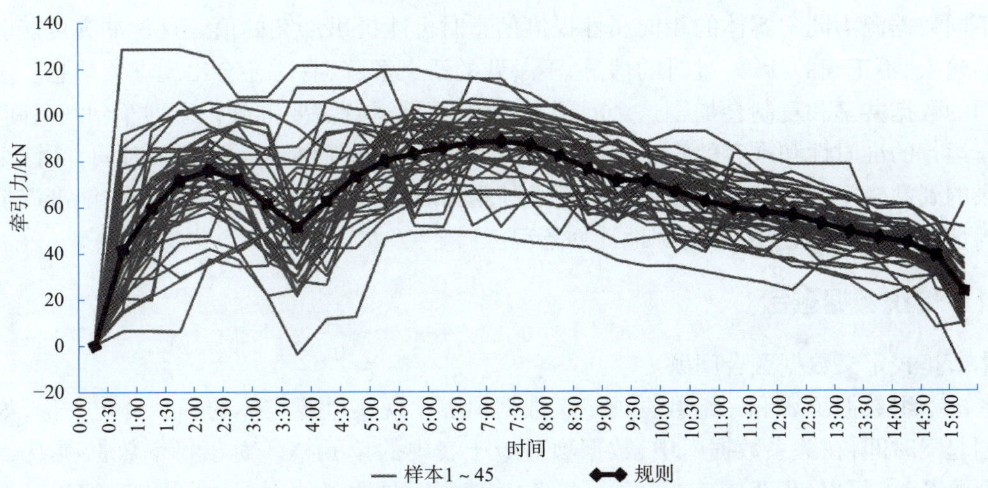

图 4-13　FCSPM 算法挖掘某运行过程中牵引力数据结果

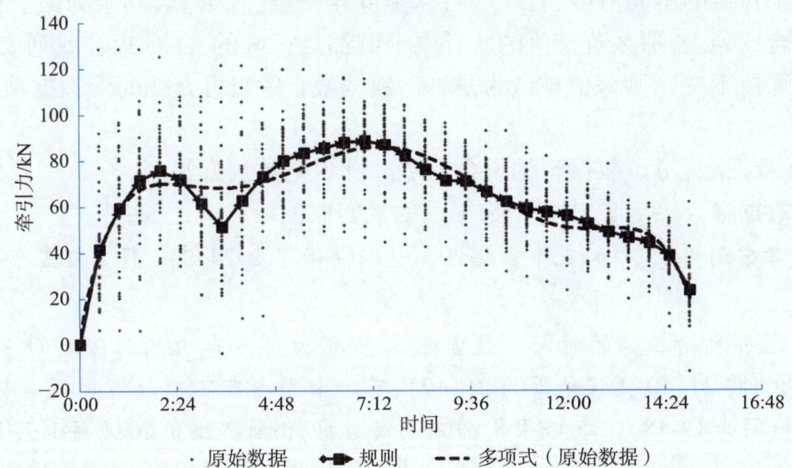

图 4-14　牵引力数据 FCSPM 算法和多项式回归对比

可以看出,FCSPM 算法无论是复杂还是简单的情况均可以得出很好的结果,而多项式回归算法在数据变动幅度较大的情况下无法得到较好的结果。总结两种方法的优缺点见表 4-6。

表 4-6　算法对比

算法名称	优　点	缺　点
FCSPM	可以适应各种类型的数据;无须额外操作和参数配置	要求序列中数据的变化规律大体是一致的;数据的整体离散程度较低
多项式回归	简便	序列波动较大时得不到较好的结果;需要尝试算法的参数,即最高项次数

综上所述,FCSPM 是一个通用性更强的算法,并且由于在动车组运维这一特定情境下,可以保证输入的数据离散程度较低,符合 FCSPM 算法对数据的要求。

4.3　数据融合技术

不同数据源为同一实体的相同属性提供信息时可能提供冲突的值。这种冲突可能会由于错误的输入、不正确的计算、过时的信息、不一致的语义解释,有时还会出现虚假信息。不同来源之间的数据共享和复制会加剧这个问题。例如,高铁运营需要准确记录列车到站时间,以保证列车运行的准时性和乘客的安全。但不同数据来源可能提供不同的到站时间,高铁车站系统记录的到站时间可能与运营监控系统记录的到站时间不一致。人们希望找出能准确反映现实世界情况的数据,以使乘客更好地计划行程。

4.3.1　传统数据融合

本节正式定义数据融合问题。

考虑一组数据源 $\mathcal{S}$ 和一组数据项 $\mathcal{D}$。数据项表示现实世界实体的一个特定方面,如航班的计划起飞时间;在关系数据库中,数据项对应于表中的单元格。对于每个数据项 $D \in \mathcal{D}$,一个数据源 $S \in \mathcal{S}$ 可以(但不一定)提供一个值,该值可以是原子的(如计划出发时间)、一个值的集合(如电话号码集合)或一个值的列表(如书籍作者列表)。

在为数据项提供的不同值中,有一个与真实世界一致,其为真,其余为假。如果提供的值是原子值的集合或列表,那么若该值的所有原子值都是正确的,并且集合或列表是完整的(并且列表的顺序保持不变),则该值被认为是真。数据融合的目标是为每个数据项找到 $D \in \mathcal{D}$ 的真实取值。

定义 4.1(数据融合)设数据项的集合为 $\mathcal{D}$。设 $\mathcal{S}$ 是数据源集合,为 $\mathcal{D}$ 中数据项的一个子集提供取值。数据融合决定 $\mathcal{D}$ 中每个数据项的真实取值。

例 4.1　考虑图 4-15 中的五个数据源。它们提供了 2024 年 4 月 1 日五个车次的计划发车时间信息。

数据源 S_1 提供所有正确的时间。数据源 S_2 提供大部分车次的正确时间,但有时会有错误输入(如车次 4 将 21:40 错误地写为 21:49),有时由于内部不一致使用发车时间(如车次 1 将 19:02 错误地写为 19:18)。数据源 S_3 没有更新数据,仍然提供了 2024 年 1 月 1 日到 2024 年

3 月 31 日期间的计划发车时间。数据源 S_4 和数据源 S_5 从 S_3 复制数据，数据源 S_5 在复制过程中出错。

数据融合的目的是找到每个车次正确的计划发车时间，即数据源 S_1 提供的时间。

	S_1	S_2	S_3	S_4	S_5
车次 1	19:02	*19:18*	19:02	19:02	*20:02*
车次 2	17:43	17:43	*17:50*	*17:50*	*17:50*
车次 3	9:20	9:20	9:20	9:20	9:20
车次 4	21:40	*21:49*	*20:33*	*20:33*	*20:33*
车次 5	18:15	18:15	*18:22*	*18:22*	*18:22*

图 4-15　五个数据来源提供关于五个车次预定发车时间的资料

数据融合的早期方法通常是基于规则的方法，如使用从最近更新的数据源得到的观测值，对数值型数据取平均值、最大值或最小值，或应用投票机制决定使用获得最多票数的数据源提供的值。这些方法专注于通过使用数据库查询来提高效率。然而，这些基于规则的融合方法在大数据真实情景下往往是不充分的。

例 4.2　继续讨论例 4.1。首先考虑三个数据源 S_1、S_2 和 S_3。对于除 4 号车次以外的所有车次，对这三个数据源提供的数据进行多数投票就可以找到正确的计划发车时间。然而，对于 4 号车次，这些资料提供了三个不同的时间，结果会导致僵局，除非数据源 S_1 被认为是一个比其他数据源更为准确的数据源，否则很难打破这样的僵局。

现在再来看看数据源 S_4 和数据源 S_5。当 S_3 的数据被 S_4 和 S_5 复制后，投票策略会以它们为多数，决定三个车次的错误的计划发车时间。除非识别出复制关系，并且在投票时忽略 S_4 和 S_5 提供的值，否则无法确定正确的时间。

4.3.2　应对真实性挑战

如例 4.2 所示，当数据源具有不同的质量并且数据源之间存在复制关系时，基于规则的数据融合通常是不充分的。许多先进的解决方案被提出来应对大数据的真实性挑战。它们利用来自数据源的群体智能，识别可信的数据源，并检测数据源之间的复制关系，从而解决冲突和删除错误数据。这些技术通常包含真值发现、可信度评估、复制检测中的部分或全部（见图 4-16）。

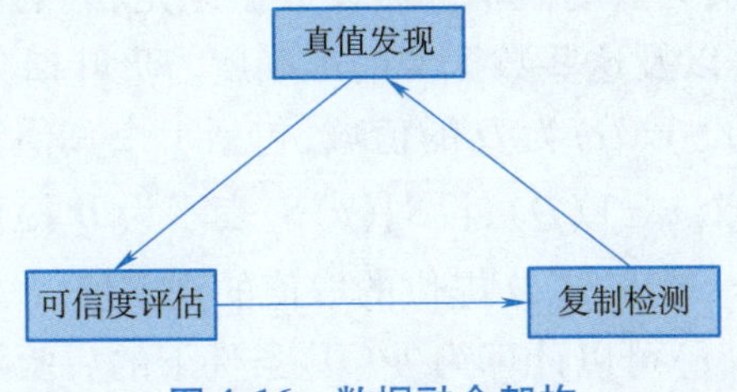

图 4-16　数据融合架构

①真值发现：在相互冲突的值中，寻找为真的值。投票是一种基准方法。从本质上讲，它认为每个值都有一个来自其提供的每个数据源的投票，投票计数最高的值（即由最大数量的数据源提供的值）被视为真值。

②可信度评估:对于每个数据源,根据其提供值的正确程度来评估其可信性。因此,更高的投票数可以分配给更值得信任的数据源,这可以用于投票。

③复制检测:检测数据源之间的复制,以便在投票时将折扣处理的投票数分配给复制的值。

值得注意的是,评估数据源的可信性需要从真值发现中获得的值的正确性知识,而数据源可靠性的知识允许为每个数据源设置适当的投票数,以获得更好的真值发现结果。复制检测需要价值正确性和来源可信度的知识,而其结果有利于发现真相。由于这三个组件之间的相互依赖关系,它们经常被迭代地进行,直到达到收敛或经过一定数量的迭代之后。

数据真实性一般可从以下三个方面考量。

1. 数据源的准确度

高级数据融合的基本组成部分是评估数据源的可信性。有许多不同的方法可以衡量数据源的可信性。本节描述了一种方法,将其衡量为数据源提供的真值的比例,称为数据源准确度的方法。数据源 S 的准确度用 $A(S)$ 表示。S 的准确度就是 S 提供真值的概率。

由于通常无法确定哪些值为真,所以数据源的准确度是根据其提供的真值的平均概率来计算的。一般定义 $\overline{V}(S)$ 为 S 提供的值。对于每个 $v \in \overline{V}(S)$,$\Pr(v)$ 表示 v 为真的概率。那么 $A(S)$ 的计算为

$$A(S) = \underset{v \in \overline{V}(S)}{\mathrm{Avg}} \Pr(v) \tag{4-15}$$

好数据源需要与坏数据源区分开来:如果对于每个数据项来说,它更有可能提供真值而不是任何特定的假值,那么这个数据源就被认为是好数据源;否则,它被认为是不好的。假设 $\mathcal{D}$ 中的每个数据项在一定范围内的假值个数为 n,那么在假值的均匀分布条件下,S 提供真值的概率为 $A(S)$,S 提供特定假值的概率为 $(1-A(S))/n$。所以,如果 $A(S)>(1-A(s))/n$,则 S 是好数据源,也就是 $A(s)>1/(1+n)$。本章的其余部分集中在好数据源上。

例 4.3 考虑图 4-15 中的五个数据源。对于数据源 S_1,根据定义其准确度为 $\frac{5}{5}=1$。假设其提供的 5 个数据的概率分别为 0.982、0.991、1、0.910 和 0.991。那么其准确度由式(4-15)可知为 $\frac{0.982+0.991+1+0.910+0.991}{5}=0.97$,非常接近其真实的准确度。

2. 计算值为真的概率

现在考虑如何计算一个值为真的概率。假设数据源是相互独立的。在计算时,应该同时考虑提供取值的数据源数量,以及这些数据源的准确度。贝叶斯分析可以用于此目的。

考虑一个数据项 $D \in \mathcal{D}$,设 $V(D)$ 为 D 的值域,包括 1 个真值和 n 个假值。设 $\overline{S_D}$ 为数据源在 D 上提供的取值。对于每个 $v \in V(D)$,设 $\overline{S_D}(v)\overline{S_D}$ 表示为 D 提供 v 的数据源集合($\overline{S_D}(v)$ 可以为空)。让 $\Psi(D)$ 表示每个 $S \in \overline{S_D}$ 对 D 提供的取值的观察值。

对于 $v \in V(D)$ 的概率 $\Pr(v)$ 可以计算为 $\Psi(D)$ 条件下的后验概率。在 $V(D)$ 的值中,有且仅有一个真值。因此,它们的概率和应该是 1。假设每个值为真的先验置信度是相同的,那么由贝叶斯法则有

$$\Pr(v) = \Pr(v \text{ true} \mid \Psi(D)) \propto \Pr(\Psi(D) \mid v \text{ true}) \tag{4-16}$$

考虑到目前数据源独立性的假设,概率 $\Pr(\Psi(D) \mid v \text{ true})$ 可以由在 $\overline{S_D}(v)$ 中每个数据源提

供真值的概率乘积以及$\overline{S_D}\backslash\overline{S_D}(v)$中每个数据源提供的观测假值的概率计算得出。前者根据数据源准确度的定义可知为$A(S)$；后者在假值的均匀分布条件下为$\frac{1-A(S)}{n}$。因此有

$$\begin{aligned}\Pr(\Psi(D)\mid v_{\text{true}}) &= \prod_{S\in\overline{S_D}(v)} A(S)\cdot\prod_{S\in\overline{S_D}\backslash\overline{S_D}(v)}\frac{1-A(S)}{n}\\ &= \prod_{S\in\overline{S_D}(v)}\frac{nA(S)}{1-A(S)}\cdot\prod_{S\in\overline{S_D}}\frac{1-A(S)}{n}\end{aligned}\tag{4-17}$$

式(4-17)中，$\prod_{S\in\overline{S_D}}\frac{1-A(S)}{n}$对所有取值是相同的，即

$$\Pr(v)\propto\prod_{S\in\overline{S_D}(v)}\frac{nA(S)}{1-A(S)}\tag{4-18}$$

因此，定义数据源S的得票数为

$$C(S)=\ln\frac{nA(S)}{1-A(S)}\tag{4-19}$$

一个取值v的得票数记为$C(v)$，则

$$C(v)=\sum_{S\in S_D(v)}C(S)\tag{4-20}$$

本质上，数据源的得票数源于其准确度，取值的得票数计算为其提供者得票数的总和。得票数越高的取值越有可能是正确的。结合式(4-16)～式(4-20)，每个取值的概率计算公式为

$$\Pr(v)=\frac{\exp(C(v))}{\sum_{v_0\in V(D)}\exp(C(v_0))}\tag{4-21}$$

下面的定理显示了式(4-21)的三个优良特性。其指出由大量数据源或更准确的数据源提供的取值更有可能是正确的。

定理4.1　式(4-21)具有以下性质：

①如果所有数据源都是好的并且准确度相同，那么当$\overline{S_D}(v)$的大小增大时，$\Pr(v)$也会增大。

②$\overline{S_D}(v)$中除了S外的所有数据源都固定，当S的$A(S)$增大时，$\Pr(v)$增大。

③如果存在$S\in\overline{S_D}(v)$使得$A(S)=1$，且不存在使$A(S')=0$的$S'\in\overline{S_D}(v)$，则$\Pr(v)=1$；如果存在$S\in\overline{S_D}(v)$使$A(S)=0$，而且不存在$S'\in\overline{S_D}(v)$使得$A(S')=1$，则$\Pr(v)=0$。

证明　①当所有数据源具有相同的准确度时，它们具有相同的得票数；当一个数据源是好的，它会有一个正的得票数。设c为得票数，且$|\overline{S_D}(v)|$为$\overline{S_D}(v)$的大小，则$C(v)=c|\overline{S_D}(v)|$会随着$|\overline{S_D}(v)|$增长，同理$\Pr(v)$与$\exp(C(v))$成正比。

②数据源S的$A(S)$增大时，数据源S的$C(S)$也增大，而且数据源S的$C(v)$和数据源S的$\Pr(v)$也增大。

③当数据源S的$A(S)=1$时，$C(S)=\infty$，$C(v)=\infty$，则有$\Pr(v)=1$。当数据源S的$A(S)=0$时，$A'(S)=-\infty(S)$，$C(v)=-\infty$，则有$\Pr(v)=0$。

注意到第一个性质实际上是在所有数据源具有相同准确度时对投票策略的一个判断。第三个性质表明，不建议为数据源分配非常高或非常低的准确度，通过将数据源的准确度定义为其提供的取值的平均概率，可以避免上述情况。

例 4.4 考虑图 4-15 中的 S_1、S_2 和 S_3，假设它们的准确度分别为 0.97、0.61、0.4。假设在取值范围内有 10 个假值（即 $n=10$），则每个数据源的得票数为

$$C(S_1)=\ln\frac{10\times0.97}{1-0.97}=5.8$$

$$C(S_2)=\ln\frac{10\times0.61}{1-0.61}=2.7$$

$$C(S_3)=\ln\frac{10\times0.4}{1-0.4}=1.9$$

现在考虑 Flight 4 提供的三个值。数据源 S_1 提供的 21:40 的票数为 5.8，数据源 S_2 提供的 21:49 的票数为 2.7，数据源 S_3 提供的 20:33 的票数为 1.9。其中 21:40 的票数最高，因此其为真的概率最高。事实上，它的概率为

$$\frac{\exp(5.8)}{\exp(5.8)+\exp(2.7)+\exp(1.9)+(10-2)\times\exp(0)}=0.914$$

3. 数据源之间的复制关系

如果两个数据源 S_1 和 S_2 直接或间接地从同一个数据源（可以是 S_1 或 S_2 中的一个）获取数据中相同的数据部分，那么它们之间就存在复制的情况。因此，有两种类型的数据源：独立数据源和复制数据源。

一个独立数据源独立地提供所有的取值。由于对现实世界的不正确认识、错误拼写等原因，它可能会提供一些错误的值。

复制数据源从其他数据源（独立数据源或复制数据源）复制部分（或全部）数据。它可以通过并集、交集等方式从多个数据源进行复制，由于采用了数据快照的方式，因此不可能对特殊的数据项进行循环复制。此外，复制数据源可能会修改一些复制而来的取值或者添加额外的取值，这种修改和补充的行为被认为是复制数据源的独立贡献。

在许多应用中，不知道每个数据源如何获取其数据，因此必须从数据快照中发现复制行为。接下来将描述如何检测一对数据源之间的复制行为，以及如何将这些知识应用于真值发现。为了便于处理，在复制检测和真值发现中只考虑直接复制行为。

复制检测已经被用于文本文档和软件程序，其中重用足够大的文本片段被视为复制证据。对于结构化数据，这个问题要难得多。首先，一方面，共享公共数据本身并不意味着复制，因为准确的数据源也可以共享许多独立提供的正确数据；另一方面，不共享大量公共数据本身并不意味着不进行复制，因为复制器可能只从原始源复制一小部分数据。图 4-15 中，数据源 $S_3\sim S_5$ 共享了 80%～100% 的数据，并且它们之间存在复制行为；然而，S_1 和 S_2 也共享了 60% 的数据，但它们是独立的。其次，即使两个数据源是相关的，通常也不清楚哪一个是复制数据源。图 4-15 中的数据源中，并不清楚 $S_3\sim S_5$ 中哪一个是原始数据源。

在结构化数据上，根据两个重要的直觉来检测复制行为。①共享不普遍值的数据源之间更有可能进行复制，因为当数据源是独立的时，共享不普遍值通常是一个小概率事件。考虑到数据的正确性，虽然每个数据项只有一个真值，但通常有多个不同的假值，因此，特殊的假值通常是不普遍的取值，并且共享大量假值表示复制行为。在前面的例子中（见图 4-16），由于知道哪些值是真哪些值是假的，因此人们会怀疑 $S_3\sim S_5$ 之间的复制行为，因为它们对三个数据项提供了相同的假值。相对而言，怀疑 S_1 和 S_2 之间也有类似情况的概率要小，因为它们只共

享了真值。②通常来自一个数据源的随机数据子集具有与完整数据集相同的属性(如准确度)。但是,如果数据源是一个复制数据源,那么它复制的数据可能具有与其独立提供的数据不同的性质。因此,在可能进行复制的两个数据源之间,如果自己的数据与它和别人共享的数据之间显著不同,那么它就更有可能是一个复制数据源。

基于这两种直觉,Dong 提出一个贝叶斯模型来计算一对数据源之间复制行为的可能性。模型做了以下三个假设:

①**无相互复制行为:** 一对数据源之间不存在相互复制行为,即 S_1 复制 S_2 和 S_2 复制 S_1 不会同时发生。

②**数据项级独立:** 来自数据源的不同数据项的数据是独立的,这取决于数据源提供的数据。

③**独立的复制行为:** 一对数据源之间的复制行为独立于任何其他数据源之间的复制行为。

假设 S 由两种类型的数据源组成:良好的独立数据源和复制数据源。考虑两个数据源 $S_1,S_2\in\mathcal{S}$,在不相互复制的假设下,存在三种可能的关系:S_1 和 S_2 是独立的,用 $S_1\perp S_2$ 表示;S_1 从 S_2 复制,记为 $S_1\rightarrow S_2$;S_2 从 S_1 复制,记为 $S_2\rightarrow S_1$。利用贝叶斯分析计算 S_1 和 S_2 在给定观测数据的情况下复制行为的可能性,用 Φ 表示。

$$\Pr(S_1\perp S_2\mid\Phi)=\frac{\alpha\Pr(\Phi\mid S_1\perp S_2)}{\alpha\Pr(\Phi\mid S_1\perp S_2)+\frac{1-\alpha}{2}\Pr(\Phi\mid S_1\rightarrow S_2)+\frac{1-\alpha}{2}\Pr(\Phi\mid S_2\rightarrow S_1)}\tag{4-22}$$

式中,$\alpha=Pr(S_1\perp S_2)(0<\alpha<1)$为两个数据源独立的先验概率。由于复制方向没有先验偏好,所以每个方向上复制行为的先验概率设为$\frac{1-\alpha}{2}$。

现在考虑如何计算观测数据的概率,这取决于数据源的独立性或数据源之间的复制行为。考虑数据源 S_1 和 S_2 提供的取值的有关数据项,用$\overline{D_{12}}$表示。由数据项级独立假设,可以计算 $\Pr(\Phi\mid S_1\perp S_2)$($\Pr(\Phi\mid S_1\rightarrow S_2)$和 $\Pr(\Phi\mid S_2\rightarrow S_1)$的相似度)作为对每个单独数据项的观测结果的概率值,对于数据项 D 可记为 $\Phi(D)$。

$$\Pr(\Phi\mid S_1\perp S_2)=\prod_{D\in\overline{D_{12}}}(\Phi(D)\mid S_1\perp S_2)\tag{4-23}$$

这些数据项可以划分为三个子集:$\overline{D_t}$,表示 S_1 和 S_2 提供相同真值的数据项集合;$\overline{D_f}$,表示它们提供相同假值的数据项集合;$\overline{D_d}$,表示它们提供不同取值($\overline{D_t}\cup\overline{D_f}\cup\overline{D_d}=\overline{D_{12}}$)的数据项集合。每种类型的数据项的条件概率 $\Phi(D)$可以如下计算。

首先,考虑 S_1 和 S_2 独立的情况(即 $S_1\perp S_2$)。由于只有一个真值,因此 S_1 和 S_2 为数据项 D 提供相同真值的概率为

$$\Pr(\Phi(D:D\in\overline{D_t})\mid S_1\perp S_2)=A(S_1)\cdot A(S_2)\tag{4-24}$$

在假值的均匀分布条件下,数据源 S 为数据项 D 提供特定假值的概率为$\frac{1-A(S)}{n}$。因此,对于数据项 D,S_1 和 S_2 提供相同假值的概率为

$$\Pr(\Phi(D:D\in\overline{D_f})\mid S_1\perp S_2)=n\cdot\frac{1-A(S_1)}{n}\cdot\frac{1-A(S_2)}{n}=\frac{(1-A(S_1))(1-A(S_2))}{n}\tag{4-25}$$

那么，S_1 和 S_2 对数据项 D 提供不同取值的概率 P_d 为

$$\Pr(\Phi(D:D \in \overline{D_d}) \mid S_1 \perp S_2) = 1 - A(S_1)A(S_2) - \frac{(1 - A(S_1))(1 - A(S_2))}{n} = P_d \tag{4-26}$$

接下来，考虑 S_2 从 S_1 复制的情况（与 S_1 从 S_2 复制的情况相同）。假设复制方 S_2 以 c $(0<c\leqslant 1)$ 的概率复制每个数据项。存在两种情况，S_1 和 S_2 为数据项 D 提供相同的取值 v。首先，S_2 以 c 的概率从 S_1 复制 v，因此 v 以 $A(S_1)$ 的概率为真，以 $1-A(S_1)$ 的概率为假。其次，两个数据源以概率 $1-c$ 来独立地提供 v，故该取值为真或假的概率与 S_1 和 S_2 相互独立的情况相同。因此有

$$\Pr(\Phi(D:D \in \overline{D_t}) \mid S_2 \to S_1) = A(S_1) \cdot c + A(S_1) \cdot A(S_2) \cdot (1-c) \tag{4-27}$$

$$\Pr(\Phi(D:D \in \overline{D_f}) \mid S_2 \to S_1) = (1 - A(S_1)) \cdot c + \frac{(1 - A(S_1))(1 - A(S_2))}{n} \cdot (1-c) \tag{4-28}$$

如果 S_1 和 S_2 提供的取值不同，则 S_2 必须独立提供该值（概率为 $1-c$），其提供的取值与 S_1 提供的取值（概率为 P_d）不同。因此有

$$\Pr(\Phi(D:D \in \overline{D_d}) \mid S_2 \to S_1) = P_d \cdot (1-c) \tag{4-29}$$

联合式(4-22)～式(4-29)，可以计算出相应的 $S_1 \perp S_2$，$S_1 \to S_2$，$S_2 \to S_1$ 的可能性。可以注意到，式(4-27)和式(4-28)在 $S_1 \to S_2$ 和 $S_2 \to S_1$ 条件下是不同的，因此，对于不同的方向，可以计算不同的概率值。

得到的公式有几个很好的性质，形式化如下：

定理 4.2 设 k_t, k_f, k_d 分别为 $\overline{D_t}, \overline{D_f}, \overline{D_d}$ 的大小。令 S 为好的独立数据源和复制数据源的集合。式(4-22)对 S 有以下三个性质：

①给定 $k_t + k_f$ 和 k_d，当 k_f 增大时，复制的概率 $(\Pr(S_1 \to S_2 \mid \Phi) + \Pr(S_2 \to S_1 \mid \Phi))$ 也会增大。

②给定 $k_t + k_f + k_d$，当 $k_t + k_f$ 增大且 k_t 和 k_f 都不减少时，复制的概率增大。

③给定 k_t 和 k_f，当 k_d 减小时，复制的概率增大。

证明 在假设每个数据源的准确度为 $1-\varepsilon$（ε 可以被认为是错误率）的前提下来证明这三个性质。这种证明可以很容易地扩展到每一个数据源有不同的准确度的情况。

①设 $k_0 = k_t + k_f + k_d$，则 $k_d = k_0 - k_t + k_f$。

$$\Pr(S_1 \perp S_2 \mid \Phi) = 1 - \left[1 + \left(\frac{1-\alpha}{\alpha}\right)\left(\frac{1-\varepsilon-c+c\varepsilon}{1-\varepsilon+c\varepsilon}\right)^{k_t}\left(\frac{\varepsilon-c\varepsilon}{cn+\varepsilon-c\varepsilon}\right)^{k_f}\left(\frac{1}{1-c}\right)^{k_0}\right]^{-1} \tag{4-30}$$

当 k_t 或 k_f 增大时，$\left(\frac{1-\varepsilon-c+c\varepsilon}{1-\varepsilon+c\varepsilon}\right)^{k_t}$ 或 $\left(\frac{\varepsilon-c\varepsilon}{cn+\varepsilon-c\varepsilon}\right)^{k_f}$ 减小。因此，$\Pr(S_1 \perp S_2 \mid \Phi)$ 减少。

②设 $k_c = k_t + k_f$，则 $k_t = k_c - k_f$。

$$\Pr(S_1 \perp S_2 \mid \Phi) = 1 - \left[1 + \left(\frac{1-\alpha}{\alpha}\right)\left(\frac{1-\varepsilon}{1-\varepsilon+c\varepsilon}\right)^{k_c}\left(\frac{\varepsilon(1-\varepsilon+c\varepsilon)}{(1-\varepsilon)(cn+\varepsilon-c\varepsilon)}\right)^{k_f}\left(\frac{1}{1-c}\right)^{k}\right]^{-1} \tag{4-31}$$

当 k_f 增大时，$\left[\frac{\varepsilon(1-\varepsilon+c\varepsilon)}{(1-\varepsilon)(cn+\varepsilon-c\varepsilon)}\right]^{k_f}$ 减小，从而 $\Pr(S_1 \perp S_2 \mid \Phi)$ 减小。

③因为 k_d 增大，$\left(\frac{1}{1-c}\right)^{k_d}$ 增大，所以 $\Pr(S_1 \perp S_2 \mid \Phi)$ 增大。

例 4.5 继续之前的例子。考虑 S_1 和 S_2 之间可能存在的复制关系。它们没有共享假值

(它们共享的所有数据值都是正确的),因此不太可能进行复制。若 $\alpha=0.5$,$c=0.8$,$A(S_1)=0.97$,$A(S_2)=0.61$,则贝叶斯分析如下:

从 $\Pr(\Phi|S_1\perp S_2)$ 的计算开始。在 $D\in\overline{D_t}$ 的情况下,$\Pr(\Phi(D:D\in\overline{D_t})|S_1\perp S_2)=0.97\times0.61=0.592$。$\overline{D_f}$ 中没有数据项。用 P_d 表示概率 $\Pr(\Phi(D:D\in\overline{D_d})|S_1\perp S_2)$。因此,$\Pr(\Phi|S_1\perp S_2)=0.592^3\times P_d^2=0.2P_d^2$。

接下来计算 $\Pr(\Phi|S_1\rightarrow S_2)$。当 $D\in\overline{D_t}$ 时,$\Pr(\Phi(D:D\in\overline{D_t})|S_1\rightarrow S_2)=0.8\times0.61+0.2\times0.592=0.61$。当 $D\in\overline{D_f}$ 时,$\Pr(\Phi(D:D\in\overline{D_f})|S_1\rightarrow S_2)=0.2P_d$。因此,$\Pr(\Phi|S_1\rightarrow S_2)=0.61^3\times(0.2P_d)^2=0.009P_d^2$。同理,$\Pr(\Phi|S_2\rightarrow S_1)=0.029P_d^2$。

由式(4-22)可知,$\Pr(S_1\perp S_2|\Phi)=\dfrac{0.5\times0.2P_d^2}{0.5\times0.2P_d^2+0.25\times0.009P_d^2+0.25\times0.029P_d^2}=0.91$,因此它们之间更有可能存在独立性。

4.3.3　应对海量性挑战

对数十亿个数据项和数十亿个数据源按顺序执行数据融合的每个部分可能会代价巨大。一个自然的想法是在基于 MapReduce 的框架中并行计算。一方面,真值发现和可信度评价的复杂度在数据项的数量和数据源的数量上都是线性的;基于 MapReduce 的框架可以有效地扩展它们。另一方面,复制检测的复杂度是数据源数量的平方级,因为每对数据源都需要检测复制行为。本节集中讨论真值发现和可信度评价这两种数据融合技术。图 4-17 展示了该技术在 MapReduce 上实现的结构,其中 Map 是数据集映射过程,Reduce 是对 Map 阶段输出的中间键值对进行规约的过程。

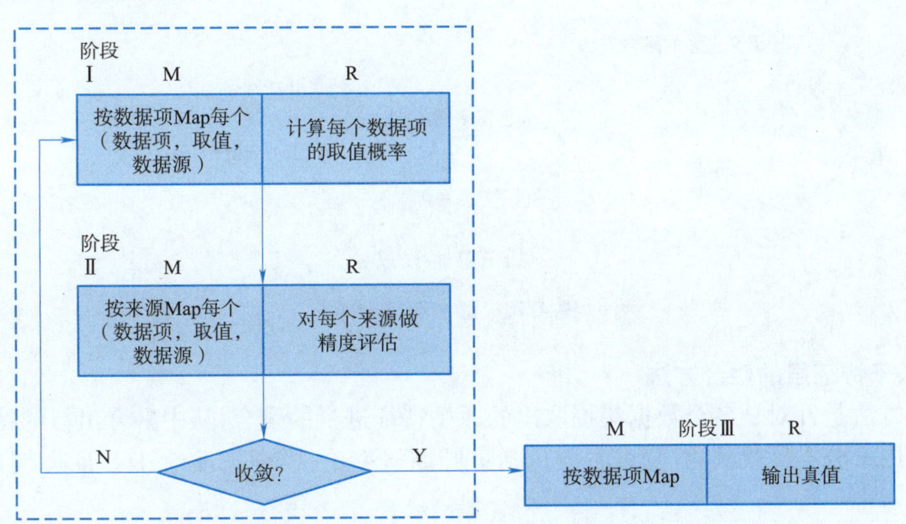

图 4-17　基于 MapReduce 的真值发现和可信度评价的实现

上述过程主要分为三个阶段;每个阶段都是一个 MapReduce 进程,因此以并行的方式执行。该算法将提供的数据作为输入,每个数据是三元组(数据项,值,数据源)。

①Map(映射)步骤分割出三元组中的数据项;Reduce(规约)步骤对所有提供给相同数据项的值应用贝叶斯推理,并计算每个值的概率。

②Map 步骤分割出三元组中的数据源；Reduce 步骤计算来自其自身取值概率的每个数据源的准确度。

③前两个阶段迭代直到收敛。第三阶段输出结果：Map 步骤分割三元组中的数据项；Reduce 步骤选择有最大概率的取值作为融合结果的输出。

4.3.4 数据融合常见算法

根据判断的依据不同，数据融合算法的分类也不尽相同。在此，将数据融合算法分为基于特征层的融合方法和基于语义关系的融合方法两类，其中基于语义关系的融合方法又可分为基于多视角的方法、基于相似性的方法、基于概率图的方法以及基于迁移学习的方法四组，如图 4-18 所示。

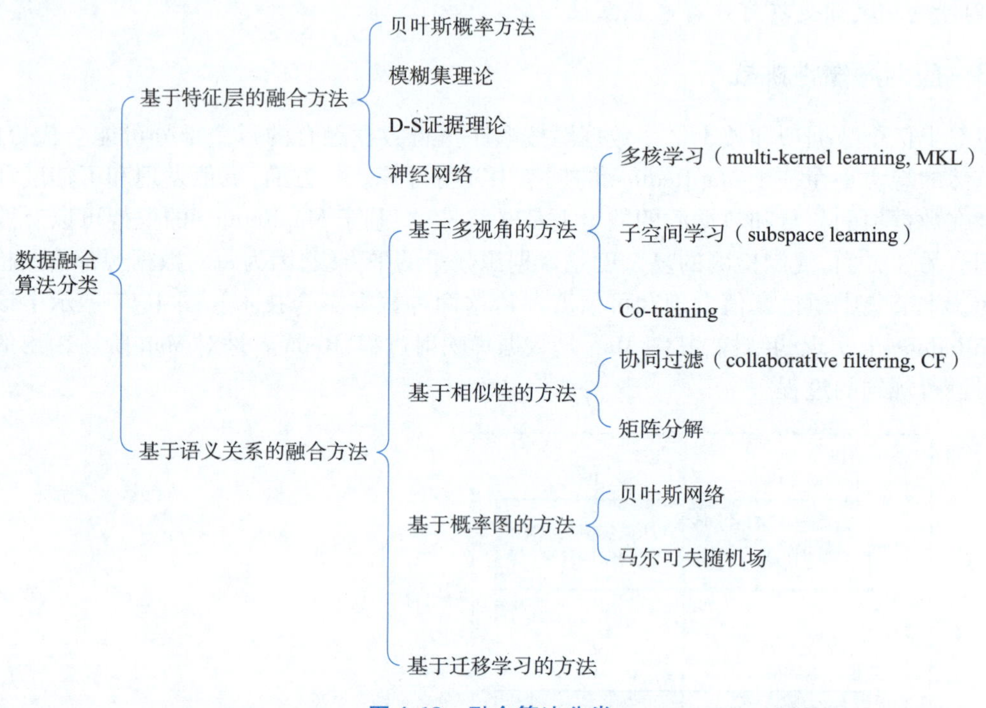

图 4-18 融合算法分类

1. 基于特征层的融合方法

这类方法是针对从各个数据集提取出的原始特征进行的融合，从中融合出新的特征表达，然后将其用于分类器或预测模型，主要包括贝叶斯概率论、模糊集理论、D-S 证据理论和神经网络方法。

(1) 贝叶斯概率论

贝叶斯概率论是最早应用于数据融合的理论方法之一。基于贝叶斯理论的数据融合包括数据预处理、融合处理和最优选择三个步骤。首先对各个数据集中的数据进行分析，获取其相容性，然后将可信度非常低的信息当作无效信息删除，再根据已经获得对应的先验概率，依据贝叶斯理论将多维决策问题分解为各分量的先验概率、条件概率决定的判决问题，从而对有效的数据进行贝叶斯估计，最终根据最大后验概率准则获得最优的融合信息。贝叶斯方法非常简洁,如果已知先验概率,那么该方法具有最小的分类错误率。遗憾的是,先验概率在现实应用中很难获得,而且当假设的先验概率与实际矛盾时,最终结果会非常不理想。

(2)模糊集理论

1965年Zadeh提出了模糊集理论。模糊集理论属于一种基于分类的局部理论,它考虑到了概念定义的不确定性,放宽了概率论中集合的限制条件,使用数学模型来描述语义式的模糊信息,可以对数字化信息进行宽松建模。根据普通集合论的要求,一个对象对应于一个集合时,要么属于,要么不属于,二者必居其一;然而模糊集认为,概念语义的边界并没有明确的界定,不同人对于一个模糊事物的界限可能会完全不同。由此产生了隶属函数和模糊集合的概念,具体定义如下:

定义4.2 设X是有限非空集合,称为论域,X上的模糊集A用隶属函数表示为

$$\tilde{A}:X\rightarrow[0,1],x\rightarrow\tilde{A}(x) \tag{4-32}$$

式中,$A(X)$为元素x隶属于模糊集合A的程度。

模糊集作为一种集合,同样具有交集、并集等集合的有关运算和变换。在使用模糊集理论进行数据融合时,关键点在于如何确定模糊集的隶属函数。目前而言,隶属函数在大多数情况下是通过专家的经验进行确定,主观意志占据主要地位。于是可以这样总结,模糊集理论将具有某个模糊概念所描述的属性的全体对象作为模糊集合,利用人的主观经验建立适当的隶属函数,通过集合的运算和变换方法,进行不确定性推理,得到问题的最优解。

(3)D-S证据理论

1967年,Dempster提出证据理论,之后Shafer在其基础上加入了信任函数的概念,最终形成了使用“证据”和“组合”来处理不确定性推理问题的方法,即D-S证据理论。证据理论实质上是对贝叶斯理论的一种扩充和推广,它将贝叶斯概率论中的条件削弱,不必满足概率可加性,能够直接表达不确定和不信任的情况,同时能够对各种层次的证据进行组合。

利用证据理论作为融合方法,就是在对多个数据源的数据(即证据)进行预处理后,计算证据的信任函数,根据Dempster合成规则计算所有证据联合作用下的信任函数,再依据定义好的判决规则对组合后的信任函数进行判断,确定支持度最大的可能性,从而实现融合和决策选择,如图4-19所示。

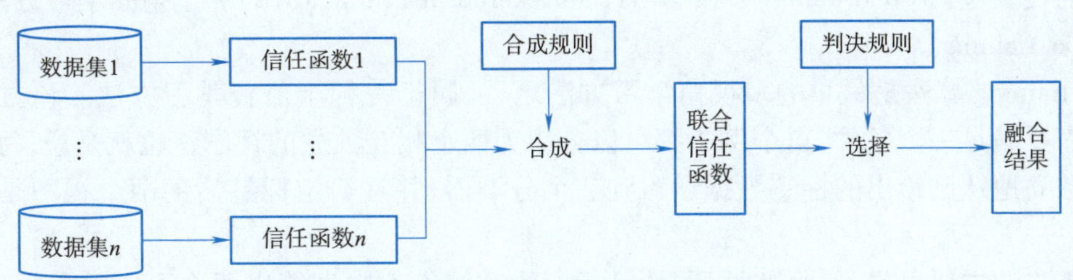

图4-19 基于D-S证据理论的融合流程

(4)神经网络方法

神经网络(neural networks,NN)是通过对生物神经系统进行简单的抽象和模拟而构造的算法模型,可以以类似人脑的学习方式适应环境。生物神经系统是由大量的神经细胞连接而形成的复杂系统,与之类比的是,神经网络是由许多简单处理元件(也称神经元)通过广泛互连而成的复杂网络系统。神经元是生物学中神经细胞的数学模型,每个神经元具有多个输入

和输出，一个神经元的输出就是下一个神经元的输入。图 4-20 就是一种典型的分层式的神经网络结构。

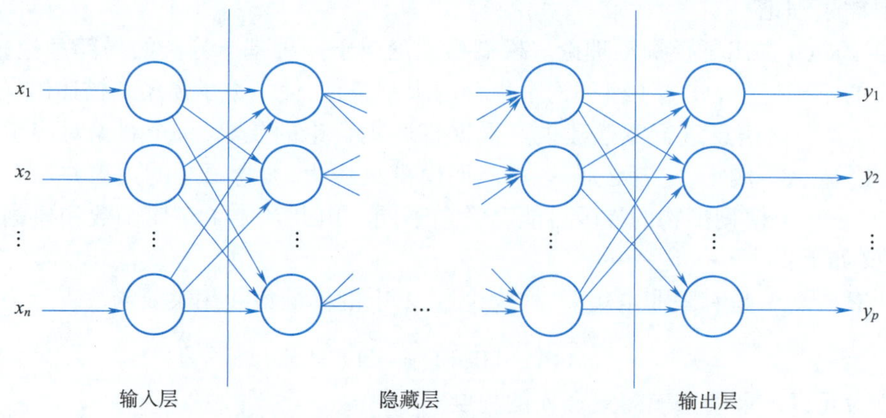

图 4-20　一种典型的分层式的神经网络

从理论上讲，只要训练数据和算法合适，神经网络几乎可以实现任何一种映射关系，并且事先不需要太多的先验知识。由于数据融合和神经网络都是模仿人脑处理复杂问题的过程，因此利用神经网络的自适应学习和高速的并行运算能力进行数据融合是行之有效的。

2. 基于语义的融合方法

基于特征的数据融合方法仅将特征作为一个实值数字或者类别号，不会在意其真实含义。与之不同的是，基于语义的方法会深入研究每个数据集的内在含义和各个数据集的特征或属性之间的潜在关系，在理解每个数据集内容、了解产生差异原因的基础上，对其进行融合。

基于语义的数据融合方法分为以下几种。

(1)基于多视角的融合方法

这种方法将不同的数据集或不同数据集的特征或属性作为一个对象或事件的不同角度。不同的特征采用不同的模型、从不同的角度描述同一个对象，因而具有潜在的共同点，并且这些角度之间是互补的，最终可以合并在一起或者互相强化，用于完整准确地描述实体对象。该组方法的代表包括 Co-training、多核学习(multi-kernel learning，MKL)和子空间学习方法。

①Co-training。

Co-training 算法是最早的多视角学习方法之一，属于一种半监督学习方法。该方法的样本数据需要满足一个条件：每个例子都可以分裂为两个相互独立的视图。也就是说，每一个视图能够独立地从已给出的标签数据学习到一个分类器，并且给定标签后的两个视图是条件独立的。

该算法的主要思想为：每次循环，从已标记的数据集 L 中训练出两个不同的分类器，然后用这两个分类器对未标记的数据集 U 进行分类，然后把置信度(confidence)最高的数据加入 L 中(如 A 类 B 类数量比是 1:2，那就可以每次在分为 A 类的数据里面选 1 个、分为 B 类的数据里面选 2 个加入 L)，继续循环直到 U 中没有数据或者达到循环最大次数。

②多核学习方法。

多核学习方法首先使用一系列预先定义好的内核进行学习，然后使用优化的线性或非线性方法将以上内核学习结果组合，最终得到多核学习的结果。每个内核都是数据的一种假设，可以是相似概念，也可以是分类或回归。多核学习的基本流程如图 4-21 所示。

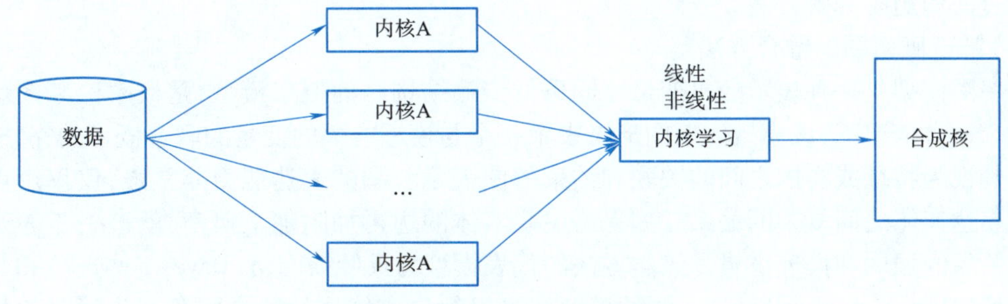

图 4-21　多核学习的基本流程

多核学习在解决一些异构数据集问题上具有优异的性能，但效率低下制约了这类方法的发展。首先，空间方面，由于需要计算各个核矩阵对应的核组合系数，在同一时间有多个核矩阵在内存中进行存储和运算，在核数量或样本数量过多的情况下，需要消耗非常大的内存空间。其次，时间上也具有很大问题，常规情况下，求解核组合参数会将其转化为 SDP 优化问题，而求解 SDP 问题同样需要耗费大量时间。

③子空间学习方法。

基于子空间学习的方法的目标是获得多个视图所共有的潜在子空间，如图 4-22 所示。通过潜在的子空间，可以执行分类和聚类等后续操作。此外，由于构建的子空间通常会比输入的视图维度更低，因此该方法在一定程度上可以解决“维度灾难”问题。子空间学习的主要问题是如何将特征从高维空间压缩到低维空间、需要保留什么样的信息、设定什么样的准则、低维空间的特征具有哪些特征等。

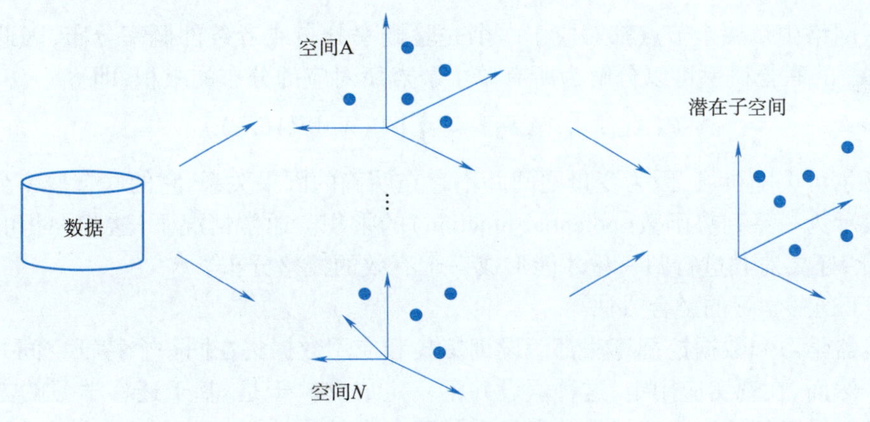

图 4-22　子空间学习的概念

(2)基于相似性的融合方法

不同的对象之间会有一些相似的地方。如果根据属性矩阵得知对象 x 和对象 y 是相似的，那么就可以利用对象 x 的信息补充对象 y 缺失的数据信息。若 x 和 y 分别具有多个数据集，则可以通过计算每对相应的数据集之间的相似度来得到一系列的相似度。这些相似度可以增强两个对象之间的相关性。例如，从一个稠密的数据集中学习到的相似度可以用来加强稀疏数据集之间的相似度，从而帮助后者填充缺失值。此外，可以通过合并不同对象的多个数据集来准确评估其相似度,从而利用相似性来融合不同的数据集。该类方法中较为典型的包括协同过滤和矩阵分解方法。

(3)基于概率图的融合方法

概率图模型是一种表示随机变量之间条件依赖结构图的概率模型,是概率论和图论结合的产物。通常情况下,该模型使用图形来表示一个与模型有关的变量的联合概率的完整分布,可以将其视为特征或实体之间的关联和约束的图表示。图的表达能力非常强,仅仅用点和线就可以表达实体之间复杂的关系。如果给关联实体的边再加附加上概率,就进一步表达了实体之间关系的强弱和推理逻辑。该类方法的代表模型为贝叶斯网络(Bayes network)和马尔可夫随机场(Markov random field)。两种模型都可以解决实体或特征之间存在依赖时的建模问题,然而具体适用范围不同。贝叶斯网络是一种有向无环图,因此可以解决有明确的单向依赖的建模问题,如图 4-23 所示;而马尔可夫随机场模型是无向图,其中可能存在环,较为适用于相互依赖的建模问题,如图 4-24 所示。

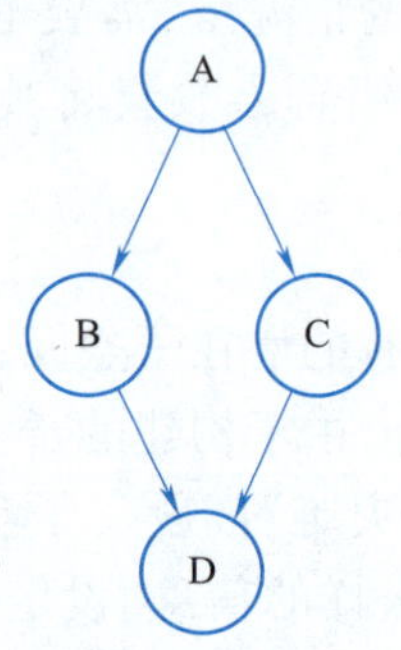

图 4-23 贝叶斯网络

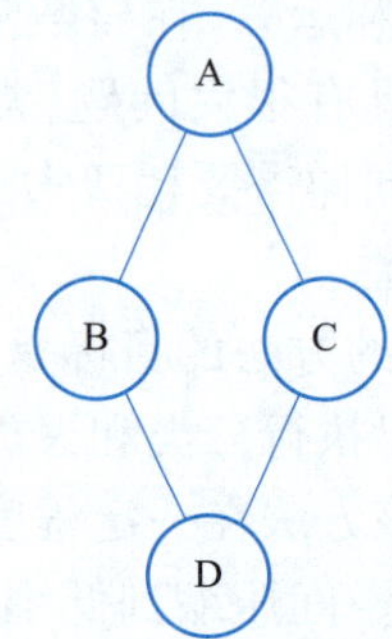

图 4-24 马尔可夫随机场

贝叶斯网络中每一个节点都对应于一个先验概率分布或者条件概率分布,因此 n 个变量 $X_1, X_2, \cdots, X_n$ 的联合概率可以分解为所有单个节点所对应的分布的乘积,即

$$P(X_1, X_2, \cdots, X_n) = \prod_{i=1}^{n} P(X_i \mid PA(X_i)) \tag{4-33}$$

对于马尔可夫随机场,因为变量之间并不存在明确的因果关系,它的联合概率分布在一般情况下会表示为一系列势函数(potential function)的乘积。通常情况下,这些乘积的积分并不等于 1,因此,还要对其进行归一化才能形成一个有效的概率分布。

(4)基于迁移学习的融合方法

许多机器学习和数据挖掘算法都假设训练集和应用数据集在同一个特征空间并且拥有同样的分布。然而,在现实应用中,这种假设并不一定成立。于是,基于迁移学习的方法应运而生。不同于假设已标记和未标记的数据具有相同分布的半监督学习方法,基于迁移学习的方法允许训练集和测试集数据的领域、任务甚至分布都是不同的。这类方法可以将知识从源领域迁移到目标领域,在不同的学习任务之间传递知识,然后处理目标领域中的数据稀疏问题(包括特征结构缺失或观察缺失)。基于迁移学习的数据融合方法又可根据源领域数据和目标领域数据的数据集类型分为同构数据集下的迁移和异构数据集下的迁移。

3. 基于本体的数据融合方法

(1)本体概述

本体的概念起源于哲学领域,是客观现实的抽象本质。在计算机领域,本体是对实体自身和实体之间的关系的一种抽象化概念。许多研究人员从不同角度出发对其进行了定义。其中,Studer 等给出了一个广为接受的定义:本体是共享概念模型的明确的形式化规范说明。在此基础上,McGuiness 给出了本体一个更全面的定义:本体是一个明确的、规范的、计算机可处理的语义模型,该模型定义了特定领域内的类及类之间的关系。

从以上定义中可以看出,本体具有以下四层内涵特点:

①概念模型。概念模型就是指本体是对现实世界中的真实事物的抽象化描述。

②明确。本体中所使用的概念、对应的约束条件以及关系等都存在明确的定义,如此才可被计算机识别判断。

③形式化。形式化是指本体是数字化的,计算机能够对其进行处理。

④共享。本体表示的是相关领域内共同认可的概念和知识,能够在同一领域内共享。

总体而言,本体就是一种对于实体信息的明确规范和编码,从而实现不同对象之间对于特定领域信息的共享。根据目前的研究来看,本体可以分为四种类型:①包含有特定领域相关知识的领域本体;②覆盖若干领域的通用本体(也称核心本体);③描述依赖于特定领域的概念之间关系的应用本体;④不局限于某个特定领域、界定知识表示基础的通用术语的元本体。本体主要包含两部分:一是术语词汇表,描述领域实体的各种概念;二是基于某些特定形式逻辑的规范化术语,用于描述实体的各类约束和关系。具体而言包括以下几点构成要素:

①类/概念(classes):类的定义非常广泛,可以代表任何事物,如工作描述、功能、行为、策略和推理过程等。

②关系(relations):关系代表了领域中各类之间的相互作用。形式上可以定义为 n 维笛卡儿乘积的子集,如

$$R:C_1 \times C_2 \times \cdots \times C_n \tag{4-34}$$

③函数(functions):函数是一类特殊的关系。在这种关系中的前 $n-1$ 个元素可以唯一决定第 n 个元素。形式化的定义为

$$F:C_1 \times C_2 \times \cdots \times C_{n-1} \rightarrow C_n \tag{4-35}$$

例如,Mother-of 关系就是一个函数,其中 Mother-of(x,y)代表 y 是 x 的母亲,显然 x 可以唯一确定它的母亲 y。

④公理(axioms):公理代表的是永真断言,如概念乙属于概念甲的范围。

⑤实例(instances):实例代表元素。

(2)本体描述语言

目前而言,有很多具体描述本体的方法,按照表示和描述的形式化程度不同,可以将本体分为完全非形式化本体、半非形式化本体、半形式化本体和严格形式化的本体。

本体语言使得用户为领域模型编写清晰的、形式化的概念描述,因此它应该满足以下要求:良好定义的语法(a well-defined syntax)、好定义的语义(a well-defined semantics)、有效的推理支持(efficient reasoning support)、充分的表达能力(sufficient expressive power)、表达的方便性(convenience of expression)。

大量的研究人员对本体描述语言进行了研究,由此诞生了许多版本。目前,描述本体可以使用自然语言、框架、语义网络或者逻辑语言等。根据面向应用的不同,本体建模语言大致可以分为两类:传统的本体建模语言和面向 Web 的本体建模语言。

传统的本体建模语言是针对具体的本体应用系统或者平台设计的,典型代表有 KIF、

Ontolingua、CycL、OKBC、OCML、FrameLogic 和 LOOM 等。其中 KIF 多数情况下作为企业级应用内的交换格式，很少在互联网上应用 Ontolingua、CycL 和 Loom 和具体应用项目相关，只在特定系统中使用。

面向 Web 的建模语言是随着 Web 技术的发展而兴起的，是 Web 和本体理论结合的产物，一般采用 XML 作为语法基础来表达 Web 信息的语义，有 RDF、SHOE、OIL 和 OWL 等。其中 W3C 制定的 OWL 语言较为通用，作为 RDF/RDF(S)的扩展，目的是通过提供更多的元语来支持丰富的语义表达并支持推理。它通过添加大量基于描述逻辑的语义元语来描述和构建各种本体，在通用性上具有较明显的优势。

(3)本体的构建

由于本体的构建是根据应用的领域进行的，所以领域不同的情况下，构造本体的方法、过程也会有所不同。此外，由于构建的本体要求是领域内公认的概念和知识，所以在构建过程当中必须有领域专家的参与。很多研究人员提出了一些构建本体时需要遵守的规则，其中比较具有影响的是 Gruber 提出的五条规则：

①明确性(clarity)：本体应该能够有效地说明所定义的术语的内涵。定义应该是客观的，与背景相独立的并且是形式化的，即能够通过机械的逻辑推理可以表达。另外，定义应该尽量完整。

②一致性(coherence)：一个本体所定的应该与它所推导出的相一致，否则就会违背基本的推理逻辑。

③可扩展性(extendibility)：本体应该为可预料的任务提供概念基础，以便于以后扩展。

④编码偏好程度最小(minimal encoding bias)：即向本体中添加通用或专用的术语时，不需要修改其已有的内容。

⑤本体约束最小(minimal ontological commitment)：即对待建模对象给出尽可能少的约束。

随着本体应用的范围不断扩大，许多研究机构开发了一些工具帮助进行本体的自动化构建，包括 ntoEdit、WebODE、OILed 和 Protege 等，其中 Protege 使用最为广泛。下面对 Protege 工具进行简单介绍：

Protege 是斯坦福大学基于 Java 语言开发的开源工具，它既是本体开发和编辑工具，也是知识获取软件，主要用于语义网(semantic web)中本体的创建，是语义网中本体构建的常用开发工具。

Protege 支持类、类的多重继承、模板、槽、槽的侧面和实例等知识表示元素，可以定义各种知识规则，如值范围、默认值、集合约束、互逆属性、元类等。该工具采用图形化界面，开发人员可以利用树状的结构进行本体结构的快速遍历。此外，Protege 对用户屏蔽了本体描述语言的实现，因此用户只需在概念上进行本体模型的构建即可。虽然 Protege 本身不具备推理功能，但是它提供了开放式的接口，支持插件扩展。研究人员可以通过插件来实现推理、XML 转换等功能。此外，Protege 支持中文，用户可以使用中文进行本体的构建和编辑。得益于 Protege 简单易学和良好的扩展性，它已经成为目前使用最为广泛的本体编辑器之一。

(4)基于本体的数据融合方法

在数据融合领域，由于本体具有共享性、可重用特性、良好的概念层次结构和对逻辑推理的有效支持，且能从语义上描述信息系统，本体论经常用于解决语义异构的问题，常见的应用方法包括单本体方法、多本体方法和混合本体方法，如图 4-25 所示。

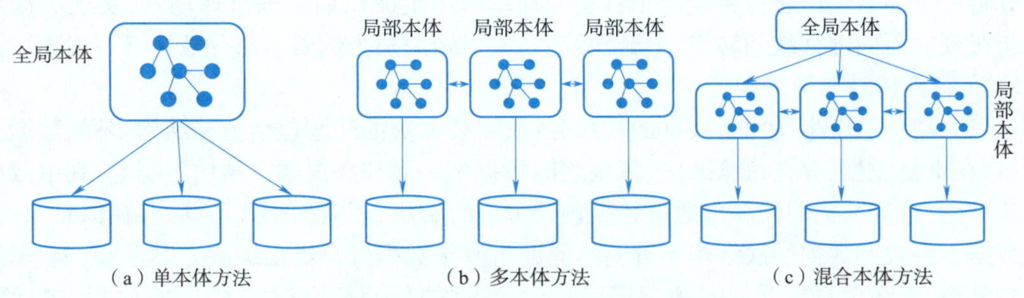

图 4-25　基于本体的融合方法

①单本体方法，也称全局本体法。该方法使用一个全局本体为所有的数据源提供一个共享词库。该方法可以保证语义的统一性，然而对应的所有数据源都能提供关于一个领域的相同视图。此外，一旦某个数据源发生了改变，全局本体也会随之改变，总体不易维护。

②多本体方法。在多本体方式中，使用局部本体来描述每个数据源，不需要构建所有数据源都认同的全局本体。在这种情况下，若要对数据源进行改动或者增添，只需要改变对应的局部本体，不会影响到其他局部本体，操作比较简单。然而，由于缺乏共同的词库（本体），不同的局部本体之间难以进行比较，从而影响数据的进一步融合。因此，需要对局部本体之间定义一个映射关系来帮助数据进行比较和融合。

③混合本体方法。为了克服以上两种方法的缺点，混合本体方法应运而生。它吸取了单本体方法和多本体方法的优点，为每个数据源定义了对应它自己的局部本体，并且构建了一个包含领域内基本术语的全局共享词汇集，以此为基础进行局部本体之间的比较，从而解决了本体间的映射问题。这种共享词汇集也可视作一个本体。这种方法的优点是在增添或改动数据源时不会影响到原有的映射关系，局部本体之间的映射也由于共享词汇集的存在简单了许多，弥补了多本体方法的不足。

4.3.5　案例：动车组全生命周期多源异构数据融合方法的研究与实现

随着我国高速铁路的不断发展，高质量的动车组需求量也在不断增加，为了采用更加先进的手段保障动车组的安全运行，分析动车组的全生命周期数据成了重要的手段。然而，动车组全生命周期数据分布于各个单位的多个业务系统之中，存在数据结构不同、模式不统一、标准不一致等诸多问题。

针对高速铁路动车组全生命周期多源异构数据难进行统一管理的现状，本案例研究如何将数据融合技术与动车组全生命周期数据管理需求相结合，将分布于不同业务系统中的数据转化为格式统一、准确、面向部件的数据，从而有利于动车组全生命周期数据的集成管理。

本案例的内容包括以下几点：

①对动车组全生命周期多源异构数据进行数据预处理，使之成为结构统一、便于数据融合的数据。

②分析数据融合的相关算法，提出一种动车组全生命周期多源异构数据融合体系，针对模式匹配与数据冲突进行重点研究，提出基于动车组本体知识库和组合相似度的模式匹配方法与基于马尔可夫逻辑网络和组合规则的数据冲突解决方法，并使用实际的动车组全生命周期数据对其进行验证。

③将提出的数据融合体系应用于真实的动车组全生命周期数据管理场景，实现数据从面向车组级到向面向部件级的转换、融合和统一，并以转向架为例展示部分数据组织视图。

1. 多源异构数据预处理

经过对动车组全生命周期数据的现状分析，需要解决的问题包括数据结构多样、数据模式不同、存在重复数据、存在信息缺失、系统之间数据不一致和数据层次结构不明等，其中数据结构复杂、存在重复数据的问题可通过数据预处理进行解决，而数据模式不同、存在信息缺失、系统间数据不一致和数据层次结构不分明的问题将基于数据融合给出解决方案。鉴于动车组数据结构复杂、存在重复数据的问题，对于动车组数据的预处理流程如图 4-26 所示，包括两部分：①对非结构化（主要是文本数据）数据进行结构化转换并存入 Hive 数据仓库中，作为数据融合的来源之一；②基于 Hadoop 平台使用重复数据检测算法对重复数据进行检测和清洗。

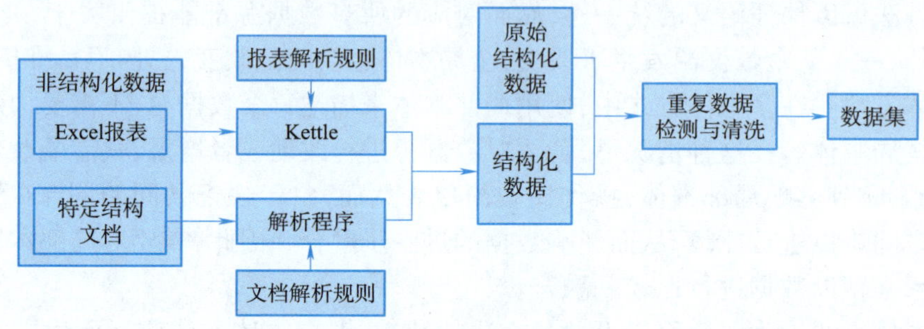

图 4-26　数据预处理流程

2. 多源异构数据融合体系

动车组多源异构数据融合体系包括模式映射与统一、记录链接与合并以及数据冲突解决三部分，如图 4-27 所示。

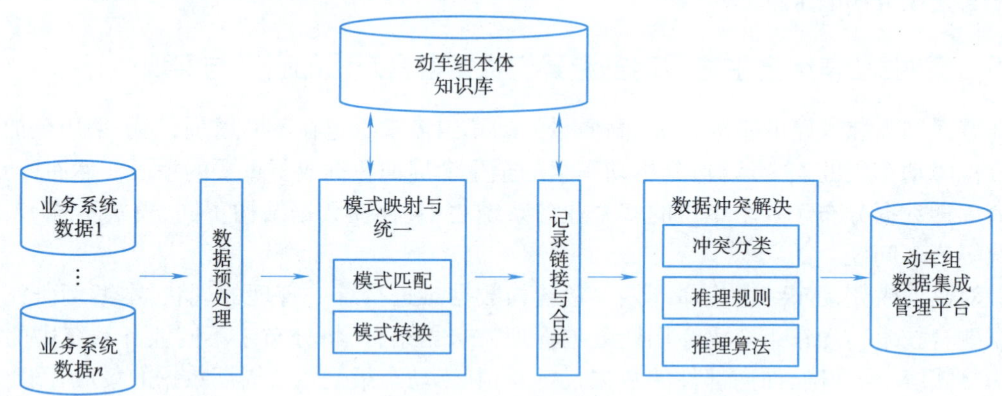

图 4-27　动车组多源异构数据融合体系

（1）本体知识库构建

由于本体具有权威性和共享性，动车组不同业务系统中的数据均可对应到动车组相关本体的属性上，因此，可依据动车组本体建立本体知识库基础，在其中定义数据转换规则，然后在动车组本体及属性信息的指导下进行数据源模式的映射，从而完成动车组本体知识库的构建，过程如图 4-28 所示。

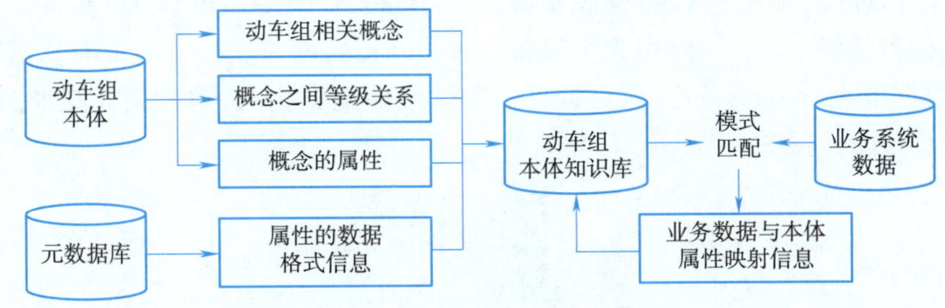

图 4-28 动车组本体知识库

(2)面向动车组运维的多源数据预处理关键技术研究与实现

由于多源数据中有着数据量大、异构、多维、多尺度、不同步、不完整等问题,因此在分析这些多源数据前,如何对多源数据进行预处理成为一个难题。本案例针对面向高速铁路动车组运维分析中多源数据中存在的各种问题,研究多源数据预处理的相关技术与动车组运维分析相结合的方案,提出一套完整的面向动车组运维的多源数据预处理体系,将分布在不同数据源的数据处理成格式统一、清晰、完整、意义明确的数据,从而为动车组运维的相关研究和分析打下坚实的基础。

(3)基于马尔可夫逻辑网络的数据冲突解决

由于动车组全生命周期数据中包含有多种属性,其数据类型多样,既有名称、描述类的字符串类型,也有如速度、温度等的数值型,这些不同类型的数据发生冲突时并不能一概而论,应该制定不同的冲突解决策略和方法。在现有的数据冲突解决策略中,应用较为广泛的投票原则和数据源可信原则均不能单独完成对真值的判定,因为动车组数据来源的多样性和独立性使得其中并不存在某一绝对权威"可信"的数据源,而冲突数据数量的不确定性也导致少数与多数的比例并不一定存在。此外,不同属性上的冲突解决之间可能存在某种联系和影响,这类关系在现有冲突解决方法中也没有体现。提出一种基于马尔可夫逻辑网络使用多种规则对数据冲突分类解决的方法,如图 4-29 所示。

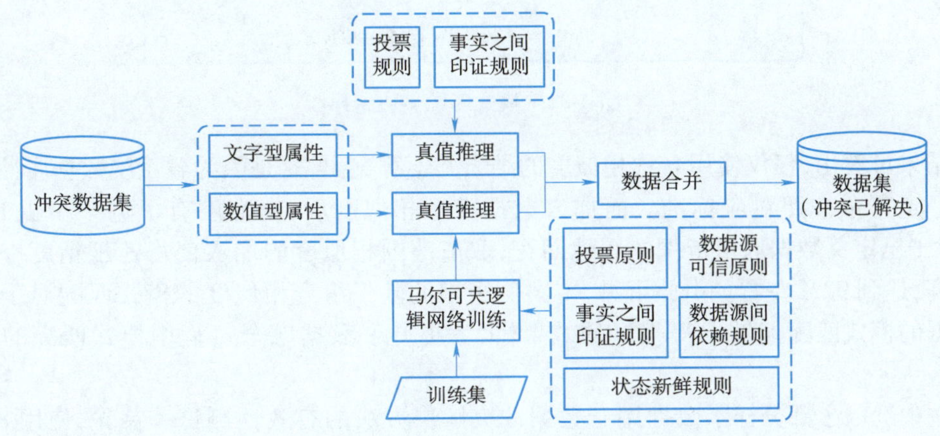

图 4-29 基于马尔可夫逻辑网络的数据冲突解决流程

3. 动车组全生命周期数据融合系统

由于动车组全生命周期数据的类型繁杂且数量巨大,为了提高其处理速度,本案例自主搭建了 Hadoop 集群环境，预装了 Centos 操作系统及 Hadoop、Hive、IDE 工具等，使用六台 x86 架构的 PC 作为硬件设备，其中一台作为主设备（master）和名称节点（name node），五台作为从设备（slave）和数据节点（data node），六台计算机的软硬件配置相同，集群拓扑图如图 4-30 所示。

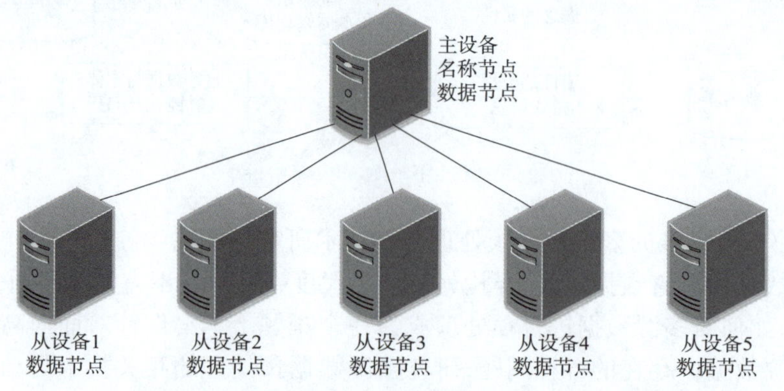

图 4-30 集群拓扑图

案例实施过程中，分别对基于几种相似度单独或组合的方式对数据进行模式匹配，采用精确度的指标对其匹配准确率进行评价，实验结果如图 4-31 所示。

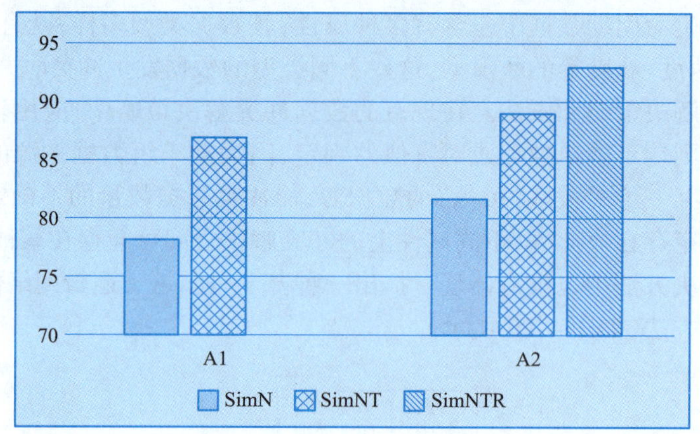

图 4-31 模式匹配实验结果

从结果可看出，仅仅使用名称相似度的结果并不算突出，这是因为各系统数据属性字段名称并不一定完全按照对应标准。而加入数据类型相似度后，精准度有了进一步提升，接近 90%。对于已定义数据取值范围的属性而言，取值范围相似度的加入使得匹配精度有了小幅度的提高，达到 92% 左右。由此可见，本案例采用的基于组合相似度的模式匹配对于动车组多源数据的模式匹配能够取得很好的效果，大大提升了数据融合过程中模式匹配的自动化程度。

案例中选取了部分样本数据用于数据冲突解决方法的有效性测试。首先，使用 80×10^7 样本数据，进行了针对数值型属性的马尔可夫逻辑网训练。然后将剩余样本数据作为测试集，分别使用基于马尔可夫逻辑网的数据冲突解决方法和基于投票的数据冲突解决方法对其进行数据融合，实验结果如图 4-32 所示。

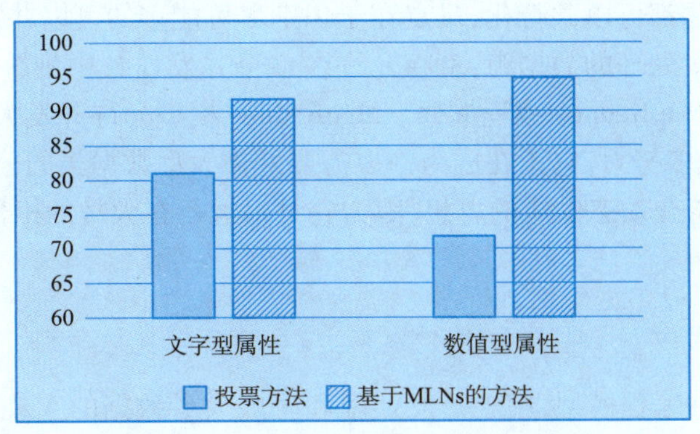

图 4-32 数据冲突解决方法的准确率

由结果可看出，对于文字型属性而言，投票方法也可产生不错的效果，但是准确性较基于多规则的选择方法有一定的差距；对于数值型属性而言，由于其中冲突较多，故而投票方法并不能取得很好的效果，而基于马尔可夫逻辑网的数据冲突解决方法优势明显，说明本案例提出的数据冲突解决方法能够有效解决动车组数据融合过程中的冲突问题。

4.4 大数据处理平台

大数据分析可以被认为是针对一种特殊数据的技术。因此，许多传统的数据分析方法仍然可以用于大数据分析。然而，要从大数据中提取关键信息，需要先进的大数据处理方法。

并行计算(parallel computing)：指同时使用多个计算资源来完成一个计算任务。它的基本思想是将一个问题分解，然后分配给几个独立的过程独立完成，从而实现协同处理。目前已经开发了一些经典的并行计算模型，包括 MPI(消息传递接口)、MapReduce 和 Dryad。

哈希(Hashing)：哈希方法本质上是将数据转换为更短的固定长度的数值或索引值。哈希就像数据的指纹。哈希函数将数据作为输入，并返回一个较小的、固定长度的标识符，可以使用它来索引、比较或标识数据。哈希方法的优点是读取、写入和查询速度快；然而找到一个健全的哈希函数是具有挑战性的。

布隆过滤器(Bloom filter)：布隆过滤器是一种简单的节省空间的随机数据结构，用于表示一个集合，以支持成员查询。布隆过滤器由一系列哈希函数组成，该数据结构用于测试给定元素在集合中的包含情况。换句话说，布隆过滤器通过使用位数组存储数据(而不是数据本身)的哈希值。它具有空间效率高、查询速度快等优点，同时存在误识别、删除等缺点。

索引(index)：在管理结构化数据的关系数据库以及其他管理半结构化和非结构化数据的技术中，索引是一种有效的方法，可以减少磁盘读写开销，提高插入、删除、修改和查询的速度。索引的缺点在于，它需要额外的存储索引文件的成本，这些文件应该在数据更新时进行动态维护。

字典树(trie tree)：这是哈希树的变种，主要应用于快速检索和词频统计。字典的主要思想是利用常用的字符串前缀，最大限度地减少对字符串的比较，从而提高查询效率。人们使用字典存储具有键(用于标识数据)和可能具有值(保存与键相关的任何额外数据)的数据片段。

通过并行编程，将处理工作负载分解为多个部分，这些部分可以在多个处理器上并发执行。并不是所有的问题都可以并行化,难点在于识别尽可能多的可以并发运行的任务。或者,如果能够确定可以并发处理的数据组,就将允许在多个并发任务中划分数据。值得关注的应用程序的一个例子是 MapReduce 编程框架。MapReduce 模型允许开发人员编写大量并行应用程序,而不需要付出太多努力,它正在成为许多需要处理大型数据集的公司软件栈中的基本工具。MapReduce 非常符合动态供应的思想,因为它可以运行在大量的机器上,并且已经广泛应用于云环境中。

4.4.1 MapReduce

MapReduce 是一种编程模型,用于开发处理和生成大量数据的大规模并行应用程序。它适用于在计算机集群上的大型数据集上操作,因为它被设计为容忍机器故障。

MapReduce 程序由三个步骤组成:

①Map 步骤:在这个步骤中,主节点导入输入数据,在小的子集中解析它们,并将工作分发给从节点。任何从节点都将产生 map 函数的中间结果,以键值对的形式保存在一个分布式文件中。在映射阶段结束时,将输出文件位置通知给主机。

②Shuffle 步骤:主节点从 slave 节点收集答案,将共享相同键的值列表中的键值对组合起来,并按键进行排序。排序可以按字典顺序、递增排序或用户自定义排序。

③Reduc 步骤:执行汇总操作。

这意味着,MapReduce 将工作分成两个主要步骤的小计算:Map 和 Reduce,这是受到函数式编程语言中类似的原语的启发。MapReduce 的逻辑视图如图 4-33 所示。

用户指定一个 map 函数,该函数处理一个键值对,生成一组中间键值对,以及一个 reduce 函数,该函数合并与同一中间键相关的所有中间值。

map 函数发出每个单词以及相关的出现次数。然后将该函数应用于每个值。例如:

```
(map'length'(()(a)(abc)(abcd)))
```

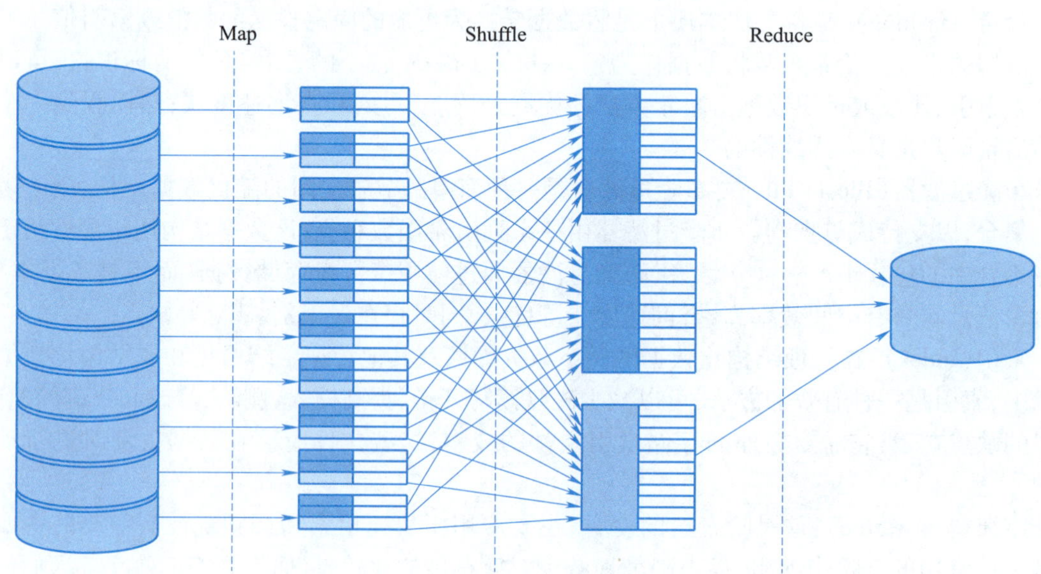

图 4-33 MapReduce 逻辑视图

将 length 函数应用于列表中的每一项。由于 length 返回一个元素的长度，因此 Map 的结果是一个包含每个元素长度的列表

```
(0 1 34)
```

约简函数给定一个二元函数和一组值作为参数。它用二元函数把所有的值组合在一起。如果使用 add 函数将值相加来减少列表(0 1　34)

```
(reduce#'+'(0 1 34))
```

则得到结果 8。

在这里，函数对某个值的每个应用都可以并行执行，因为它们之间不存在依赖关系。Reduce 操作只能在映射完成后进行。

MapReduce 促进了并行应用程序的标准化。它足以解决各种现实世界的问题，从 Web 索引到模式分析再到聚类。

在映射阶段，节点读取映射函数并将其应用于输入数据的子集。Map 的部分输出存储在每个节点上，并提供给执行 reduce 函数的工作节点。

输入和输出文件通常存储在分布式文件系统中，但为了保证可伸缩性，主服务器尝试分配本地工作，这意味着输入数据在本地可用。相反，如果工作节点不能完成分配给它的工作，则主节点可以将工作发送给其他节点。

MapReduce 是用 master/worker(主从架构)配置实现的，一个 master 作为多个 worker 的协调器。一个工作者可以被分配到 map worker 或 reduce worker 的角色。以下是 MapReduce 的工作流程：

(1)分割输入(split input)：输入分割可以由不同的机器并行处理。

(2)创建进程(fork processes)：创建主进程和工作进程。master 负责向工人分发工作、跟踪进度和返回结果。master 选择空闲的 worker，为其分配 map 任务或 reduce 任务。map 任务在原始数据的单个碎片(shared)上工作。reduce 任务对 map 任务生成的中间数据进行处理。

(3)映射(map)：每个 map 任务从分配给它的输入碎片读取数据。它解析数据并为感兴趣的数据生成(键，值)对。在解析输入时，map 函数可能会删除许多不感兴趣的数据。通过让许多 map worker 并行完成这个任务，可以线性地衡量提取数据任务的性能。

(4)map worker-partition(分区)：每个 worker 生成的(键，值)对流被缓冲在内存中，并定期存储在 map worker 的本地磁盘上。这些数据通过分区函数被划分为 R 个区域。

(5)reduce 排序(reduce sort)：当所有 map worker 完成工作后，master 通知 reduce worker 开始工作。此时，reduce worker 将获得它希望呈现给用户的 reduce 函数的数据。reduce 工作者通过远程过程调用联系每个 map worker，以获取其分区的目标(键，值)数据。当 reduce worker 读取了所有中间数据后，它会根据中间键对数据进行排序，以便将所有出现的相同键组合在一起。排序是必需的，因为通常有许多不同的键映射到同一个 reduce 任务。如果中间数据量太大，无法放入内存中，则使用外部排序。

(6)调用 reduce 函数(reduce function)：数据按键排序后，现在可以调用用户的 reduce 函数。reduce worker 对每个唯一的键调用一次 reduce 函数。函数传递了两个参数：键和与键相关的中间值列表。

(7)结束：当所有映射任务和排序任务都完成后，master 唤醒用户程序。此时，用户程序中的 MapReduce 调用返回给用户代码。存储 MapReduce 的输出。

4.4.2 共享内存并行编程

传统上,许多大型并行应用都是在共享内存环境(如 OpenMP)中编程的。OpenMP 提供了一组编译器指令,用于在 pthreads 之上创建线程、同步操作和管理共享内存。使用 OpenMP 的程序被编译成多线程程序,其中线程共享相同的内存地址空间,因此线程之间的通信可以非常高效。

与使用 pthread 和互斥锁和条件变量相比,OpenMP 使用起来要简单得多,因为编译器会根据指令负责将顺序代码转换为并行代码。因此,程序员无须深入了解多线程过程即可编写多线程程序。

与 MapReduce 相比,这些编程接口更加通用,为更广泛的问题提供解决方案。这些系统的主流用例之一是用于需要某种同步的并行应用程序。

MapReduce 和这个模型的主要区别在于每个平台的硬件都是为其设计的。MapReduce 被认为可以在商用硬件上工作,而像 OpenMP 这样的接口只能在共享内存的多处理器平台上有效。

4.4.3 Apache Hadoop 生态系统

Hadoop 是一种流行且广泛使用的开源 MapReduce 实现。它拥有庞大的社区基础,也得到了雅虎、IBM、亚马逊等公司的支持和使用。Hadoop 最初是由 Doug Cutting 开发的,用于支持 Nutch 搜索引擎的分发。第一个可用的版本在 2005 年底面世,在 2006 年初,Doug Cutting 加入了雅虎与专门的开发团队一起全职工作。2008 年 2 月,雅虎宣布他们在生产中使用了一个 10 000 核的 Hadoop 集群来生成搜索索引。

2008 年 4 月,Hadoop 能够在 209 s 内对一个 910 节点集群上的 TB 级数据进行排序。同年 11 月,谷歌公司在 1 000 个节点的集群上以 68 s 的时间打破了这一记录。Hadoop 现在是 Apache 的一个顶级项目,托管了许多子项目,包括 HDFS、Pig、HBase 和 ZooKeeper。Hadoop 生态系统如图 4-34 所示。

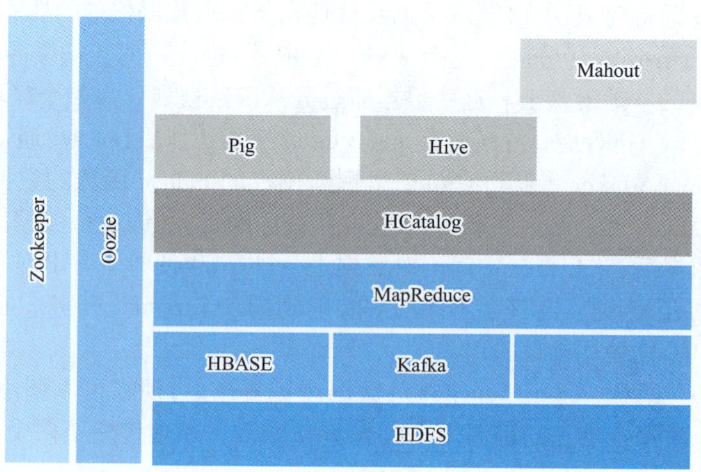

图 4-34 Hadoop 生态系统

自从第一次发布以来，Hadoop3 一直是标准的自由软件 MapReduce 的实现。即使有其他开源的 MapReduce 实现，它们也不像完整平台的某些组件（如存储解决方案）那样完整。

Hadoop 最出名的是它的 MapReduce 实现，这实际上是一个 Hadoop 子项目，但也有其他子项目提供所需的基础设施或额外的组件。MapReduce 软件为商用硬件计算集群上的大数据集的分布式处理提供了框架。

4.4.4　Hadoop 分布式文件系统

Apache Hadoop Common 库是用 Java 语言编写的，由两个主要组件组成：MapReduce 框架和 Hadoop 分布式文件系统（HDFS4），它实现了单写入器、多读取器模型。尽管如此，Hadoop 并不仅仅支持 HDFS 作为底层文件系统。HDFS 的目标是可靠地存储大型数据集，并将它们以高带宽传输给用户应用程序。HDFS 在 master-worker 模式中有两种类型的节点：namenode（master 节点）和任意数量的 datanode（worker 节点）。HDFS 命名空间是一个文件和目录的层次结构，其关联的元数据在命名节点上表示。实际的文件内容被分成 64 MB 的块，其中每个块通常在三个命名节点上重复。namenode 跟踪命名空间树以及文件块到数据节点的映射。由于 HDFS 认为节点之间的距离越短，它们之间的带宽就越高，因此，想要读取文件的 HDFS 客户端必须先联系 namenode 来获取数据块的位置，然后再从邻近的 datanode 读取数据块。为了跟踪数据节点之间的距离，HDFS 支持机架感知。一旦 datanode 注册到 namenode，namenode 将运行一个用户配置的脚本来决定该节点属于哪个网络交换机（机架）。Rack-awareness 还允许 HDFS 有一个块放置策略，在最小化写成本和最大化数据可靠性、可用性和聚合读带宽之间进行权衡。为了形成一个新的块，HDFS 将第一个副本放在承载写入器的 datanode 上，第二个副本和第三个副本放在位于不同机架的两个不同 datanode 上。Hadoop MapReduce 作业是客户端想要执行的工作单元，由输入数据（位于 HDFS 上）、MapReduce 程序和配置信息组成。

内置 Hadoop MapReduce 程序使用 Java 语言编写，然而，Hadoop 还提供了 Hadoop 流应用程序编程接口（API），它允许使用 UNIX 标准流作为 Hadoop 和用户程序之间的接口，以 Java 语言以外的语言编写 map 和 reduce 函数。

在 Hadoop 中，有两种类型的节点控制作业执行过程：一个作业跟踪器和任意数量的任务跟踪器。作业跟踪器通过将作业划分为在不同的任务跟踪器上运行的更小的任务来协调在系统上运行的作业，这些任务跟踪器反过来将报告传输给作业跟踪器。在任务失败的情况下，作业跟踪程序能够在不同的可用任务跟踪程序上自动重新调度该任务。为了让任务跟踪器运行映射任务，需要将输入数据拆分为固定大小的部分。Hadoop 为每次拆分运行一个 map 任务，用户定义的 map 函数处理拆分中的每条记录。一旦 map 任务完成，它的中间输出就会被写入本地磁盘。之后，每个地图任务的地图输出都由 reducer 上的自定义 reduce 函数处理。在一个节点上并行运行的 map 任务的数量是用户可配置的，并且严重依赖机器本身的能力，而 reduce 任务的数量是独立指定的，因此不受输入大小的控制。如果有多个 reducer，则从映射输出中为每个 reducer 创建一个分区。根据要完成的任务，在不需要减少的情况下，也可能有零减少任务。

4.4.5　Spark

Apache Spark 是一个开源的大数据处理框架，其核心是速度、易用性和复杂的分析。它最初是在 2009 年由加州大学伯克利分校的 AMPLab 开发的,并于 2010 年作为一个 Apache 项目开放源码。Spark 的机器学习库 MLlib 提供了 Hadoop MapReduce 在不使用 Spark 这样的通用计算引擎时无法轻易利用的功能。这些机器学习算法在内存中执行时能够执行得更快,而 MapReduce 程序必须在处理管道的不同阶段之间将数据从磁盘中移进移出。

Spark 是一个框架,它提供了一种高度灵活和通用的方式来处理大数据处理需求,不强制使用僵化的计算模型,并支持多种输入类型。这使得 Spark 能够处理文本文件、图形数据、数据库查询和流数据源,而不局限于两阶段处理模型。程序员可以开发任意复杂的、以任意有向无环图(DAG)模式排列的多步数据管道。

与 Hadoop、Storm 等其他大数据和 MapReduce 技术相比,Spark 有以下几个优势:在 Spark 中编程包括定义一系列转换和操作;Spark 支持 map 操作和 reduce 操作,因此它可以实现传统的 MapReduce 操作,但它也支持 SQL 查询、图处理和机器学习;与 MapReduce 不同,Spark 将中间结果存储在内存中,从而提供了显著更高的性能。

Spark 以更低的代价在数据处理中进行洗牌,将 MapReduce 提升到一个新的层次。由于具有内存数据存储和接近实时处理的能力,性能可以比其他大数据技术快几倍。Spark 还支持大数据查询的惰性求值,这有助于优化数据处理工作流的步骤。它提供了更高级别的 API 来提高开发人员的生产力,并为大数据解决方案提供了一致的架构模型。

Spark 将中间结果保存在内存中,而不是写入磁盘,这非常有用,特别是当需要多次处理相同的数据集时。它被设计成一个可以在内存和磁盘上工作的执行引擎。当数据无法放入内存时,Spark 操作符会执行外部操作。Spark 可用于处理大于聚合内存的数据集在一个集群中。

Spark 体系结构如图 4-35 所示,主要包括以下三个部分:

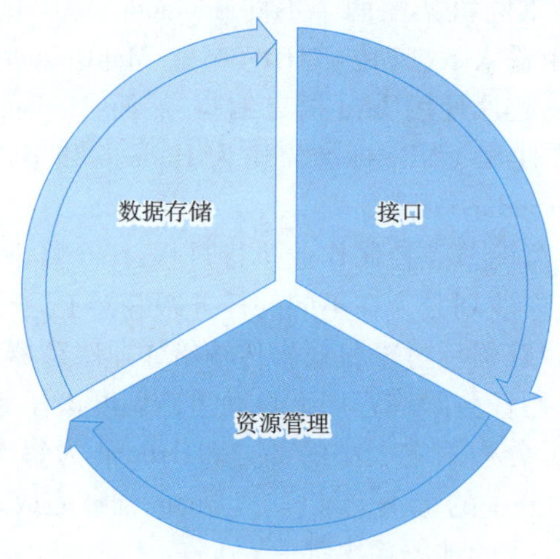

图 4-35 Spark 体系结构

数据存储(data storage):Spark 使用 HDFS 文件系统存储数据。它可以兼容任何 Hadoop 数据源,包括 HDFS、HBase 和 Cassandra。

API:API 为应用开发者提供了一个标准的 API 接口,用于创建基于 Spark 的应用。Spark 提供 Scala、Java 和 Python 编程语言的 API。

资源管理(resource management):Spark 支持单机部署,也可以部署在 Mesos、YARN 等分

布式计算框架上。

Spark 功能包括：

- 支持包括但不限于 map 和 reduce 函数。
- 优化任意算子图。
- 大数据查询的惰性评估，有助于整体数据处理流程的优化。
- 在 Scala、Java 和 Python 中提供简洁一致的 API。
- 为 Scala 和 Python 提供交互式 shell。这在 Java 中还不可用。

Spark 使用 Scala 编程语言编写，运行在 Java 虚拟机（JVM）环境下。

4.4.6 Kafka

Kafka 是由 LinkedIn 开发的一个分布式的消息系统，使用 Scala 编写，它以可水平扩展和高吞吐率，现在已经被多家不同类型的公司作为数据管道和消息系统使用。Kafka 因为其良好的性能和容错性而被广泛使用。表 4-7 为几种常见消息队列的对比。

表 4-7 不同消息系统对比

项　目	RabbitMQ	ZeroMQ	Kafka
吞吐量	中	高	高
量级	重量级	轻量级	轻量级
持久性	持久化	非持久化	持久化
类型	消息代理集群	中间件	消息代理集群
适用场景	企业级开发数据稳定性要求高	高级、复杂的队列需要大吞吐量的场景	处理活跃的流式数据大量数据的收集
使用难度	中等	难	易
优点	可靠性好，支持数据持久化	高吞吐量，面向消息	扩展性好，支持数据持久化
缺点	扩展性差，没有实现 JMS 标准	不支持数据持久化	系统宕机时可能出现数据丢失或重复

Kafka 除具有良好的性能之外，还具有其高内聚、低耦合的特点，用户可以使用 Kafka 的 API 实现任意需求。Kafka 集群的基本结构如图 4-36 所示。

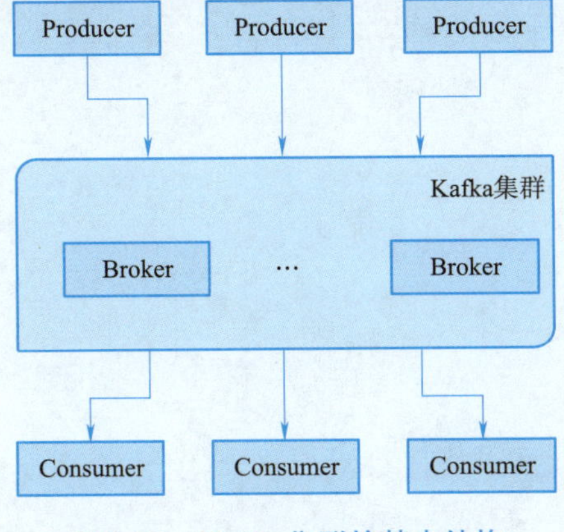

图 4-36 Kafka 集群的基本结构

Kafka 生态系统中主要有四种角色：

①Broker：Kafka 集群中具体的消息处理功能由 Broker 完成，Broker 可以是一台机器，也可以是一个进程，主要是从 Producer 处获取数据并转发给相应的 Consumer。

②Producer：消息的生产者，一般为终端或者 Web 页面端的进程，产生消息后将其发送到 Kafka 集群，但是不必指定某一个 Broker，集群会统一调度、分配。

③Consumer：消息的消费者，消息内容来自 Kafka 集群，与 Producer 产生的数据没有区别，同样不需要知道来自哪个具体的 Broker。

④Topic：Kafka 通过数据的 Topic 区分不同数据，对应的 Producer 和 Consumer 必须使用同一个 Topic。对一个 Topic 来说，有可能存储在不同的服务器中，而 Producer 和 Consumer 无须考虑存储、读取问题，只需要选择想要发送 Topic 就能发送或接收数据。

可以看出，Kafka 在整个过程中的工作是缓存并转发消息，和外部交互时只需要指定 Topic，所以无论是 Producer 还是 Consumer 都有极大的自主空间。一般说来，用户不需要更改原先的代码处理逻辑，只需要配置 Kafka 环境即可使用，用户也可以通过依赖注入的方式更改 Kafka 的默认配置。

小　　结

本章对大数据信息处理进行了详细的介绍。本章首先说明了传统信息处理的体系结构；随后说明了大数据信息处理所面临的挑战；接下来分别详细介绍了数据预处理、数据融合、大数据处理的内容与过程，并引入了真实的案例来帮助学习与理解。

习　　题

1. 如何理解大数据信息处理所面临的真实性挑战和海量性挑战？
2. 举例说明典型的数据预处理算法。
3. 举例说明常见的数据融合算法。
4. Hadoop 与 Spark 有何区别？

第二部分

高铁智能信息处理技术

第 5 章

面向高速动车组故障与健康状态分析的信息处理

为了保障高速动车组运行高效和安全，需要对动车组的各个关键部件的故障进行诊断、评估和预测，同时还需要综合安全、运输任务、经济等多方要求，以及维修资源等相关因素，给出最佳的维修时机，保障动车组“健康”的运行。 随着动车组运营时间和运营规模的增大，积累了大量的动车组运维相关数据，如何从这些海量数据中快速发现有用的信息成为亟待解决的问题。

本章将介绍面向运维的信息处理技术，主要包含四个部分：第一部分为动车组故障诊断技术，先对故障诊断进行概述，再总结归纳故障诊断常用方法，并使用牵引变流器逆变模块故障为例进行案例分析；第二部分对健康状态评估技术进行介绍，阐述了健康状态评估的概念，归纳了对应的典型方法，并以车组轴箱轴为例进行案例分析；第三部分对数据驱动的预测模型进行概述，介绍了什么是数据预测模型，并列举了经典的预测算法与相关案例；第四部分为关系关联分析技术，先对其进行简单阐述，归纳常用方法，并以案例进行展示。

知识结构图

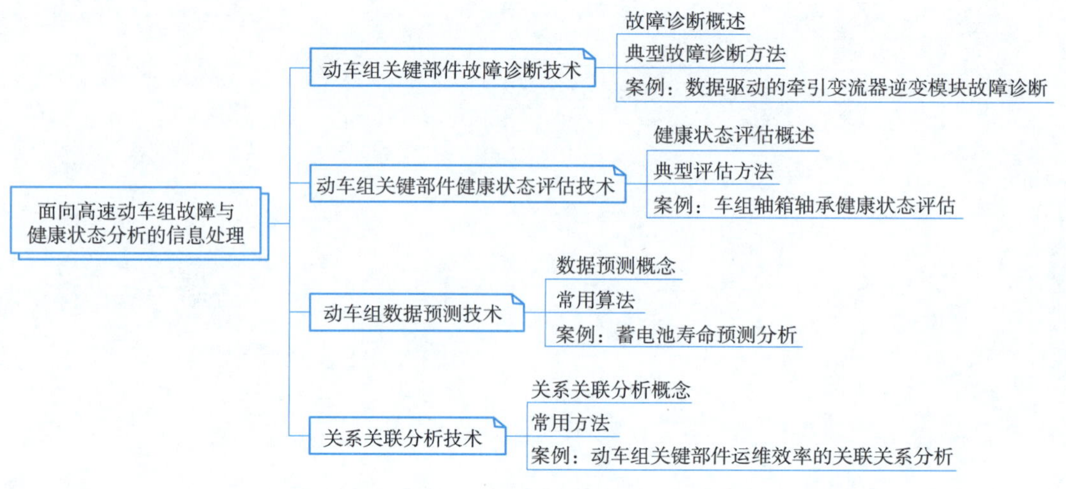

学习目标

- 了解面向高速动车组智能运维的四种信息处理技术。
- 了解数据故障诊断的基本概念和常用方法,从案例中获取动车组故障诊断相关的实践经验。
- 了解健康状态评估的基本概念和常用方法,从案例中获取动车组健康状态评估相关的实践经验。
- 了解数据预测的基本概念和常用方法,从案例中获取动车组数据预测相关的实践经验。
- 了解关系关联分析的基本概念和常用方法,从案例中获取动车组关系关联分析相关的实践经验。

5.1 动车组关键部件故障诊断技术

5.1.1 故障诊断概述

所谓故障诊断通常指在设备不解体的情况下,对设备完成规定功能的能力和影响因素进行判断和预测的过程。故障诊断是一种了解和掌握机器在运行过程中的状态,确定其整体或局部正常或异常,早期发现故障及其原因,并能预报故障发展趋势的技术,利用各种检查和测试方法,发现系统和设备是否存在故障的过程是故障检测,而进一步确定故障所在大致部位的过程是故障定位。故障检测和故障定位同属网络生存性范畴。要求把故障定位到实施修理时可更换的范围过程称为故障隔离。故障诊断就是指故障检测和故障隔离的过程。

故障诊断的主要任务有故障检测、故障类型判断、故障定位及故障恢复等。其中,故障检测是指与系统建立连接后,周期性地向下位机发送检测信号,通过接收的响应数据帧,判断系统是否产生故障;故障类型判断就是系统在检测出故障之后,通过分析原因,判断出系统故障的类型;故障定位是在前两部的基础之上,细化故障种类,诊断出系统具体故障部位和故障原因,为故障恢复做准备;故障恢复是整个故障诊断过程中最后也是最重要的一个环节,需要根据故障原因,采取不同的措施,对系统故障进行恢复。

5.1.2 典型故障诊断方法

1. 基于专家系统的方法

基于专家系统的诊断方法是故障诊断领域中最为引人注目的发展方向之一,也是研究最多、应用最广的一类智能型诊断技术。它大致经历了两个发展阶段:基于浅知识领域专家的经验知识的故障诊断系统、基于深知识诊断对象的模型知识的故障诊断系统。

(1)基于浅知识的智能型专家诊断方法

浅知识是指领域专家的经验知识。基于浅知识的故障诊断系统通过演绎推理或产生式推理来获取诊断结果,其目的是寻找一个故障集合使之能对一个给定的征兆(包括存在的和缺席的)集合产生的原因做出最佳解释。基于浅知识的故障诊断方法具有知识直接表达、形式统一、高模组性、推理速度快等优点;但也有局限性,如知识集不完备、对没有考虑到的问题系统容易陷入困境、对诊断结果的解释能力弱等缺点。

(2)基于深知识的智能型专家诊断方法

深知识是指有关诊断对象的结构、性能和功能的知识。基于深知识的故障诊断系统,要求诊断对象的每一个环境具有明显的输入/输出表达关系,诊断时首先通过诊断对象实际输出与期望输出之间的不一致,生成引起这种不一致的原因集合,然后根据诊断对象(领域中的第一定律知识)及其具有明确科学依据的知识和内部特定的约束联系,采用一定的算法,找出可能的故障源。

基于深知识的智能型专家诊断方法具有知识获取方便、维护简单、完备性强等优点;缺点是搜索空间大,推理速度慢。

(3)基于浅知识和深知识的智能型专家混合诊断方法

基于复杂设备系统而言,无论单独使用浅知识还是深知识,都难以妥善地完成诊断任务,只有将两者结合起来,才能使诊断系统的性能得到优化。因此,为了使故障智能型诊断系统具备与人类专家能力相近的知识,研发者在建造智能型诊断系统时,越来越强调不仅要重视领域专家的经验知识,更要注重诊断对象的结构、功能、原理等知识,研究的重点是浅知识与深知识的整合表示方法和使用方法。事实上,一个高水平的领域专家在进行诊断问题求解时,总是将其具有的深知识和浅知识结合起来,完成诊断任务。一般优先使用浅知识,找到诊断问题的解或者是近似解,必要时用深知识获得诊断问题的精确解。

2. 基于模糊数学的方法

许多诊断对象的故障状态是模糊的,诊断这类故障的一个有效的方法是应用模糊数学的理论。基于模糊数学的诊断方法,不需要建立精确的数学模型,适当地运用局部函数和模糊规则,进行模糊推理就可以实现模糊诊断的智能化。

3. 基于故障树的方法

故障树方法是由计算机依据故障与原因的先验知识和故障率知识自动辅助生成故障树,并自动生成故障树的搜索过程。诊断过程从系统的某一故障"为什么出现这种显现"开始,沿着故障树不断提问而逐级构成一个梯阶故障树,透过对此故障树的启发式搜索,最终查出故障的根本原因。在提问过程中,有效合理地使用系统的及时动态数据,将有助于诊断过程的进行。对于故障树的诊断方法,类似于人类的思维方式,易于理解,在实际情况应用较多,但大多与其他方法结合使用。

4. 基于机器学习的方法

目前运用在故障诊断中的几个机器学习算法包括支持向量机、决策树、K 近邻、卷积神经网络、集成学习以及误差逆传播神经网络(back propagation neural network,BPNN)等。

目前,在许多领域的故障诊断系统中已开始应用,如在铁路、航空、化工设备、核反应器、汽轮机、旋转机械等领域都取得了较好的效果。由于神经网络等机器学习从故障事例中学到的知识只是一些分布权重,而不是类似领域专家逻辑思维的产生式规则,因此,诊断推理过程不能够解释,缺乏透明度,这是其缺点之一。

5.1.3 案例:数据驱动的牵引变流器逆变模块故障诊断

牵引逆变器是高速铁路牵引传动系统的关键部件,逆变器中绝缘栅双极型晶体管(IGBT)容易发生开路故障,故障率较高。IGBT 开路故障会引起牵引电机电磁转矩脉动,甚至烧毁电机。研究逆变器的开路故障诊断算法可为系统采取容错控制及后续检修提供决策支持。本节介绍基于数据驱动的牵引逆变器开路故障在线智能诊断算法，将卷积神经网络应用于牵引逆变器开路故障诊断。主要思路是将卷积神经网络作为诊断算法，以 AlezNet 为基础，通过迁移学习来验证卷积神经网络对逆变器开路故障诊断的适用性及性能。

卷积神经网络是一种前馈神经网络，人工神经元可以响应周围单元，可以进行大型图像处理。卷积神经网络包括卷积层和池化层。卷积神经网络是受到生物思考方式启发的 MLPs（多层感知器），它有着不同的类别层次，并且各层的工作方式和作用也不同。

AlexNet 由 Alex Krizhevsky 于 2012 年提出，夺得 2012 年 ILSVRC 比赛的冠军，top5 预测的错误率为 16.4%，远超第一名。AlexNet 采用八层的神经网络，五个卷积层和三个全连接层（三个卷积层后面加了最大池化层），包含 6.3 亿个链接，6 000 万个参数和 65 万个神经元。

1. 故障诊断流程

故障诊断总体流程如图 5-1 所示，首先对三相定子电流信号做角度域同步重采样、滑动窗口采样等数据增强处理，然后利用提出的将定子电流信号转换为图片的算法将电流信号转换为适合 AlexNet 输入的图片，最后使用少量样本对 AlexNet 网络进行训练，并使用同种工况下的数据进行测试，验证网络的诊断精度。

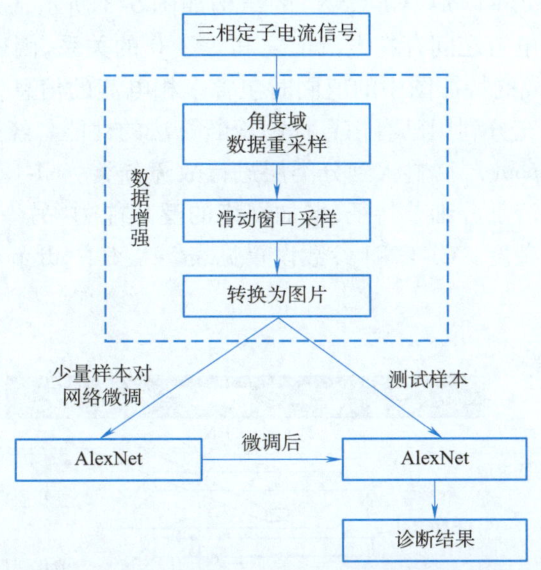

图 5-1　基于 AlexNet 的开路故障诊断方案流程

将电机转速为 1 000 r/min 的三相定子电流通过角度域重采样、滑动窗口采样等数据增强技术处理后转换为图片，每个图片为一个样本，每个样本包含 2 000 个采样点，每种故障采集 100 个样本，共有 22 种故障，即总样本数为 2 200。将样本分为训练集和测试集，本章选用 90% 的样本作为测试集，为了对比迁移学习的效果，分别使用修改后的 AlexNet 直接进行故障诊断和用占总样本数 1%，5% 的样本组成的训练集训练 AlexNet 后进行故障诊断，训练阶段共进行 20epoch，batch size 设为 10，初始学习率为 0.001，优化算法选用 SGDM（stochastic gradient descent with momentum），实验结果如图 5-2 所示。

从结果可以看出，仅使用 1% 的样本微调网络即可达到 63.43% 的精度，而使用 5% 的样本微调网络后即可达到 100% 的精度，因此，使用卷积神经网络进行逆变器开路故障诊断是可行的。此外,实验结果也表明迁移学习是一种有效的知识迁移方法,利用少量样本微调网络即可带来精度的显著提升。

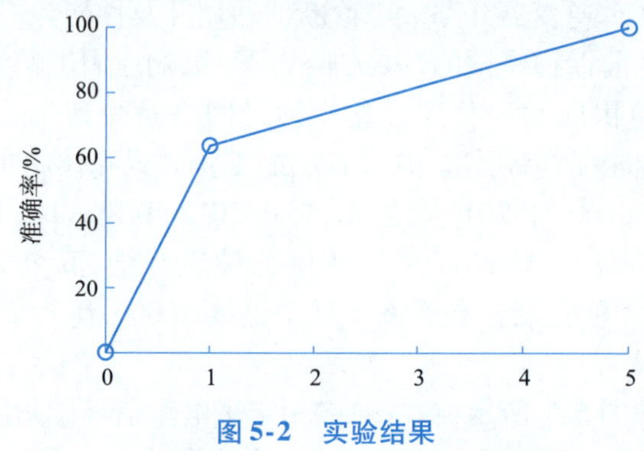

图 5-2 实验结果

2. 基于数据驱动提取三相电流综合信息的故障诊断算法

基于提取三相电流综合信息的卷积神经网络(comprehensive information of three phase current-convolutional neural network,CI-CNN)的结构如图 5-3 所示,CI-CNN 的输入为 500 × 3 的灰度图,由于三相定子电流之间存在电流值之和等于 0 的关系,因此,将前两层卷积层的卷积核宽度设为 3,使得生成的特征图中的值同时包含多相电流的信息,有助于神经网络提取三相定子电流的综合信息,充分利用已有信息提高诊断算法的性能。经过三层卷积层后,提取出的特征经全连接层和 dropout 层后输入到分类层进行故障分类。CI-CNN 第一层卷积核步长较长,一方面有助于消除电流部分细节特征,增加网络的泛化能力,另一方面能够减少生成的特征图的大小,降低计算复杂度。CI-CNN 参数设置见表 5-1,其中 dropout 层概率设为 0.5,池化层均为平均池化层。

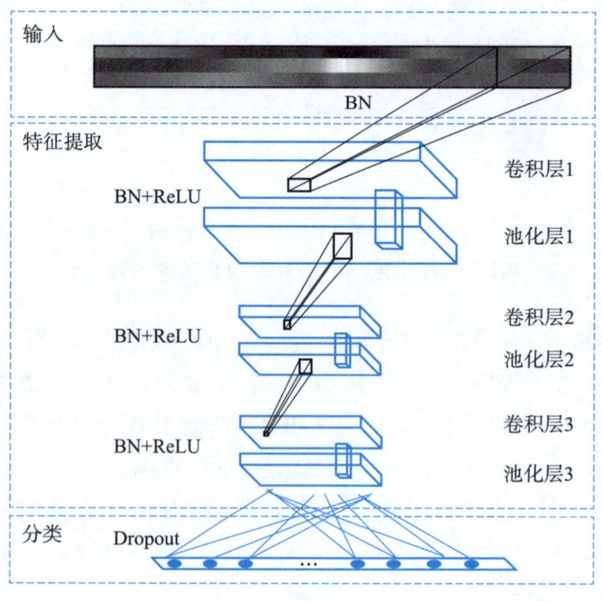

图 5-3 CI-CNN 结构

表 5-1　CI-CNN 参数设置

名　　称	卷积核大小	卷积核步长	卷积核个数	是否零补	输出大小
卷积层 1	3×3	4×1	64	是	125×3
池化层 1	2×1	1×1	64	是	125×3
卷积层 2	2×3	1×1	64	否	124×1
池化层 2	2×1	1×1	64	是	124×1
卷积层 3	2×1	1×1	64	否	123×1
池化层 3	2×1	2×1	64	否	64×1

实验结果表明,CI-CNN 具有最好的抗噪能力,诊断精度绝大部分达到 96% 以上,而 AlexNet 的诊断精度最差,诊断精度最低仅为 8.27%(见表 5-2)。原因在于 AlexNet 从训练集提取的特征并非仅有故障的公共特征,还包含训练样本的私有特征,噪声增加了测试集样本与训练集样本之间的差异性,使得 AlexNet 产生了误诊断,而 CI-CNN 和 S-CNN 通过在第一层卷积层使用长步长移动卷积核以及转换为灰度图等方案,增强了诊断算法的抗噪声能力。CS 的诊断精度虽然较差,但实验结果表明噪声对 CS 的诊断精度影响不大。此外,从 CI-CNN 和 S-CNN 的实验结果对比可以看出,相对于仅从单相电流中提取故障特征,从三相电流综合信息中提取故障特征能够更有效地降低噪声对诊断结果产生的干扰。

表 5-2　诊断算法抗噪能力实验结果

工况	SNR/dB	准确率/%			
		CI-CNN	S-CNN	AlexNet	CS
工况 4	**2**	**96.36**	**69.73**	**9.55**	**62.6**
工况 4	**4**	**99.09**	**73.27**	**19.55**	**64**
工况 4	6	99.09	**76.18**	**30.73**	63.2
工况 4	8	99.91	**75.27**	**45.45**	64.2
工况 4	**10**	**100**	**76.27**	**63.27**	**63**
工况 15	2	90.73	**55.36**	**8.73**	29.6
工况 15	4	96.27	**69.36**	**8.27**	28
工况 15	6	99.09	**78.18**	**11.45**	26.8
工况 15	8	99.55	**84.55**	**18.27**	25.2
工况 15	10	100	**86.91**	**23.82**	**26.6**

3. 基于数据驱动与信号相结合的故障诊断算法

进行单相定子电流开路故障诊断的卷积神经网络 T-CNN,其结构如图 5-4 所示。T-CNN 的输入是经数据增强处理后的单相电流数据生成的灰度图,规格为 500×1。T-CNN 通过三层卷积层提取定子电流故障特征,最终输入分类层进行故障分类。T-CNN 的主要特点是在卷积层 1 和卷积层 3 后增加了 dropout 层以提高算法的泛化能力,dropout 层的概率均设为 0.5。分类层将故障分为四类,包括健康、上半桥臂故障、下半桥臂故障以及同一桥臂两个 IGBT 同时故障。T-CNN 参数见表 5-3。

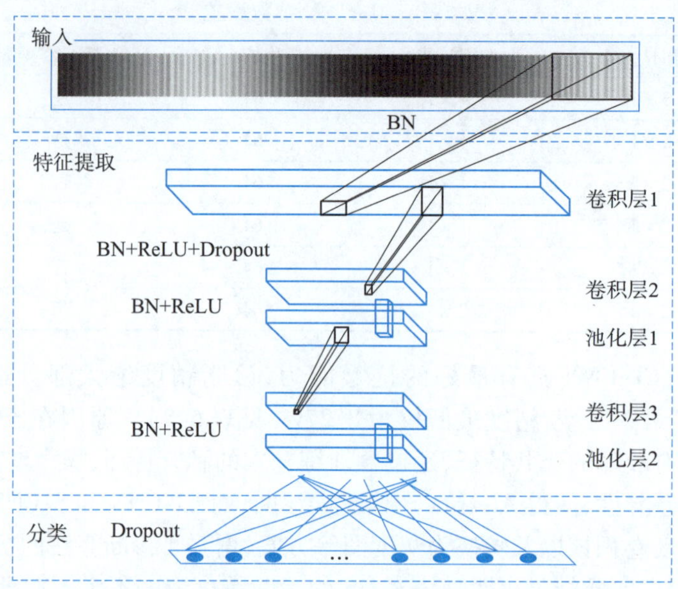

图 5-4 T-CNN 的结构

表 5-3 T-CNN 参数

名　称	卷积核大小	卷积核步长	卷积核个数	是否零补
卷积层 1	3×1	4×1	64	否
卷积层 2	2×1	1×1	64	否
池化层 1	2×1	1×1	64	是
卷积层 3	2×1	1×1	64	否
池化层 2	2×1	2×1	64	否

本例选取不同工况的数据集作为训练集训练诊断算法,其他工况的数据作为测试集的故障诊断结果。为探讨智能诊断算法的泛化能力,选择了最具代表性且目前运用在逆变器故障诊断中的几个机器学习算法作为对比算法,包括支持向量机(SVM)、决策树(DT)、K 近邻(KNN)、集成学习(bagged tree)以及误差逆传播神经网络(BPNN)。分别使用小波分解(wavelet decomposition, WD)和主成分分析(PCA)作为特征提取算法,WD 对三相电流信号采用 db4 小波进行四层分解,然后以三相电流分解后的高频系数的能量、低频系数正值能量与负值能量的比值等六个值作为故障特征。将角度域重采样后规格为 500×3 维的定子电流信号数据变形为 1 500×1 维的向量,保留了 98% 的重构阈值进行 PCA 降维,经计算,原 1 500 维的数据被降低到 10 维。训练集和测试集中每种故障有 50 个样本,该 50 个样本可以覆盖电流周期中各种相位的电流,每种工况共具有 1 100 个样本。训练 T CNN 时 batch size 设为 50,初始学习率为 0.001,优化算法选用 SGDM,并利用积分的波形修复算法对波形进行修复,实验结果见表 5-4。其中,括号中为波形修复后的数据,加粗的数据为波形修复后准确率得到了提高。

表 5-4　基于积分的波形修复算法对故障诊断结果的影响

诊断算法	准确率/%				
	工况 1	工况 2	工况 3	工况 4	迁移工况平均准确率
T-CNN	**98.82(98.93)**	**99.45(100)**	**99.64(100)**	**99.27(99.45)**	**99.24(99.39)**
WD-SVM	26.18(18.18)	**88.5(100)**	**81.36(98.09)**	42(24.09)	49.85(46.79)
WD-BPNN	**33.9(51.9)**	**82.6(99.4)**	**78(91.7)**	**44(62)**	**51.97(68.53)**
PCA-SVM	9.27(3.45)	**100(100)**	**7(22.64)**	14.27(6.36)	**10.18(10.81)**
PCA-Tree	4.64(3.18)	**79.7(100)**	**5.36(22.45)**	8.91(5.36)	**6.3(10.33)**
PCA-KNN	7.36(3.09)	**99.1(99.9)**	**6.91(29.91)**	15.36(5.18)	**9.88(12.73)**
PCA-Bagged Tree	8.55(8.36)	**98.1(100)**	**7.73(24.91)**	11.91(7.09)	**9.4(13.45)**
PCA-BPNN	6.3(6)	**95.2(100)**	**7.3(25.5)**	**6.80(7.9)**	**6.8(13.13)**

本例提出的故障诊断算法在多种工况下进行验证，与其他经典智能诊断算法相比，本案例的故障诊断算法具有很好的泛化性和域适应能力，仅利用单种工况的故障数据训练后，即可在其他工况下具有很好的诊断效果。

5.2　动车组关键部件健康状态评估技术

5.2.1　健康状态评估概述

随着技术的快速发展，设备的构造越来越复杂，对于设备的经济可承受性也越来越高，那么评估设备当前的健康状态就显得尤为重要。

“健康状态”一词起源于生物学领域，表示系统可能存在的介于“正常”与“非正常”之间各类互不相同的工作状态。起初只有“正常”与“故障”两类工作状态描述，但是随着技术的进步，两种状态已经无法满足对复杂系统状态的完整定义，因此，就从生物学领域引进了“健康状态”一词，用来将复杂系统分为多个不同的工作状态。

健康状态评估主要是评估设备或者系统当前的健康状态，根据实时得到的数据进行分析，可以作出相应的诊断记录，同时能够确定故障发生率，以此来指导维修决策的产生，为精细化维修提供技术支持，促进事后维修和定期维修转变成基于状态的维修方式。

健康状态评估可以分为三类：设备在线监测数据评估、设备离线预防性试验数据评估、设备在线监测和离线预防性实验数据综合评估。

5.2.2　典型评估方法

典型的评估方法以及具体应用和优缺点见表 5-5。

表 5-5　主要健康状态评估方法表

类　型	定　义	应　用	优　势	缺　点
模型法	通过被研究对象的物理或数学模型进行评估	利用信号处理和数据挖掘技术对机载的传感器数据和维修测试数据进行降维处理，构建智能推理模型，实现健康状态评估	可信度高	建模过程比较复杂，并且模型的验证也较为困难

续上表

类　型	定　义	应　用	优　势	缺　点
层次分析法	将半定性、半定量问题转换为定量计算的一种有效决策方法	利用层次分析法建立桥梁的递阶层次结构，通过专家打分确定权重，根据制定的健康状态分级和评分标准计算总体评分，以此确定桥梁的健康状态等级	将定性因素定量化，减少主观因素影响，使结果更科学化	定量数据少，不易信服；权重比较难确定
基于贝叶斯网络方法	利用贝叶斯良好的知识表达框架，构建不确定是表达和推理领域最有效的模型	基于贝叶斯网络的变压器状态综合评估方法，建立了贝叶斯网络状态评估模型，可以综合历史状态、当前状态和预测状态，确定变压器的健康状态，利于维修决策	方便地处理不完整数据问题，易于学习因果，易于实现领域知识与数据信息的融合	对输入数据的表达形式很敏感；需要先验概率，分类决策存在错误率
支持向量机	通过构造超平面来实现分类或者回归	基于支持向量机的变压器健康状态评估方法，构建多级分类器变压器健康状态评估方法，正确分析变压器所处状态	泛化错误率低，计算开销不大，结果容易解释；解决小样本、高纬度情况下的机器学习问题	对参数调节和和函数的选择敏感，适用于处理二分类问题

5.2.3　案例：动车组轴承健康状态评估

1. 轴承相关数据梳理

数据是健康管理实现的基石，是完成数据分析挖掘、状态评估、趋势分析和故障预测等工作的基础。数据的种类、质量和数量都直接影响到后续分析工作的难度与准确性。动车组在设计、制造、运行、维修等过程中会产生各种各样的数据，如运行数据、检修数据、设计数据等都会保存在不同的系统里，动车组数据库构成如图 5-5 所示。

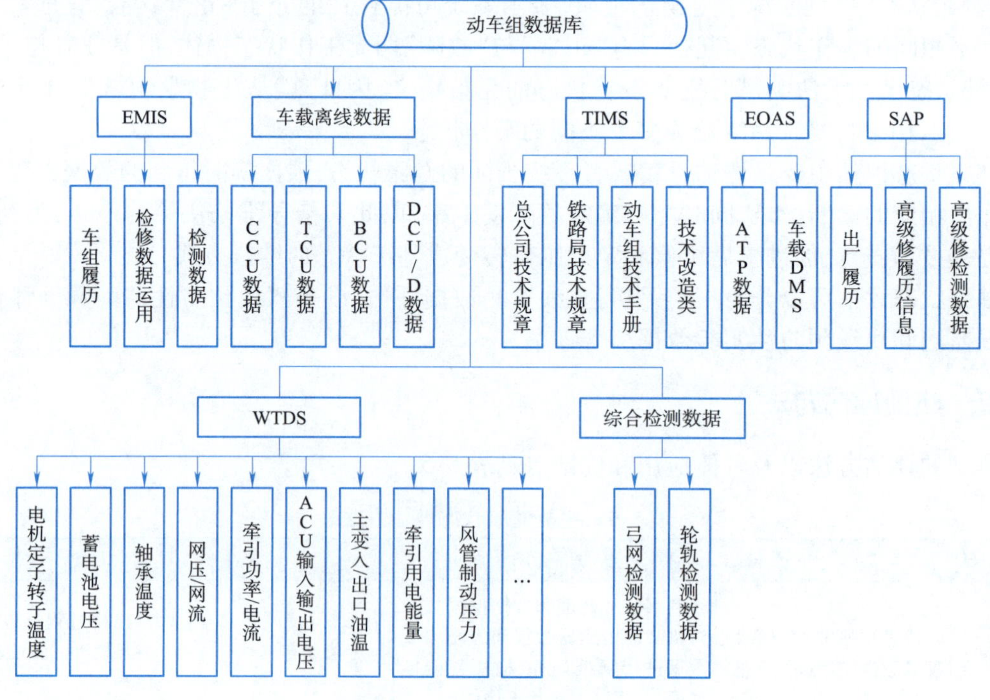

图 5-5　动车组数据库构成

动车组在运行过程中源源不断地产生的各类数据，会通过安装在列车各处的传感器实时采集到，再经由无线传输设备传输到服务器，进行整理，存入数据库。地面服务器接收到的数据是经过 WTD 加密的，因此地面得到的数据需要按照相应的解析协议进行解析后才能存储到 Oracle 作为保留数据，以供后续监控、管理、分析等使用。对于实时状态数据的有效利用，可以很好地监控动车组的运行状态，提高动车组的运用维修。

本节所使用的数据绝大部分来自动车组实际运行过程中产生的经由 WTD 系统传输加密的数据，存在于地面服务器中的数据库里。经过梳理和分析，主要可以分为六类数据，如图 5-6 所示，上半部分的三类数据属于故障信息，下半部分的三类数据属于运行信息。

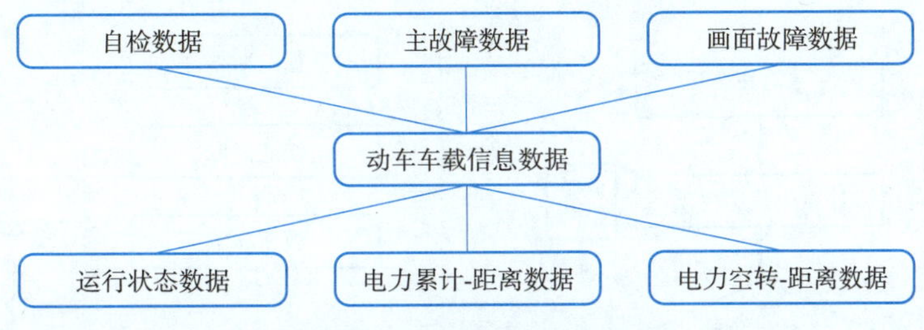

图 5-6　车载信息数据分类

动车组轴承包括轴箱轴承、齿轮箱轴承、牵引电机轴承等，提取各个部件的技术参数，作为轴承分析的元数据。轴承的全生命周期涉及生产、制造、运用、维修、报废等几个阶段，图 5-7 所示为轴箱轴承数据画像。

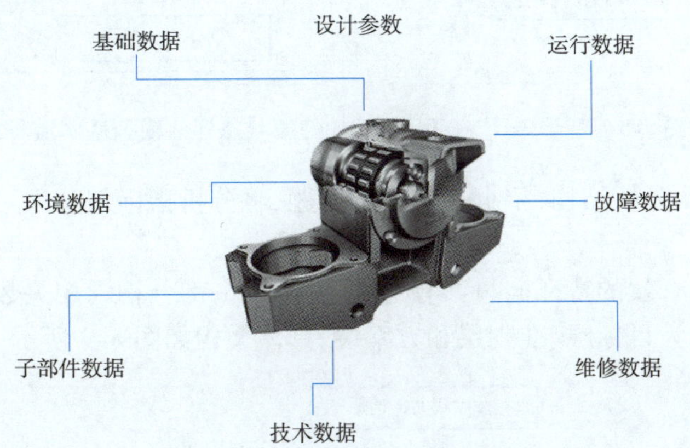

图 5-7　轴箱轴承数据画像

部分参数解释如下：

①基础数据，又称静态数据，是指轴承出厂在制造完成后确认，并且在后续的工作各阶段都不会发生变化的数据，如生产时间、地点、型号、功率、序列号等信息。

②设计参数，即该部件的详细制造参数。

③运行数据，是列车从装到车上、开始工作直到卸载落地这一过程的具体信息，包括装车时间、位置、运行时间、运行里程等信息。

④故障数据，指故障相关信息，发生时间、地点，故障类型，解决方式等。

车载信息数据中与轴承有关的运行数据，包括采集时间、列车运行速度、环境温度、驱动侧轴承温度、非驱动侧轴承温度、定子温度、小齿轮箱温度等。轴承的温度与列车当前运行速度、列车行驶时间、当前环境温度等因素都有密切的联系，同时考虑到热具有传递性，其他部件的温度也会受到轴承温度的影响。

2. 轴承健康状态评估模型

将层次分析法（AHP）与决策树（DT）相结合，对传统的支持向量机（SVM）算法进行改进，提出 AHP-DT-SVN 算法，其基本流程如图 5-8 所示。

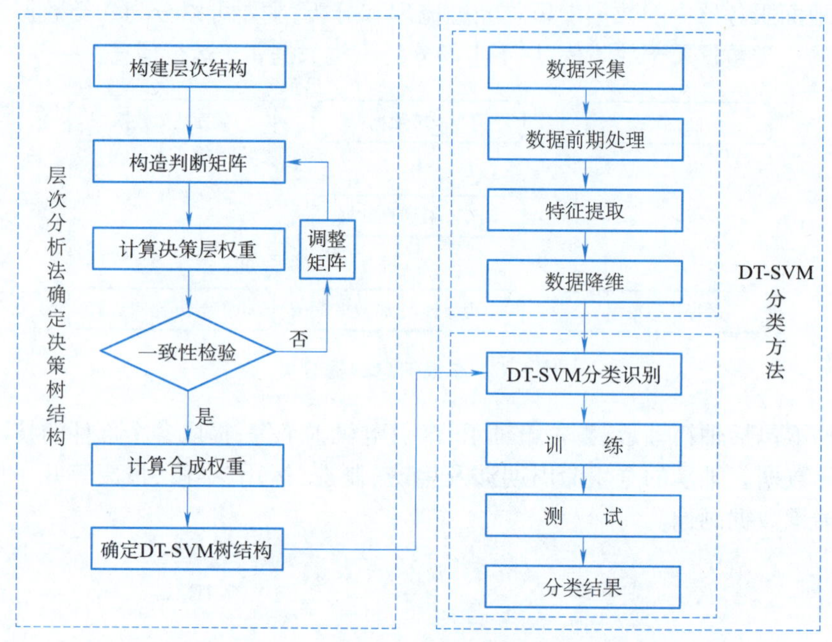

图 5-8 基于 AHP-DT-SVM 的健康状态评估模型基本流程

第一步：建立层次分析结构，根据所研究的问题，将分析指标划分为不同的层次，建立多层次评价模型。

数据预处理后的有效的特征向量共有七类，根据第一部分轴承相关数据梳理分析，可得到整个评估系统可以分为目标层、准则层和方案层，具体架构如图 5-9 所示。

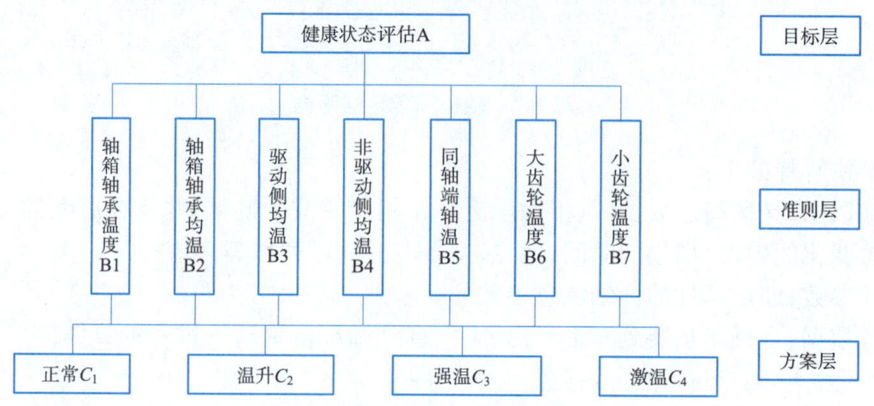

图 5-9 轴承健康状态评估的层次结构图

第二步：构造判断矩阵，设置评价模型的重要性比较评价指标 $V=\{v_1,v_2,\cdots,v_n\}$，$v_i(i=1,2,\cdots,n)$为第 i 个需要进行比较的指标，对同一层次的各因子关于上一层次某一准则的重要性两两比较，然后构建比较判断矩阵。

根据重要性等级标度表对准则层中各个特征向量进行比较，然后赋值，得到的判断矩阵见表 5-6。

表 5-6　准则层判断矩阵

R_{ij}	V_1	V_2	V_3	V_4	V_5	V_6	V_7
V_1	1	3	5	7	9	9	9
V_2	1/3	1	3	5	5	5	5
V_3	1/5	1/3	1	2	3	3	3
V_4	1/7	1/5	1/2	1	2	2	2
V_5	1/9	1/5	1/3	1/2	1	2	2
V_6	1/9	1/5	1/3	1/2	1/2	1	1
V_7	1/9	1/5	1/3	1/2	1/2	1	1
权重值	0.456 2	1/4	0.112 0	0.069 6	0.053 9	0.038 1	0.038 1

第三步：计算权重，采用算术平均法对判断矩阵进行计算，求得权重值，同时计算一致性比率 CR(consistency ratio)，反复调整矩阵，直到 CR <0.1 停止。

一致性比例 $CR=\frac{CI}{RI}$，其中，一致性指标

$$CI=\frac{\lambda_{max}-n}{n-1} \tag{5-1}$$

式中，λ_{max} 为最大特征向量值。

平均随机一致性指标可通过查表 5-7 获得。

表 5-7　平均随机一致性指标

阶数	1	2	3	4	5	6	7	8	9
RI	0	0	0.58	0.90	1.12	1.24	1.32	1.41	1.45

根据上述计算方法以及表格对权重矩阵进行一致性检验，得到的 CR =0.025 59 <0.1，这表明合成后的权重一致性满足要求。

第四步：根据计算得到的不同特征向量的权重值可以确定 DT－SVM 决策树的结构，同时计算类间分离性测度来对类进行不断地分离与合并，每次取最后一个合并的类与其他类做正负样本训练分类器，并将其作为根节点，依此类推，保证容易分的类先分离。

假设类别数为 N，训练样本集 X 由类 X_{ij} 组成，其中 $i=1,2,\cdots,n$，$j=1,2,\cdots,n$，$i<j$。

DT-SVM 过程具体如下所示：

①利用基于类分布的类间分离性测度计算公式，计算各类间的分离性测度δ_{ij}，其中 $i=1,2,\cdots,n$，$j=2,3,\cdots,n$，$i<j$。

$$\delta_{ij}=\frac{d_{ij}}{\delta_i+\delta_j} \tag{5-2}$$

式中，$d_{ij}=\|c_i-c_j\|$，为类 i 与类 j 之间的中心距离，c_i 与 c_j 为根据训练样本计算出的类中心。

$$c_i=\frac{1}{n_i}\sum_{x\in X}x,\quad i=1,2,\cdots,k \tag{5-3}$$

n_i 为类 X 的样本个数，K 为类别数，式中，δ_{ij}为类方差，表示样本分布：

$$\delta_i=\frac{1}{n_i-1}\sum_{x\in X}\|x_i-c_i\|,\quad i=1,2,\cdots,k \tag{5-4}$$

若$\delta_{ij}>1$，则类 i 与类 j 间无交集，反之，则有交集。δ_{ij}越大，表明两个类之间的分离性越明显。

②筛选出分离测度最小的两类合并为一个类别，计算该类的类中心与方差，此时类别数据由 n 变为 $n-1$。

③计算②中得到的类与其余类的分离性测度，选择；测度最小的类与之合并，计算类中心与方差，类别数目继续减 1。

④当类别数据 >2 时，继续执行步骤③，否则，算法结束。

3. 轴承健康状态评估实验

本实验数据源于某动车组生产制造基地 20××年所有动车组转向架及其零部件服役数据以及所属实验室的动车组试验台上的模拟数据。经过数据预处理操作之后，选取大约 8 000 条数据。

试验台模拟数据比较容易获得，完整性较好，缺点是缺乏列车实际运行过程中环境因素等的影响，会有偏差；列车运行数据噪声比较多，完整性较差，尤其是故障数据极度缺乏；综上所述，采用以上两种数据结合的方式进行分类分析。部分数据样例见表 5-8。

表 5-8　部分数据样例

时　　间	列车速度/(km/h)	列车环境温度/℃	1-4 车牵引力 kN	1 车电机 1 驱动侧轴承温度/℃	3 车电机 1 驱动侧轴承温度/℃	14 车电机 1 驱动侧轴承温度/℃
20××-05-01 10:00:08	0.00	19.40	0.00	19.14	20.27	20.27
20××-05-01 10:00:15	17.53	19.20	0.00	19.14	20.27	20.27
20××-05-01 10:01:08	17.86	19.20	0.00	19.14	20.27	20.27
20××-05-01 10:01:15	22.98	19.20	113.96	19.14	20.27	20.27
20××-05-01 10:02:08	25.14	19.20	3.37	19.14	20.27	20.27
20××-05-01 10:02:15	26.34	15.60	18.31	19.14	20.27	20.27
20××-05-01 10:03:08	41.05	15.30	115.14	19.14	20.27	20.27
20××-05-01 10:03:15	66.94	15.30	0.00	19.14	20.27	20.27
20××-05-01 10:04:09	68.41	15.30	0.05	19.14	20.27	20.27
20××-05-01 10:04:15	51.97	15.40	36.96	19.14	20.27	20.27
20××-05-01 10:05:08	0.00	15.40	79.64	19.14	20.27	20.27
20××-05-01 10:05:15	0.00	15.60	37.45	19.14	20.27	20.27

分别利用 AHP-DT-SVM 算法、SVM 算法和 DT-SVM 算法对同一样本数据进行分类,由于支持向量机时间比较短,三个算法的时间性能的区分度并不大,因此采用 precision(精确率)、recall(召回率)、*F*-measure(F 值)、accuracy(准确率)以及分类器个数五个指标进行评估,具体结果值展示见表 5-9。

表 5-9 三类算法分类对比

分类算法/%	AHP-DT-SVM	SVM	DT-SVM
精确率	63.636	72.549	77.083
召回率	94.594	78.723 4	86.046 5
F 值	76.087	75.510 2	81.318 6
准确率	79.245	76.237 6	82.653
分类器个数	3	4	3

对于不同的分类方法,所采用的评价指标也是有差异的,并且不能兼顾所有,因为使得所有指标都达到最优化的程度的分类器暂时还没有,因此需要根据实际情况来选择。由表 5-9 和图 5-10 可知,SVM 算法相对来说,指标相对较低,性能最差,DT-SVM 算法与 AHP-DT-SVM 算法相比较,准确率最高,但是召回率偏低。结合实际情况,在轴承故障判别中,允许一定程度的误报,但是要保证不放过真正的故障,因此需要在合适的准确率范围内保证召回率尽可能高。综上所述,优化后的 AHP-SVM 算法相对于其他算法更优。

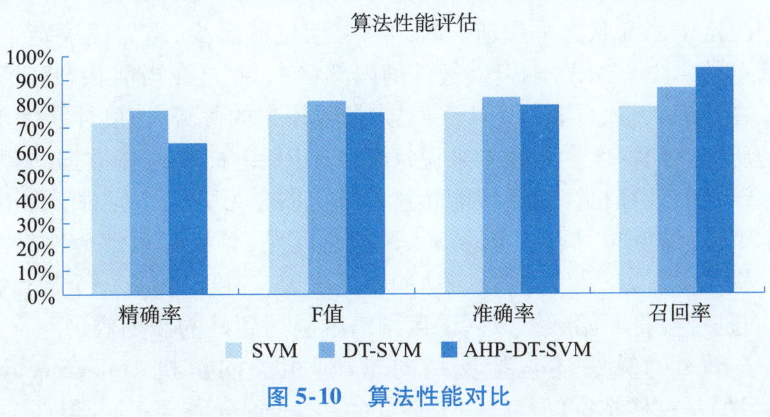

图 5-10 算法性能对比

5.3 基于动车组监测数据的预测技术

5.3.1 数据预测模型概述

数据预测以数据(即利用已经掌握的信息)为依据,挖掘出潜藏在海量数据背后的特点、规律,再建立模型并以模型为基础代入新数据,得出尚未掌握的信息。简单来说,就是运用当前和历史信息(数据)进行分析、挖掘、判定,得出对未来信息(数据)的预测。

预测模型是在采用定量预测法进行预测时,最重要的工作是建立预测数学模型。预测模型是指用于预测的、用数学语言或公式所描述的事物间的数量关系。它在一定程度上揭示了事物间的内在规律性，预测时把它作为计算预测值的直接依据。因此，它对预测准确度有极大的影响。任何一种具体的预测方法都是以其特定的数学模型为特征。预测方法的种类很多，各有相应的预测模型。

5.3.2 典型预测算法

目前应用较为广泛的神经网络结构有前馈神经网络（back propagation，BP）以及循环神经网络（RNN）等。

BP 神经网络由输入层、隐藏层、输出层构成，通过将误差反向传播来不断调整网络的参数，使预测效果达到最优。但其输出只依赖当前的输入，不具备记忆能力，对于序列数据的处理不够友好。而 RNN 的隐藏层多了一个信息记忆功能，即每一时刻隐藏层的输入不仅是输入层的输出，还包含上一时刻隐藏层的输出。所以，输出层每一时刻的输出都会考虑序列数据之前的信息。如果 t 时刻的预测依赖 $t-k$ 时刻的输入，当时间间隔 k 比较大时，容易出现梯度消失或梯度爆炸的问题。基于门控机制的 RNN 能够控制信息的累积速度，有选择性地加入新信息或者遗忘之前积累的信息。比较经典的基于门控机制的 RNN 有长短期记忆网络（long short-term memory，LSTM）和门控循环单元网络（gated recurrent unit，GRU）。

LSTM 由 Hochreiter 和 Schmidhuber 在 1997 年引入，利用三个门来控制信息传递的路径，分别是遗忘门、输入门和输出门，并引入内部状态。遗忘门控制在上个时刻需要删除多少信息，输入门控制当前有多少信息要被保存，输出门控制当前有多少信息可以输出给外部状态。

GRU 是 LSTM 的一个变体，只有两个门，遗忘门和输入门被合并为一个更新门，另一个叫重置门。更新门决定了当前状态采用前一时刻状态信息的多少，重置门决定了当前状态抛弃前一时刻状态信息的多少。GRU 不引入额外的内部状态，而是在当前状态和历史状态间引入线性依赖关系。在处理大量数据时，GRU 模型因参数较少的优势，速度性能优于 LSTM。

对于当下的研究热门深度学习技术来说，LSTM、GRU 等能在海量数据的背景下取得出色的表现，且在语音识别、计算机视觉领域能超过传统机器学习方法。但对于像电池循环寿命这样的中小量样本来说，深度学习方法容易陷入过拟合问题，且缺乏可解释性，性能不见得优于较为传统简单的机器学习方法。从特征表达的角度来说，深度学习有一个优点，即无须从原始数据抽取特征，而是直接将原始数据放入深度网络就能达到好的预测效果。

此外，常用于预测的算法还包括支持向量机、相关向量机（relevance vector machine，RVM）。前者的目的是在样本空间寻找一个最优的超平面，分隔开不同类样本，同时保证该超平面距离所有训练样本的最小距离能够得到最大化。其中最小距离被规范化的称为间隔（margin）。确定最优分割超平面的过程就是最大化间隔的过程。后者是一种稀疏概率模型，与支持向量机具有相似的函数形式，但算法原理截然不同。虽然同是通过核函数进行映射，将非线性可分的问题投射至高维空间再进行计算预测，但 RVM 是在贝叶斯框架下进行的监督学习方法。在贝叶斯概率学习理论下，相关向量机利用自动相关决策理论（automatic relevance determination，ARD），为每条样本赋予一个权值，基于先验分布知识，通过迭代计算确定各权值的后验分布概率，近似零值的权值对应的样本为非相关向量，可被移除，剩余的非零权值对应的点即相关向量（relevance vector，RV），以此获得稀疏化模型。

在 RVM 与 SVM 的比较中，可以分析出二者的优缺点都很明显。SVM 基于结构风险最小化原则，在中小量训练样本上也能获得优秀的预测效果，使误差较小。但在同一个不断增长的训练样本集下,支持向量增长速度相较而言更快,不如相关向量稀疏性高。SVM 的参数比 RVM 的参数多,且实验结果十分依赖参数的选值,尤其对惩罚因子的设置十分敏感。在预测目标存在不确定性的情况下,SVM 无法对其给出相关表达。而 RVM 作为和 SVM 函数形式类似的稀疏概率模型,能在贝叶斯框架下构建学习机,核函数选择没有约束,不需对惩罚因子做出设置,泛化能力好,解更稀疏,输出结果包含估计量的均值及概率分布,能够反映目标值的不确定性。

5.3.3　案例:蓄电池寿命预测分析

随着高铁时代智能铁路概念的推动与发展,信息化已渗入动车组的全生命周期,动车组运用与检修的相关信息系统得到了不断建立与完善。在铁路装备维修理论发展变革的背景下,目前预防性维修正从计划预防维修逐渐发展过渡至视情维修,要求充分利用动车组过去与现在的运维数据进行分析,结合故障预测与健康管理技术,有效估算关键部件的性能状态与寿命趋势,满足动车组智能化检修的要求。

容量为蓄电池性能的直接表征指标之一,容量的当前值与变化趋势分别对应蓄电池当前的健康状态及寿命发展趋势。本案例针对作为动车组关键部件之一的辅助电源系统的蓄电池,旨在利用蓄电池相关监测数据,在线预测蓄电池的容量及容量退化趋势,以了解蓄电池寿命状态,实现维修策略的优化,降低维修成本,找到经济性与可靠性的平衡点。

对于动车组来说,复杂的运行环境会导致预测结果的不确定性上升,蓄电池寿命衰退的不确定性总体可由以下几方面体现。一是工作环境的变化,蓄电池工作时,动车组运行的地理区间、海拔、温度等会造成衰退过程中的差异性;二是测量产生的误差,在数据采集过程中如出现了噪声或者电子干扰,将会造成蓄电池原始数据的准确度偏差;三是模型学习蓄电池寿命衰退过程中的误差累积,可能会导致预测结果出现不确定性。

1. 案例涉及的相关算法

在此选用 RVM 作为基础算法。然而,直接采用 RVM 还是有一些缺点,算法预测精度会受核函数及其相关参数的影响,并且长期趋势预测精度低。为了优化以上问题,本节介绍一种改进 RVM 算法。

下面介绍标准的 RVM 预测原理以及利用混合核函数替换传统的单核核函数的 RVM 改进方法。

(1)标准 RVM 预测模型

在 RVM 中,给定一个训练样本集为$\{x_n,t_n\}_{n=1}^{N}$,其中 N 是训练数据的大小,$\boldsymbol{x}_n\in\mathbf{R}^d$,并且 $t_n\in\mathbf{R}$,则观测到的目标值可被表示为

$$t_n=y(\boldsymbol{x}_n;\omega)+\varepsilon_n \tag{5-5}$$

式中,$\boldsymbol{\omega}=(\omega_0,\omega_1,\omega_2,\cdots,\omega_N)^{\mathrm{T}}$ 为模型的权重向量;ε_n 为服从均值为 0、方差为 σ^2 的高斯白噪声,即 $\varepsilon_n\sim N(0,\sigma^2)$。

RVM 回归模型的任务概括来说就是利用训练样本集$\{\boldsymbol{x}_n,t_n\}_{n=1}^{N}$计算得到 $\boldsymbol{\omega}$,并在输入新数据后输出预测值和预测值的方差。

假设观测值为独立分布样本,训练样本集的似然函数可用下式计算:

$$p(\boldsymbol{t}|\boldsymbol{\omega},\sigma^2)=(2\pi\sigma^2)^{-N/2}\exp(-\|\boldsymbol{t}-\boldsymbol{\Phi\omega}\|^2/2\sigma^2) \tag{5-6}$$

式(5-6)中,$\boldsymbol{t}=(t_1,t_2,\cdots,t_N)^{\mathrm{T}}$,$\boldsymbol{\Phi}=(\varphi(x_1),\varphi(x_2),\cdots,\varphi(x_N))^{\mathrm{T}}$ 为核函数矩阵,$\varphi(x_n)=$

$(1,K(x_n,x_1),K(x_n,x_2),\cdots,K(x_n,x_N))^{\mathrm{T}}$,$K(x_n,x)$为核函数。

为了避免最大似然法求得的式(5-6)中的$\boldsymbol{\omega}$和σ^2导致模型过拟合,提高模型的泛化能力,引入均值为0的高斯先验分布来约束权重向量$\boldsymbol{\omega}$,则$\boldsymbol{\omega}$的先验条件概率分布为

$$p(\boldsymbol{\omega}|\boldsymbol{\alpha}) = \prod_{i=0}^{N}(\alpha_i/\sqrt{2\pi})\exp(-\alpha_i\omega_i{}^2/2) \tag{5-7}$$

式(5-7)中的$\boldsymbol{\alpha}=(\alpha_0,\alpha_1,\alpha_2,\cdots,\alpha_N)^{\mathrm{T}}$是$N+1$维的超参数向量,并且每一个超参数分别独立地对应一个权值,以保证得到的模型是稀疏的。$\boldsymbol{\alpha}$服从噪声为$\boldsymbol{\sigma}^2$的伽马分布。

根据贝叶斯理论,对所有的未知参数的后验概率有

$$p(\boldsymbol{\omega},\boldsymbol{\alpha},\boldsymbol{\sigma}^2|\boldsymbol{t})=p(\boldsymbol{t}|\boldsymbol{\omega},\boldsymbol{\alpha},\boldsymbol{\sigma}^2)p(\boldsymbol{\omega},\boldsymbol{\alpha},\boldsymbol{\sigma}^2)/p(\boldsymbol{t}) \tag{5-8}$$

给定一个新的输入向量$\boldsymbol{x}^*$,其在贝叶斯学习框架下的预测值$\boldsymbol{t}^*$可被表示为

$$p(\boldsymbol{t}^* \mid \boldsymbol{t}) = \int p(\boldsymbol{t}^* \mid \boldsymbol{\omega},\boldsymbol{\alpha},\sigma^2)p(\boldsymbol{\omega},\boldsymbol{\alpha},\sigma^2)\mathrm{d}\boldsymbol{\omega}\mathrm{d}\boldsymbol{\alpha}\mathrm{d}\sigma^2 \tag{5-9}$$

但式(5-9)难以计算,此时式(5-8)可被替换为

$$p(\boldsymbol{\omega},\boldsymbol{\alpha},\sigma^2|\boldsymbol{t})=p(\boldsymbol{\omega}|\boldsymbol{t},\boldsymbol{\alpha},\sigma^2)p(\boldsymbol{\alpha},\sigma^2|\boldsymbol{t}) \tag{5-10}$$

可得权重向量的后验分布为

$$p(\boldsymbol{\omega}\mid \boldsymbol{t},\boldsymbol{\alpha},\sigma^2) = (2\pi)^{-(N+1)/2}\mid\boldsymbol{\Sigma}\mid^{-1/2}\exp\{-(\boldsymbol{\omega}-\boldsymbol{\mu})^{\mathrm{T}}\boldsymbol{\Sigma}^{-1}(\boldsymbol{\omega}-\boldsymbol{\mu})/2\} \tag{5-11}$$

式中,$\boldsymbol{\Sigma}=(\boldsymbol{A}+\sigma^{-2}\boldsymbol{\Phi}^{\mathrm{T}}\boldsymbol{\Phi})^{-1}$为后验协方差;$\boldsymbol{\mu}=\sigma^{-2}\boldsymbol{\Sigma}\boldsymbol{\Phi}^{\mathrm{T}}\boldsymbol{t}$为权重均值,$\boldsymbol{A}=\mathrm{diag}(\alpha_0,\alpha_1,\cdots,\alpha_N)$。

在RVM中,模型权重值的估计值由其后验分布的均值表示,表现了最佳权重值的不确定性,反映出RVM预测结果的不确定性表达能力。

超参数的边际似然函数为

$$p(\boldsymbol{t}\mid \boldsymbol{\alpha},\sigma^2) = \int p(\boldsymbol{t}\mid \boldsymbol{\omega},\sigma^2)p(\boldsymbol{\omega}\mid \boldsymbol{\alpha})\mathrm{d}\boldsymbol{\omega} \tag{5-12}$$

$\boldsymbol{\omega}$的后验分布与$\boldsymbol{\alpha}$和σ^2的值直接相关,需要通过超参数优化以获得权重向量最大的后验分布。最大化超参数的边际似然函数可以达到模型要求的优化效果。令式(5-12)分别对$\boldsymbol{\alpha}$和σ^2求偏导并令导数式等于零,得到目标最可能值$\boldsymbol{\alpha}_{\mathrm{MP}}$和$\boldsymbol{\sigma}_{\mathrm{MP}}^2$的迭代计算公式

$$\alpha_i^{\mathrm{new}}=(1-\alpha_i N_{ii})/\mu_i^2 \tag{5-13}$$

$$(\sigma^2)^{\mathrm{new}} = \frac{\|\boldsymbol{t}-\boldsymbol{\Phi\mu}\|^2}{N-\boldsymbol{\Sigma}_i(1-\alpha_i N_{ii})} \tag{5-14}$$

式中,N_{ii}为$\boldsymbol{\Sigma}$中的第i个对角元素。

在迭代计算的过程中,会有许多超参数趋向无穷大,其对应的权重值趋向于0。在RVM中,样本数据里对应权重值非零的样本称为相关向量。当新的向量$\boldsymbol{x}^*$被输入模型,新的预测值$\boldsymbol{t}^*$的概率分布为

$$p(\boldsymbol{t}^* \mid \boldsymbol{t},\boldsymbol{\alpha}_{\mathrm{MP}},\boldsymbol{\sigma}_{\mathrm{MP}}^2) = \int p(\boldsymbol{t}^* \mid \boldsymbol{t},\boldsymbol{\omega},\boldsymbol{\sigma}_{\mathrm{MP}}^2)p(\boldsymbol{\omega}\mid \boldsymbol{t},\alpha_{\mathrm{MP}},\boldsymbol{\sigma}_{\mathrm{MP}}^2)\mathrm{d}\boldsymbol{\omega} \tag{5-15}$$

$$p(\boldsymbol{\alpha}_{\mathrm{MP}},\boldsymbol{\sigma}_{\mathrm{MP}}^2)=\underset{\boldsymbol{\alpha},\sigma^2}{\mathrm{argmax}}\,p(\boldsymbol{\alpha},\boldsymbol{\sigma}^2|\boldsymbol{t}) \tag{5-16}$$

式(5-15)满足高斯分布

$$p(\boldsymbol{t}^*|\boldsymbol{t})\sim N(\boldsymbol{t}^*|y^*,\boldsymbol{\sigma}^{2*}) \tag{5-17}$$

式中,预测均值$y^*=\boldsymbol{\mu}^{\mathrm{T}}\varphi(\boldsymbol{x}^*)$,且方差$\boldsymbol{\sigma}^{2*}=\boldsymbol{\sigma}_{\mathrm{MP}}^2+\varphi(\boldsymbol{x}^*)^{\mathrm{T}}\Sigma\varphi(\boldsymbol{x}^*)$。

预测方差中包括了数据噪声引起的方差以及权重估计不确定性引起的方差,再次反映出

了 RVM 对于预测值不确定性的表达能力。根据上述内容，可总结出 RVM 的预测模型结构如图 5-11 所示。

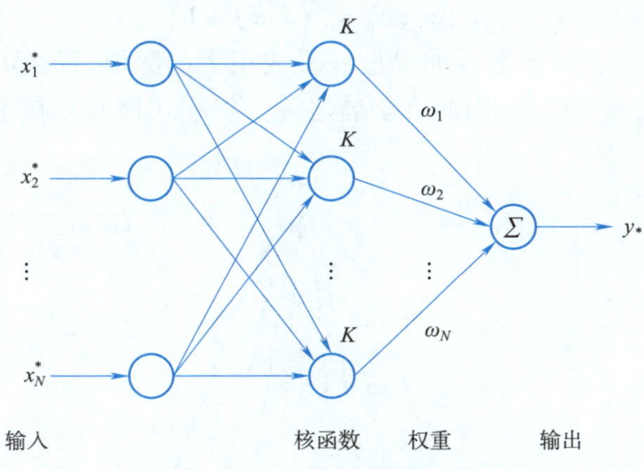

图 5-11　RVM 的预测模型结构

(2)混合核函数改进的 RVM

本节介绍一种使用混合核函数的相关向量机(hybrid kernel relevance vector machine, HKRVM)预测模型。

RVM 通过核函数进行映射，将非线性可分的问题投射至高维空间再进行计算预测，核函数的基本作用就是在低维中计算高维数据的点积。在同一使用场景下，不同核函数的使用也会造成 RVM 预测性能的不同。为了获得更加精确的预测效果，选择合适的 RVM 核函数至关重要。对于选择核函数的方法，目前还没有科学系统的理论规定，大多数情况都是根据实验得到的性能对比情况进行最优核函数的确定。目前的 RVM 主要使用单核核函数。传统的核函数主要有两大类型：局部核函数以及全局核函数。

①局部核函数。

局部核函数在学习能力方面具有优势，通过提取训练集测试点周边的信息达到学习的目的，缺点是泛化能力较弱。高斯核是典型的局部核函数，拥有很强的非线性处理能力。其又称径向基函数(radial basis function, RBF)，字面解释为一种沿径向对称的标量函数。利用高斯核情况下映射出的特征空间中，如三维空间，所有数据都被约束在一个无形的球里，只能映射到这片区域内，所以有了局部的概念。高斯核函数的数学形式可被表示为

$$K_1(\boldsymbol{x}_n,\boldsymbol{x}) = \exp\left(-\frac{\|\boldsymbol{x}_n-\boldsymbol{x}\|^2}{2\gamma^2}\right) \tag{5-18}$$

式中，γ 为高斯核函数的宽度参数，控制径向作用范围，即高斯核函数的局部作用范围。高斯核函数在不同宽度参数下的曲线图如图 5-12 所示。

图 5-12 中分别绘制了宽度参数为 0.1, 0.2, 0.3, 0.4 和 0.5 时，高斯核函数在测试点 0.0 处的特性曲线。高斯核只在测试点周围较小范围内产生影响，对于与测试点距离较大的点，高斯核的影响作用快速减弱。这证明了高斯核在提取数据局部特性上的优势，且宽度参数越大，高斯核的影响范围越大，局部影响作用越小。

②全局核函数。

相对的，全局核函数考虑了特征空间所有样本的向量点积，得到了极佳的泛化推广能力，

这与局部核函数形成了良好的互补关系。多项式核函数作为全局核函数的一种，已经被广泛应用于机器学习的研究工作中。多项式函数可被表示为

$$K_2(\boldsymbol{x}_n, \boldsymbol{x}) = [(\boldsymbol{x}_n^{\mathrm{T}}\boldsymbol{x}) + 1]^d \tag{5-19}$$

式中，d 为度数，表示最高次项次数。如果把 d 设成很大的数值，那么可以在映射后的高维空间得到不受空间限制的高维向量，因此有全局之说。多项式核函数在不同度数下的曲线图如图 5-13 所示。

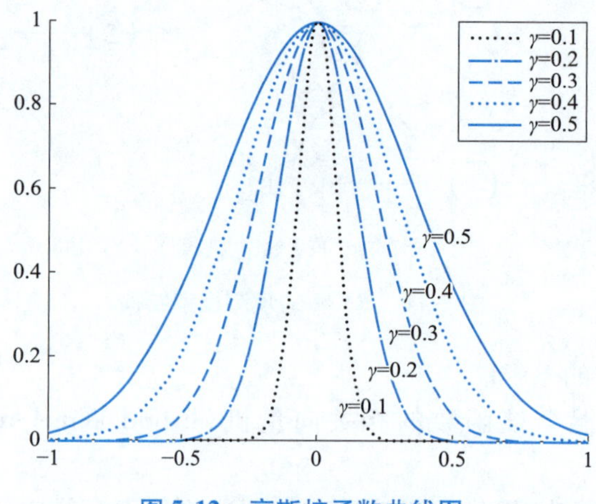

图 5-12 高斯核函数曲线图

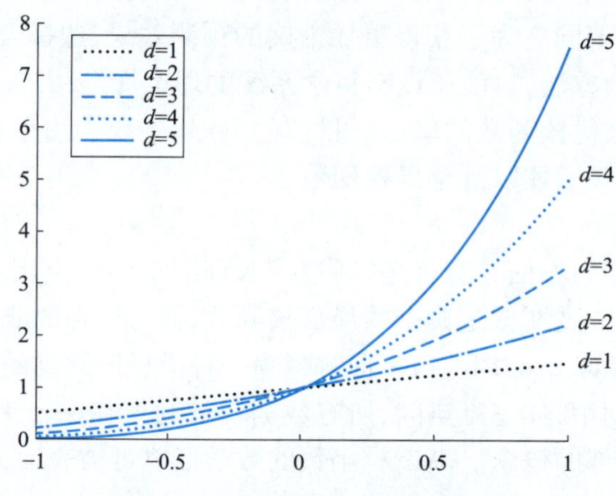

图 5-13 多项式核函数曲线图

图 5-13 中分别绘制了度数为 1,2,3,4 和 5 时，多项式核函数在测试点 0.0 处的特性曲线。在与测试点相距较远处，多项式核仍然能对输出值产生较大影响，即具有全局特性，证明了其优秀的泛化能力。

③混合核函数。

仅仅使用单一核函数进行回归预测存在的问题是，数据预测效果只能受到一种学习能力或推广能力的影响。高斯核函数因其局部特性可能会陷入过拟合问题，而多项式核函数因其对全局的把握可能会陷入学习效果差的问题。在执行实际的预测任务时，真实数据往往不能匹配单一分布，而是部分服从某种分布。在此情况下，使用任何一种单一核函数都会丢失部分

学习效果，达不到最佳预测结果。在此介绍一种将局部核函数以及全局核函数进行线性加权结合，得到的混合核函数，从而可以高准确度预测蓄电池的容量和寿命趋势。混合核函数的表达式为

$$K(\boldsymbol{x}_n,\boldsymbol{x})=bK_1(\boldsymbol{x}_n,\boldsymbol{x})+(1-b)K_2(\boldsymbol{x}_n,\boldsymbol{x}) \tag{5-20}$$

式中，b 为高斯核函数的线性加权系数；$(1-b)$ 代表多项式核函数的线性加权系数。

将两种核函数进行组合对蓄电池的容量及剩余寿命进行预测，可以将两类核函数的表达能力进行综合。混合核函数在不同线性加权系数下的特性曲线如图 5-14 所示。

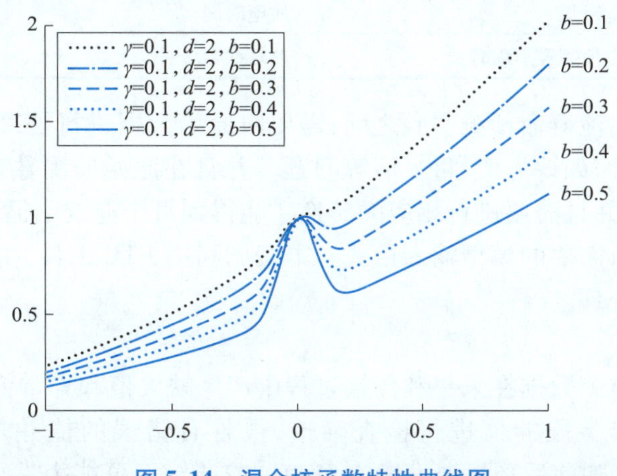

图 5-14　混合核函数特性曲线图

图 5-14 中分别绘制了在宽度参数和度数固定为 0.1 和 2 时，线性加权系数为 0.1，0.2，0.3，0.4 和 0.5 时的混合核函数在测试点 0.0 处的特性曲线。无论是在测试点的附近还是远距离处，混合核函数都能对输出值产生影响，同时呈现出两种单一核函数的特性。当线性加权系数趋向于 0 时，混合核函数趋于显示出多项式核的全局特征；当线性加权系数趋向于 1 时，混合核函数趋于显示出高斯核的局部特征。

多项式核函数可以把握住蓄电池寿命衰减的全局单调递减趋势，高斯核函数则可以捕捉到蓄电池寿命退化过程中局部非线性变化的趋势，两者结合更能全面描述蓄电池的寿命变化情况，增强 RVM 预测的稳定性与准确性。

2. 案例分析

在正常运行的动车组上的设备只能采集到与蓄电池有关的间接数据项，如电池电压、温度等，无法获得与蓄电池寿命直接相关的容量数据。某机车车辆有限公司为了方便研究车载蓄电池的寿命状态，选取了某种车型下的一列车，试验性地装备了一台电池专用监测设备，可以掌握蓄电池的充放电周期信息、容量信息、温度信息等。由于经济性限制，无法为所有动车组配备该电池专用监测设备，并且直接对电容量进行测量从长期角度会对蓄电池本身造成影响，可能降低使用寿命。实验数据对象为某型号蓄电池，额定容量 100 A · h，原始数据结构见表 5-10。实验数据采集了从 2017 年 6 月 26 日 8 时起至 2020 年 1 月 20 日 17 时，将近 31 个月，超过两年半的监测数据，共 142 793 条。从中提取到蓄电池循环数据 6 456 条。蓄电池在动车组运行过程中，短期执行供电工作，长期处于浮充状态，平均每天能采集 4 ~ 8 次循环数据。

表 5-10 蓄电池原始数据结构表

数据项	说　明	数据项	说　明
记录时间	数据采集日期时间	数据点	数据序号
电流	蓄电池电流,正负值表示充放电	电压	蓄电池端电压
充电容量	当前时刻充电量	放电容量	当前时刻放电量
SOC	蓄电池电荷状态	辅助电压	蓄电池各组电压
辅助温度	蓄电池各组温度	室内温度	当前环境温度
充电时间	充电时长	放电时间	放电时长
搁置时间	蓄电池搁置不用时长	循环次数	蓄电池循环次数

在进行动车组蓄电池寿命预测实验之前,需要对原始数据进行处理。采集的原始监测数据可能会包含一些异常,如缺失值、重复值等问题。并且在原始监测数据中,每次充放电循环中包含多条监测数据,并且需要进行相应的转换才能得到每个充放电循环中的间接健康因子,形成蓄电池容量预测所需要的模型输入格式。本案例利用 ETL 工具,主要完成以下几方面的动车组蓄电池数据预处理。

(1) 数据检验

主要处理蓄电池监测数据在采集和传输过程中产生缺失值和异常值问题。数据检验通过设定判断条件,对相应字段的值进行检查筛选,报告有错误的值并进行删除或改正。如表 5-11 所示,在 5 月傍晚前后环境温度皆为 28 ℃左右时,不可能突然出现 38 ℃的高温。将其用前后温度数据的平均值替换。

表 5-11 常蓄电池数据

记录时间	环境温度/℃	电流/A	电压/V
2018/5/20 17:31:32	28.042 6	−6.566 2	89.926 7
2018/5/20 17:32:06	28.042 6	−6.514 1	91.358 6
2018/5/20 17:32:12	**38.041 9**	0.000 0	92.106 5
2018/5/20 17:33:06	28.039 9	0.000 0	92.752 1

(2) 数据去重

主要处理蓄电池监测数据在采集和传输过程中产生重复值的问题。原始数据根据采集时间排列,为保证有序性,可在检测重复值前利用 ETL 工具对原始数据再次进行一遍时间升序排序。重复值分为两类。一类是只有采集时间点重复,各数据项不重复。另一类是所有数据项都重复。如表 5-12 所示,对检测到的第二类重复值进行删除操作。

表 5-12 具有重复的蓄电池数据

记录时间	环境温度/℃	电流/A	电压/V
2018/1/13 10:21:22	1.042 6	0.155 9	102.514 4
2018/1/13 10:22:06	1.042 7	0.103 8	102.522 3
2018/1/13 10:22:06	1.042 7	0.103 8	102.522 3
2018/1/13 10:22:06	1.042 7	0.051 7	102.538 0

（3）数据筛选

主要负责在蓄电池监测数据中提取间接健康因子。以计算每个充放电循环中放电阶段等压降时间间隔为例。首先需要将该次循环对应的所有监测数据筛选出来，其次在其中筛选出恒流状态的监测数据，根据设定的电压下降值定位能够与之对应的数据采集时间区间，计算出该时间区间的时间长度。

动车组蓄电池的在线寿命趋势预测由第4 000个循环开始进行。将前1～3 999个数据进行重构，嵌入维数经平均熵法确定为9。输入ICS-HKIRVM模型进行训练。

预测到第6 400个循环的寿命趋势如图5-15所示。考虑到目前数据量的局限性，假定第6 400个循环周期对应的95.028 A·h为真实寿命终点，则本次实验ICS-HKIRVM预测的蓄电池寿命终点为第6 238个循环周期，RUL为2 238个循环周期。RUL预测的绝对误差为162个循环周期。如平均每天采集6次循环周期数据，预测剩余工作寿命大约还有373天，绝对误差为27天。

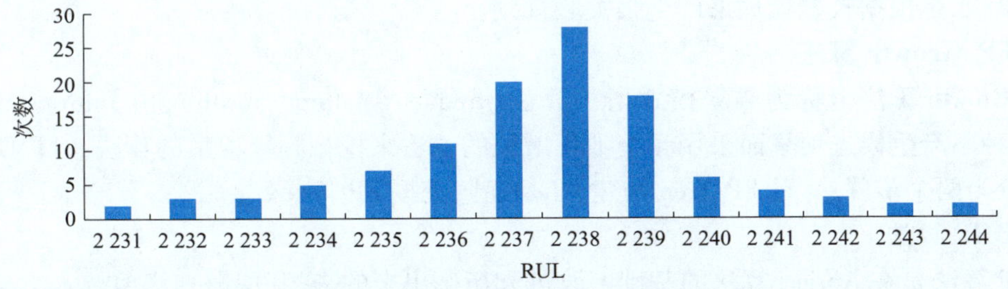

图5-15　蓄电池寿命趋势预测结果

将RUL预测结果的不确定性通过多次实验进行量化统计，实验组数选为100，结果如图5-16所示。横坐标为RUL预测结果，纵坐标为结果出现的次数。从图5-16中可以看出，大多数预测结果都集中在2 238附近，所有预测值都在[2 231,2 244]范围内。

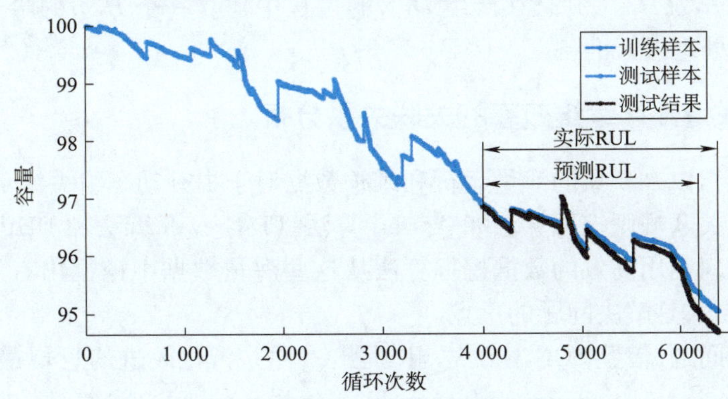

图5-16　实验不确定性量化结果

5.4　关系关联分析技术

5.4.1　关系关联分析概述

关联规则（association rules）挖掘是指在大量数据中找到一些有意义的规则，这些规则可以反映出用户不知道或不能明确表达的信息。它是数据挖掘中非常重要的一部分,在医疗、电商、零售、大气物理等方面已经有了非常广泛的应用。1993 年,IBM 的计算机工程师 Agrawal 等在客户交易的数据中发现客户购买商品的规律,随后提出了事物之间的相关性模式,也就是关联规则的原型。通过关联规则挖掘,可以找到事务中项集之间的关系。

5.4.2 案例:关系关联分析典型方法

1. Apriori 算法

Apriori 算法利用了频繁项集的两个性质:如果项集 I 是非频繁项集,那么它的所有超集都是非频繁项集;如果项集 I 是频繁项集,那么它的所有非空子集都是频繁项集。根据这两个性质,Apriori 算法通过逐层搜索的迭代方法,即将 k-项集用于探查$(k+1)$-项集,来找出事务数据库中所有的频繁项集。Apriori 算法整体上可以分为两个步骤:一是由事务数据库迭代产生频繁项集;二是根据频繁项集来产生强关联规则。

2. FP-Growth 算法

FP-Growth 算法全称为频繁模式增长算法(frequent-pattern growth),由 Jianwei Han 等提出,是一种不产生候选项集而采用频繁项集增长的方法来挖掘频繁项集的算法。FP-Growth 算法主要分为两个步骤:一是 FP-Tree 构建;二是递归挖掘 FP-Tree。

3. DHP 算法

DHP 算法是在 Apriori 算法的基础上改进和衍生出来的,它利用散列修剪技术来减少数据的传输量。DHP 算法的基本思想是:在计算频繁 k-项集时,先从频繁$(k-1)$-项集 L_{k-1} 中计算出所有的 k-项集,并使用哈希技术来检验每个 k-项集所对应的 H_k 桶的支持度。若支持度大于或等于最小支持度 minsupport,则将此 k-项集纳入候选项目 C_k 中。然后将事务集合 D_k 中不满足的事务项过滤掉,并删除事务数据集 D_k 中没有可能产生频繁$(k+1)$-项集的事务行,得到的事务结果集作为 D_{k+1},并且在产生 D_{k+1} 的过程中建立一个 H_{k+1} 的哈希桶,然后由扫描 C_k 得到 L_k,为下次处理做好准备。

5.4.3 动车组关键部件运维效率的关联关系分析

动车组投入运营以来积累的海量运行和维护数据对于提升动车组关键部件运维效率具有重要意义。常用的关联规则挖掘算法如 Apriori 算法、FP-Growth 算法和 DHP 算法存在冲突和效率低等问题。如何利用高效的数据挖掘算法从这些海量数据中挖掘出有用的信息,以辅助制定有效的运维方式,是解决问题的重点。

为了解决这一问题,借鉴 SON 算法思想,提出一种并行化改进的近似最小完美哈希函数 AMPHP-SON(approximate minimum perfect hashing and pruning-SON)算法,进一步提高了算法的性能。接下来详细介绍该算法的实现方法。

SON 算法是 Savasere、Omiecinski 和 Navathe 于 1995 年提出的,它基于作者的名字命名,能够在两次扫描的代价下去掉所有的伪反例和伪正例。SON 算法的思想是,将事务数据库划分成 n 个互不重叠的块(也称分区),将每个分区看成一个样本数据,接着分别在每个块上采用一定的关联规则挖掘算法计算出本数据块中的频繁项集,最后汇总各个块的计算结果,得到一个项集的集合,该集合即为整个事务数据库中所有频繁项集的集合。

如果每个分区占整个事务数据集的比例为 p,而 s 是最小支持度,局部最小支持度表示为

l,则定义局部最小支持度为

$$l = ps \tag{5-24}$$

利用式(5-24)可以得出局部最小支持度为 ps。注意到如果某个项集在任意分区上都不频繁,那么它在每个分区上的支持度都低于 ps。由于分区的数目是 $1/p$,因此可以得出结论:该项集在整个事务数据集上的支持度将低于$(1/p)ps$。所以,如果一个项集是全局频繁的,那么该项集至少在一个分区中是局部频繁的,SON 算法的正确性正是基于此。

SON 算法非常适合于并行计算环境。并行化计算是一种提高系统计算速度和处理能力的有效手段。它的基本思想是:将任务分解成多个互不重叠的小任务,分配到不同的处理器上,使用多个处理器分别进行计算,最后把子任务计算完的结果进行汇总,得到最终的结果。并行计算要求任务的计算性质是可以分割的,它可以分为空间上和时间上的并行。空间上的并行是指多个处理器同时执行任务,而时间上的并行是指流水线技术。

SON 算法可以很方便地采用 MapReduce 并行计算方法实现,每个分区可以并行处理,然后将它们产生的频繁项集合并成候选项集。将所有候选项集分布到多个处理器上进行处理,每个处理器计算每个候选项集在一个组块上的支持度,最后对它们求和得到每个候选项集在整个数据集上的支持度。上述过程可以很自然地使用两轮 MapReduce 迭代实现,如图 5-17 所示,其中 p_i 为每个 Map 任务所得到输入文件占总输入文件的比例,F_i 为满足本 Map 任务支持度阈值的项集,v_i 为候选集在本 Map 任务所分配数据集上的支持度,s 为支持度阈值。

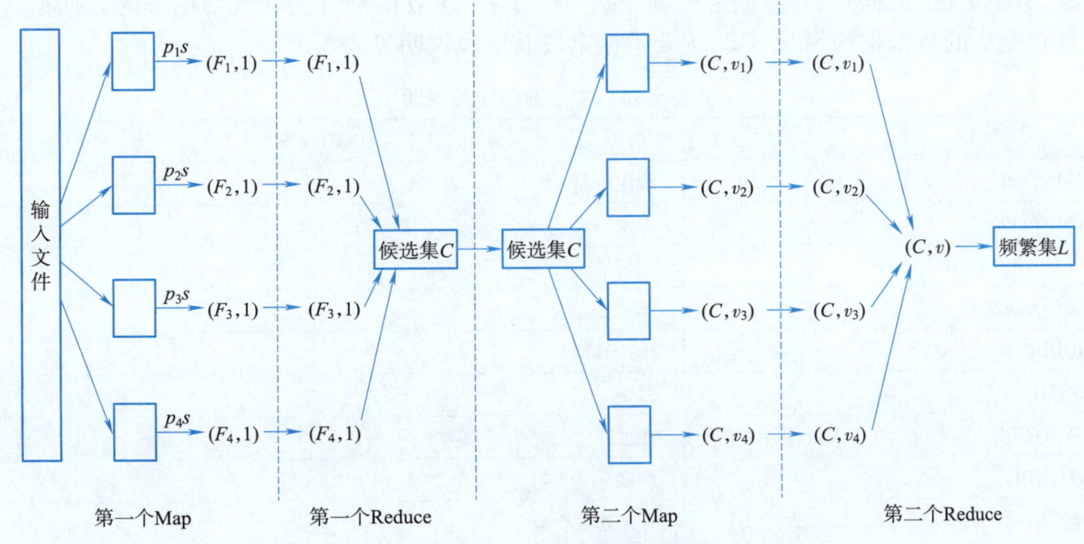

图 5-17 SON 算法流程

(1)第一个 Map 阶段

使用分配的事务数据库子集,采用一定的关联规则挖掘算法发现该子集的频繁项集。如上所述,如果每个 Map 任务得到的数据子集占整个事务数据集的比例为 p,那么可以将支持度阈值从 s 降为 ps。最后的输出是一个键值$(F,1)$集合,其中 F 是样本中的一个频繁项集,值永远为 1,它与键没有任何联系。

(2)第一个 Reduce 阶段

每个 Reduce 任务被分配了一个键集合,每个键都是一个项集,而值部分被忽略。Reduce

任务只不过是产生那些出现一次或多次的键(即项集)。因此,第一次 Reduce 函数输出候选项集。

(3)第二个 Map 阶段

第二个 Map 函数对应的 Map 任务接收第一个 Reduce 函数的所有输出(即候选项集)和输入事务数据集的一部分。每个 Map 任务计算每个候选项集在当前分配的事务数据集上的出现次数。其输出为一个键值对(C,v)组成的集合,其中 C 是一个候选项集,v 是 C 在本 Map 任务所分配事物数据集上的支持度。

(4)第二个 Reduce 阶段

第二个 Reduce 阶段对应的 Reduce 任务将分配的项集看成键,并将关联的值求和。最终得到每个 Reduce 任务所分配的每个项集在整个事务数据集上的全局支持度。那些值求和之后大于或等于 s 的项集是整个事务数据集上的频繁项集,因此 Reduce 任务会将这些项集及其计数值输出。那些全局支持度小于 s 的项集为非频繁项集,不会作为此阶段 Reduce 任务的输出结果。

从图 5-17 可以看出,SON 算法第一轮迭代求出局部频繁项集,第二轮迭代求出全局频繁项集。其缺点是仍需要两次扫描数据库,而扫描数据库进行磁盘 I/O 会占用大量的时间。

下面以某动车组制造厂和某动车组运用检修段某年度的所有动车组牵引电机运行和检修数据为例,介绍关联关系分析过程。本例中给出的数据已经完成对其的预处理工作,经过数据清洗、数据集成、数据归约、数据变换等一系列操作后,使数据符合关联规则挖掘的数据格式。预处理完毕的数据集约为 50 GB,主要数据字段及字段说明见表 5-13。

表 5-13　主要数据字段说明

NAME	COMMENTS
TRAINNUM	编组编号
TRAINTYPE	车型
ATTACHBUREAU	配属局
CARRIAGENUM	车厢号
PRODUCTION_DATE	生产日期
MONTH	月份
LONGITUDE	经度
LATITUDE	维度
SPEED	列车速度/(km/h)
ROUTE	运行线路
MILEAGE	运行里程/(km)
TEMPERATURE	列车环境温度/℃
DRIVE_BEARING_TEMP	驱动侧轴承温度/℃
NONDRIVE_BEARING_TEMP	非驱动侧轴承温度/℃
STATOR_TEMP	定子温度/℃
POWER	功率/kW
CURRENT	MM 电流反馈值/A

续上表

NAME	COMMENTS
VOLTAGE	三次电压有效值/V
OVERHAUL_DATE	检修日期
FAILURE_TYPE	故障类型
DURATION	检修时牵引电机已使用天数(计算方法为:检修日期减去第一次投入使用日期)
LOGISTICS	物流
EQUIPMENT	设备
SPARE_PARTS	备品备件数量
STAFF	人员
EFFICIENCY	运维效率/h^{-1}

在上述实验数据和实验环境的基础上,应用本节提出的 AMPHP-SON 算法对动车组牵引电机运维数据进行关联规则挖掘,得出的动车组运维效率关联规则部分结果见表 5-14。

表 5-14　动车组运维效率关联规则部分结果

运维效率	规　则	支持度计数	支持度	置信度
低	CRH×, ×××3C, 90~120 万 km	24 521	1.53%	9.25%
高	CRH×, ×××1C,3 月,30 万 km 以下	27 121	1.69%	8.73%
较高	设备 011,人员 103	19 916	1.23%	11.27%
较低	备品备件 4,物流 001	15 337	0.96%	8.39%
较低	经度:102.14~105.5,纬度:29.5~32.8	33 252	2.08%	10.93%
低	CRH×, ××××A,7 月	22 914	1.43%	8.17%

图 5-18 所示为动车组牵引电机低运维效率的关联关系。从图 5-18 中可以看出,与低运维效率具有较强关联性的因素有 90~120 万 km、人员 102、7 月、累计已使用 10 个月、高速、设备 101 等。下面将选取几条具体规则进行详细说明。

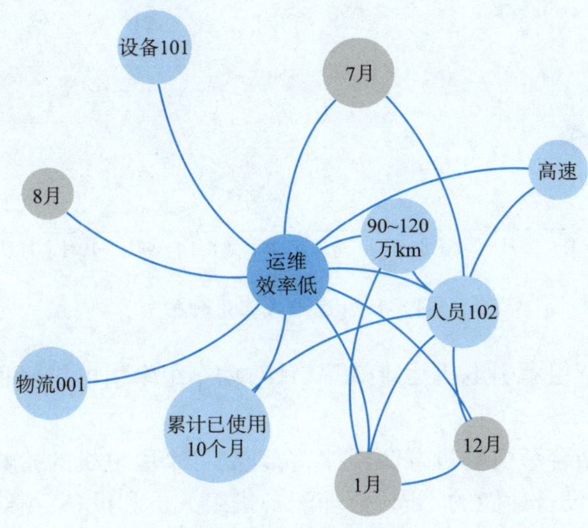

图 5-18　牵引电机低运维效率关联关系

如表 5-14 所示，规则“CRH×，×××3C，90～120 万 km ＝＞低[support＝1.53%，conf＝9.25%]”的含义是车型 CRH×编组编号×××3C 的动车组，在运行累计里程达 90～120 万 km 时，运维效率低，支持度为 1.53%，置信度为 9.25%。该规则符合实际意义，即临近大修时，牵引电机易出现故障，且故障原因较复杂，因此，检修过程慢，运维效率低。

规则“设备 011，人员 103＝＞较高[support＝1.23%，conf＝11.27%]”的含义是人员 103 使用设备 011 对牵引电机进行检修，运维效率较高，支持度为 1.23%，置信度为 11.27%。根据该规则可以推测设备 011 的检修性能较好，人员 103 检修专业技能较强，利用该规则可以合理安排人员和设备，从而达到提高运维效率的目的。

规则“经度：102.14～105.5，纬度：29.5～32.8＝＞较低[support＝2.08%，conf＝10.93%]”的含义是在经度为 102.14°～105.5°且纬度为 29.5°～32.8°的地域内，牵引电机的运维效率较低。从该规则可以初步预测该地域内环境比较恶劣，牵引电机容易发生故障，从而导致维修次数增加，备品备件不足，因此运维效率较低。该条规则的指导意义是，根据不同的地域环境，合理制定维修方式、维修周期等。例如，对于环境较恶劣区域，可以适当增加检修设备和检修人员，同时制定合理的备品备件订购计划，从而使得牵引电机的检修工作可以快速完成。

规则“CRH×，×××A，7 月＝＞低[support＝1.43%，conf＝8.17%]”的含义是车型 CRH×编组编号××××A 的动车组在 7 月牵引电机的维修效率低。该规则符合实际意义，即 7 月温度较高导致牵引电机故障频发，引起维修次数增加，备品备件不足，从而运维效率低。图 5-19 所示为动车组牵引电机运维效率月分布，从图中可以看出 1 月、7 月、8 月、12 月动车组运维效率相对较低。分析其原因可能是这几个月温度过高或过低对牵引电机的损伤都会比较严重，因而牵引电机容易发生故障，检修时间较长，检修效率较低。

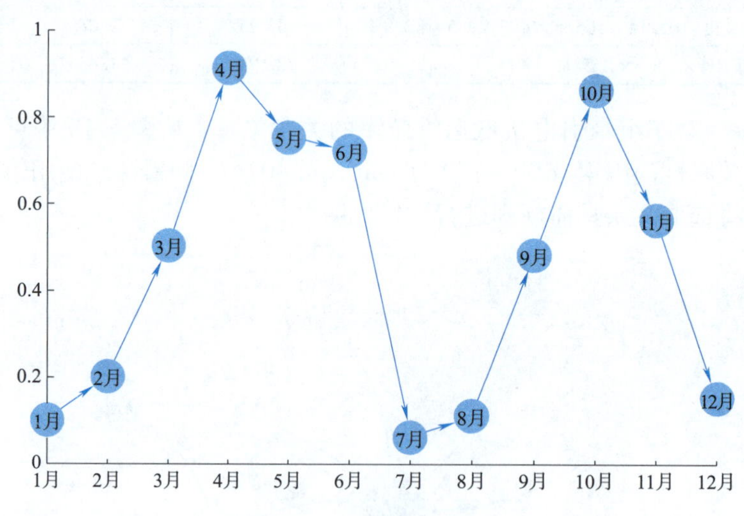

图 5-19 运维效率月分布

综上，为了提高动车组牵引电机运维效率，针对动车组牵引电机修程修制优化给出以下几条建议：

①根据运行里程，结合牵引电机寿命规律，合理制订牵引电机的检修计划。

②根据人员素质和设备性能的不同，合理配备班组人员和设备；组织专业素质相对较低的

人员进行作业培训,更换性能优良的检修设备,以达到最高效的检修方式。

③根据不同的地域和时间合理制订备品备件的订购计划,保证充足的库存,以达到提高运维效率的目的。

小结

本章主要介绍了面向智能运维的信息处理,主要包括动车组故障诊断技术、健康状态评估技术、数据预测技术以及关系关联分析技术,对相关技术进行了简要的介绍,并对部分相关典型方法进行了详细介绍。在各项技术介绍后,分别给出对应的实际应用案例,包括车组轴箱轴承健康状态评估、牵引变流器逆变模块故障诊断以及动车组关键部件的运维效率关联关系分析。通过介绍这些应用中的实际案例,生动具体地展示了信息处理在智能运维领域发挥的强大作用,也为相关其他领域的研究与应用提供了新的思路。

习题

1. 面向智能运维的信息处理包括哪些方面?有何意义?
2. 什么是数据预测模型?
3. 经典的预测算法有哪些?
4. 健康状态评估技术是什么?
5. 健康状态评估有哪些典型方法?
6. 故障诊断的概念是什么?
7. 故障诊断的常用方法有哪些?
8. 什么是关系关联分析技术?
9. 关系关联分析的常用方法有哪些?

第 6 章 面向高速动车组运维知识图谱构建的信息处理

人工智能等信息技术的快速发展正助推着高速动车组运维向数字化和智能化转化。知识图谱的应用已为相关部门关注，并开始在故障处理远程指导、应急事件处理、人才培训等方面开展应用研究。本章将介绍基于知识图谱的信息处理技术，主要包含四个部分：第一部分是知识图谱概述，介绍什么是知识图谱，并列举国内外典型的知识图谱；第二部分对知识图谱关键技术进行介绍，包括知识表示、知识抽取、知识融合与知识计算；第三部分以铁路领域为例，展示知识图谱构建的一个完整过程；第四部分为应用案例，分别就故障预测、智能搜索、智能问答三个方面给出相应的具体应用。

知识结构图

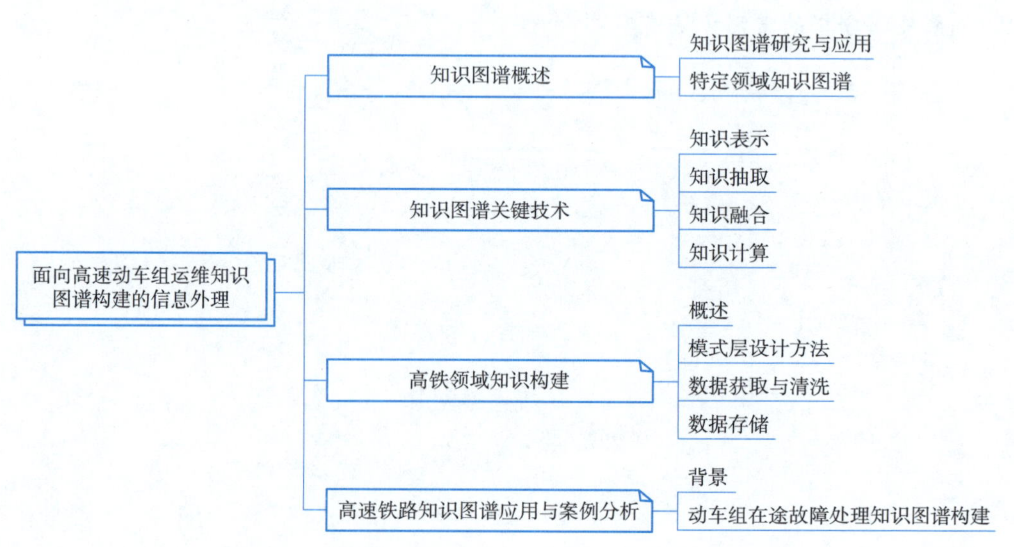

学习目标

- 了解知识图谱的概念和发展现状。

- 了解知识表示、知识抽取、知识融合以及知识计算的基本概念和常用方法。
- 理解高铁领域知识图谱的构建过程以及应用场景。

6.1　知识图谱概述

知识图谱是人工智能的一项重要技术，是一种描述实体之间关系的数据网络，也是人工智能重要的研究领域之一。知识图谱通常由"实体-关系-实体"或者"实体-实体属性-属性值"这样的三元组来描述数据实体之间的内在联系与外在情况。原始数据经过知识获取、知识表示、知识融合、知识计算，即可将繁复的数据转化为包含带有节点属性和节点间相互关系的图数据库。通过知识运用技术，则可以将非线性世界的数据信息结构化，便于计算机"理解"，使得机器获取近乎人类的认知，如图6-1所示。

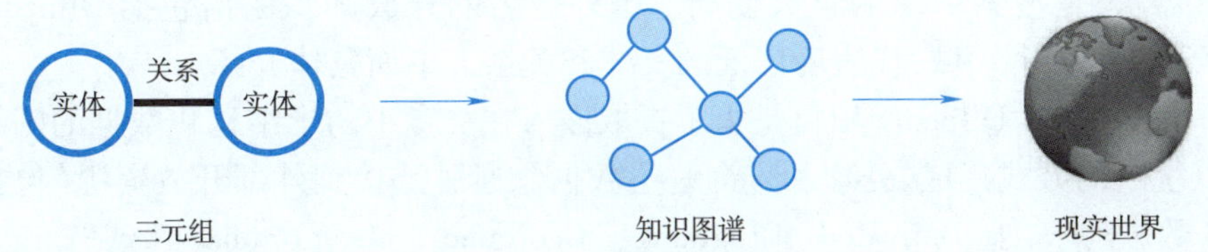

图6-1　知识图谱概述

知识图谱的相关研究最早起源于20世纪中叶，从知识工程和语义网发展而来。1995年Swanson提出基于文献引用关系构建文献地图并利用引文索引实现文献检索。1997年Feigenbaum提出知识工程的概念，利用专家知识和推理能力建立了专家系统。1998年Tim Berners Lee提出语义网络，利用节点和边描述万维网中资源与数据之间的关系，提出一种可以理解和处理的知识表示方法。2012年谷歌公司提出知识图谱的概念，并建立一个基于语义的搜索引擎，真正宣告知识工程进入大数据时代。知识图谱表见表6-1。

表6-1　知识图谱表

序　号	知识图谱名称	所属机构
1	DBpedia	德国莱比锡大学、曼海姆大学
2	YAGO	德国马普研究所
3	Freebase	谷歌
4	百度知心	百度
5	搜狗智立方	搜狗
6	XLORE	清华大学
7	PKU-PIE	北京大学
8	Belief Engine	中国科学院自动化研究所
9	Zhishi. me	上海交通大学
10	CN-DBpedia	复旦大学

6.1.1 知识图谱研究与应用

1. 国外知识图谱研究与应用

早期的知识图谱由专家手动编辑实现，具有较高的知识精度，典型代表有 Cyc 和 WordNet。Freebase 知识库早期由 Metaweb 公司创立，以资源描述框架（RDF）三元组的形式存储知识，利用 NNDB 等网站中提取的信息构建知识图谱。DBpedia 是由德国莱比锡大学和曼海姆大学创建的多语言综合型知识库，提取结构化信息，供公众使用，DBpedia 覆盖 127 种语言，描述了 1 731 万个实体，总共包含 95 亿事实三元组。YAGO 知识库是由德国马普研究所科研人员构建的综合型数据库，整合了 WordNet 等多个数据源，构建了一个复杂类型层次结构体系。2014 年谷歌公司提出的 Knowledge Vault 用于提高搜索引擎的能力，通过算法自动搜集网上信息，通过机器学习方法对已有的结构化数据进行集成和融合，将其变为可用知识，满足用户的搜索需求，是搜索引擎的重大创新。国外著名的开放知识图谱包括 DBpedia、YAGO、Freebase 等涵盖了多个领域，代表着广泛的实体和关系。下面具体介绍。

①DBpedia。开发 DBpedia 项目是为了提取嵌入在文章中的半结构化数据的图结构表示，从而能够以统一的方式集成、处理和查询这些数据。通过链接到外部开放资源（包括图像、网页和外部数据集，如 DailyMed、DrugBank、GeoNames、MusicBrainz、New York Times 和 WordNet），可以进一步丰富所得的知识图谱。DBpedia 提取框架由几个组件组成，分别对应于文章源，图存储和序列化目标，标记提取器，解析器和提取管理器。特定的提取器旨在处理标签、摘要、语言间链接、图像、重定向、消歧页面、外部链接、内部页面链接、主页、类别和地理坐标。

②YAGO。YAGO 同样提取图结构的数据，然后将其与 WordNet 的层次结构统一，以创建"轻量级且可扩展的，具有高质量和覆盖范围的本体"。该知识图谱旨在用于各种信息技术任务，如机器翻译、单词义消除歧义、查询扩展、文档分类、数据清理、信息集成等。尽管较早的方法使用模式匹配、自然语言处理（NLP）和统计学习从文本中自动提取结构化知识，但是与通过手动构建可能获得的内容相比，结果内容质量往往较差。但是，手动构建的成本很高，因此要实现广泛的覆盖范围并保持数据为最新数据具有挑战性。为了提取具有较高覆盖率和质量的数据，YAGO（如 DBpedia）大多从信息框和类别页面中提取数据，这些信息框和类别页面分别包含基本实体信息和特定类别的文章列表。这些反过来又与 WordNet 的分层概念相统一。

③Freebase。Freebase 是人类知识的一般集合，旨在解决与语义 Web 的分散性相关的一些大规模信息集成问题，如采用不均匀、实施挑战和分布式查询性能限制。与 DBpedia 和 YAGO 不同，Freebase 直接从人类编辑那里征求文稿。Freebase 平台中包括具有版本控制机制的可扩展数据存储；用于存储文本、图像和媒体文件的大型数据对象存储库（LOB）；可以使用 MQL 查询的 API；Web 用户界面；轻量级的打字系统。打字系统旨在支持协作流程。该系统不强制本体论的正确性或逻辑一致性，而是以松散的结构化机制集合（基于数据类型、语义类、属性、模式定义等）的形式实现的，这些机制允许不兼容的类型和属性同时共存。内容可以通过 Web 用户界面交互式地添加到 Freebase 中，也可以利用 API 的写入功能以自动方式添加到 Freebase 中。

2. 国内知识图谱研究与应用

当前国内对在知识图谱构建领域取得的重要进展包括百度知心、搜狗知立方、清华大学研发的 XLORE、北京大学研发的 PKU-PIE、中国科学院自动化研究所研发的 Belief Engine、上海交通大学研发的 Zhishi. me、复旦大学研发的 CN-DBpedia 等。

百度知心和搜狗知立方作为通用知识图谱已经应用在百度和搜狗的搜索引擎中,用以提高搜索能力和用户体验。百度和搜狗搜索结果如图 6-2 和图 6-3 所示。

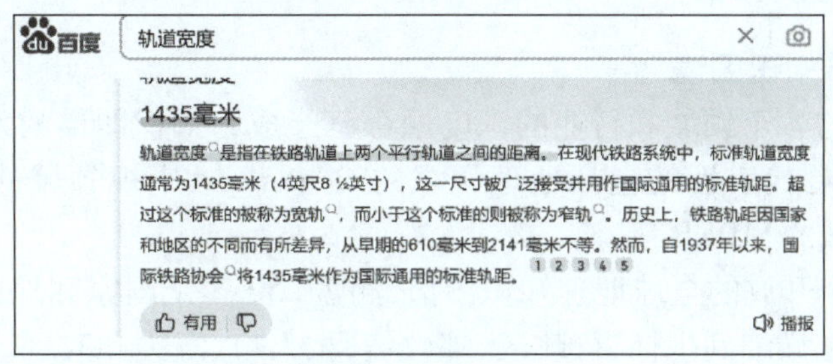

图 6-2　百度搜索结果

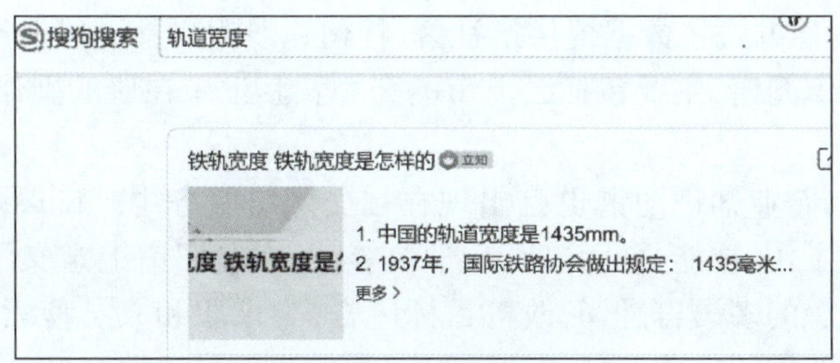

图 6-3　搜狗搜索结果

XLORE 是一个大型的跨语言百科全书知识图谱,具有平衡的中英文知识比例。该图谱是通过将网络百科全书,以及百科全书知识的结构化和跨语言链接融合而成的。该知识图谱以结构化形式描述了客观世界中的概念、实例、属性和丰富的语义关系。XLORE 当前包含大约 247 万个概念,446 000 个属性/关系,1 628 万个实例和 260 万个跨语言链接。作为世界知识图谱,XLORE 将为人工智能应用提供强大的支持,包括搜索引擎和智能问答。

PKU-PIE 自动从 DBpedia、百度百科和其他来源收集知识,以形成具有自己的类别系统和谓词系统的中文百科知识图谱,并且与诸如 DBpedia 的通用数据库相关联。

Belief Engine 知识图谱是中文和英文的双语跨领域知识图谱。包含来自百度、互动百科等的声明性知识。在此基础上,通过概念化生成概念知识,并为每条常识知识分配一个“信念”值。当前通过 SPARQL 端点访问提供知识图和置信度值。

Zhishi. me 首次尝试通过从开放式百科数据中提取结构化数据来构造中文通用知识图谱的。目前,已经整合了来自各大中文百科的数据,如百度百科、互动百科等。Zhishi. me 提供一个 SPARQL 终端供用户查询。当前,查询返回的结果以 HTML 形式给出。

CN-DBpedia 是由复旦大学知识工场实验室开发和维护的大规模通用领域结构化百科。它是中国最早也是最大的开放式百科,有数以千万计的实体和数亿个关系,相关知识服务 API 调用的累计数量已超 6 亿次。CN-DBpedia 以一般百科知识积累为主要内容,垂直领域图谱积累为分支内容。它致力于为机器语义理解提供丰富的背景知识,并为实现机器语言认知提供必要的支持。CN-DBpedia 具有体积大、质量高、实时更新和 API 服务丰富的特点。CN-DBpedia 已成为中文开放知识图谱的行业首选。基于 CN-DBpedia 的知识图谱构建和应用功能已被导出,并已应用到行业领导者的产品和解决方案中,如华为、小 i 机器人、中国电信、中国移动和同花顺。

6.1.2 特定领域知识图谱

1. 国外特定领域知识图谱

目前,知识图谱与各个领域和行业的深度融合已经成为知识图谱的发展趋势。在领域知识图谱方面,国外具有代表性的包括地理领域的 GeoNames、影视领域的 IMDB、音乐领域的 MusicBrainz、医疗领域的 SIDER 等。

GeoNames 是一个开放的全球地理知识图谱,涵盖 250 多个国家和地区及 1 100 多万份地理位置信息,地理信息详细到坐标、行政区、邮政编码、人口、海拔和时区。IMDB 是关于电影、电影演员、电视节目、电视演员和电影制作的知识图谱。IMDB 中的资料是按类型进行组织的,对于一个具体的条目,又包含了详细的元信息。MusicBrainz 是开放音乐知识图谱,可通过数据库或 Web 服务两种方式将数据提供给社区,任何注册用户都可以向网站中添加信息或投稿。SIDER 是医学知识图谱,主要包括已上市的药物及其记录在册的副作用,为相关疾病的治疗提供依据。

在社交网络领域,企业知识图谱也已出现在社交网络服务中。LinkedIn 发布了一个知识图谱,其中包含用户、工作、技能、公司、地点、学校等,并在此图谱上定义了分类模式。该知识图谱用于提供重要概念的多语言翻译,改善目标广告,为求职和人员搜索提供高级功能,并同样为人员提供与职位匹配的推荐。

在金融领域,也存在企业知识图谱的部署。彭博社提出了一个知识图谱,该图谱可以为财务数据分析提供动力,包括基于当前新闻报道和推文对公司进行情绪分析、问答服务以及检测可能影响股票价值的新兴事件。汤普森路透社发布了一个知识图谱,该知识图谱使用分类模式来组织人员、组织、股权工具、行业分类、合资企业和联盟、供应链等的“金融生态系统”。他们提到的有关知识图谱的一些应用包括供应链监控、风险评估和投资研究。

2. 国内特定领域知识图谱

领域知识图谱在国内也作为研究热点并已经落地到实际应用中。

在医学领域,北京大学互联网工程研发中心基于大规模医学文本数据,使用自然语言处理和文本挖掘技术开发的英文抗生素药物医学知识图谱 IASO。医渡云构建了 Yidu-S4K——结构化 4K 数据集,该数据集是“面向中文电子病历的命名实体识别”的数据集,包括医疗命名实体识别和医疗实体及属性抽取(跨院迁移)两个子任务。华东理工大学建立了中文症状库知识图谱,它是一个包含症状实体和与症状相关的三元组的数据集。中文症状库的数据来自八个主流健康咨询网站、三个中文百科网站和电子病历。它还包含 UMLS 中中文症状和概念的链接结果。数据集提供关键字查询和 SPARQL 查询功能。阿里巴巴与瑞金医院联合发布全球首个基于机器智能的糖尿病知识图谱,也是首个在医院正式使用的基于人工智能的糖尿病知识图谱,此知识图谱和人工智能机器人结合后有了更多功能作用,如智能导诊功能,机器人可以根据患者提供的症状描述自动匹配糖尿病知识图谱中的相关知识并为患者提供合理化的就诊流程,当然医生也可以通过糖尿病知识图谱依据大量的专业知识储备提供的合理化建议做出更科学的决策。除此之外,糖尿病知识图谱还能为糖尿病的治疗提供更多辅助支持。

在公安领域，百分点开发的智能安全分析系统 DEEPFINDER 以“动态知识图谱”为核心，对公共安全领域的多源异构数据进行融合，在全国各地落地，为公安各大警种业务人员提供决策支撑，实现智慧警务。

在经济和金融领域，深圳市爱智慧科技有限公司构建了关于微观经济学的知识和逻辑图谱——微观经济学知识库，包括市场主体、市场客体和市场行为三部分。关系有 is、include、positively related 和 negatively related 四类。目标是应用于经济和金融垂直领域的问答和推理。阿里巴巴研发的电商认知图谱 AliCoCo 已经形成完善的电商数据认知体系，在搜索推荐等电商核心业务场景上取得佳绩。

6.2 知识图谱关键技术

知识图谱的关键技术主要有知识表示、知识抽取、知识融合、知识计算四种。

6.2.1 知识表示

知识表示(knowledge representation)是指把知识客体中的知识因子与知识关联起来，以便于人们识别和理解知识。知识表示是知识组织的前提和基础，任何知识组织方法都是要建立在知识表示的基础上。知识表示有主观知识表示和客观知识表示两种。

1. 一阶谓词逻辑

一阶谓词逻辑，也称谓词逻辑、量化逻辑或一阶谓词演算，是数学、哲学、语言学和计算机科学中使用的形式系统的集合。一阶谓词逻辑使用非逻辑对象上的量词，并允许使用包含变量的公式，这样，与诸如“苏格拉底是一个人”之类的命题相比，人们可以以“存在 x 使得 x 是苏格拉底，且 x 是人”，其中“存在”是一个量词，而 x 是一个变量。这不同于命题逻辑，命题逻辑不使用量词或关系；从这个意义上说，命题逻辑是一阶逻辑的基础。

一个关于主题的理论通常是一阶谓词逻辑加上一个特定的论域(量化变量的范围)，从这个论域到它本身的有限多个函数，在这个论域上定义的谓词有限，并定义有一套公理。有时，“理论”被理解为是一阶逻辑中的一组公式。

“一阶”将一阶谓词逻辑与高阶谓词逻辑区分开来。在一阶谓词逻辑中，谓词自变量可以是谓词或函数，或者在其中允许一个或两个谓词限定词或函数限定词。在一阶理论中，谓词通常与集合相关联。在解释的高阶理论中，谓词可以解释为集合集。

一阶谓词逻辑有许多演绎系统，它们既健全(即在所有模型中所有可证明的陈述都是正确的)又是完备的(即在所有模型中都为真实的所有陈述都是可证明的)。尽管逻辑结果关系只能是半确定的，但是在一阶逻辑的自动定理证明中已经取得了很大进展。一阶逻辑还满足一些使得可以在证明论中进行分析的定理，如 Löwenheim-Skolem 定理和紧致性定理。

一阶逻辑是将数学形式化为公理的标准，并且是在数学基础上进行研究的。Peano 算术和 Zermelo-Fraenkel 集合论分别是数论和集合论的公理化，称为一阶逻辑。但是，没有一阶理论具有唯一描述具有无限域(如自然数或实线)的结构的能力。可以在更强的逻辑(如二阶逻辑)中获得能够完全描述这两种结构的公理系统(即分类公理系统)。

2. 产生式系统

产生式系统(或产生式规则系统)是一种计算机程序，通常用于提供某种形式的人工智能,它主要由一组关于行为的规则组成,也包括在系统响应世界状态时遵循这些规则所必需的机制。这些规则称为产生式,是一种基本的表示法,在自动规划、专家系统和行动选择中很有用。产生式由两部分组成:感官前提(if 语句)和行动(then 语句)。如果一个产生式的先决条件与当前世界的状态相匹配,则该产生式被称为已触发。如果一个产生式的行动被执行了,它就被称为 fired。生产系统还包含一个数据库(有时称为工作内存),它维护有关当前状态或知识的数据,以及一个规则解释程序。规则解释器必须提供一种机制,以便在触发多个产生式时对产生式进行优先级排序。

3. 框架表示法

框架是一种人工智能数据结构,用于通过表示“定型情况”将知识划分为子结构。它们是由 Minsky 在他 1974 年的文章《表示知识的框架》中提出的。框架是人工智能框架语言中使用的主要数据结构,它们被存储为集合的本体。框架也是知识表示和推理的重要组成部分。框架源于语义网络,因此是基于结构的知识表示的一部分。

4. RDF

资源描述框架(RDF)是万维网联盟(W3C)规范的一个系列,最初是作为元数据模型设计的。它已经成为一种通用的方法,用于概念描述或建模 Web 资源中实现的信息,使用各种语法符号和数据序列化格式。它还用于知识管理应用。RDF 在 1999 年被 W3C 采纳为推荐标准。RDF1.0 规范于 2004 年发布,RDF1.1 规范于 2014 年发布。

RDF 数据模型类似于经典的概念建模方法(如实体-关系或类图)。它基于这样一种思想,即用主谓宾(三元组)的形式表达资源(尤其是 Web 资源)。主语表示资源,谓语表示资源的特性或方面,表示主客体之间的关系。例如,在 RDF 中表示“天空有蓝色”这一概念的一种方法是作为三元组:主语表示“天空”,谓词表示“有颜色”,宾语表示“蓝色”。因此,与面向对象设计中实体-属性-价值模型的典型方法:实体(天空)、属性(颜色)和值(蓝色)不同的是,RDF 使用主语而不是对象(或实体)。

RDF 是一个抽象模型,具有多种序列化格式(即文件格式),因此资源或三元组的特定编码因格式而异。这种描述资源的机制是 W3C 语义 Web 活动中的一个重要组成部分:万维网的一个进化阶段,在这个阶段,自动化软件可以存储、交换和使用分布在整个 Web 上的机器可读信息,从而使用户能够以更高的效率和确定性处理信息。RDF 的简单数据模型和对完全不同的抽象概念建模的能力也使得它在与语义 Web 活动无关的知识管理应用中的应用日益增多。

RDF 语句的集合本质上表示一个带标签的有向多重图。这在理论上使 RDF 数据模型比其他关系或本体模型更适合于某些类型的知识表示。然而,在实践中,RDF 数据通常存储在关系数据库或本机表示中(如果每个 RDF 三元组也存储了命名图之类的上下文,则也称三元组或四元组存储)。

5. RDFS

正如 RDFS 和 OWL 所展示的,人们可以在 RDF 上构建额外的本体语言。

RDFS(resource description framework schema,也缩写为 RDF(S)、RDF-S 或 RDF/S)是一组具有特定属性的类,使用 RDF 可扩展知识表示数据模型,为本体描述提供基本元素。它使用各种形式的 RDF 词汇表,旨在构建 RDF 资源。RDF 和 RDFS 可以保存在一个三元组中,然后可以使用查询语言(如 SPARQL)从中获取知识。RDFS 的第一个版本由 W3C 于 1998 年 4 月发布,最终的 W3C 建议于 2014 年 2 月发布。许多 RDFS 组件包含在更具表现力的 Web 本体语言(OWL)中。

6. OWL

Web ontology language(OWL)是一系列用于创作本体的知识表示语言。本体论是描述分类法和分类网络的一种形式化方法,本质上定义了不同领域的知识结构:表示对象类的名词和表示对象之间关系的动词。本体类似于面向对象编程中的类层次结构,但有几个关键的区别。类层次结构是用来表示源代码中使用的结构,这些结构发展得相当缓慢(可能每月都会进行修订),而本体论则是用来表示互联网上的信息,并且预计会不断演变。类似地,本体论通常要灵活得多,因为它们是用来表示因特网上来自各种异构数据源的信息的。另外,类层次结构往往是相当静态的,依赖更少样化和更结构化的数据源,如公司数据库。

6.2.2 知识抽取

文本语料库(如来自报纸、书籍、科学文章、社交媒体、电子邮件、网络抓取等)是丰富的信息来源。但是,以高精度获取这些信息是一项不小的挑战。为了解决这个问题,可以应用自然语言处理(NLP)和信息提取(IE)中的技术。知识抽取的核心任务为命名实体识别和关系抽取。

1. 命名实体识别

命名实体识别(NER)任务标识文本中对命名实体的提及,通常以人员、组织、位置和可能的其他类型的提及为目标。NER 早期研究的主流方法是一种手动构造有限规则,然后从文本中搜索与这些规则匹配的字符串的方法。它预先定义种子规则集的决策列表,然后根据语料库在集合上执行无监督训练迭代,以获取更多规则和最终规则集,该方法对三类命名实体(人、地点和机构名称)的分类准确率超过 91%。尽管基于规则的方法可以对特定语料库获得更好的识别效果,但是它需要大量规则,并且手动制定这些规则也是可行的。

随着 NLP 领域机器学习的兴起,NER 研究逐渐转向机器学习。经典的机器学习分类模型,如 HMM、ME、CRF 和 SVM,已成功应用于序列化命名实体的标注,并取得了良好的效果。这些模型在很大程度上取决于适当的特征,这些特征通常需要大量的手动特征工程或外部资源。近年来,人们的注意力已经从机器学习领域转移到基于神经网络模型的深度学习领域。一些研究将基于递归神经网络(RNN)[如长期短期记忆(LSTM)或双向长期短期记忆(Bi-LSTM)]的模型与 CRF 应用于 NER 任务。也有学者使用基于卷积神经网络(CNN)的模型和 CRF 来完成此任务。基于神经网络的方法更加健壮,因为它们较少依赖手动特征或领域资源。同时,从标记语料库和未标记语料库获得特征,并且可以获得良好的 NER 效果。目前,基于神经网络结构的实体识别研究主要集中在利用注意力机制来提高少量标记训练数据的模型效果和模型构建。

2. 关系抽取

关系抽取(RE)任务提取文本中实体之间的关系。多种学习范例已应用于关系提取。如前所述,监督方法在此任务中表现良好。在监督范式中,关系分类被视为一个多分类问题,研究人员集中精力提取基于特征或基于核的复杂特征。为了解决关系分类问题,多种内核被提出,如卷积树内核、子序列内核和依赖树内核。除了只考虑结构信息之外,还将语义信息引入了内核方法。对人工标注的依赖为远程监督提供了动力。

近来,许多研究人员开始致力于使用深度网络来学习特征。在 NLP 中,此类方法主要基于学习每个单词的分布式表示形式,这也称词嵌入。

关系抽取研究的另一条路线是深度学习的注意力机制。注意力机制首先在机器翻译任务中被提出,这也是自然语言处理中的第一个用途。这种注意力机制用于在翻译之前为外语单词选择原始语言中的参考单词。注意力机制的其他用途包括释义识别、文档分类、解析、自然语言问答和图像问题解答。

3. 联合抽取

流水线方法提取文本中的标记跨度以首先检测实体对,然后预测它们之间的关系类型。尽管流水线系统设计灵活,但它们经常产生错误传播、特征缺失以及实体对冗余的问题。

为了解决这些问题,联合实体和关系提取方法被提出,该方法可以同时提取实体和关系。联合提取方法包含了实体和关系的信息,所以可以比流水线方法获得更好的性能。许多传统的联合提取方法都是基于特征的系统,它们依赖繁重的特征工程,并且需要许多手动工作和领域专业知识。最近,人们研究了联合学习方法以减少手工工作。联合学习方法在编码层中共享参数,并且由两个网络分别做出最终决定以检测实体和关系类型。

6.2.3 知识融合

通过知识融合,可以解决知识图和知识库中的异构性问题。一方面,知识融合可以为人类带来更好的阅读体验,并帮助人们和计算机更好地理解信息的含义;另一方面,它可以帮助建立基于实体的知识图谱,为自然语言处理领域做出重要贡献。知识融合是解决知识图谱和知识库异质性问题的有效途径。Web 数据中有大量的知识和数据资源。这些资源在人类大数据和信息社会中起着关键作用。知识融合的核心问题是如何找到融合的具体对象并建立映射以解决这些问题。

自然语言处理和人工智能领域的知识融合发展迅速。知识融合大致可分为两大类:开放网络知识融合和多源知识库的知识融合。开放网络知识融合主要是通过将从 Internet 获得的知识与知识库中存在的知识进行融合。多源知识库是不同知识库中重叠或互补知识的融合。开放网络知识融合已引起广泛关注。知识融合的过程如图 6-4 所示。

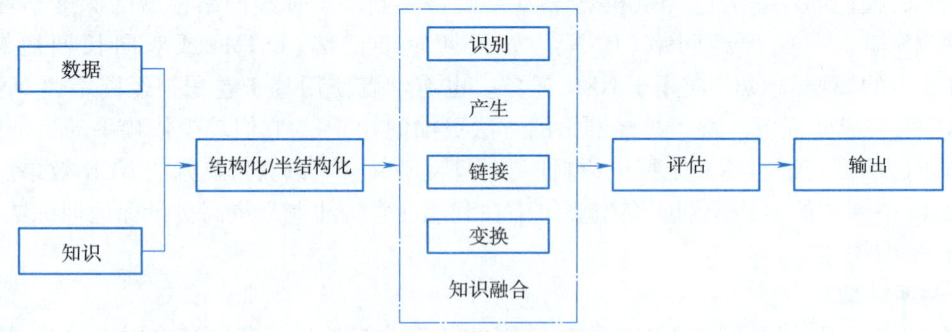

图 6-4 知识融合的过程

知识融合的目的是对知识进行预处理,对处理后的知识进行融合操作,然后对知识进行评估,最后将评估后的知识更新为知识图或知识库。知识融合目前存在几种典型方法:实体链接、属性图匹配和构建高精度知识库。

1. 实体链接

实体链接是将文本中的提及映射到给定知识库或知识图中的实体。提及的含义通常是模棱两可的,不同的命名实体可能具有相同的表示形式,并且同一实体可能具有多个别名。因此,实体链接仍然是文本理解中的主要挑战。现有许多用于实体链接的方法,如端到端神经实体链接模型、建模提及之间的潜在关系以增强实体链接等。

实体链接的主要技术方法有两种,即提及识别和实体消歧。实体链接模型大致可分为局部模型和全局模型。在早期,提及的歧义消除是通过本地模型分别进行的。这是通过将消歧提及上下文词与相应知识图谱中实体描述的词汇表相匹配来完成的。有两种分类方法和排名模型方法。有些方法是基于搜索引擎的,并且使用众包提到一些难以提取的特征,但是这些方法既费时又费钱。在“仅消除歧义”模型中,存在实体歧义消除方法,其中考虑了局部和全局影响以及实体关系。现有的方法也基于端到端模型,主要思想是将提及识别过程和实体消歧过程联系起来以获得提及的嵌入,然后根据内部的相似性进行实体消歧。根据提及消除歧义的难度,对等级进行提及,但并未考虑先前消除歧义提及对后续消除歧义的影响。

强化学习(RL)在自然语言处理(NLP)中越来越广泛地被使用。但是,基于增强学习的方法的有效性有待提高。有学者提出可以使用强化学习来执行关系分类任务,以过滤出句子中的嘈杂数据和冗余结构。另有学者提出一种批评者行为的方法来进行机器翻译序列预测的项目。此外,存在使用强化学习来解决对话生成问题的工作,其中在自然语言处理中定义奖励值是至关重要的一步。

总而言之,基于深度强化学习的实体链接方法可以很好地解决现有方法的不足,将全局实体链接视为序列决策问题,减少噪声数据的引入。将深度强化学习与实体链接相结合可以充分利用彼此的优势,并在现有的著名数据集上取得了良好的效果,将全局模型和局部模型很好地结合在了一起。然而,强化学习很难在自然语言处理中很好地应用,许多 NLP 研究都是基于用于学习的数据集。强化学习的生命力在于它需要对环境的持续反馈,并且环境需要提供无限数量的标记样本。基于当前的情况,NLP 环境无法给强化学习这种环境,并且给出的反馈不一定是高质量的。好消息是 NLP 中存在很多序列决策问题,可以考虑使用强化学习来解决。综上所述,强化学习在解决序列决策问题方面非常出色,但它在 NLP 领域的应用还有很长的路要走。

2. 实体匹配

实体匹配(也称重复标识、记录链接或实体解析)是数据集成和数据清理的关键任务。其目的是识别在现实世界中引用相同实体的实体。

图谱的键包含唯一标识图谱中的实体所需的拓扑和值约束。图谱的关键字已被应用于新兴的知识融合技术和事实验证。

对于文本来说,复杂的深度学习方法比现有方法具有优势,但需要更长的时间。应该指出的是,将特定领域的知识引入深度学习模型是一个很好的研究方向。深度学习在 NLP 中非常热门,并且实体匹配的方法正在蓬勃发展。企业对此也有很大的需求。例如,对消费者行为预测的一些巨大需求需要实体匹配。实体匹配是一个有前途和有价值的研究方向。

3. 高精度知识库的构建

知识库(KB)是知识融合和许多流行应用的基础,保持高精度是必不可少的。但是,存储实体的主观或事实属性的知识库不能简单地估计知识的准确性。由于现有知识库中存储主观数据的测量主观数据非常模糊,因此目前认为准确判断位置和属性的方法不可靠。可以使用众包和神经网络方法构建高精度主观和事实属性的知识库。通过众包方法构建的知识库具有很高的准确性。

①基于众包的方法。基于众包的知识库构建方法,可以减少现有客观知识和主观查询之间的差距。有许多方法可以对用户的专业知识和任务难度进行建模,而经过训练的模型可以推断出任务的真实标签。众包方法成本高昂,因此有一些众包成本优化工作。知识库的完整性(即知识库中包含的真实事实的比例)也非常重要,并且有一些工作可以检测知识库的完整性。

②基于 Sememe 的方法。在语言学中,Sememe 被定义为人类语言的最小语义单元。最近,围绕 Sememe 主题的文献不断涌现,有一种多语言百科使用 Babel Net 来构建多语言的音位知识库,即一种标记多种不同语言单词含义的方法。还有一种使用 Sememe 建模语义组合的方法,并且有工作评估句子的语义合理性。

知识融合中的开放网络知识融合是当今研究的热点。随着网络中数据和知识库规模的不断扩大,知识融合的技术要求越来越高。这不仅需要更好的知识融合技术,而且需要更高质量的知识融合技术。知识融合的一个主要技术热点是实体链接。目前,实体链接的研究领域包括缺乏上下文语言环境的短文本和实体链接研究,以及建立端到端的实体链接研究,如何更好地整合先验知识也是研究重点。

6.2.4 知识计算

知识图谱的补全旨在增加知识图谱的覆盖范围,它取决于目标信息。知识图谱完成的方法可以预测缺少的实体、实体的丢失类型或存在于实体之间的关系。关于知识图谱补全的技术方法非常多,下面通过区分内部方法和外部方法,并按完成目标对方法进行进一步介绍。

内部方法仅使用知识图谱中包含的知识来预测丢失的信息。在给定实体的某些特征的情况下预测实体的类型或类是机器学习中非常普遍的问题,称为分类。对分类问题进行监督,即它基于标记的训练数据(通常是知识图中的一组实体或其子集)学习分类模型。在机器学习中,二进制和多类预测问题得以解决。在知识图谱的上下文中,因为大多数知识边缘图都包含两种以上不同类型的实体,因此需要区分多标签分类,这允许为一个实例分配多个类,而单标签分类则只能为一个实例分配一个类。对于内部方法,用于分类的特征通常是将实体连接到其他实体的关系,即它们是基于链接的分类问题的变体。Heiko Paulheim 等提出了一种概率方法,该方法基于条件概率,如若存在类型转换的边缘,则节点类型为 Actoris 的概率较高。SD Type 算法利用了这种概率,SD Type 算法目前已部署到 DBpedia,并为知识图谱增加了约 340 万种类型声明。Max Schmachtenber 已经提出使用支持向量机(SVM)来在 DBpedia 和 Freebase 中键入实体。他还利用知识图之间的相互联系,并根据另一个知识图中存在的属性对一个知识图中的实例进行分类,以提高覆盖率和精度。Jennifer Neville 和 David Jensen 提出使用矩阵分解来预测 YAGO 中的实体类型。由于许多知识图谱带有类别层次结构,因此类型预测问题也可以理解为层次分类问题。尽管有关分层分类方法的工作量很大，但研究表明，还没有将这些方法应用于知识图谱补全当中。例如，在 DBpedia 中，不同类型的系统（即 DBpedia 本体和 YAGO），使用不同的方法补全。

外部方法使用知识源，如文本语料库或其他知识图谱，这些知识源不属于知识图谱本身。可以在当前需要补全的知识图谱上链接那些外部源，如知识图谱互连或到网页的链接。对于类型预测，还存在使用外部数据的分类方法。

与上述内部分类方法相反，外部数据用于创建实体的特征表示。Nuzzolese 等提出使用百科类网站链接图来使用 K 最近邻分类器来预测知识图谱中的类型。假定知识图谱包含到百科类网站的链接，则可以利用网站页面之间的相互链接来创建功能向量。由于百科类网站页面之间的链接不受限制，因此，知识图谱中百科类网站页面之间的相互链接通常比对应实体之间的链接多。另一套方法是使用 DBpe-dia 中的摘要来提取定义子句。例如，Gangemi 等提出使用不同语言的摘要以增加覆盖范围和准确性。Muñoz 建议从百科类网站的表格中提取信息并添加到知识图谱中。他们认为，对于在百科类网站表中同时出现的两个实体，对应的实体很可能在知识边缘图中共享一个边缘。为了填充这些边缘，他们首先使用两列中至少一对实体之间的所有可能关系从表中提取一组候选对象。然后，基于该提取的标记子集，使用各种功能应用分类，以识别应实际上保留在知识图中的那些关系。Ritze 将此方法扩展到任意 HTML 表中。这不仅要求成对的表列必须与 DBpedia 本体中的属性匹配，而且还要求表中的行与 DBpedia 中的实体匹配。后续又提出一种解决这两个问题的交互式方法，即对 Web-DataCommons Web Table 语料库中的 HTML 表样本进行黄金标准映射评估了该方法。由于此类表扫描还包含文字值（如总体图），因此该方法能够完成实体之间的关系以及实体的文字值。Heiko Paulheim 和 Aldo Gangemi 提出基于统计方法在百科类网站中使用列表页面来生成知识图中的类型和关系断言的方法。这个想法是由于某种原因，实体一起出现在列表页面中，并且应该有可能识别在列表页面中大多数情况下出现的通用模式。许多知识图谱都包含指向其他知识图的链接。这些通常是自动创建的。知识图谱之间的互连可用于另一个知识图谱中信息的空白，进一步，在另一个知识图谱中定义的逻辑，如果在实例和架构级别上都知道映射，则可以利用它来填补双方知识图谱上的空白。Bryl andBizer 提出这一方向的工作，其中使用了不同语言版本的 DB-pedia（每个版本都可以看作其自身的知识图）来填充英语语言 DBpedia 中的缺失值。

6.3　高铁领域知识图谱构建

6.3.1　概述

铁路作为一个大领域，涉及多方面、多角度的数据，主要包括动车组途中故障应急处理、动车组基本操作项目以及动车组部件检修等信息。一方面，这些数据的分布较为分散，当系统发生故障或某个部件需要检修时，工作人员需要反复查阅大量的历史资料，浪费了大量的时间和人力，难以应对高铁的快速故障分析和运维检修工作；另一方面，这些数据之间往往相互关联，存在着较为复杂的关系，如某型动车组出现牵引系统接地故障，故障现象是牵引丢失且主断路器断开，故障原因是牵引电机接地，同时还和中间直流环节接地有关。针对某个高铁设备故障案例来说，其各种故障因素和案例本身形成了复杂的网络关系，而属于同一故障现象的相似案例集构成了大规模的知识网络体系，如何对这些数据进行有效的存储、组织和应用，对提高铁路系统的工作效率具有重要的意义。针对这一需求，引入知识图谱来对动车组故障应急处理知识、基本操作知识和检修知识进行建模，利用知识图谱在构建知识网络体系以及展示知识关联信息的优越性，为具有复杂关系的知识数据提供一种新的获取、存储、组织和展示手段。

综上所述，铁路领域知识图谱的构建主要由模式层设计、数据获取、数据清洗、数据存储四部分组成。其构建的具体流程如图 6-5 所示，首先，对收集到的数据资源进行汇总，形成统一的高铁运维数据；其次，通过对数据特点与业务需求的分析，初步定义知识图谱模式层的实体、实体属性和实体关系，完成模式层设计；最后，对数据层进行填充，包括对实际数据的提取、清洗以及规范化处理，将格式化的数据按照模式层定义存储到图数据库中进行实例化，最终完成高铁运维知识图谱构建。

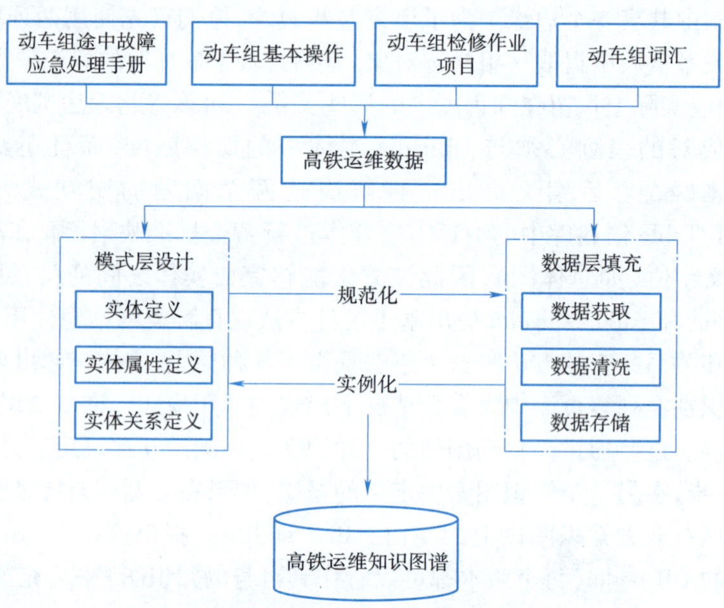

图 6-5 高铁运维领域知识图谱构建的具体流程

6.3.2 模式层设计方法

知识图谱构建包含模式层设计与数据层填充，模式层是核心，其不仅可以确定领域知识的范围，保障知识组织结构的质量，还有利于数据层以事实为单位进行存储。因此，在模式层设计前期，对领域内数据进行整理并合理分析将为后期构建提供有效帮助。

1. 领域数据获取与分析

本节主要数据来源是《动车组途中故障应急处理指导手册》《动车组检修作业项目》《动车组基本操作》。这些数据自发布以来，在指导动车组司机、随车机械师和站点检修人员处理动车组途中故障和日常维护中发挥了重要作用，也为高铁运维知识图谱的构建提供了有力的数据支持。但这些数据通常保存在 PDF 文件或 Word 表格中，需要编写脚本将其提取出来。此外,本节还借鉴了国家铁路局发布的《动车组词汇　第3部分:部件和系统》(TB/T 3453.3—2016),不仅可以扩充实体,提高知识图谱的完整性,还可以作为外部词典辅助分词工作。

对于提取到的文本数据,将其整理成一个文本文件,并利用Jieba中文分词工具库,通过导入的动车组词汇作为外部辅助词典,结合Collection包中的Counter计数器对文本数据进行分词、去停用词和词频统计操作,输出词频前100的词汇,如图6-6所示,可以看到包含如下几类词:

设备名称,如HMI、牵引、受电弓、车钩、主断路器等类似词;

车型名称,如复兴号-A、复兴号-B、复兴号-C等类似词;

抽象概念,如故障、故障代码、处理过程、现象、原因等类似词;

故障模式与操作,如复位、断开、切除、隔离、报警等类似词。

```
('故障', 1556)('运行', 701)('司机', 657)('制动', 536)('确认', 486)('HMI', 458)('机械师', 433)('随车', 422)('复位', 399)('操作', 374)
('车', 369)('通知', 361)('时', 356)('行车', 296)('切除', 294)('复兴号-A', 289)('名称', 288)('部件', 287)('步骤', 270)('编号', 258)
('处理过程', 258)('开关', 257)('闭合', 254)('断开', 249)('SKS', 233)('检查', 224)('现象', 214)('牵引', 211)('限速', 208)('代码', 199)
('屏', 198)('原因', 196)('受电弓', 194)('状态', 192)('单元', 191)('车钩', 191)('停车', 188)('h', 185)('主断路器', 185)('自动', 185)
('紧急制动', 185)('位', 183)('动车组', 180)('施加', 174)('故障代码', 172)('CCU', 166)('停放', 164)('缓解', 164)('隔离', 161)('显示', 159)
('空开', 159)('复兴号-B', 154)('监控', 151)('复兴号-C', 150)('末', 149)('列车', 138)('手动', 136)('模块', 133)('复兴号-D', 128)('复兴号-E', 128)
('诊断', 126)('复兴号-F', 124)('复兴号-G', 122)('关闭', 121)('复兴号-H', 118)('供电', 116)('报警', 116)('车门', 116)('打开', 111)('速度', 110)
('手柄', 110)('执行', 108)('异常', 108)('查看', 107)('主断', 105)('空调', 104)('室', 103)('主', 101)('001', 101)('200km', 99)
('恢复', 99)('车辆', 98)('步', 97)('紧急', 97)('界面', 95)('断路器', 93)('控制', 93)('发现', 91)('阀', 91)('消除', 90)
('温度', 90)('报', 89)('中', 87)('信息', 84)('环路', 84)('位置', 84)('端', 83)('BCU', 83)('牵引变流器', 82)('发生', 80)
```

图6-6　词频统计前100结果

在模式层设计中,需要尽可能全面、无交叉地囊括上述领域特征词的抽象概念,合理完成实体、实体属性、实体关系的定义。

2. 模式层构建

综合上述领域数据的分析,本节将完成模式层的实体定义、实体属性定义和实体关系定义。

(1)实体定义

对高铁运维数据进行详细分析后,划分出领域内的相关抽象概念,从数据集中归纳出七类实体类型,具体包括车型、设备、作业项目、基本操作、故障、现象、原因与措施,其中系统、组件和零部件的属性与关系类型相同,为了便于存储,将它们统一为设备实体。

(2)实体属性定义

实体属性用来描述实体的相关特性,实体的每个属性都会对应一个属性值。分析原始数据集后共归纳出13类实体属性类型,具体包括名称、定义、结构、行车、注意、指导书、故障代码、现象、原因、步骤/措施、供电条件、车厢号、周期。

(3)实体关系定义

实体关系用来描述两个实体之间存在的联系,根据已经定义的实体类型,在此共提取出七类实体关系类型,具体包括包含、常见故障、包含项目、包含操作、常见现象、适用车型、原因及措施。

模式层结构如图6-7所示,其中橙色节点表示实体,深色节点表示实体属性,带箭头的黑色有向边表示实体之间的关系类型。该模式层后续将用于指导数据层填充,并根据实际数据情况进行更新调整。

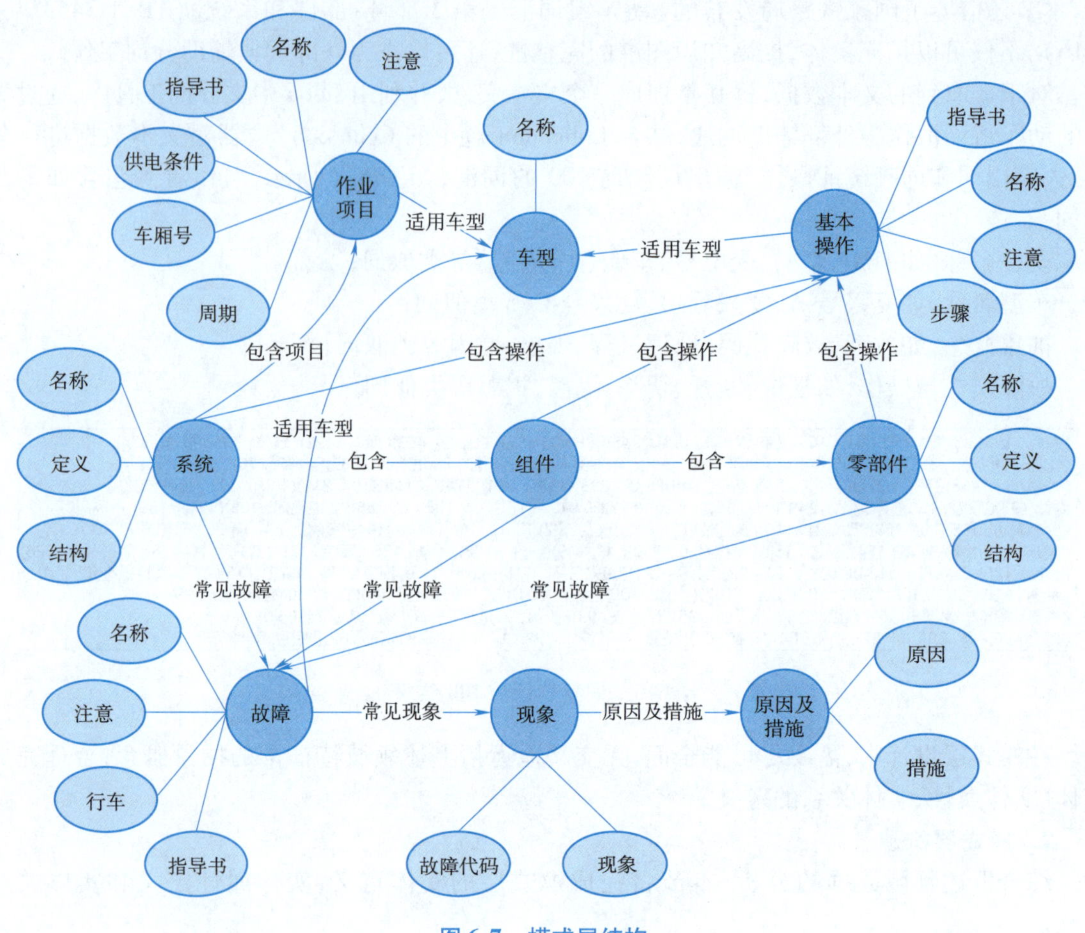

图 6-7　模式层结构

6.3.3　数据获取与清洗

高铁运维知识图谱构建的主要数据来源有《动车组途中故障应急处理指导手册》《动车组检修作业项目》《动车组基本操作》以及动车组部件和系统词汇，可是这些原始数据都存储在 PDF 文件或 Word 表格中，想对这些数据进行获取、分析与存储，就需要将其从这些文件中提取出来，整合为统一的数据格式，如图 6-8 所示，针对不同类型的原始数据，本节采用了不同的数据获取策略。

图 6-9 所示为《动车组途中故障应急处理指导手册》中“制动力高低阶转换故障”的指导内容，主要以 PDF 表格的形式存储，《动车组基本操作》与之类似。针对这两类原始数据，使用 Python 对于 PDF 文件操作的 PDFplumber 工具库与 PyPDF2 工具库进行信息提取。

经过以上提取，原始数据成功转换为文本的形式，接下来需要进行故障应急处理/基本操作数据清洗，将文本数据尽可能地转换为统一的 JSON 存储格式，以方便数据存储。

对于故障应急处理/基本操作知识的存储格式为：

```
{"id": "data", "设备": "data", "名称": "data", "适用": [], "现象": "data", "行车": "data", "原因": "data", "注意": "data", "指导书": "data", "处理步骤": "data"}
```

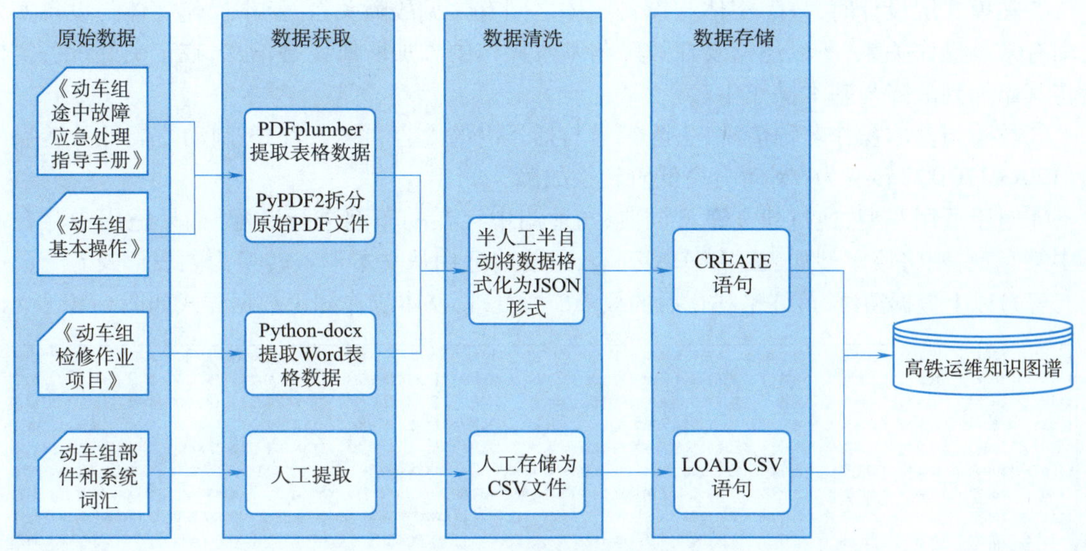

图 6-8　数据获取策略

名称	2.7.13　制动力高低阶转换故障（170C、170D）
编号	××××××-×××××
适用	（1）×××××车型　ALL （2）×××××车型　ALL （3）×××××车型　ALL （4）×××××车型　ALL
现象	HMI屏显示故障代码为170C，故障描述为：低制动率故障；故障代码为170D，故障描述为：高制动率故障
行车	维持运行
原因	制动力高低阶转换故障
注意	⚠若按照300 km/h速度标准运行，无须切除故障车空气制动；若按照350 km/h速度标准运行，需切除故障车空气制动
步骤	处理过程
1	**确认故障：** 司机查看HMI屏故障信息，确认故障代码，同时通知随车机械师
2	**维持运行：** 按要求限速维持运行

图 6-9　制动力高低阶转换指导内容

数据清洗主要处理情况如下：

①对于一个完整故障应急处理表格来说，现象可能不止一个，如“HMI 屏显示故障代码为 170C，故障描述为：低制动率故障；故障代码为 170D，故障描述为：高制动率故障”，此时现象有两个，另一个是“HMI 屏显示故障代码为 170C，故障描述为：低制动率故障”，一个是“HMI 屏显示故障代码为 170D，故障描述为：高制动率故障”，对于此种情况，可采用人工的方式对现象进行拆分。

②在模式层设计时，故障实体与设备实体之间有常见故障关系，基本操作实体与设备实体之间有常见操作关系，所以还需要在故障与基本操作中添加所属设备信息，在定义好设备实体后将其添加到故障与基本操作中。

③故障与基本操作名称清洗，去除编号与括号内的内容，将“2. 7. 13 制动力高低阶转换故障(170C、170D)”转变为“制动力高低阶转换故障”。

④对于适用车型，通过建立车型词典，与适用中存在的车型进行匹配，如果适用中存在词典中某车型，则将该车型加入适用车型列表，最终将适用从文本形式转换为列表形式。

经过以上数据清洗，最终格式化后的故障应急处理/基本操作知识数据样式如图6-10所示。


```
{'id': '1001', '设备': '辅助装置', '名称': '失稳装置供电开关断开', '适用': ['XXXXX车型', 'XXXXX车型', 'XXXXX车型'], '现象': 'HMI 屏显示说
{'id': '1002', '设备': '主供电', '名称': '高压控制单元触发线电流过流保护', '适用': ['XXXXX车型', 'XXXXX车型', 'XXXXX车型'], '现象': '运行
{'id': '1003', '设备': '主供电', '名称': '高压控制单元触发线电流过流保护', '适用': ['XXXXX车型', 'XXXXX车型', 'XXXXX车型'], '现象': '运行
{'id': '1004', '设备': '主供电', '名称': '高压控制单元触发线电流过流保护', '适用': ['XXXXX车型', 'XXXXX车型', 'XXXXX车型'], '现象': '运行
{'id': '1005', '设备': '主供电', '名称': '高压控制单元触发线电流过流保护', '适用': ['XXXXX车型', 'XXXXX车型', 'XXXXX车型'], '现象': '运行
{'id': '1006', '设备': '受电弓', '名称': '受电弓升弓超时', '适用': ['XXXXX车型', 'XXXXX车型', 'XXXXX车型'], '现象': '受电弓无法升起, HMI
{'id': '1007', '设备': '主断路器', '名称': '主断路器主触头故障封锁受电弓和主断路器', '适用': ['XXXXX车型', 'XXXXX车型', 'XXXXX车型'], '现
{'id': '1008', '设备': '主供电', '名称': '高压控制单元变压器过流保护', '适用': ['XXXXX车型', 'XXXXX车型', 'XXXXX车型'], '现象': '牵引封锁
{'id': '1009', '设备': '主供电', '名称': '高压控制单元变压器过流保护', '适用': ['XXXXX车型', 'XXXXX车型', 'XXXXX车型'], '现象': '牵引封锁
{'id': '1010', '设备': '主供电', '名称': '主变压器过流保护', '适用': ['XXXXX车型', 'XXXXX车型', 'XXXXX车型'], '现象': '牵引丢失, HMI 屏
{'id': '1011', '设备': '主断路器', '名称': '过分相后主断路器未自动闭合', '适用': ['XXXXX车型', 'XXXXX车型', 'XXXXX车型'], '现象': '主断路
{'id': '1012', '设备': '主供电', '名称': '辅助减载切除牵引断主断', '适用': ['XXXXX车型', 'XXXXX车型', 'XXXXX车型'], '现象': '无牵引力主断
{'id': '1013', '设备': '主供电', '名称': '辅助减载切除牵引断主断', '适用': ['XXXXX车型', 'XXXXX车型', 'XXXXX车型'], '现象': '无牵引力主断
{'id': '1014', '设备': '牵引变压器', '名称': '牵引变压器二次侧接地', '适用': ['XXXXX车型', 'XXXXX车型', 'XXXXX车型'], '现象': '牵引丢失,
{'id': '1015', '设备': '牵引变流器', '名称': '牵引变流器报Q1接触器打开故障', '适用': ['XXXXX车型'], '现象': '故障牵引变流器被自动切除, HMI
```


图6-10 格式化后的故障应急处理/基本操作知识数据

《动车组检修作业项目》是以Word表格的形式进行存储的，处理该类型原始数据时使用的是Python-docx库，该库首先调用tables方法取得整个作业项目表格，其次通过定位某行的某个单元格将其中的文本自动提取出来，相比人工提取，效率大大提升。

经过以上提取步骤，原始数据成功转换为文本的形式，接下来需要进行作业项目数据清洗，将文本数据转换为统一的JSON格式数据，以方便数据存储。

作业项目知识的存储格式为：

```
{"id": "data", "名称": "data", "车型": [], "供电条件": "data", "周期": "data", "车厢号": "data", "系统": "data", "注意": "data", "指导书": "data"}
```

作业项目知识的数据清洗只需处理一种情况，将车型从文本形式转换为列表形式，具体实现方法与故障应急处理/基本操作知识数据清洗中第④种情况相同。

6.3.4 数据存储

Py2neo是Neo4j图数据库的Python驱动库，在本次数据导入中，利用该驱动库编写相应的脚本实现知识图谱的存储。在具体实现过程中，需要逐行读取故障应急处理/基本操作知识数据与作业项目知识数据，一组{}为一条strlist，每条strlist都包含相关实体的属性信息，均可以通过字典键值对的方式获取，通过调用Py2neo工具库下Graph类的Run方法并执行相应的Cypher语句，完成实体节点以及实体之间关系的创建。

以检修作业项目数据为例，每遍历到一条strlist，实体节点创建的Cypher语句如下：

```
"CREATE (n:Repair{id:'% s',name:'% s',power:'% s',time:'% s',train:'% s',attention:'% s',book:'% s'}) " % (strlist['id'],strlist['名称'],strlist['供电条件'],strlist['周期'],strlist['车厢号'],strlist['注意事项'],strlist['指导书'])
```

在适用车型关系创建时，通过遍历车型列表逐一建立关系，并且建议使用 MERGE 而不是 CREATE 进行创建，MERGE 在创建关系前会检查该条关系是否已经被创建，只有未创建时才会进行创建，避免了实体间重复关系产生。Cypher 语句如下：

```
"MATCH(n:Train{name:'% s'}),(m:Repair{id:'% s'})MERGE(m) - [r:apply_train] - >(n)"
% (train,strlist['id'])
```

至此，面向高铁运维咨询问答任务的知识图谱初步构建完成，在实际应用中，还需要针对大量的高铁运维数据进行知识图谱规模的扩展。最终得到的知识图谱包含七类实体，共1 241 个实体数量，七类实体关系，共2 372 条实体关系数量。表6-2 所示为实体数量；表6-3 所示为实体关系数量。

表6-2　实体数量

实体名称	中文含义	实体数量
Train	车型	8
Equipment	设备	158
Repair	作业项目	16
Operation	基本操作	65
Fault	故障	186
Phenomenon	现象	519
CauseMeasures	原因与措施	289
Total	总计	1 241

表6-3　实体关系数量

实体关系名称	中文含义	实体关系数量
contain	包含	146
equipment_fault	常见故障	186
equipment_repair	包含项目	16
equipment_operation	包含操作	65
fault_phenomenon	常见现象	533
apply_train	适用车型	892
phenomenon_cause	原因及措施	534
Total	总计	2 372

6.4　高速铁路知识图谱应用与案例分析

6.4.1　背景

随着高速铁路线路延长和高铁列车数量的增加，高铁已成为人们出行的主要工具之一。要在越来越繁重的旅客运输任务条件下，保障高速铁路的安全、高效运行，运维保障具有非常主要的意义。为保证高铁列车正常运行，当列车在途中出现故障时需要随车机械师在第一时间做出正确的应对。然而，对一些偶发性的严重故障，一些随车机械师往往难以快速做出正确的应对决策。因此，需要研发一种能够根据列车运行过程中故障检测和告警数据，直接将故障处置措施推送给随车机械师和司机，以协助他们迅速采取正确的应对措施，保证列车运行安全。

随着人工智能技术的发展，将其与业务系统结合，提升业务系统的智能化和自动化水平已成为企业进一步发展的必然趋势。将我国高铁积累的运维数据、各种规范、指南和经验等中蕴含的知识挖掘、提取，构建知识图谱，并保存起来，并加以统一管理和利用，是提升我国高铁运行安全保障能力的重要基础和途径。

6.4.2 动车组在途故障处理知识图谱构建

1. 原始数据

针对随车机械师、司机等在途排故应用需求，构建基于各类故障处理文件，包括说明书、手册、指南、规范等的知识图谱，知识图谱包含列车运行途中所有可能的故障信息（包含故障名称、代码、现象、原因、处理过程等），开发相应的知识管理系统，实现对运维知识的规范化的构建、存储、更新、下载等一体化管理，为后续的检修工作提供基础信息。图 6-11 所示为动车组故障应急处理手册样例。

2.6 辅助电气

名称	1.18 低速过分相后辅助丢失（4××9，4××7）	
编号	CR4×××F-××××-×××	
适用	（1） CR4×××F ALL	
现象	辅助变流器未运行封锁逆变器	
行车	维持运行	
原因	低速过分相时未进入中压保持模式	
注意		
步骤	处理过程	
 1	故障发生时操作： 通知随车机械师。	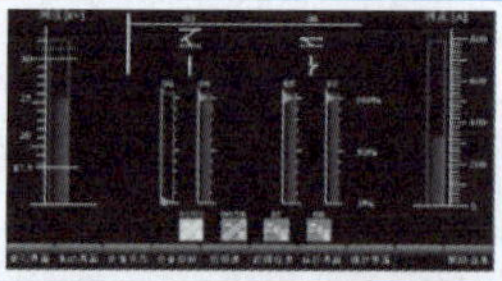
 2	故障确认及复位： （1）仅一台辅助变流器不工作，随车机械师通知司机维持运行； （2）两台辅助变流故障时，通知司机进行复位操作。	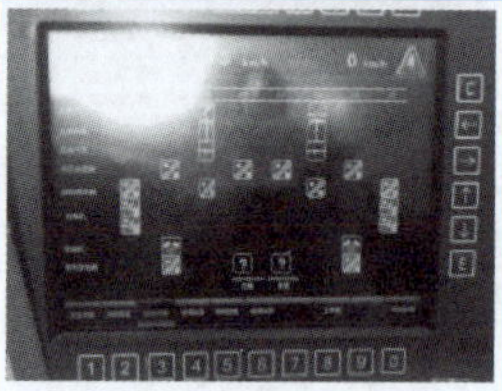
 3	若故障仍未消除，维持运行。	

图 6-11 动车组故障应急处理手册样例

2. 模式层设计

从图 6-11 可见，该应急处理手册样例中，对动车组运行过程中故障的相关信息描述比较明确和清晰。进一步分析可以看出，图中左侧是信息的名称，右侧是相应的描述。因此，在知识图谱模式层设计时，可将图中左侧各项作为该图谱的模式层的组成部分，并通过动车组运维专家定义它们的关系，从而可定义知识图谱的结构。

将图6-11中的左边各项提取出来，作为实体部分，并进行定义标签，如图6-12(a)所示。再加上部件名称形成完整的模式层定义，如图6-12(b)所示。

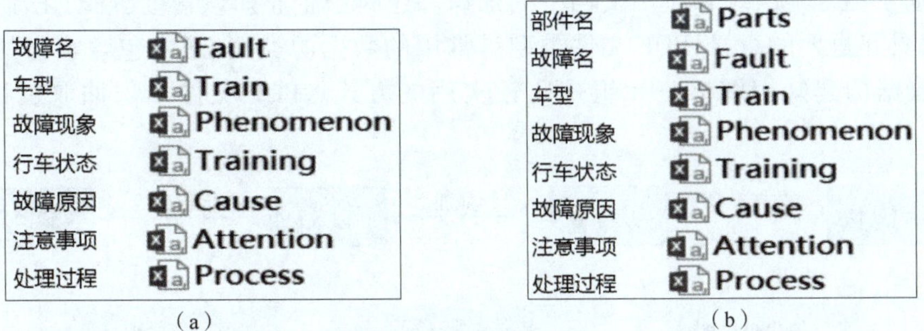

图6-12　模式层中实体名称

这些实体项之间的关系定义(见图6-13)就形成了三元组。

1) <部件名>(发生)<故障名>
2) <故障名>(发生在)<车型>
3) <故障名>(会有)<故障现象>
4) <故障名>(影响)<行车状态>
5) <故障名>(注意)<注意事项>
6) <故障现象>(引起)<故障原因>
7) <故障原因>(处理)<处理过程>

图6-13　模式层定义

由此可以得到知识图谱的模式层结构，如图6-14所示。其中，同一个故障现象可能可以由多种原因引起，每种故障原因处理的方法和过程有可能不同，在图谱中要予以体现。

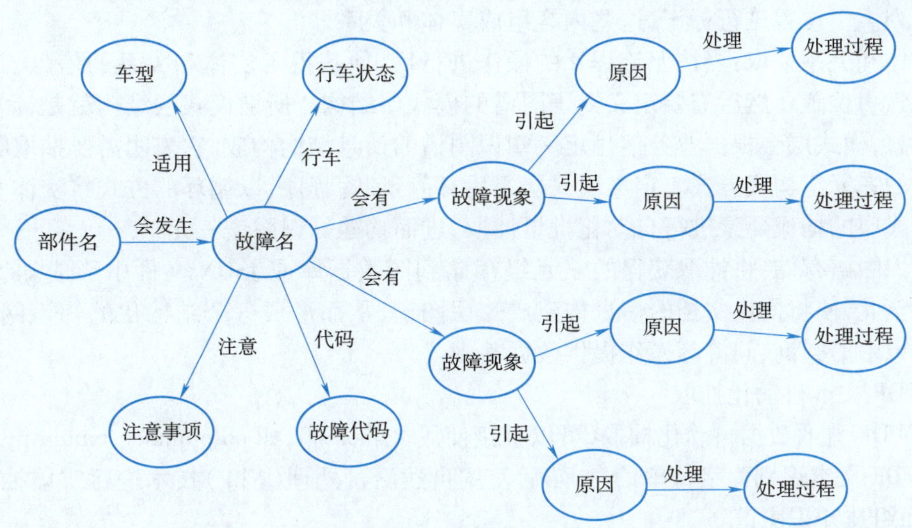

图6-14　知识图谱的模式层结构

3. 知识图谱构建

操作手册文档通常包含大量分散的信息，将其转化为知识图谱可以帮助将信息整合在一起，形成更全面的视图，知识图谱将信息以结构化形式存储，使得信息更易于维护、更新和扩展，同时将操作手册文档信息转化为知识图谱三元组可以提高信息的可访问性、可理解性和可利用性，有助于更好地组织和应用文档中的知识。这对于企业知识管理、自动化流程及智能决策支持等都具有重要的意义，PDF 文件类型是常用的数据源类型，通常包含丰富的信息，因此处理 PDF 数据构建知识图谱三元组是比较实用的方式。PDF 文件知识抽取过程如图 6-15 所示。

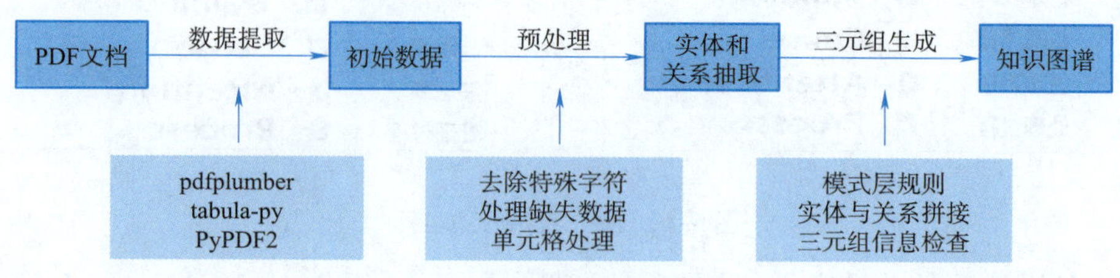

图 6-15 PDF 文件知识抽取过程

(1)PDF 文件中表格数据的抽取

对于 PDF 表格类型的文件，将其信息转化为知识图谱三元组需要一些特殊的处理，对于一些简单表格，其包含表头与内容，由于表格结构的数据组成比较规范，因此可以结合表格的结构设置规则脚本，进而实现自动化构建知识图谱。

具体流程如下：

①PDF 表格提取：可以使用 Python 库，如 pdfplumber、tabula-py 等库，提取表格数据，这些数据是从 PDF 到文本的最初数据。

②表格数据的预处理：对于提取的表格数据进行预处理，包括数据清洗和结构化。对于表格中的空行、异常单元格、缺失数据等异常因素，要进行数据清洗处理。将表头信息对应的内容按照行列索引位置进行标记，这些内容组成实体和关系。

③实体和关系抽取：当按照流程②的操作进行后，便获得了实体和关系的信息，其中包含了标签和索引位置。然后需要定义知识图谱的模式层结构。所谓模式层结构就是标签构成的三元组信息，模式层会根据业务信息定义知识图谱的信息结构构成，它表明需要抽取哪些数据以及数据的三元组构成方式。定义模式层之后，即可编写程序，以循环的方式将实体和关系信息按照模式层的构成要素进行自动化批量抽取，进而构建知识图谱三元组。

④知识图谱存储：将抽取获得的三元组存储到图数据库或 JSON 文件中形成知识图谱存储文件。至此，便将操作文档的信息构建成知识图谱，从而形成一个结构化的知识网络，为后续进行知识图谱查询、问答等操作提供数据基础。

(2)PDF 文本自动化抽取

对于 PDF 普通数据自动化抽取，可以直接使用 Python 库，如 pdfplumber、tabula-py、PyPDF2 等库，将 PDF 文本识别为字符串信息，然后使用自然语言处理(NLP)技术进行实体抽取、关系抽取，进而组建知识图谱。

具体流程如下：

①PDF 数据提取：可以使用 Python 库，如 pdfplumber、tabula-py、PyPDF2 等库，提取 PDF 文档数据，这些数据从 PDF 到文本的最初数据。

②文本预处理：对提取的文本进行预处理，去除特殊字符等内容。

③实体识别和关系抽取:可以使用自然语言处理(NLP)技术,如命名实体识别(NER)来识别文本中的实体和语义,这些实体可以是人名、地名、产品名称、组织名等,语义可以为主语、谓语、宾语等。随后根据命名实体识别的结果,识别文本中的关系以及连接实体之间的关联信息,关系可以是动词短语、预定关系、上下文关系等。

④三元组生成:为每个已识别的实体和关系创建三元组,通常由主体、谓词和宾语组成,随后可以将知识图谱存储到图数据库中。

以上是PDF构建知识图谱的方法,在构建过程中,需要对抽取结果进行质量控制,以确保生成的三元组是准确的,不包含错误或冗余信息。同时,随着深度学习的发展,逐渐出现基于深度学习的抽取方法,这些方法提高了实体识别、关系抽取的准确率,同时也出现了一些实体关系联合抽取的技术,可以直接将实体抽取和关系抽取合并为一个过程,提高三元组的抽取效率,但是这些方法需要大量且比较准确的三元组数据集去做训练,构建这些训练数据集大多需要烦琐的人工标注或使用自动化流程抽取方法。

根据图6-11给出的手册数据,按上述方法可以将其中的实体识别并抽取出来。图谱的模式层结构是由图6-14定义的,将抽取出来的实体分别填入模式层定义的结构单元中,使之实例化,即得到手册中该段内容的知识图谱,如图6-16所示。

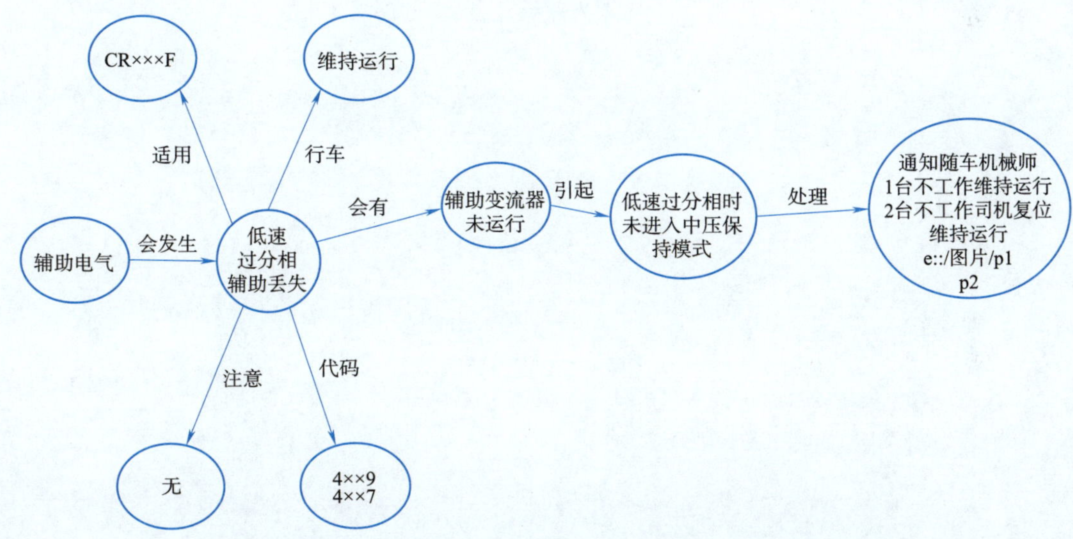

图6-16　辅助电气的低速过分相辅助丢失故障的知识图谱示意图

图6-16中,最右侧处理过程中给出了相应的图片读取路径,从而可支持多模态信息的检索。

小　结

本章主要介绍了知识图谱的概念与知识图谱构建过程中涉及的关键技术:知识表示、知识抽取(实体识别、关系抽取)、知识融合以及知识计算的相关技术算法研究,对相关技术的发展现状也作了介绍,并针对铁路领域运维相关的数据、业务特点构建了相应的知识图谱,为后续的应用与研究奠定了基础。给出了两大案例:铁路知识图谱应用与分析以及智能应答系统,其中前者包含基于时序知识图谱的机电设备故障分析与基于机电设备运维知识图谱的智能搜索技术研究与实现两个案例。通过这些案例研究，证明了基于知识图谱技术进行信息处理与存储的便捷性和高效性，也为其他领域的相关研究与应用提供了新的思路。

习　题

1. 知识图谱是什么？典型的知识图谱有哪些？
2. 知识图谱构建技术包括什么？
3. 知识抽取常用到的模型有哪些？
4. 知识融合技术主要用于解决什么问题？
5. 知识图谱构建包含哪两个层面？它们的作用分别是什么？
6. 问句分类常见的模型有哪些？
7. 用户输入问句是如何转变为最终的知识库查询语句的？
8. 什么是意图识别？

第三部分

应用案例集

第7章 高速动车组智能运维信息处理综合案例

智能信息处理技术在高速动车组运维中有着广泛的应用前景，本章仅以高速动车组的轴箱轴承、蓄电池、齿轮箱和牵引电机等关键部件为例，对智能信息处理在故障诊断、预测，以及性能的趋势预测方面的应用进行较为全面和详细的阐述。同时，也对人工智能核心技术之一的知识图谱技术在高速动车组运维领域应用做了案例介绍，重点讲解了时序知识图谱、面向牵引电机运维的知识图谱构建及信息搜索技术。本章内容都是编者在实际工作中部分经验的凝练和总结，可作为读者深入学习及在实际应用中参考。

知识结构图

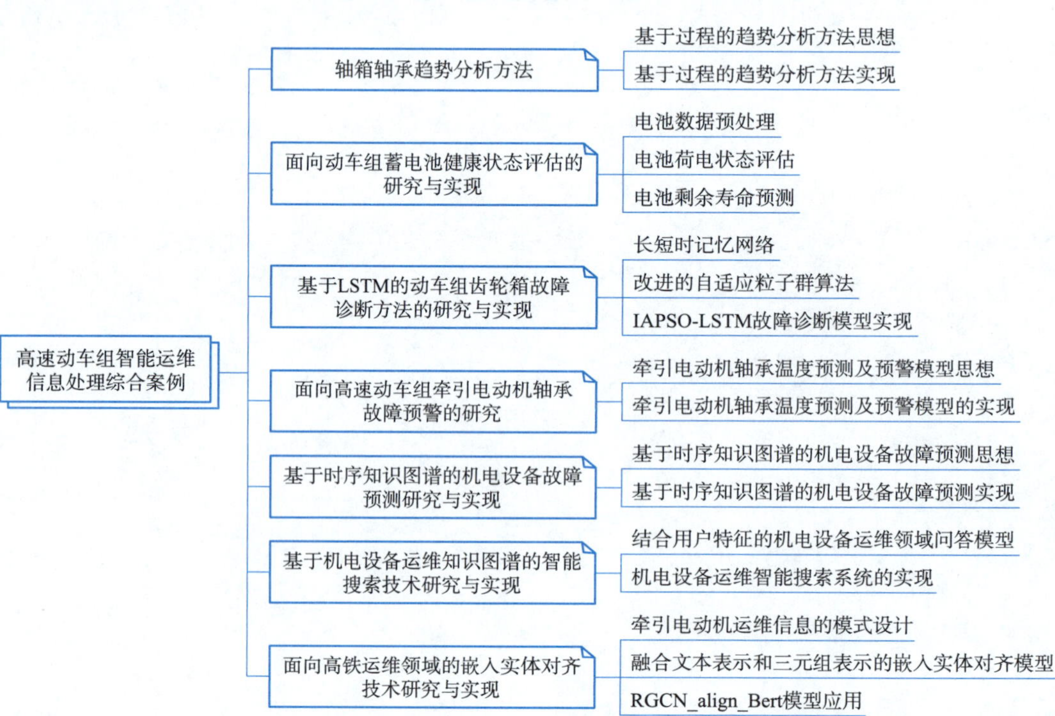

学习目标

通过学习本章提供的案例，学会分析高速铁路运维信息处理的思路和方法，从案例中获取运用信息技术处理高速铁路运维信息的相关实践经验。

7.1　轴箱轴承趋势分析方法

轴箱轴承是动车组关键部件之一，其状态直接影响动车组的安全运行，通过对动车组轴箱轴承温度的实时监测数据，构建合适的趋势曲线，从而判断趋势情况以及剩余使用寿命和发展趋势，对行车安全意义重大。

7.1.1　基于过程的趋势分析方法思想

动车组故障趋势分析的研究是近几年的热点，但是在实际的动车组监控中应用得比较少。目前针对轴承的趋势预测的方法主要是针对振动数据以及温度场的分析，但是列车的振动会有水平振动和竖直振动之分，并且当前传感器的发展水平还无法特别准确测量两个方向的振动，因此振动数据十分匮乏。同时，温度场的分析也仅仅是构建数据模型来进行理论性的分析，实际应用缺乏。当前情况下，轴承上安装的只有温度传感器，通过车地系统传到地面解析保存，但是在后续的研究分析中发现当前对于温度数据的利用率并不高，原因有三：①数据在传输过程中会出现丢包、误传等现象，导致数据噪声大，而当前的机器学习算法对数据要求比较高，导致数据难以直接使用；②由于是温度数据，因此易受外界环境影响，导致高误警率，同时还会受到多变的运行环境、物理电磁等的影响，导致研究难度增大；③动车组运行方式不唯一，不同零部件的分析方法并不是一直适用的，需要针对不同的研究对象特殊分析。本节针对轴箱轴承这一部件，介绍一种具体的趋势分析方法。

在列车运行过程中，如果轴箱轴承发生损害会造成轴箱轴承温度升高，后期随着破坏的增大，摩擦力以及滚动碰撞力度更大，导致温度持续升高。因此，可以充分利用轴箱轴承的温度变化范围来预测其故障趋势，实现趋势分析的目的。另外，在轴箱轴承运行过程中，不管是正常还是损坏状态，温度的变化都是连续的，抗环境因素影响力比较强。基于温度连续变化、跳跃性不大的特性，可以对数据进行整理，辅助趋势预测分析，从而更准确地完成数据处理工作。此外，通过对监测数据的预处理，得到基于过程的列车运行数据下的多个数据集，并且对数据进行分类，可以得到不同运行状态下的特征值。

本节介绍一种基于过程数据的轴箱轴承温度变化趋势预测方法。该方法将轴承温度数据与动车组运行状态结合，建立基于轴承温度的特性曲线模型。以此来实现根据输入的过程数据提取特征值进行趋势预测的目的，判断轴温的健康状态变化情况，预测故障的产生，指导运维决策。

7.1.2　基于过程的趋势分析方法实现

1. 选取合适的数据映射

在实际运行过程中，列车的加速过程以及正常行驶过程下轴箱轴承的温度是极具变化性的。运行状态的改变是由于牵引力的大小确定的，而牵引力的大小则会影响摩擦力的变化从而使得热量产生有差异，导致温度的变化不一致。一条完整的列车行程数据包含多个加减速和匀速行驶的过程。为了研究结果的准确性，需要考虑列车的运行状态，在特定状态下进行分析。这样可以保证速度的变化是一定的，从而确保温度的变化符合一定的研究规律，避免不同运行状态下温度的变化对研究结果的影响，使得研究结果更精确。

2. 选取目标数据速度范围

本章案例中动车组列车在运行过程中的速度曲线如图 7-1 所示，图中所示速度的变化是不稳定的，会根据实时情况不间断地变化，因此也是相当复杂的。在加速和减速过程中，轴承的摩擦力会增大，温度必然是上升；反之，在长期匀速运行期间，由于散热机制，温度会出现下降状况。因此，为了避免对温度总体的分析，会对此进行剔除。

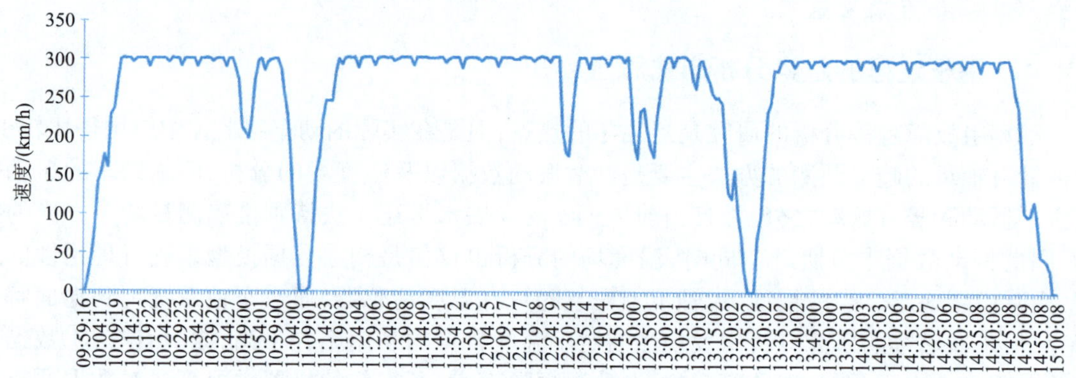

图 7-1　动车组速度变化图

经过实际分析处理，列车在 6～8 min 中即可完成从 0～300 km/h 的加速过程，因此，研究温度数据取自上述时间段，保证速度是单调增大的，不存在惰性状态，从而减少对后续研究结果的影响，并且还会继续取加速到 300 km 后的 6 min 中数据，以此来解决轴承温度滞后于速度变化的情况。

3. 特征提取

由于轴箱轴承健康状态分类并不是针对某一个时刻的，并且根据上述方法所展示的时间与轴温的关系映射到速度与温度关系上的方法，可以采取以过程为单位进行特征提取的方法。每次特征提取的过程指的是“列车从 0 km/h 加速到 300 km/h 以及后续 6 min”，对期间的所有数据进行取样。

根据专家经验以及数据降维方法的衡量，本章采用的特征值见表 7-1。

表 7-1　轴箱轴承分类特征值表

分　类	特征值	解　释
温度特性	轴温值	直观反映该过程中温度样本的总体情况
自定义特征值	加温熵	指的是单位温度内速度增加量大小。如果轴箱轴承出现故障，那么相同速度间隔情况下，温度升高快，导致加温熵数据偏小
数据集中趋势特征值	众数	反应轴温数据的普遍情况
	中位数	反应温升加速水平
数据离散程度特征值	标准差	如果均值偏高，且标准差小，说明温度总体偏高，具有指导意义

续上表

分　类	特征值	解　　释
数据分布特征值	偏态	指非对称分布的偏斜状态
	峰态	反应数据分布形状的突起情况，也就是形成的波峰的大小。尖峰反映温度高是个别情况，平峰表示温度高是多数情况

部分特征值计算说明：

①加温熵 dt：

$$\mathrm{d}t = \frac{1}{n}\sum_{i=1}^{n}\left(\frac{(t_{i+1}) - (t_i)}{(v_{i+1}) - (v_i)/(t_{i+1}) - (t_i)}\right) \tag{7-1}$$

式中，$t_i(i=1,2,\cdots,n)$为时间值；$v_i(i=1,2,\cdots,n)$为对应时刻的速度值。

②偏态：统计样本变量落在众数(M_0)的左右两边情况，根据非对称性分布程度来反映温度的集中分布范围。一般用平均数与众数之差进行衡量，为正则为正偏态，为负则为负偏态。

③峰态：表示样本平均值处，概率密度分布曲线峰态的情况，用峰值的高低来表示。随机变量的峰度计算方法为随机变量的四阶中心矩与方差平方的比值，即

$$\text{kurtosis} = \frac{\sum_{i=1}^{N}(Y_i - \overline{Y})^4}{(N-1)s^4} \tag{7-2}$$

式中，$y_i(i=1,2,\cdots,N)$为样本数据；$\overline{Y}$为样本数据平均值；s为方差。

本章以上述七种特征值来代表轴箱轴承健康状态的一个整体的反映，通过各个特征值之间的大小以及相互联系来表示轴箱轴承健康状态的一个水平，后续通过分类算法来寻找不同健康状态与特征值之间的联系。

2. 构建不同状态下的温度特性曲线

健康状态分类是针对从0～300 km/h之后的6 min内的数据集根据特征值划分成彼此有区别的小数据集，是基于宏观的；趋势分析则是针对每一个状态下的小数据集进行分析，还原温度特性曲线，来代表该状态下从0～300 km/h之后的6 min内的轴箱轴承温度的变化趋势。

利用上述映射方法，将速度按照每10 km/h划分区间，每个区间计算得到轴温均值，作为该区间的温度值，可以得到35个区间的速度与温度关系图，如图7-2所示。

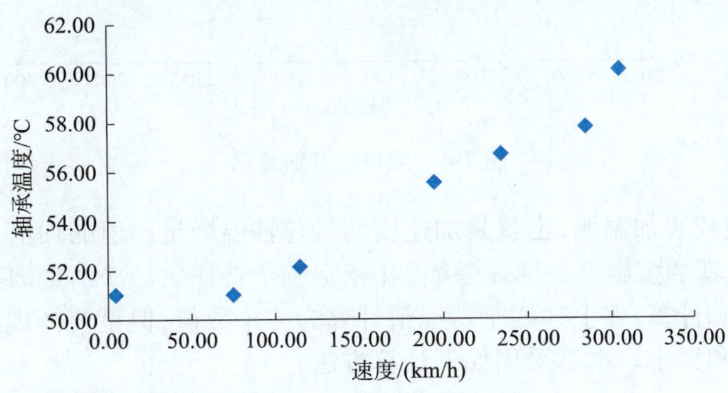

图7-2　速度与温度关系(有数据缺失)

由于每个速度区间都会对应一个温度均值,并且温度数据具有连续的特性,不会出现大幅度的跳跃,同时排除了惰性运行期间温度下降的情况,所以,即使图 7-2 所示存在区间无均值的情况,也可以根据前后均值来进行补全,从而得到该状态下的轴箱轴承速度与温度关系曲线,如图 7-3 所示。

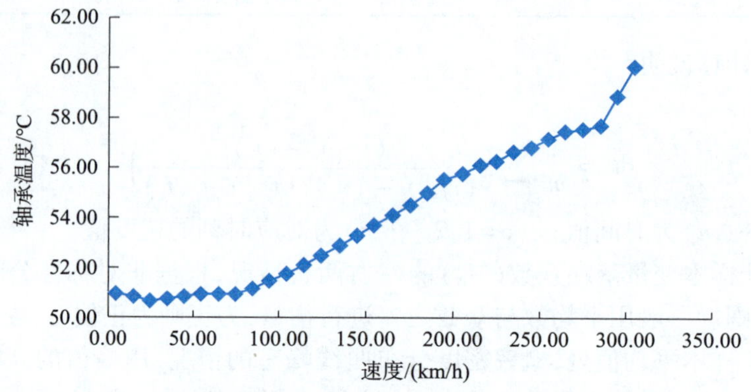

图 7-3　温度特性曲线(数据补全后)

3. 构建目标过程的特征值盒图

选取待判定目标过程中每 10 km/h 这一区间内的温度值的最大值、最小值、均值、标准差作为特征值构建盒图。这四个特征值代表了该区间内轴箱轴承温度的整体情况,四个值的大小代表了温度的变化幅度。同时,绘制加温熵的散点图,代表速度变化与温度变化的比值情况,如图 7-4 和图 7-5 所示。

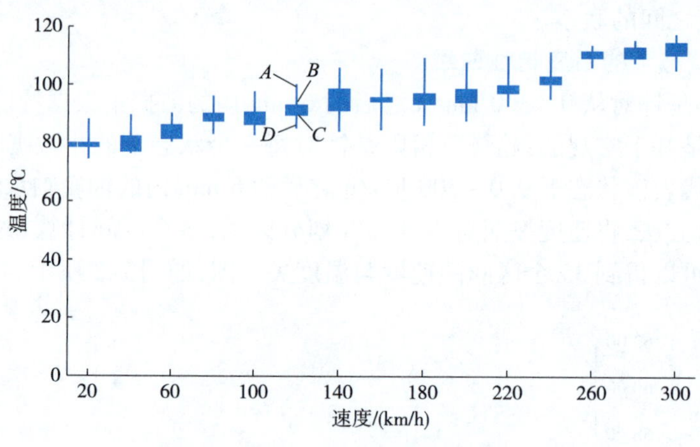

图 7-4　温度特征值盒图

图 7-5 中,曲线代表加温熵,也就是加速度增量与轴温增量比值的均值。

4. 构建目标过程的多维特征值残差模型(锁定三个特征向量来衡量即可)

为了便于观察和计算,将上述四个特征值计算为一个数值,但是要体现出该过程中轴箱轴承温度变化的趋势和大小。本章采用如下计算方法:

$$\text{合值}\ s = B + \left|\frac{A+D}{2} - C\right| \tag{7-3}$$

式中,A 为最大值,B 为均值 + 标准差,C 为均值,D 为最小值。

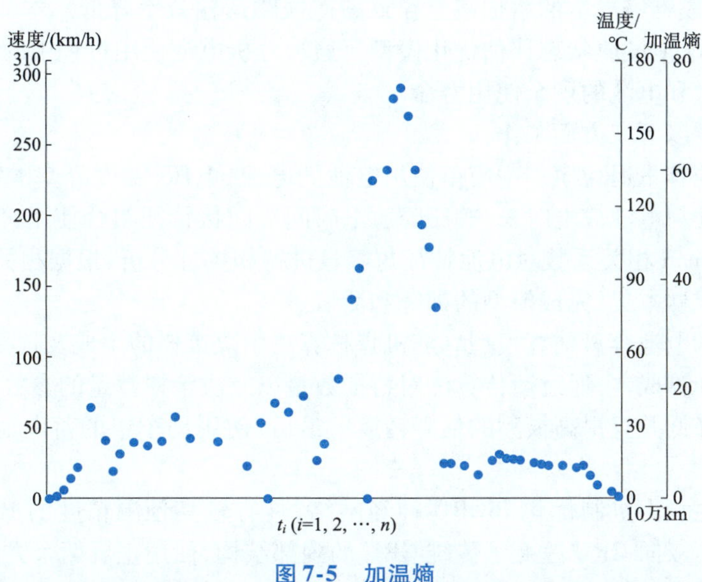

图 7-5 加温熵

然后计算该目标过程合值与四种健康状态下温度特性曲线的残差，得到四条温度残差值结果，如图 7-6 所示，根据残差图，比较残差范围。残差范围越小，说明与该状态下特性曲线拟合效果最好，证明该目标过程正处于该健康状态下；如果两条残差图不相上下，或者残差图前半部分与状态一吻合后半部分则偏向于状态二，说明该目标过程下轴箱轴承有劣化的趋势，正在由状态一向状态二转化，需要提前做好维修准备，提出运维指导决策。

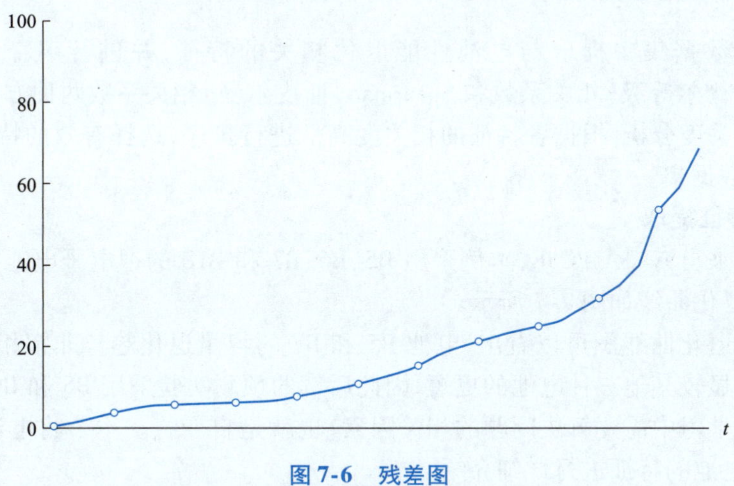

图 7-6 残差图

图 7-6 是目标过程与健康状态下的温度特性曲线的残差图，可以发现，残差逐渐大，说明温度逐渐偏离健康温度。

7.2 面向动车组蓄电池健康状态评估的研究与实现

现有的蓄电池计划检修虽然可以保障高速铁路的安全运行，但是在检修过程中会存在过度修的问题,会造成维修成本的增加甚至导致高速铁路运输效率降低。本节从基于数据驱动的方法出发,提出电池健康状态评估优化模型。通过分析电池使用过程中的相关历史数据,研究电池的当前容量和电池的剩余使用寿命。

本节主要介绍以下三方面工作:

①针对目前的容量退化模型中简单使用电池的电流、电压、温度等基本特征的问题,本节将电池的直接特征与电池放电时长、等压降放电时间等间接特征组合使用,使用 Kendall Rank 相关系数和 Spearman 相关系数对电池特征与容量进行相关性分析,根据相关性高低选择合适的电池特征组合成样本集,完成模型的训练和测试。

②介绍 GARF 电池容量估算模型。随机森林算法中决策树的生成及选择的决策树的数量都会影响模型的计算成本,通过遗传算法对特征数量以及决策树数量的参数组合进行寻优,使模型的计算成本降低并且提高模型的估算精度。最后,使用动车组的蓄电池数据验证优化模型的可行性。

③介绍采用注意力机制优化 BiGRU 神经网络,具有较高预测精度的 BiGRU-Attention 电池寿命预测模型。双向 GRU 改变了传统 GRU 的内部结构,使用正反两个方向进行传播,针对电池的当前时刻的容量同时使用了过去和未来的数据进行预测,使预测的误差进一步缩小。引入注意力机制是通过分配不同的注意力到输入序列,使模型对关键的部分更加侧重学习,训练模型在处理时间序列预测模型的学习能力,从而得到更精确的电池寿命预测模型。最后,基于 BiGRU-Attention 电池寿命预测模型对动车组蓄电池的数据进行实验,验证模型的预测精度确实有所提高。

7.2.1 电池数据预处理

首先从电池数据集中提取与电池性能退化相关的特征,并进行解释说明,其次使用 Kendall Rank(肯德尔等级)相关系数和 Spearman(斯皮尔曼)相关系数两种方法对这些特征与电池容量进行相关度分析,根据各特征的相关度高低进行排序,选择有效的特征组合(健康因子)作为实验的数据集。

1. 电池的特征提取

电池数据集来自 NASA PCoE,本例采用 B5、B6、B7 和 B18 的锂电子电池数据进行模型实验,其电池容量退化曲线如图 7-7 所示。

由电池容量退化曲线图可以看出,电池 B5 和 B7 的容量退化趋势非常相似,电池 B18 的循环使用周期明显较其他三种电池的更短,因此后续的预测实验采用 B5 和 B6 进行分析。

特征是机器学习中需要解决问题的相关因素,也就是自变量。本节将电池的相关属性称为特征,以下对电池的特征进行详细介绍。

循环周期(cycle):电池的一次充放电周期,称为一个循环周期,用 N 表示。

平均电流(average current):放电时,多个时间段测量得到电池两端的电流,然后对完整放电周期内的电流取平均值,用 I 表示。

平均电压(average voltage):放电时,多个时间段测量得到电池两端的电压,然后对完整放电周期内的电压取平均值,用 U 表示。

平均温度(average temperature):一次放电周期中,电池的温度的平均值,用 T 表示。

放电时长(discharge duration):一次放电周期中,电池的持续放电总时长,用 D 表示。

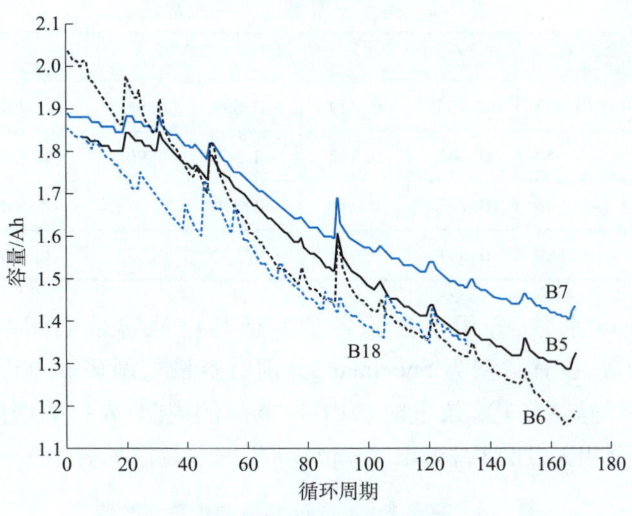

图 7-7　电池容量退化曲线

电池内阻(battery internal resistance)：一次放电周期中，电流流过电池内部所受到的阻力，用 R 表示。

等压降放电时间(isobaric discharge time)：一次放电周期中，电池的电压降到指定电压的时长，用 V 表示。

电池容量(battery capacity)：表示电池在特定条件下的放电量，用于衡量电池的性能退化情况，用 C 表示。此处表示的是粗略计算的电池容量，为电池在一次放电周期内电流对放电时长的积分。

2. 特征的相关性分析

特征工程在机器学习算法中起到了非常重要的作用，好的特征可以使实验通过简单的模型达到良好的效果。特征工程是通过对特征的一系列操作，最终得到好的特征组合，其包括从数据获取到数据处理，特征相关性分析以及特征选择等操作过程。通过特征工程可以得到高质量的特征组合，进而提升机器学习算法的预测结果。相关性分析是指通过对两个或多个具备相关性的特征进行计算，分析特征之间的相关密切程度。

对特征进行相关性分析的方法有 Kendall Rank 相关系数、Pearson 相关系数以及 Spearman 相关系数等。由于 Pearson 相关系数对数据的要求比较严格，也就是当数据满足连续时，分布为正态分布，并且数据为线性关系时，使用 Pearson 相关系数是最能发挥其作用的。所以，在当前数据集为离散数据的情况下，选择后两种相关系数分析法进行相关度的计算较为准确。

分别计算电池的容量和获取的电池的八个特征的相关性系数。使用 MATLAB 中的 corr 函数，设置类型为 Kendall，分别对容量与循环放电周期数(N)、平均电流(I)、平均电压(U)、平均温度(T)、放电时长(D)、电池的内阻(R)、等压降放电时间(V)和电池的计算容量(C)进行相关性分析，得出 τ 相关系数值见表 7-2。

从表 7-2 可以看出，电池的平均温度相对于其他特征与电池真实测量容量的相关度较低，电池的放电时长，等压降放电时间和电池的计算容量与电池真实测量容量的相关度在四种电池中都较高。

表 7-2　基于 τ 系数的相关系数值

电池	N	I	U	T	D	R	V	C
Battery-B5	-0.942	0.795	0.859	-0.539	0.966	-0.758	0.993	0.992
Battery-B6	-0.950	0.962	0.842	-0.568	0.968	-0.925	0.994	0.993
Battery-B7	-0.946	0.717	0.841	-0.360	0.973	-0.566	0.984	0.982
Battery-B18	-0.889	0.891	0.918	-0.192	0.965	-0.767	0.987	0.988

通过计算 Spearman 系数，分析电池的各个特征与电池容量之间的依赖性关系。使用 MATLAB 中的 corr 函数，设置类型为 Spearman，分别对容量与循环放电周期数（N）、平均电流（I）、平均电压（U）、平均温度（T）、放电时长（D）、电池的内阻（R）、等压降放电时间（V）和电池的计算容量（C）进行相关性分析，得出 Spearman 相关系数值见表 7-3。

表 7-3　基于 Spearman 系数的相关系数值

电池	N	I	U	T	D	R	V	C
Battery-B5	-0.991	0.895	0.953	-0.765	0.997	-0.875	0.999	0.999
Battery-B6	-0.993	0.996	0.950	-0.801	0.997	-0.988	0.999	0.999
Battery-B7	-0.992	0.794	0.940	-0.560	0.998	-0.627	0.999	0.999
Battery-B18	-0.972	0.980	0.988	-0.243	0.997	-0.915	0.999	0.999

从表 7-3 可以看出，电池的平均温度相对于其他特征与电池真实测量容量的相关度较低，而电池的循环放电周期数、放电时长、等压降放电时间和电池的计算容量与电池真实测量容量的相关度较高。表 7-3 中的负号表示的是特征与电池真实测量容量的相关性为负相关，也就是伴随着电池循环放电中这些特征的值的增加电池的容量会减少。但是，不论正负相关，特征与容量的相关度最终是由 Spearman 系数的绝对值决定的。

3. 特征选择

特征选择是从原始数据集中选择出一些最有效的特征组成子集的过程。特征选择也是一种降维操作，将之前维度大的数据中对实验结果影响较小的特征数据过滤掉，提升算法处理的效率。减少特征数据不仅可以降低曲线过拟合、减少特征量、提高模型的泛化能力，而且可以更好地解释模型，增强对特征和特征值之间的理解，加快模型的训练速度，一般还会获得更好的性能。

针对使用 τ 和 Spearman 的两种相关系数得出的结论，首先根据两种相关系数的结果分别取平均值，然后针对四种电池的每个特征与电池容量的两种相关系数取平均值，最后对其绝对值进行排序，得到与电池容量相关性分析的特征排名，选取合适的特征进行模型训练并完成电池荷电状态的估算以及剩余使用寿命的预测。由表 7-4 可以看出，两种相关系数的均值的绝对值进行排序的结果从高到低依次为等压降放电时间、电池的计算容量、放电时长、循环放电周期数、平均电压、平均电流、电池内阻和平均温度。并且电池平均温度的相关系数的绝对值为 0.5 左右，判断得到电池平均温度与电池容量的相关性较低，所以将使用除电池平均温度之外的其余特征作为电池健康状态评估的健康因子。

表 7-4　相关系数平均值及排序

电池	N	I	U	T	D	R	V	C
Battery-B5	−0.966 6	0.845 5	0.906 7	−0.652 5	0.982 1	−0.817	0.996 6	0.996 3
Battery-B6	−0.971 7	0.979 4	0.896 4	−0.684 5	0.983 0	−0.956 9	0.997 1	0.996 7
Battery-B7	−0.969 3	0.755 8	0.891	−0.460 3	0.985 9	−0.597 2	0.991 8	0.990 7
Battery-B18	−0.930 8	0.935 8	0.953 5	−0.217 9	0.981 6	−0.841 2	0.993 5	0.994 2
average	−0.959 6	0.879 1	0.911 9	−0.503 8	0.983 2	−0.803 1	0.994 7	0.994 5
Sequence	4	6	5	8	3	7	1	2

7.2.2　电池荷电状态评估

分别使用支持向量机(SVM)和随机森林(RF)构建训练模型完成进行电池剩余容量的预测,并通过实验验证比较两个模型对电池剩余容量预测的准确度。

随机森林在生成决策树时,决策树的深度 m_{tree} 也就是在生成决策树时选择的分裂属性的个数,m_{tree} 越大决策树预测结果越准确,但是较大的 m_{tree} 也会直接影响模型的计算量;随机组合的决策树的数量 m_{tree},也会对模型的精确度和计算成本造成影响。对比多种参数优化算法,遗传算法在参数寻优过程中不容易陷入局部的最优解,因此提出使用遗传算法对随机森林进行优化,确定最优的决策树数量以及最优的决策树深度组合,达到高效预测的目的。

目标函数为

$$\begin{gathered}\min(\text{RFRMSE}(n_{\text{tree}},m_{\text{tree}}))\\ \text{s. t. } 1\leqslant n_{\text{tree}}\leqslant 500, 1\leqslant m_{\text{tree}}\leqslant 7\end{gathered}\tag{7-4}$$

式中,n_{tree} 为随机森林中随机选择的决策树的数量;m_{tree} 为每棵决策树的深度,也就是分裂决策树属性的数量。

RFRMSE(n_{tree},m_{tree})表示使用 n_{tree} 棵决策树并且每棵决策树的深度为 m_{tree} 时得到的预测值 Y_{hat} 与真实测试值 Y_{tst} 的均方根误差 RMSE。

由于在使用遗传算法进行最优化解空间时,模型计算的是函数的最大值,因此需要对目标函数进行初步转换得到适应度函数

$$\begin{gathered}\max(-\text{RFRMSE}(n_{\text{tree}},m_{\text{tree}}))\\ \text{s. t. } 1\leqslant n_{\text{tree}}\leqslant 500, 1\leqslant m_{\text{tree}}\leqslant 7\end{gathered}\tag{7-5}$$

基于遗传算法优化的随机森林模型通过优化模型参数,使模型的计算量尽可能降低的同时提高对电池估算的准确度。

使用优化后的随机森林模型(GARF)和传统的随机森林模型训练电池 B5 的 20% 循环周期数据,对其剩余的 80% 循环周期的电池容量进行估算,得到的实验对比结果如图 7-8 所示。可见 GARF 模型对电池容量的估算效果要优于随机森林模型。

图 7-8 中,Battery Capacity 代表的是电池容量,RF Prediction 指的是传统的随机森林预测法,GA-RF Prediction 指的是优化后的随机森林预测法。

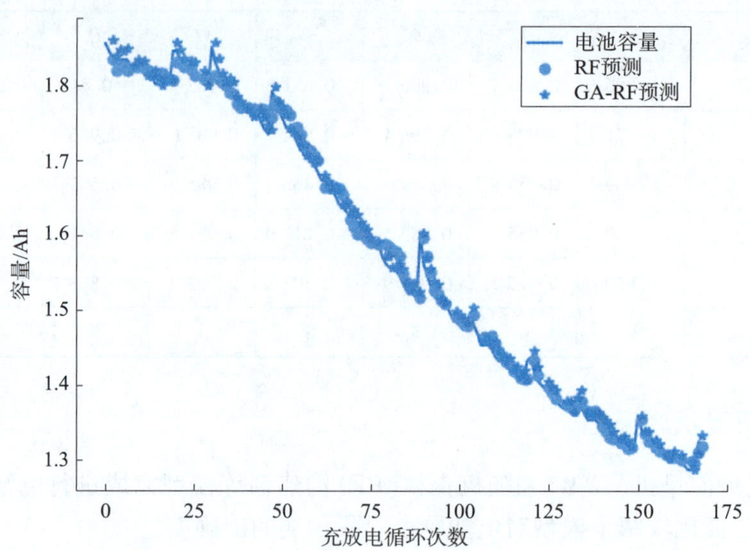

图 7-8　B5-20%循环周期训练-优化模型的预测结果

7.2.3　电池剩余寿命预测

时间序列数据表示在不同的时间收集到的数据,用于描述现象随时间变化的情况。这类数据反映了某一事物、现象等随时间的变化状态或程度。电池的退化现象可以作为时间序列数据进行分析。在处理时间序列数据的预测问题上,有多种公认准确率高的模型。由此引入其中的三种模型(ARIAM、LSTM 和 GRU)对电池的剩余使用寿命进行预测。

建立 ARIMA 模型一般分为三个阶段:模型的识别和定阶、参数的估计以及模型的检验。

模型的识别和定阶是确定 p, q, d 三个参数。通常,ARMA(p,q)模型的系数和阶数是使用自相关函数(ACF)和偏自相关函数(PACF)确定的。ACF 描述序列的目标值与其历史数据的测量值之间的线性相关关系。PACF 描述在给定中间测量值的情况下,序列的目标值与其历史数据的测量值之间的线性相关关系。

在确定模型的阶数之后,有必要对 ARMA 模型的参数进行估计。模型的检验是模型构建的最后阶段,通过以上的模型训练数据得出的结果需要经过检验后才可验证所用模型是否合适。一般使用的模型检验方法主要有检验参数估计的显著性和检验残差序列的随机性,即残差之间是独立的。完成以上三个阶段构建的模型可用于对电池数据的预测。

LSTM 是一种特殊的循环神经网络(RNN)。原始的 RNN 在训练中,随着训练时间的加长以及网络层数的增多,很容易出现梯度消失和梯度爆炸的情况。LSTM 有效避免了 RNN 难以解决的人为延长时间任务的问题。

GRU 模型属于 RNN 的一种网络结构,也是 LSTM 的一种变体。它在继承 LSTM 优势的同时,解决了其结构过于复杂、运行时间长的问题,提升了模型的运行效率。

GRU 模型对于处理电池数据预测电池未来寿命的效果是相对准确的,但是为了达到更好的预测效果,提出一种双向 GRU 加注意力机制的优化模型。双向 GRU 是通过前后两个方向的训练,注意力机制是通过给 GRU 的不同时间的时间点重新分配不同的权重,让网络自主学习权重分配。使用以上优化方案,提高模型的预测精度。

在门控循环单元网络(GRU)中,状态的传输过程是单向的,也就是从前到后的,这也就表示当前的预测与之前的数据信息存在联系。但是,在预测电池的剩余使用寿命的问题中,某一时刻的电池容量,不仅可以用之前的电池状态进行预测,还可以用之后的电池状态作为容量预测的下限,因此使用双向 GRU 可以很好地解决这个问题。对于 GRU 的反向传播是通过梯度下降法迭代更新 GRU 中的所有参数,关键在于计算所有参数基于损失函数的偏导数。双向 GRU 的结构如图 7-9 所示。

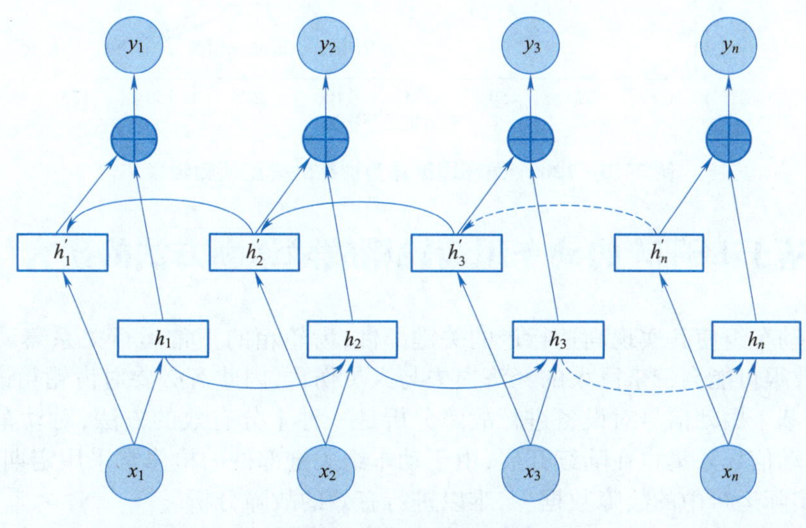

图 7-9　双向 GRU 的结构

注意力机制的过程是将对输入序列经过 GRU 编码器的输出结果用于训练模型,使其能够有选择地学习该输入,并在输出模型时将输出序列与之关联。

本例提出基于双向 GRU 加注意力机制的预测模型,首先是针对 GRU 的单向传播提出改进,改用正反向拼接的方法对 GRU 的输出进行控制,不仅从正向传播也同时受到反向的作用共同决定 GRU 的输出结果。然后,对由双向 GRU 进行 Attention 机制的优化,能够更加关注输出向量中对真实结果影响更多的关键部分,对关键的数据分配更多注意力,从而更好地学习输出向量中的关键信息。通过两种优化机制使 GRU 模型的预测精度更准确。

使用基于 BiGRU + Attention 的电池剩余寿命预测模型训练电池 B5 的前 120 个循环周期,对其剩余的循环周期的电池容量进行预测,得到的实验结果如图 7-10 所示。从实验结果图可以明显分析出优化后的 GRU 模型对电池剩余寿命的预测更精确,图 7-10 中的预测曲线更贴合真实的电池容量曲线。

本节首先引入三种算法:ARIMA、LSTM 和 GRU,经过分析后提出一种基于双向 GRU 加注意力机制的预测模型。加入反向传播是因为后续的数据对容量的预测也存在影响关系,注意力机制可以训练模型输出结果的权重分配,提高模型的学习能力,得到更好的预测效果。

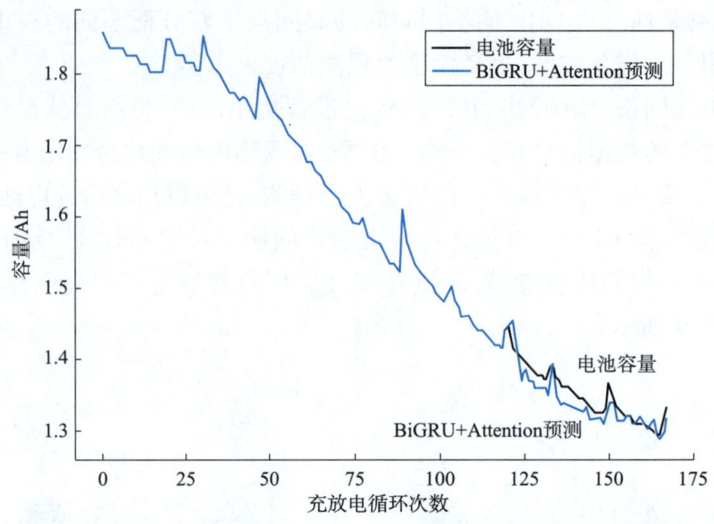

图 7-10 120 个循环周期作为训练的模型预测结果

7.3 基于 LSTM 的动车组齿轮箱故障诊断方法的研究与实现

作为驱动动车组使其实现高速行进的关键部件，齿轮箱的正常运行关系着动车组的运行安全，一旦失效很可能会带来巨大的经济损失与人员伤亡，因此有必要对齿轮箱进行状态监测与故障诊断。基于振动信号对设备进行故障分析是一种十分有效的方法，对动车组实际运行中齿轮箱的振动信号采集也在陆续开展，由于动车组关键部件的检修常采用定期更换的策略，因此，齿轮箱实际运行中的故障数据少，难以进行有效的故障分析。

根据振动信号存在时间相关性的特点及相关算法对比，选择长短时记忆网络（LSTM）作为故障诊断模型的基础。然后对故障诊断模型进行小样本目标域跨域诊断的研究，确定故障诊断模型对动车组齿轮箱数据的应用方法。

①使用改进的自适应粒子群算法（improved adaptive particle swarm optimization，IAPSO）对 LSTM 网络的最优超参数组合进行搜索，得到具有更高分类精度的 IAPSO-LSTM 算法。该算法通过粒子群算法的群体智能策略对 LSTM 网络的超参数组合进行自动寻优，解决了手动调整网络超参数存在的效率低问题。在传统的自适应权重粒子群算法（APSO）的基础上进一步细化粒子的划分，根据粒子的适应度确立三个区间，并根据三个区间中粒子的特征分别设计权重更新公式，形成新的 IAPSO 算法.

②基于对模型跨域诊断的研究与动车组齿轮箱的实际应用需求的分析，提出一套动车组齿轮箱故障诊断模型的迁移策略。该策略在模型迁移的基础上通过最大化源数据域、交叉验证与早停法来提升源域预训练模型的泛化能力和目标模型的训练速度和拟合效果。

③在动车组齿轮箱数据集上通过实验验证了 IAPSO-LSTM 算法和模型迁移策略的效果，并在故障数据不均衡和运行工况复杂这两个动车组实际应用场景下对目标模型的分类效果进行评估。

7.3.1 长短时记忆网络

长短时记忆网络作为一种特殊的循环神经网络，是为了解决传统 RNN 面临的对较长的序列数据处理困难的问题而提出的。从“长短时记忆”这个说法可以得知，这种网络既可以记住近期的信息，也不会遗忘以前的信息。基本的 RNN 的隐藏层中存在一个记录其状态的元素 h，它在每个输入时刻都会更新，故称为短时记忆；LSTM 相对于原始 RNN 网络增加了一个细胞状态 c，细胞状态的更新周期慢，积累了训练中的经验，故称为长时记忆。图 7-11 为两个隐藏状态在时间维度上展开得到的示意图，在 t 时刻，每一层 LSTM 都包含三个输入数据：上一层网络输出的结果 x_t、前一时刻该隐藏层的状态 h_{t-1} 与前一时刻的细胞状态 c_{t-1}；LSTM 输出有两个：当前时刻隐藏层的状态 h_t 和细胞状态 c_t。

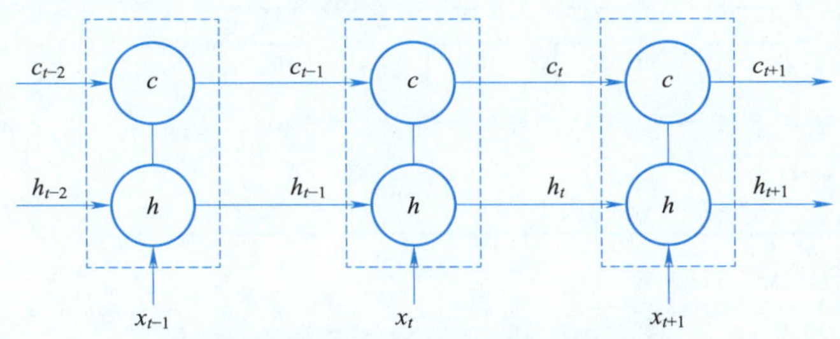

图 7-11 LSTM 隐藏状态时间展开图

LSTM 通过称为“门”的结构来控制每一时刻三种输入数据的哪一部分信息被保留到当前的细胞状态中，从而控制网络的长时记忆。门在结构上是由一个 sigmoid 非线性映射和一个按位的乘法操作组成的，通过这两个操作可以实现对输入数据的部分提取。sigmoid 函数的计算方法如式(7-6)所示，从式(7-6)中能看出这一操作可以将输入数据转换成(0, 1)之间的数，这个值表示当前状态以多大的比例保留输入的信息，数值越大则保留的信息量越多，将这个数值与需要提取的输入信息相乘，即可实现门对输入数据进行部分信息提取的功能。

$$\mathrm{sigmoid}(x)=\frac{1}{1+\mathrm{e}^{-x}} \tag{7-6}$$

第一个门称为“遗忘门”，它负责控制的输入数据是前一时刻的细胞状态 c_{t-1}，如图 7-12 所示，它可以保存很长时间之前的信息。遗忘门的计算公式为式(7-7)，其中 $\boldsymbol{W}_{\mathrm{f}}$ 和 b_{f} 分别表示该门的权值矩阵和偏置项，σ 表示 sigmoid 函数，该门首先会对 h_{t-1} 和 x_t 进行处理，将二者进行拼接得到(h_{t-1},x_t)，然后将这两项数据进行 sigmoid 非线性映射处理后输出一个每个数值都在(0, 1)之间的向量 $\boldsymbol{f}_t$，这一向量与 c_{t-1} 相乘即可以实现对历史信息进行选择提取的功能。

$$\boldsymbol{f}_t=\sigma(\boldsymbol{W}_{\mathrm{f}}\cdot(h_{t-1},x_t)+b_{\mathrm{f}}) \tag{7-7}$$

第二个门称为“输入门”，它主要负责控制的输入数据是当前的输入 x_t 和前一时刻的隐藏状态 h_{t-1}。首先 tanh 层根据当前时刻的输入 x_t 和上一时刻的输出 h_{t-1} 创建一个新的向量 $\tilde{\boldsymbol{c}}_t$，用来描述当前输入的细胞状态；输入门的操作与遗忘门类似，将拼接的向量(h_{t-1},x_t)与输入门的权重矩阵 $\boldsymbol{W}_i$ 按位相乘，再与偏置项 b_i 相加作为 sigmoid 层的输入，经非线性映射得到向量 $\boldsymbol{i}_t$，它与 $\tilde{c}_t$ 相乘即可以实现对新的输入信息进行选择提取的功能，式(7-8)和式(7-9)分别为输入门的两个计算公式。

$$\tilde{\boldsymbol{c}}_t=\tanh(\boldsymbol{W}_C\cdot(h_{t-1},x_t)+b_C) \tag{7-8}$$

$$\boldsymbol{i}_t=\sigma(\boldsymbol{W}_i\cdot(h_{t-1},x_t)+b_i) \tag{7-9}$$

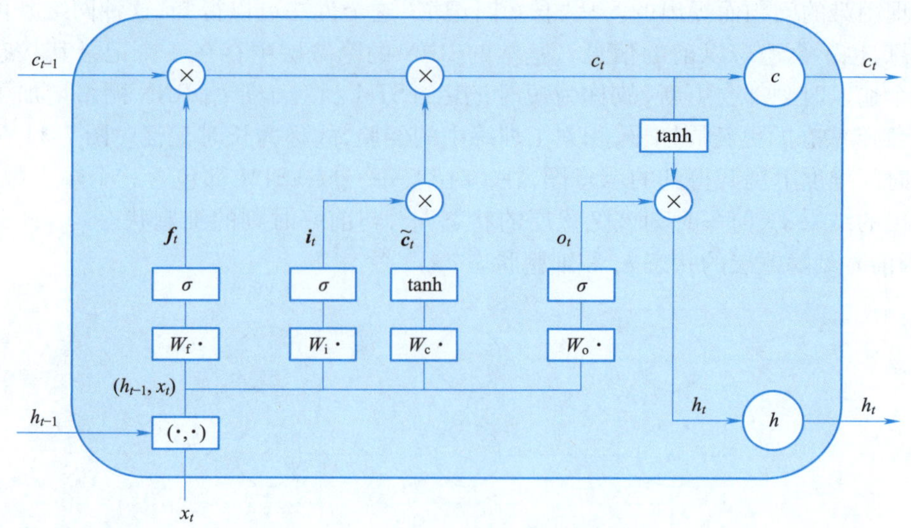

图 7-12 LSTM 单元结构

计算出$\boldsymbol{f}_t$与$\boldsymbol{i}_t$之后，要对细胞状态进行更新，更新公式为式(7-10)，使用$\boldsymbol{f}_t$与$\boldsymbol{i}_t$分别对前一时刻的细胞状态和当前输入的细胞状态的信息进行控制保留，并将各自得到的结果进行合并即得到新的细胞状态，这样就可以实现对当前的信息和长期的信息的融合。由于遗忘门的控制，细胞状态可以保存很久之前的信息，由于输入门的控制，它又可以避免当前无关紧要的内容进入记忆。

$$\boldsymbol{c}_t=\boldsymbol{f}_t\times\boldsymbol{c}_{t-1}+\boldsymbol{i}_t\times\tilde{\boldsymbol{c}}_t \tag{7-10}$$

第三个门称为“输出门”，它负责控制输出中当前细胞状态的留存比例，在这之前首先要对细胞状态进行更新处理。首先，输出门的 Sigmod 层决定哪一部分的细胞状态需要被输出；然后将细胞状态经过 tanh 层，最后乘上输出门的输出 o_t，得到当前时刻的输出信息 h_t。式(7-11)和式(7-12)分别为输出门的两个计算公式，其中 $\boldsymbol{W}_o$ 和 b_o 分别为输出门的权重矩阵和偏置项。

$$o_t=\sigma(\boldsymbol{W}_o(h_{t-1},x_t)+b_o) \tag{7-11}$$

$$h_t=o_t\times\tanh(\boldsymbol{c}_t) \tag{7-12}$$

基于 LSTM 建立齿轮箱故障诊断模型，由于 LSTM 作为深度学习模型拥有优秀的特征获取能力，因此无须人工对输入数据进行特征的提取，可直接将原始的齿轮箱的振动信号序列作为模型的输入。图 7-13 即为基于 LSTM 的齿轮箱故障诊断模型的结构图。如图 7-13 所示，振动信号直接作为时间序列数据输入到网络中，在隐藏层中进行特征的学习和提取，隐藏层 LSTM 层个数为三个，每层均使用 tanh 作为激活函数，将最后一个隐藏层的输出值经全连接层输出，该层的神经元个数等于健康状态类型的个数，最后将输出的数值经 Softmax 计算各类别的概率，将概率最高的类别作为分类结果输出。选用自适应时刻估计方法作为网络的优化函数，实现网络的参数随着模型的迭代逐步更新。

基于 LSTM 的齿轮箱故障诊断模型，在训练过程中，模型的一些超参数需要进行不断地调整以使模型的效果达到最优，手动寻找这些超参数的最优组合比较慢而且很可能无法找到最优组合，因此选用优化算法来进行超参数的自动寻优。

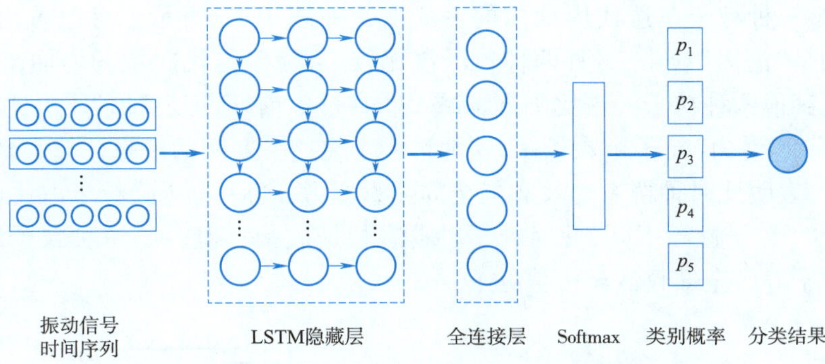

图 7-13 基于 LSTM 的齿轮箱故障诊断模型的结构

7.3.2 改进的自适应粒子群算法

自适应权重的粒子群算法,只通过适应度均值来划分"好""坏"粒子过于笼统,在多次实验中仍然会出现收敛速度慢、陷入局部极值的情况,因此提出一种改进的自适应粒子群算法(IAPSO)。此算法将所有粒子划分为图 7-14 所示的三个阶段:"劣质"粒子、"潜力"例子、"优质"粒子。

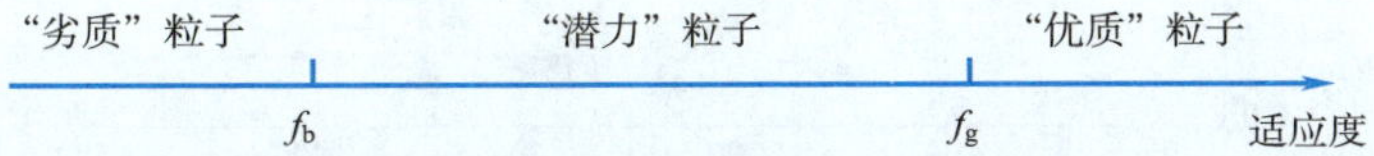

"劣质"粒子 "潜力"粒子 "优质"粒子

f_b f_g 适应度

图 7-14 IAPSO 粒子划分

在每一次迭代中,种群中所有粒子的适应度的平均值为 f_{avg},f_g 为所有优于 f_{avg} 的粒子的平均适应度值,优于 f_g 的粒子称为"优质"粒子(good particle);f_b 为所有劣于 f_{avg} 的粒子的平均适应度值,劣于 f_b 的粒子称为"劣质"粒子(bad particle);适应度处于两者之间的粒子称为"潜力"粒子(potential particle)。"优质"粒子更可能接近极值区域,为了更快地逼近全局极值,在惯性权重更新时赋予这种粒子较小的权值,使之在当前区域进行小范围的搜索,粒子获得更好的局部搜索能力;"劣质"粒子更可能远离极值区域,为了跳出局部极值,在更新权重时将这种粒子赋予一个较大的权值,使之在解空间内进行大范围的搜索,粒子获得更好的全局搜索能力;"潜力"粒子处在当前不好不坏的位置,这种粒子在搜索的前期规模最大,在更新惯性权重时将这种粒子的权值设置为与迭代次数成负相关,使之在搜索一开始大面积地在解空间中寻找所有可能的极值区域,并且在搜索后期在当前区域进行缓慢移动去寻找极值。IAPSO 算法进行搜索时每次迭代种群中各个粒子的惯性权重更新公式为

$$\begin{cases} \omega_i = \omega_{\min} + \dfrac{(\omega_{\text{mid}} - \omega_{\min}) \times (f_i - f_{\min})}{f_{\text{avg}} - f_{\min}}, & f_i \leqslant f_g \\ \omega_i = \omega_{\min} - (\omega_{\max} - \omega_{\min}) \times \dfrac{t}{T}, & f_g < f_i \leqslant f_b \\ \omega_i = \omega_{\min} + \dfrac{(\omega_{\max} - \omega_{\min}) \times \text{rand}(0,1)}{2}, & f_i > f_b \end{cases} \tag{7-13}$$

式中,$\omega_{\min}$、$\omega_{\max}$ 为自定义的惯性权重变化范围,本算法定义 $\omega \in [0.4, 0.9]$;ω_{mid} 是 $\omega_{\min}$ 和 $\omega_{\max}$ 的平均值,本算法中 ω_{mid} 的值为 0.65。

粒子种群中三种粒子在迭代周期内的占比变化如图 7-15 所示。可以看出,在搜索的初期,占比最大的是“潜力”粒子,另外两种粒子占比较小,随着迭代次数的增加,“优质”粒子的占比逐渐增大,其他两种粒子的占比则逐渐减小。在搜索前期,即三种粒子占比基本保持不变时,“劣质”粒子和“潜力”粒子个数较多,这两种粒子在这一期间的权重比较大,粒子运动速度快、搜索范围大,表明此时种群有着较高的全局搜索能力;之后“优质”粒子占比迅速上升,“劣质”粒子与“潜力”粒子逐渐下降,此时粒子种群在快速收敛;到后期,三种粒子的比重重新保持不变,此时粒子群已全部收敛至极值处。

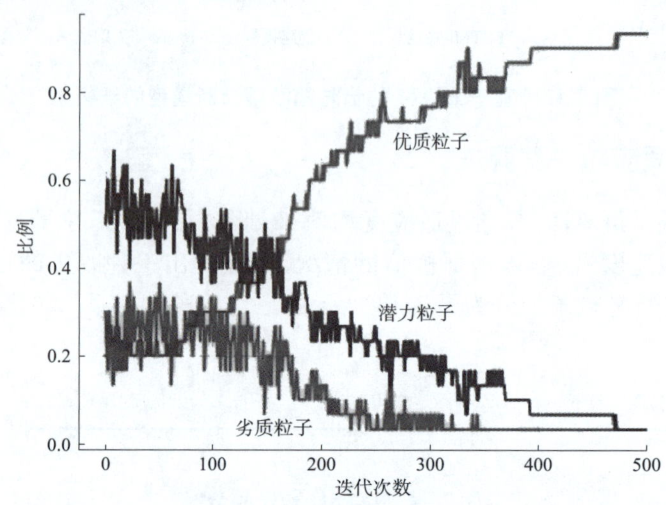

图 7-15 粒子占比曲线

7.3.3 IAPSO-LSTM 故障诊断模型实现

通过前面的介绍可以得出 LSTM 模型在时间序列的处理上能够取得更好的学习效果,但是神经网络的训练普遍存在需要不断进行超参数调整才能得到较好效果的问题。7.3.2 节通过一系列的实验验证了 IAPSO 算法具有较好的搜索性能,因此,可以使用 IAPSO 算法对 LSTM 分类模型的超参数进行优化,以达到更加高效的超参数优化过程并获得更高的分类精度。

LSTM 分类模型中需要进行优化的超参数有批尺寸 Batch_size、三个隐藏层的神经元个数 $n=\{n_1,n_2,n_3\}$ 和学习速率 l_r。由于训练网络需要很大的数据量,但由于内存有限,无法将所有数据全部同时进行训练,这时需要对训练数据进行划分,每一部分数据作为一次模型训练的输入,批尺寸即为每一次迭代训练的数据。如果这个尺寸设置得太小,网络参数更新过于频繁,导致模型收敛性差或者收敛速度慢;如果这个尺寸设置得过大,内存很可能无法全部载入这些数据,这时网络的参数更新会变得很慢,无法很好地进行拟合。隐藏层可以通过计算将原始输入数据的特征进行抽象化,从而提取更深层次的特征,这些深层次特征相比于原始数据具有更高的可划分性,当增加隐藏层中的神经元数量时,这一层的特征提取能力会变得更强,但相应地,该层的计算速度也会减低。然而,特征提取能力与神经元个数并不是完全呈正相关的,随着神经元的个数到达一定数值,模型的分类性能就不会因为神经元的增加而有明显增强了,因此需要确定一个合适的神经元个数来平衡模型的分类精度与训练时间。学习率决定了模型对于问题的求解能否取得最优解以及搜索到最优解的速度,能够在很大程度上影响模型的分类效率。如果模型的学习率太小,模型分类精度的提升可能会非常缓慢,需要在很多次迭代之后才能收敛，而且可能造成模型的过拟合；如果模型的学习率太大，这时虽然模型分类精度的提升速度会变快，但是会发生较大振荡甚至无法收敛到最大值，所以需要确定一个合适的学习率来平衡模型的收敛效果与速度。

基于 IAPSO-LSTM 算法提出的动车组齿轮箱故障诊断模型。在进行搜索之前，首先对一些参数进行定义，种群规模为 30，最大迭代次数为 500，分别对所要搜索的参数的取值范围做出定义，Batch_size 的取值范围是$\{4,8,16,32,64,128\}$；三个隐藏层神经元个数的取值范围是$\{n|8\leqslant n\leqslant 200, n\in \mathbf{R}\}$；学习率的取值范围是$\{r|0.0001\leqslant r\leqslant 0.01\}$，学习率的位置变化步长为 0.000 1，适应度定义为本次搜索的分类模型使用十折交叉验证进行评估得到的交叉熵损失值的平均值，并定义适应度的阈值为 0.01。

IAPSO 算法对故障诊断模型超参数的寻优步骤如下：

步骤 1：初始化粒子群，每个粒子即为所要寻找的五个超参数的组合，根据五个参数的范围随机生成粒子的位置以及速度。

步骤 2：计算所有粒子的适应度。

步骤 3：根据当前种群中所有粒子的适应度值来更新每个粒子的历史最优解以及种群最优值。

步骤 4：根据粒子的适应度以及上一节介绍的粒子划分方法将粒子分为三类，并根据式(7-13)对惯性权重参数进行更新。

步骤 5：根据式(7-14)和式(7-15)对粒子的速度和位置进行更新。

$$v_{\mathrm{id}}^{(t+1)}=w\times v_{\mathrm{id}}^{(t)}+C_1\times r_1\times(P_{\mathrm{id}}^{(t)}-x_{\mathrm{id}}^{(t)})+C_2\times r_2\times(P_{\mathrm{gd}}^{(t)}-x_{\mathrm{id}}^{(t)}) \tag{7-14}$$

$$x_{\mathrm{id}}^{(t+1)}=x_{\mathrm{id}}^{(t)}+v_{\mathrm{id}}^{(t+1)} \tag{7-15}$$

步骤 6：判断是否粒子群的群体适应度极值达到了设定的阈值或者达到了最大迭代次数，如果是则输出最优超参数组合，否则返回步骤 2。

最后将所得的最优超参数组合赋给 LSTM 模型，最终得到 IAPSO-LSTM 模型并进行故障分类。

7.4　面向高速动车组牵引电机轴承故障预警的研究

牵引电机作为动车组动力系统的核心，其稳定性是动车组安全运行的关键，而牵引电机轴承作为牵引电机的核心部件，是牵引电机的重中之重。构建一种牵引电机轴承温度预测模型，预测轴温并将其作为动态阈值来协助故障预警，能够及时警报轴承的异常情况，提高动车组安全系数，降低运维成本。

7.4.1　牵引电动机轴承温度预测及预警方法思考

在真实环境中，牵引电机轴温影响因素复杂，包括当前运行状态、环境因素、设备性能等，许多研究基于实验的振动信号，在实际应用中有较大的局限性；目前采用固定阈值来进行轴承的故障预警，误报率高；此外，运行数据中的正常轴承温度数据与轴承故障数据严重不均衡，难以直接进行故障分类。

温度传感器通常用于状态监测，具有易于部署和低成本的优点，现役动车组也是通过温度传感器来监测轴承温度，并作为评估轴承健康状态的重要指标。列车运行时，温度传感器会实时采集轴承温度数据并传输到列车控制室,且由动车组车载无线传输设备传输到地面。工作人员通过实时监控的数据分析轴承的健康状态。当轴承出现润滑过多或不足、通风口堵塞等情况时,都容易导致轴承的不正常升温,进而引起热轴故障。当监测温度达到预警的阈值时,将触发报警,工作人员根据警报及时采取相应的措施,如以限速运行、紧急制动等,从而保障动车组安全稳定地运行,避免事故的发生或者最大限度地降低故障所造成的损失。

从现有的轴承故障预测的相关研究来看,对轴承的故障诊断主要通过振动、温度、声波、结构力学、图像分析等方法。这些方法存在一定的局限性:

①依赖阈值,各个状态阈值的制定依赖专家经验知识,往往只是粗粒度的划分,为了最大可能地避免漏报故障的现象,阈值往往比实际值低,导致误报率高。

②未考虑多因素的干扰,使用同一标准作为阈值不能有效地识别故障与否,即固定的阈值不具备完备性。

③未考虑时序关系,轴承温度变化是一个积累的过程,不仅与当前影响因素相关,还受到前一段过程中各种因素的影响。

传感器的不同时间点的状态存在时间上的相关性。固定阈值的方法无法利用趋势分析方法中时间序列的相关性。基于动车组的实际运行情况,目前仅采用温度作为健康状态的衡量指标,虽然能够表征轴承的故障情况,但对具体的故障原因并不敏感。况且动车组运行条件复杂,轴承的温度不仅受到轴承本身因素的影响,如服役寿命、劳损情况等;还受到一些外部因素的影响,如运行环境、负载情况等。为避免轴承故障的漏报,温度阈值一般偏低,再考虑一些外界因素的影响,如不良天气和恶劣环境,导致轴温探测的不准确;还有探测设备的异常等,都会导致大量的误报。

基于动车组运行数据,提出一种牵引电机轴承温度预测模型,预测轴温并将其作为动态阈值协助故障预警,能及时警报轴承异常情况,提高动车组安全系数。

7.4.2 牵引电机轴承温度预测及预警模型的实现

传统的 LSTM 神经网络,将外部影响因素作为特征输入,能学习影响因素和轴温之间的特征关系,且能考虑到轴温预测时序问题,LSTM 特殊的门结构能够实现对长距离的时间序列数据的建模。但结合实际情况,传统的 LSTM 模型存在不足,结合实际情况体现在:

①由于列车运行存在波动性,时间序列的影响不仅呈现逐渐衰弱的趋势,不同时间点的影响还有所不同,仅采用 LSTM 模型不能有效地解决这种情况。

②在实际应用中,同一牵引电机轴承不同位置温度存在空间相关性,若能有效地利用这一特征有利于模型性能的优化,且能降低数据缺失及噪声的影响。但 LSTM 模型不能捕获空间相关性这一特征。

③在实际运行中,对轴温预测的结果更看重真实值比预测值大的情况,但是常见的回归问题的损失函数都是选择拟合数据的期望值或中位数,使得整体的损失最小。

④拟采用各任务损失求和的方法计算多任务联合损失,但不同任务损失量级不同和收敛速度差异容易使得简单的任务主导整个训练的过程。

针对上述问题,提出基于注意力(attention)的 LSTM 结构,在 LSTM 基础上,结合注意力机制,来解决不同时间步的影响力不同的问题。其中注意力部分不依赖 Encoder-Decoder 框架,直接在 LSTM 网络架构上结合注意力网络层,模型结构如图 7-16 所示。

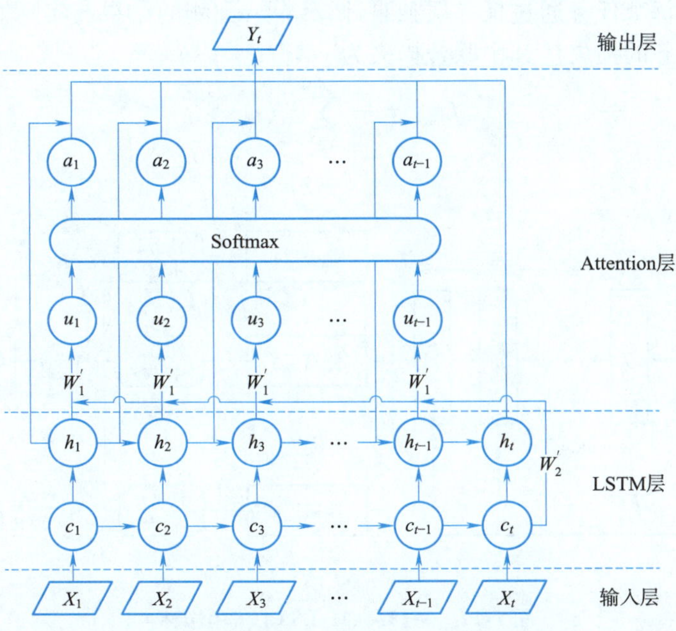

图 7-16　基于注意力的 LSTM 网络架构

其中注意力相关计算公式如式(7-16)～式(7-18)所示：

$$u_i^t = v_t \cdot \tanh(W_1' h_i + W_2' c_t) \tag{7-16}$$

$$a_i^t = \mathrm{Softmax}(u_i^t) \tag{7-17}$$

$$h_t' = \sum_{i=t-n}^{t-1} a_i^t h_i \tag{7-18}$$

式中，u_i^t 采用 perception 方法计算相似度；W_1'和 W_2'为可学习参数；h_i 为 LSTM 第 i 步隐藏层单元状态；c_t 为第 t 步记忆单元状态；u_i^t 为第 i 步 c_t 和 h_i 相似度；a_i^t 为 i 时刻 u_i^t 归一化；h_t'为 t 时刻输出隐藏层状态。

基于注意力机制的 LSTM 神经网络已经能够较好地解决轴温预测的时间相关性，并考虑到不同时间注意力不同的问题。但在动车组轴承温度故障预警时，阈值通常考虑同一牵引电机轴承不同位置温度传感器的温差，而这些轴承温度之间有一定的相关性。结合多任务学习，提出基于多任务学习和注意力机制的 LSTM 温度预测模型，利用牵引电机不同部位的空间相关性信息。整个模型结构如图 7-17 所示。

如图 7-17 所示，模型的输入 X 为影响轴承温度的特征，包括速度、加速度、牵引力、制动反馈能量、环境温度等，输出 $Y_1, Y_2, \cdots, Y_n$ 分别为牵引电机不同位置的温度。模型使用多任务学习(MTL)的 Hard 参数共享机制，所有任务之间共享部分隐藏层的特征，同时每个任务保留各自独立的隐藏层及各自的输出层。主要分为两部分：

①不同任务间共享参数的共享层(shared layer)：该共享层为 AM-LSTM 网络结构，包含多个带有 LSTM 隐藏单元的网络层。经过注意力机制得到的权重的加权后，把这些时间段内的信息添加到当前的输入进行预测。该层中的参数被不同任务所共享。

②不同任务各自的任务层(task layer)：该任务层是指各自任务独立使用的隐藏层。输入层经过共享的 AM-LSTM 网络计算后，各个任务再各自添加一个隐藏层，每个任务在这个隐藏

层中的参数独立。每个任务通过任务层独自计算结果，预测的结果与实际输出分别计算损失，最终再联合计算任务的损失。其中联合损失为

$$L_{\text{joint}} = \frac{1}{n}\sum_{i=1}^{n} L_i(\omega) \tag{7-19}$$

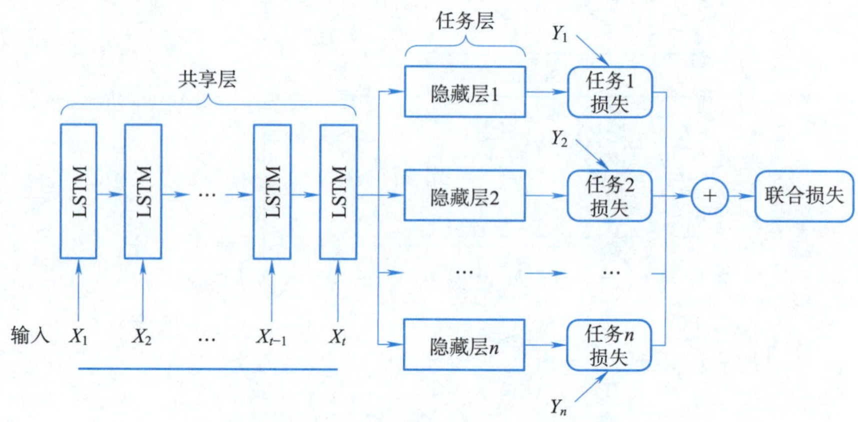

图 7-17　MTL-AM-LSTM 模型架构

真实轴温预测中，LSTM 通常采用的均方误差注重拟合结果的均值而无法解决注意力忽略真实值比预测值小的情况。由于分位数损失函数能够解决上述问题，因此采用一种结合分位数的均方误差损失函数(Quantile-MSE loss)替代原来的 MSE 损失函数。当真实值大于预测值时给予更大的惩罚，从而降低低估情况的误差，提升正向预测精确度。分位数 MSE 损失式为

$$L_\gamma = \sum_{i=y_i<\hat{y}_i} (1-\gamma)(y_i-\hat{y}_i)^2 + \sum_{i=y_i\geqslant\hat{y}_i} \gamma(y_i-\hat{y}_i)^2 \tag{7-20}$$

Quantile-MSE 损失函数曲线如图 7-18 所示。

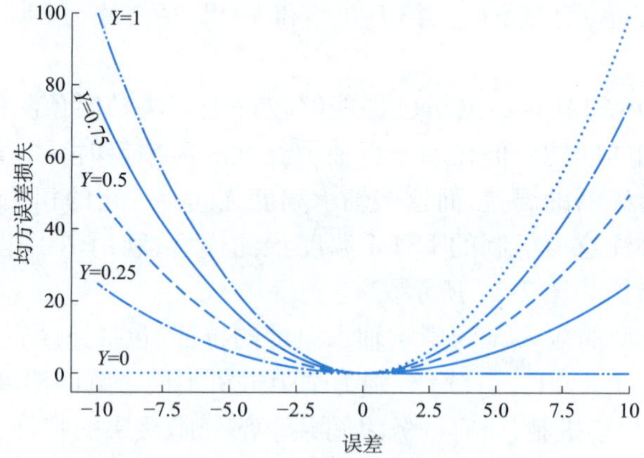

图 7-18　Quantile-MSE 损失函数曲线

针对动车组不同运行状态轴温变化趋势不同和运行状态的模糊性，通过模糊隶属度函数实现动车组运行状态的自动识别；再结合不同状态下的轴温预测模型，生成一种多模型融合的轴承温度预测模型。同时，基于该多模型融合的轴温度预测模型，拟合动车组牵引电机轴承健康运行温度曲线，并作为动态阈值辅助轴承的故障预警。

不同运行状态对牵引电机轴承温度变化影响也有差异,融合不同运行状态下轴温预测模型来进一步提高轴承温度预测准确度。在实际运行中,动车组运行状态难以简单地区分。通过结合模糊实验法和模糊分布法的动车组运行状态识别方法实现运行状态模糊识别,通过模糊隶属度来实现运行状态下的多模型融合的轴承温度预测。此外,通过动态阈值来解决轴承预警固定阈值导致的误报率高等问题。

动车组运行状态为加速、惰行和减速三种状态。实际中列车运行存在波动性,所以,运行状态边界存在不分明性,难以清晰描述。结合模糊统计实验法和模糊分布法,先通过统计实验得出模型大体分布情况,然后根据模糊分布曲线确定基本的模糊隶属度函数;最后分析确定模糊分布函数实际参数,得到合适的隶属度函数刻画动车组模糊的运行状态。

动车组运行状态判断仅需对加速分析,因此只有加速度 a 一个输入特征。计算过程如下:

①数据预处理:提取动车组运行记录中的速度特征,生成速度向量;对数据预处理,包含去噪和缺失值补充;进行特征提取。

②划分模糊集合:根据模糊理论需求,模糊化运行状态的区分界限,将减速、惰行和加速三种状态划分为三个等级模糊集合。

③确认隶属度函数分布:由模糊统计实验法分析惰行状态分布曲线,找出匹配的模糊分布函数。

④确认模糊隶属度函数:根据模糊统计实验法分析结果,选择合适的分布作为模糊变量基础模糊隶属度函数,利用真实数据加速度,计算函数相应参数,最终得到模糊隶属度函数。

⑤识别运行状态:任取某一时刻加速度,根据模糊隶属度函数计算三种状态的隶属度,选择隶属度最大的一类作为该运行状态的模糊状态。

基于动车组的加速度,通过隶属度函数能够解决动车组的模糊运行状态的识别问题。以加速度 a 作为输入特征,构建一种符合动车组运行状态分布的模糊隶属度函数,输入任意时刻的加速度 a_i,就能估计动车组此刻的运行状态。因此,考虑将 MTL-AM-LSTM 轴承温度预测模型与动车组运行状态的模糊识别相结合。整个模型结构如图 7-19 所示。

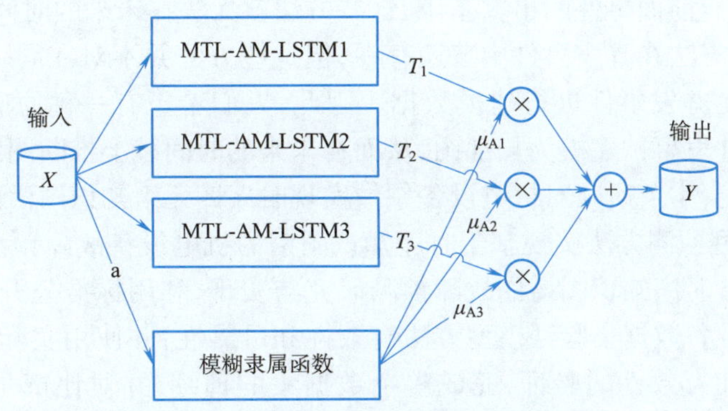

图 7-19 不同状态下的多模型融合结构

通过模糊统计试验法和模糊分布法,确定模糊隶属度函数;基于模糊隶属度函数验证运行状态模糊分类的效果以及分析模糊运行状态下多模型融合的轴温预测性能;引入报警记录,分析误报漏报的情况,验证基于动态阈值故障预警的有效性。

本节提出一种模糊运行状态下的多模型融合的方法。运用模糊统计试验法分析加速度的模糊隶属分布，将动车组运行数据按三种运行状态分别训练，得到三个不同的 MTL-AM-LSTM 模型，并将隶属度与轴温预测模型估计的温度值进行融合，输出最终预测的轴承温度，实现了动车不同运行状态的识别与多温度预测模型融合输出。该模糊隶属度函数能够有效地识别动车组模糊的运行状态，同时不同运行状态下多模型融合的方法进一步提升了模型的性能。

动车组牵引电机轴承的基于固定阈值的热轴故障预警，存在着较大的局限性且误报率高。通过不同运行状态下多模型融合的方法预测轴承温度，并作为动态阈值辅助故障预警。动态阈值的故障预警方案在无漏报的情况下有效地降低了固定阈值方法故障预警的误报率。

7.5 基于时序知识图谱的机电设备故障预测研究与实现

人们普遍将知识图谱应用于工业领域机电设备的故障预测，但静态的三元组已不能适应动态的机电设备运维故障知识的表示，因此，针对机电设备故障的知识图谱预测研究中的时序信息不容忽视。本节所介绍的内容不同于普通的三元组知识图谱，而是基于动态四元组时序知识图谱预测机电设备的故障信息来保障安全可靠性。

7.5.1 基于时序知识图谱的机电设备故障预测思想

存储真实世界事实的知识图谱（KGs）在各种自然语言处理的应用中是至关重要的。由于标注事实的成本很高，大多数知识图谱是远远不完整的，从而预测缺失的事实（也称知识图谱推理）成为一项重要的任务。现有的大多数研究工作都是在标准知识图谱上进行推理，其中每个事实都被表示为主体实体 s、客体实体 o 以及它们之间的关系 r 的三元组 (s,r,o)。然而，在实践中，每个事实都不可能永远正确，因此，将每个事实与作为约束的时间戳相关联，从而生成一个时序知识图谱（TKG）是很有用的。给定一个时间序列从 t_0 到 t_T 变化的时间知识图，TKG 推理主要有两种设置：插值和外推。外推推理有助于填充未来时间戳的知识图，并有助于预测新出现的事件。但是它们预测未来的事件，假设前面事件的基础真理是在推理时间给出的。因此，如果没有前面事件的事实基础，这些方法就无法在未来的时间戳中连续地预测事件。此外，尽管这些方法在真实事件中普遍存在，但这些方法并不对在同一时间窗口（如一天或 12 小时）内发生的并发事件进行建模数据。因此，人们希望有一种原则性的方法，可以通过将时间窗口内的并发事件建模为局部图，从而在未来的时间戳上推断图结构。

为解决上述问题，本节研究对机电设备领域实现时序四元组知识图谱的构建，并通过研究实现利用 AREM 模型预测方法实现基于时序知识图谱的机电设备故障预测的研究，利用实验室数据实现机电设备时序知识图谱的故障预测研究与实现，利用标准公开数据集以及基于时序知识图谱的机电设备数据集验证模型方法有效性和可靠性，并使用实际运维数据对故障预测关系进行可靠性和有效性的验证，完成整个数据集的训练，并对比产生最终结论，得出该 AREM 模型的优越性。

不同于传统三元组构建，时序知识图谱使用时序四元组数据构建。在此介绍一种时序、多关系、图结构数据的神经网络方法，称为自回归的循环事件模型（autoregressive recurrent event model，AREM），该模型由 RNN 循环事件序列编码器和近邻聚合器模型组成。其中近邻聚合器模型将每一时刻的头实体通过关系连接的邻居（一跳或两跳）进行信息聚合，与头实体、关系的向量表示一同作为 RNN 的输入，从而实现数据建模，用于预测某时刻的头实体 s 在关系 r

上对应的故障 o,实现部件的时间线上的故障预测,为设备正常运行提供更好的保障。本节通过电机设备数据构建时序知识图谱,使用 AREM 模型进行故障预测,并使用其他预测方法进行比较测试,验证了该方法优越性及可解释性。

7.5.2　基于时序知识图谱的机电设备故障预测实现

本例具体从数据收集、数据预处理、知识抽取、知识融合以及基于 neo4j 的时序知识图谱绘制五个步骤展开研究与实现。其中数据收集面向实验室真实数据,基于机电设备的故障数据源于实时监测系统、检修系统和制造系统,其中包含了时序信息,同时使用 ETL 技术(数据抽取、转换、加载)进行数据预处理,其中将原始数据转换为研究中所需要的数据模式,转化为适合对其进行分析的数据模式;通过知识抽取的自动化或人工技术从非结构化和半结构化数据中抽取出知识单元,其中该知识单元为可用的,并且完成数据非结构化或者非结构化向结构化的转化;知识融合对于不同来源的知识实体完成在同一框架规范下进行的数据整合、消歧等操作,其中的关系推演、实体链接和实体对齐是三个关键部分;最后,图数据库模式由之前得到的关系型数据库模式转换而成,绘制基于机电设备领域的故障预测时序知识图谱。

除了系统数据之外,主要包含三类其他来源的基于机电设备领域的故障信息的数据源,包括半结构化的表格、网页、非结构化的文本数据,以及部分结构化数据,如实时检测信息系统的数据等,同时,由于要构建时序知识图谱,因此也要注意采集其中的时序信息、时间序列等。由于需要大量的数据来构建时序知识图谱,进而形成数据集,少量的数据不足以支撑预测故障和分析数据事件,因此需要获取网络上的数据信息。表 7-5 是数据获取样例。

表 7-5　数据获取样例

机电设备	时　间	故障信息	故障原因	温度/℃
侧轴承	2020. 11. 1	发热	摩擦	47. 57
…	…	…	…	…
定子	2020. 11. 1	发热	绝缘	118. 08
转子	2020. 11. 1	无	无	46. 43
非驱动侧轴承	2020. 11. 2	无	无	46. 43
侧轴承	2020. 11. 2	异常噪声	磨损	50. 29
…	…	…	…	…
非驱动侧轴承	2020. 11. 3	无	无	46. 43
侧轴承	2020. 11. 3	无	无	46. 43
…	…	…	…	…
侧轴承	2020. 11. 3	发热	润滑	89. 65

表 7-6 表示的是实时监测系统数据集。

表 7-6　实时检测系统数据集

时　间	列车速度	列车环境温度	驱动侧轴承温度	非驱动侧轴承温度	定子温度	电制动反馈能量	牵引用电能量
2020-08-03 12:00	251. 52	32. 90	62. 35	46. 43	88. 51	180 811. 34	398 251. 13
2020-08-03 12:01	250. 09	32. 50	62. 35	46. 43	88. 51	180 811. 34	398 251. 13
2020-08-03 12:03	248. 32	32. 50	62. 35	46. 43	88. 51	180 811. 34	398 251. 13
…	…	…	…	…	…	…	…

续上表

时　间	列车速度	列车环境温度	驱动侧轴承温度	非驱动侧轴承温度	定子温度	电制动反馈能量	牵引用电能量
2020-08-03 14:58	198.38	32.00	61.22	46.43	88.51	166 885.59	398 718.34
2020-08-03 14:58	185.91	32.00	61.22	46.43	88.51	166 885.59	398 718.34
2020-08-03 14:59	175.23	32.00	61.22	46.43	88.51	166 885.59	398 718.34

为了解决数据中可能出现的问题，使用 ETL 技术（数据抽取、转换、加载），而 Kettle 作为一个可靠的 ETL 工具，在高效性、扩展性、容错性等方面的表现突出，进行数据预处理将原始数据转换为适合对其进行分析的数据模式对于保证数据质量起到了非常关键的作用。这个步骤是基于 Kettle 完成的，是从数据采集向信息抽取的过渡流程。

①数据抽取：从各个不同的数据源抽取到 ODS（operational data store，操作型数据存储）中，在抽取的过程中需要挑选不同的抽取方法，尽可能地提高 ETL 的运行效率；

②转换：将脏数据和不完整数据过滤掉，从 ODS 到 DW 的过程中转换，进行不一致的数据转换、数据粒度的转换，此步骤进行时间序列的统一，以及一些商务规则的计算；

③加载：在数据清洗完之后直接写入 DW（data warehousing，数据仓库）中去。

此步骤结束后，得到的机电设备故障信息数据通过清洗、去噪、去除异常数据等操作后，转换成所需要的研究数据格式，从而进行后续的知识抽取和知识融合工作。

基于机电设备的故障信息构建时序知识图谱形成 FITKG 数据集。表 7-7 为部分用于构建时序知识图谱的机电设备故障数据。

表 7-7　部分基于机电设备的故障信息

时　间	机电设备	故障信息	故障原因
2020.8.3	侧轴承	噪声异常	摩擦
2020.8.3	定子	发热	磨损
2020.8.5	转子	无	绝缘
⋮	⋮	⋮	⋮
2020.9.5	侧轴承	无	无
2020.9.6	侧轴承	发热	绝缘
2020.9.6	侧轴承	发热	绝缘
⋮	⋮	⋮	⋮
2020.10.10	侧轴承	噪声异常	摩擦
2020.10.11	定子	无	无
2020.10.12	转子	发热	绝缘
⋮	⋮	⋮	⋮
2020.11.1	侧轴承	发热	磨损
2020.11.1	侧轴承	无	无
2020.11.2	定子	噪声异常	摩擦
⋮	⋮	⋮	⋮
2020.12.28	侧轴承	发热	摩擦
2020.12.29	定子	无	无
2020.12.29	侧轴承	无	无
2020.12.30	转子	噪声异常	摩擦

机电设备故障信息的时序知识图谱部分样例如图 7-20 所示。

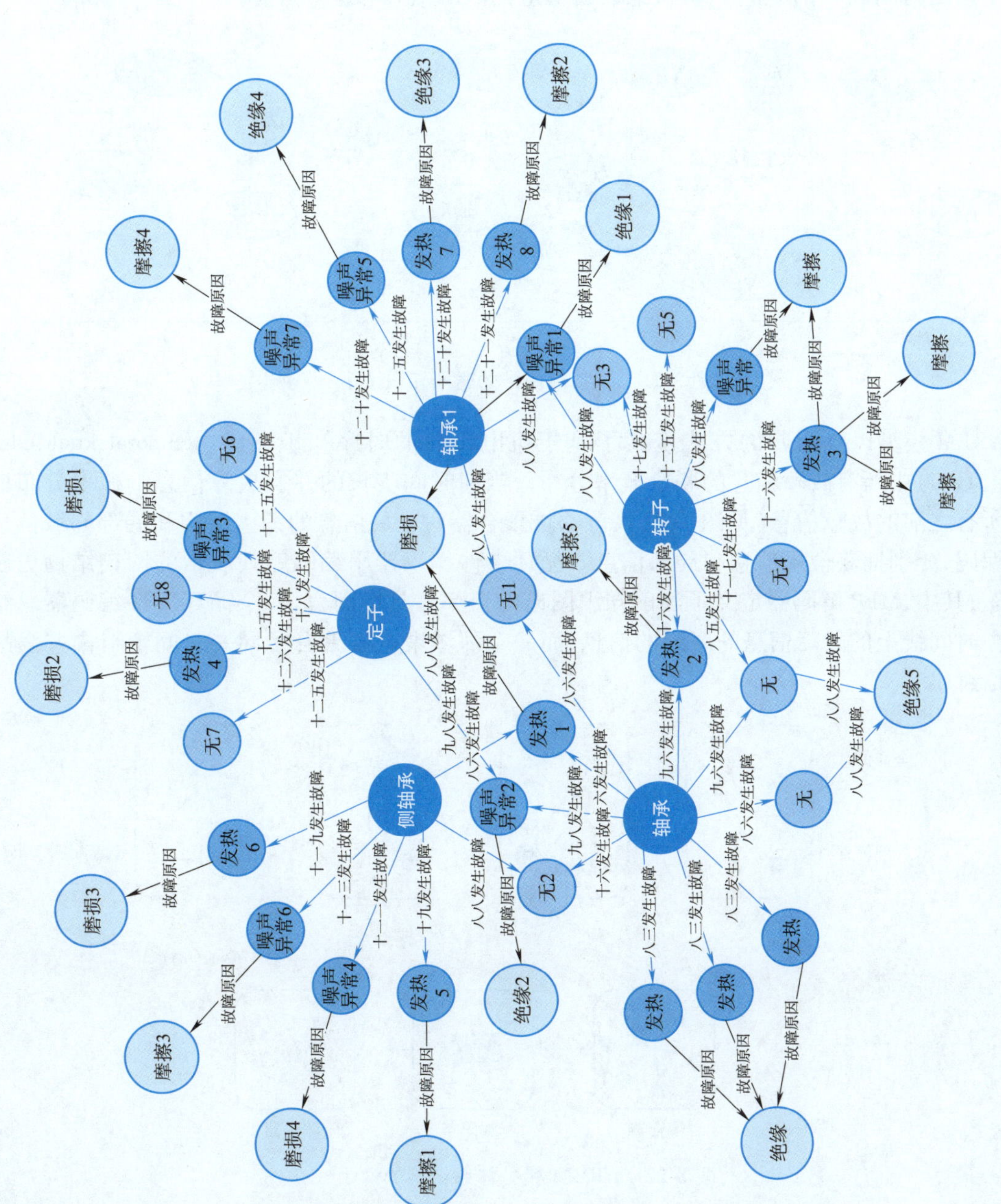

图 7-20　机电设备故障信息的时序知识图谱部分样例

时序知识图谱需要与机器学习进行结合来预测故障，如图 7-21 所示，每条边或实体之间的交互都与时间信息相互关联，一组交互在每个时间建立一个多关系的时序知识图谱。随着连续时间戳的变化，AREM 模型可以通过学习 $t-3$、$t-2$、$t-1$ 时间戳下的局部信息序列交互概率来预测时间戳 t 下的事件，即机电设备对应的故障信息、故障原因等。

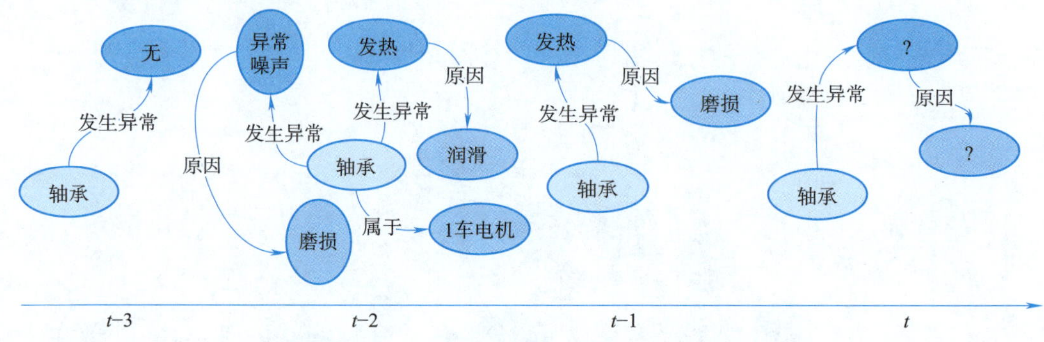

图 7-21　连续时间戳的时序知识图谱

AREM 模型以自回归的方式定义了基于机电设备的时序知识图谱（temporal knowledge graphs，TKG）中所有故障信息的联合概率分布。当前时间步长的并发故障信息的概率分布取决于所有之前的故障信息（见图 7-22），该邻域聚合器对全局信息的图谱结构和局部邻域信息进行编码，分别捕获全局信息和局部信息。循环事件编码器用编码序列表示的图谱结构更新其状态，其中，MLP 解码器定义了当前知识图谱的概率。具体而言，一个循环事件编码器总结了过去时间线上的故障信息的序列的信息，而一个邻域聚合器聚合了同一时间窗口内并发故障的信息。

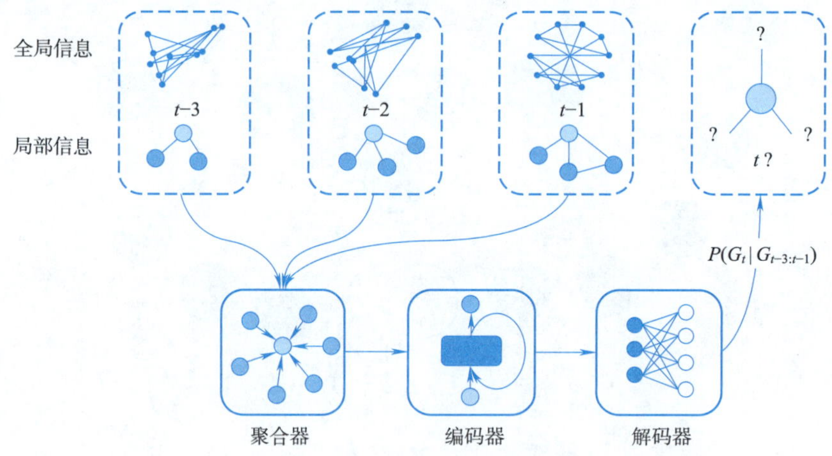

图 7-22　AREM 模型体系结构的说明

针对机电设备故障的案例研究将历史分为三种情况：①与对象存在一致的交互；②存在特定的时序模式；③历史毫不相关。基于时序知识图谱的 AREM 模型可以很好地学习①和②两种情况，因此能在特定的时间模式以及对象的一致交互前提下获得较高的性能。对于第一种情况，基于时序知识图谱的 AREM 模型可以很好地预测故障信息，因为它始终与对象交互，最后能正确得出故障原因，然而，静态的方法更容易预测在训练集的关系“指定”下观察到的不同实体；第二个案例显示特定的关系的时序模式：(无，o)→(发热，o)，即某原因导致的故障先是无情况出现，随着时间的变化出现发热这一故障现象，从而进行准确预测，如果不知道这种模式，则最后的结果可能预测成"√(没有出现故障)"而不是❗(此处指摩擦这一故障原因)"，正因为基于时序知识图谱的 AREM 模型能够学习这些时序模式，因此它可以很好地预测第二个案例。最后，第三个案例显示了与答案无关的历史，因此，历史无助于预测，基于时序知识图谱的 AREM 模型未能预测到第三种情况。机电设备时序知识图谱预测案例如图 7-23 所示。

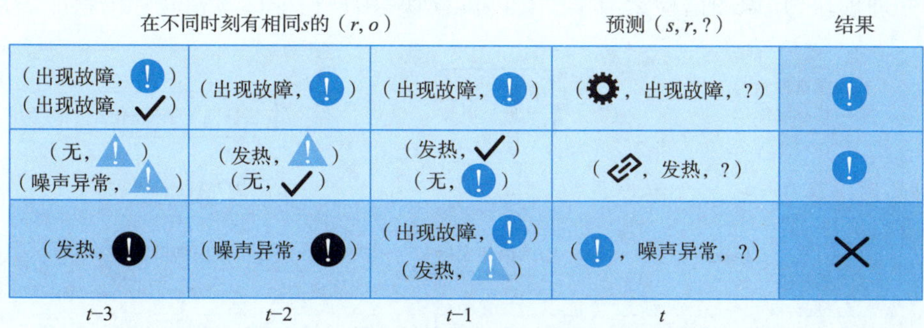

图 7-23　机电设备时序知识图谱预测案例

在两种模型的预测下，基于机电设备的时序知识图谱故障预测结果评价指标见表 7-8。

表 7-8　预测结果评价指标

评价指标名称	AREM 计算结果	EvolveRGCN 计算结果
准确率 Accuracy	87.9%	82.85%
召回率 Recall	88.2%	83.07%
F1 score	88.05%	82.95%

7.6　基于机电设备运维知识图谱的智能搜索技术研究与实现

随着工业科技的不断进步，机电设备变得种类繁多、结构复杂，该领域的从业人员在日常运维工作中往往需要检索大量设备说明、维修手册等文字信息并只获取其中的一小部分来指导工作。互联网资源日益增长，通用搜索引擎、专业论坛等也成为机电运维人员检索咨询的渠道，但是这些渠道通常以夹杂着无关信息的大量网页链接作为检索结果，用户仍需费时费力进行筛选。随着知识图谱技术的兴起与成熟，医疗、法律等越来越多的领域开始采用知识图谱来组织信息，并以此作为数据基础构建了高效的智能搜索、咨询问答应用，机电运维领域可以借鉴这一方法，打造准确、快捷、高效的智能搜索问答。

本节的主要工作如下：

①设计结合用户特征的机电设备运维领域问答模型：本节提出的设计既考虑了从查询问句本身出发进行语义解析获取目标查询，还从专业、范围、学习能力三个维度考虑了用户本身的个性化需求特征，在查询问句涉及的知识较为广泛时，能为用户提供尽可能匹配其需求的结果。在问句语义解析任务中，联合了基于规则的 AC 多模式匹配和基于 Bert 的深度学习方

法，在机电领域问题集上实现了效果可观的实体关系属性识别。

②集成实现机电设备运维智能搜索系统：将上述两项工作的成果进行集成，采用 Django 框架进行前后端开发实现了一个机电设备运维智能搜索系统，能在知识库范围内为用户提供有个性化差异的智能搜索服务。

7.6.1 结合用户特征的机电设备运维领域问答模型

结合用户特征的机电设备运维领域问答模型，其基本框架如图 7-24 所示，主要包括查询语义分析处理模块、知识图谱检索与个性化匹配模块、用户特征标签模块和语料库。

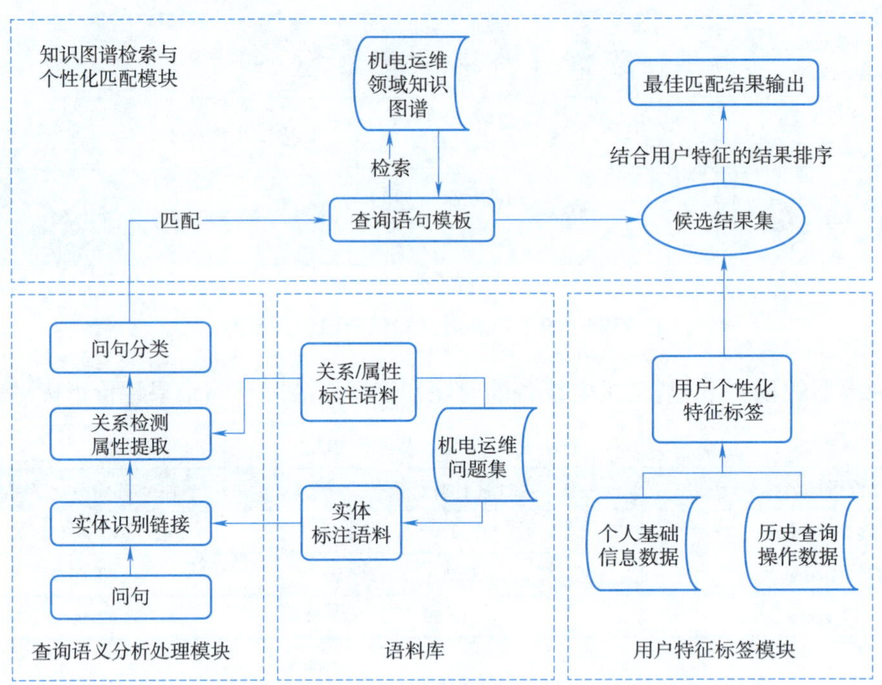

图 7-24　基于用户特征和知识图谱的运维咨询模块流程

1. 查询模板设计与匹配

以“定子绕组有什么用?”为例，通过问句语义解析实体和属性分别为“定子绕组”和“作用”，对应的问句类型为“Equipment_function”，为其设计属性查询语句如下：

```
sql = ["MATCH (m:Equipment) where m.name = '{0}' return m.name, m.function".
format(i) for i in entities]
```

式中，Equipment 为知识图谱中设备部件实体类型；function 为该类实体的作用属性；entities 中传入了从问句解析得到的实体集，在本例中为{“定子绕组”}；一条问句中的实体个数可能不止一个，比如“定子和转子的作用区别?”一问中，将获得{“定子”，“转子”}两个实体，此时根据设计好的查询语句模板将获得一个含有两条查询的集合。

2. 结合用户特征的结果排序

根据生成的 Cypher 语句对知识图谱进行查询返回后，得到一个候选结果集，某些问题返回的结果可能是唯一的，那么跳过本节的排序工作，向用户进行直接输出，而某些问题可能存在多个候选结果，如“电机不能启动是什么原因?”或者“电机的控制原理介绍?”，多个候选结果对应的知识难度、专业、范围存在差异,因此,希望在将结果集向用户输出之前,结合用户的特征标签对结果进行匹配度排序,将用户可能最希望看到或最容易接受的知识放在列表靠前的位置进行输出。结合用户特征的结果排序流程如图 7-25 所示。

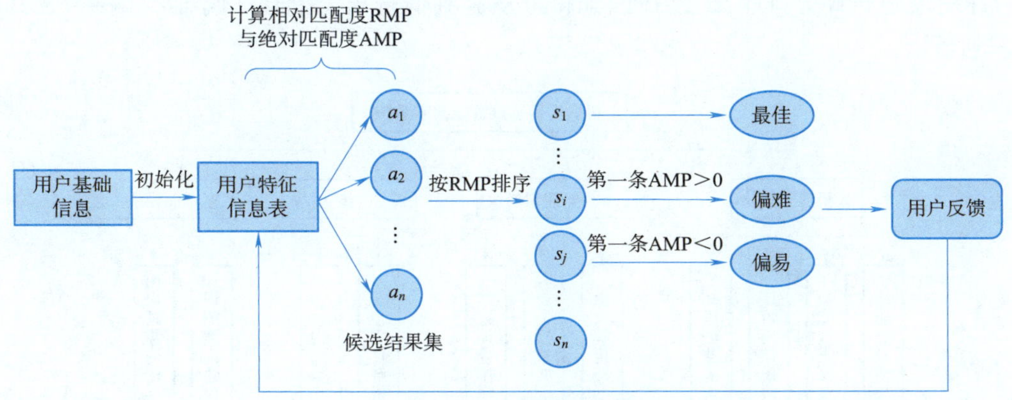

图 7-25　结合用户特征的结果排序流程图

7.6.2　机电设备运维智能搜索系统的实现

机电设备运维智能搜索系统主要负责对用户提出的自然语言问句,通过计算层的规则字典 + 深度学习方法进行解析,在后台知识库中检索并针对用户特征进行结果排序,按匹配结果输出适合用户当前学习的答案列表。

具体来讲,系统需要实现以下几方面的业务需求:

①系统需要具备区分与识别用户的能力,能获取到有效的用户特征标签,保证个性化的结果匹配与推荐,因此系统需要设计用户注册与登录的模块;

②采集多源异构的机电设备运维知识构建知识图谱,采用合理的图数据库存储以保证系统进行高效的检索,并对长知识进行合理的标签标注,来辅助系统中用户个性化的核心检索功能;

③提供智能搜索模块,对用户提出的自然语言问句能进行快速响应,返回正确并契合用户需求的结果,而计算层则需对问答模型进行封装,使用户层面无感知;

④提供评价反馈模块,供用户对咨询的结果进行反馈,借此对用户个性化标签进行更新维护;

⑤保证机电设备运维领域知识理论的更新,为用户提供创建并上传新知识的接口,由于专业领域的知识图谱构建非常依赖人工标注,仅针对电机设备进行小规模的机电设备运维知识图谱构建,需要本领域的从业人员共同丰富和充实知识库。

根据业务需求分析,最终确立的系统功能模块如图 7-26 所示。

系统的核心功能模块——智能搜索模块。该模块中对第二部分的工作进行了集成,查询语义解析环节采用了规则字典 + 深度学习方法的联合识别抽取。智能搜索模块的具体流程如图 7-27 所示。

查询问句输入之后首先进行基于规则字典的实体识别,若未能成功识别出实体,则调用训练好的 Bert-BiLSTM-CRF 的命名实体识别模型,若成功识别出实体,则继续进行基于规则字典的关系属性抽取,若该方法下关系/属性抽取结果为空,则调用训练好的基于 Bert 的二分类模型进行关系/属性抽取,将至此解析得到的<实体,关系,? >或<实体,属性,? >对作为参数传入 Cypher 查询语句模板匹配模块中,构造适用于本系统知识数据库的查询语句,再连接数据执行查询获得候选结果集,若检索结果唯一,则输出,若不唯一,则将候选结果集结合用户特征需求标签进行评分排序,最终按匹配得分从高到低输出“最佳”“偏难”“偏易”及其他检索结果列表。

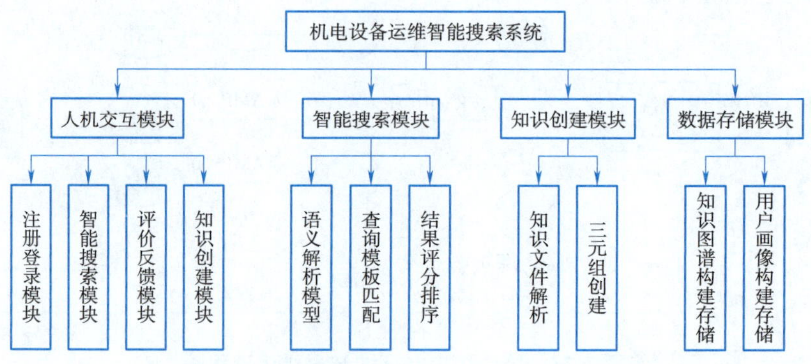

图 7-26　机电运维智能搜索系统功能模块图

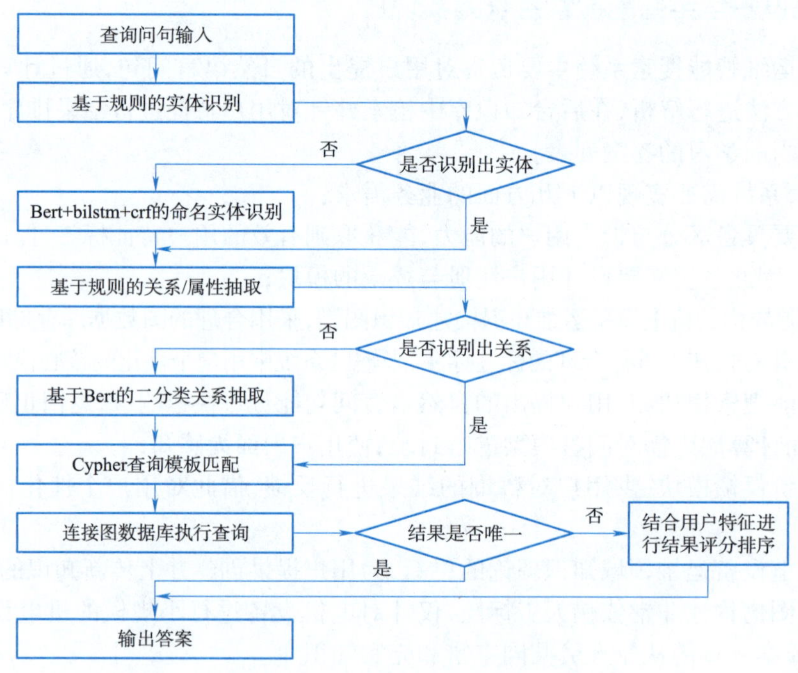

图 7-27　智能搜索模块的具体流程

系统的最上层功能模块为人机交互模块,包括注册登录模块、智能搜索模块、知识创建模块和评价反馈模块。图 7-28 为本系统的总体业务流程,呈现了用户与这四个子模块分别进行数据交互的示例。

结合系统功能模块的设计与各环节的实际实现方法,提出的机电设备运维智能搜索系统的总体架构如图 7-29 所示,主要分为数据层、计算层与应用层三大层次。

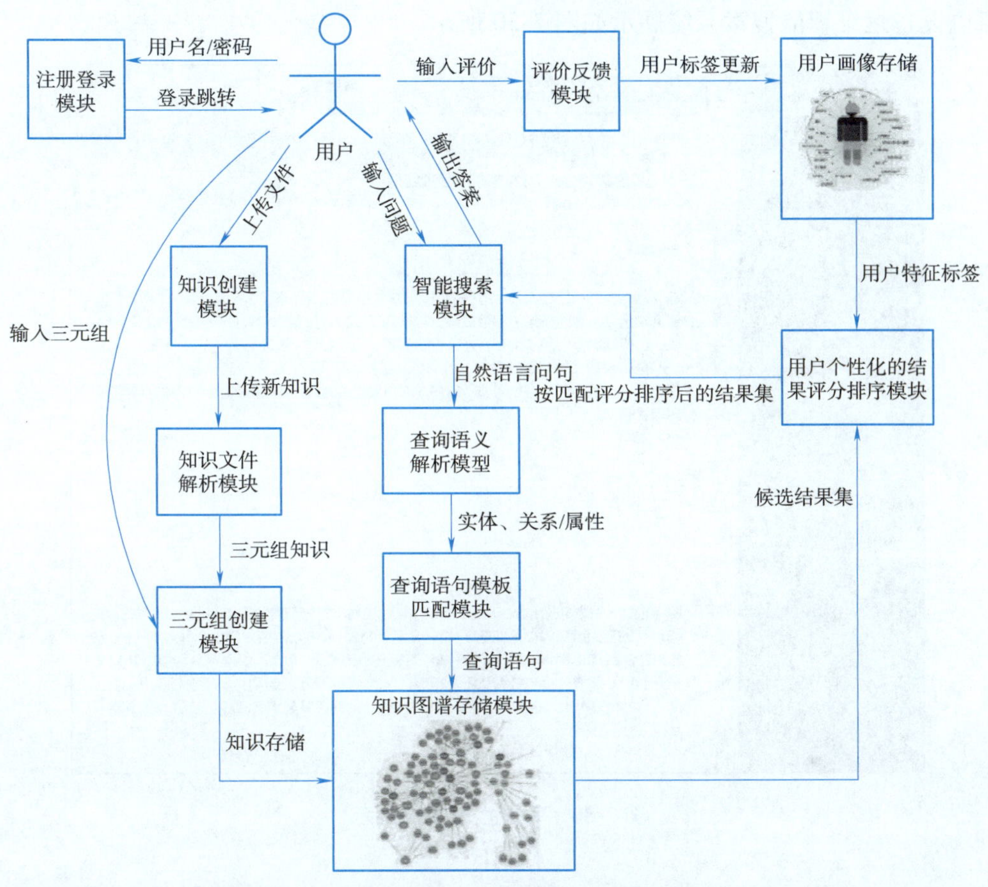

图 7-28　系统总体业务流程

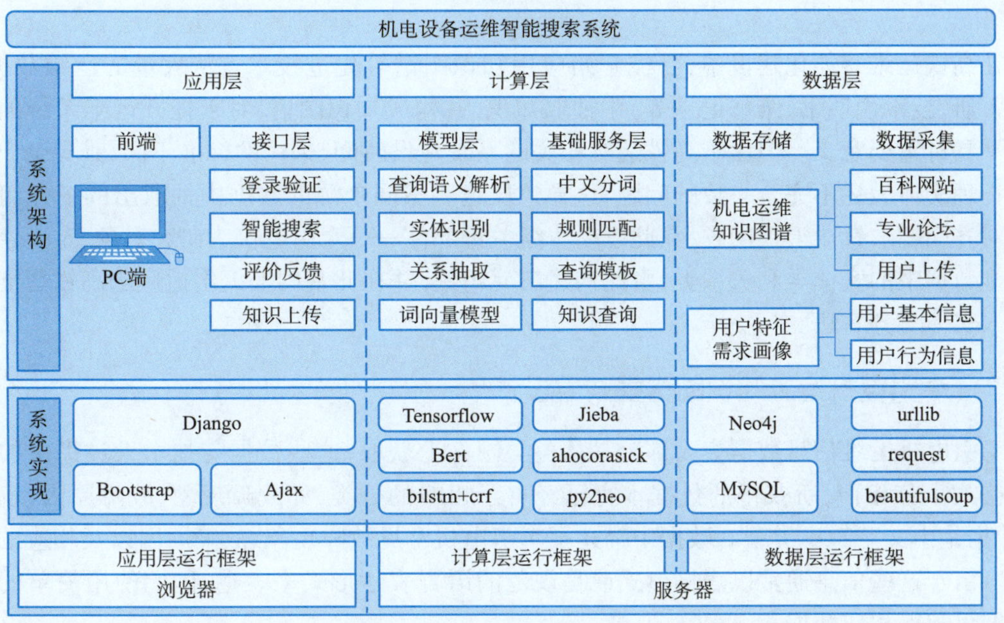

图 7-29　系统总体架构

机电设备运维智能搜索系统展示如图 7-30 所示。

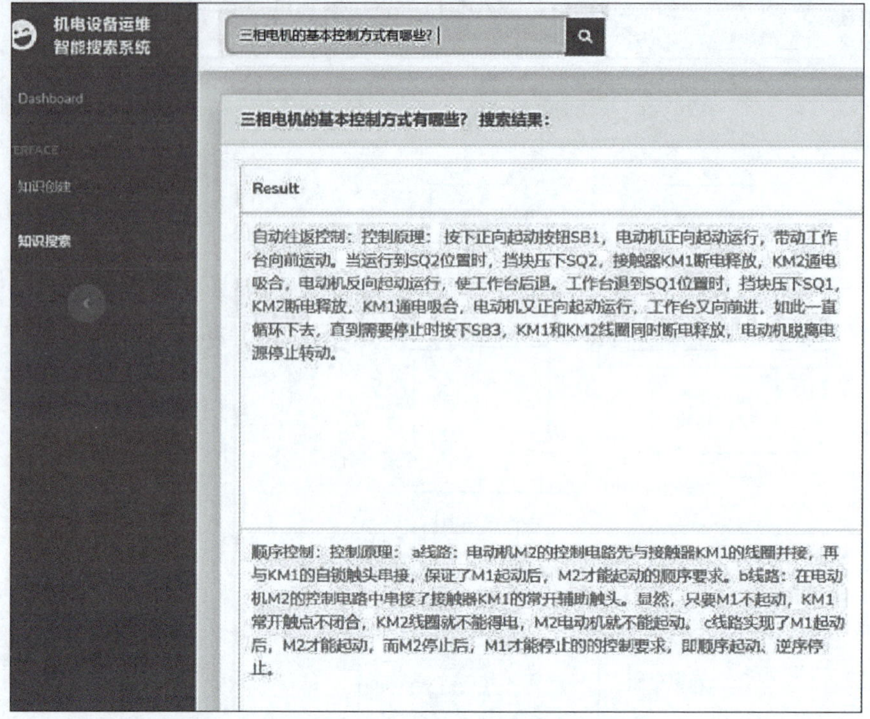

图 7-30 智能搜索系统展示

7.7 面向高铁运维领域的嵌入实体对齐技术研究与实现

在高铁运维智能化建设中，已经开始应用知识图谱等先进技术。从大量的运维数据（如维护手册、技术说明书、维修记录等）中抽取知识，并构成知识图谱，对于提升运维系统的智能化水平具有重要意义。但由于高铁运维相关的系统建设时间、采用的标准不同，难免会出现对同一物理实体表述不完全一致的问题，这导致从这些不同来源的数据中抽取出的三元组集中存在对齐问题。针对上述问题，在此以动车组关键部件——牵引电机为研究对象，定义牵引电机运维数据中的实体类和关系类，由此构建三元组集，并在此基础上提出适应于高铁智能运维的嵌入实体对齐算法。

7.7.1 牵引电机运维知识图谱模式层设计

牵引电机运维信息数据集大部分是从各类网站上获取，这些数据与技术人员提供的样例数据格式十分相似，所获得的数据本身已经有了粗略的分类，如故障现象、故障原因、解决对策，数据是中文字符串类型。数据中描述了牵引电机常见故障现象、故障原因以及相应的解决对策。由于这些信息通常以表格形式或是规范的语言表达形式来表达，因此使用简单的抽取规则即可获得相应数据。

此外，为了适应对齐场景，从不同来源获取两份牵引电机的运维信息，来源包括百度百科、电工学习网、百度文库、豆丁网等。获取到的数据中存在大量的可以对齐的实体集。为了方便后续的研究,将获取到的数据集分为 D1 和 D2 两份(见表 7-9 和表 7-10),最初获得的数据条数分别是 531 条和 539 条。由于牵引电机零件十分有限,仅包括定子和转子,因此,认定获取到的 1 070 条故障现象、故障原因和解决对策数据较为全面地涵盖了牵引电机的常见运维信息。

表 7-9　数据集 D1 样例

故障现象	故障原因	解决对策
铁芯过热	铁芯硅钢片间绝缘损坏	检修铁芯硅钢片之间的绝缘
电刷故障	电刷压力太小	调大电刷压力
电机环火	定位块开焊脱落	将定位块与机座焊接牢固

表 7-10　数据集 D2 样例

故障现象	故障原因	解决对策
铁芯过热	铁芯硅钢片间绝缘损坏	检修铁芯硅钢片之间的绝缘
电刷故障	电刷压力太小	调大电刷压力
电机环火	定位块开焊脱落	将定位块与机座焊接牢固

模型使用种子对齐数据中的训练集部分学习对齐信息,种子对齐数据中的测试集部分用来测试模型所学习到的对齐信息的好坏。由于从网站上获取得到的牵引电机运维信息存在非常大的冗余性和复杂性,在研究过程中,找到对齐种子的挑战非常大。因此,在实际处理过程中,对齐的实体对之间的相关性是非常清晰明了的,而实际得出同义性的结论也完全是人工进行干预。

在对牵引电机运维信息中的实体对齐问题进行研究之前,首先要进行模式层的设计,即要使得 KG 以一种合理的方式来描述数据中的实体以及实体之间的关系。

首先定义三类实体:故障模式类、故障原因类和解决对策类。定义类与类之间的两种关系:导致和引出。需要注意的是,在实际描述三元组关系的过程中,并没有使用"导致"和"引出",而是使用"故障原因"和"解决对策"来描述关系。所设计的模式如图 7-31 所示。

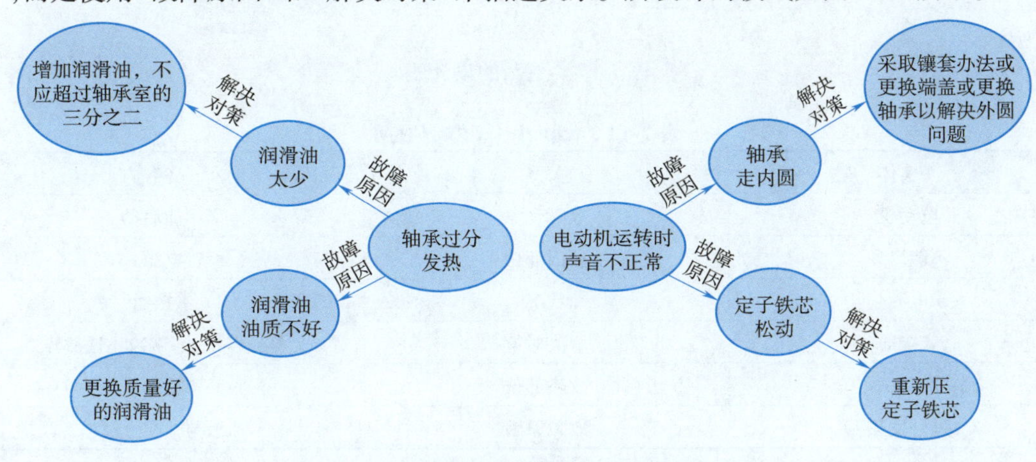

图 7-31　故障现象、原因和对策模式层设计图

除此之外，还需要定义更加细分的类，而非仅仅是故障现象、故障原因和解决对策三类。对得到的 D_1 和 D_2 进一步分析，可以发现，这些数据以“电动机”为中心，所出现的故障现象包括电动机本身的故障，如“运转时声音不正常”，也包括电动机的某一部位出现故障，如“轴承过分发热”，它描述的故障现象是电动机的部位“轴承”。因此，首先定义两个类，分别是故障现象内容、故障部位内容，其中，“电动机”是关系故障现象的唯一头实体，因此“电动机”单独成为电动机类。“轴承过分发热”数据包含两部分内容：一部分是电动机中的部位“轴承”；另一部分是数据“过分发热”描述了轴承的状况。需要注意的是，故障现象与状况并不相同，故障现象强调的内容是电动机的一种十分清楚可识别的故障现象，如“通电后电机不转动有嗡嗡声”，但状况是指故障原因中的内容，如是因为部位“电源”的“电压过低”，将“电压过低”归结为状况类而非故障现象类。因此，共定义电动机类、故障现象内容、故障部位内容、原因部位内容和状况内容五个实体类。

根据更新的模式设计（见图 7-32），可以得到 triple1. txt 文件和 triple2. txt 文件，具体数据见表 7-11 和表 7-12。

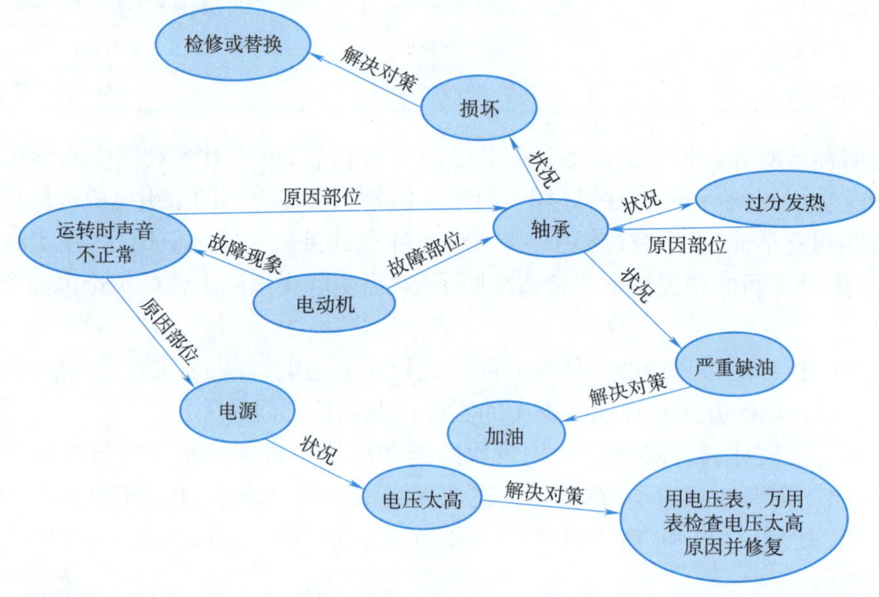

图 7-32 更新的设计图

表 7-11 triple1. txt 样例数据

头实体	关系	尾实体
电动机	故障现象	不能启动
不能启动	原因部位	电源
电源	状况	未接通
未接通	解决对策	排查各线头，解决不通故障
电动机	故障部位	轴承
过分发热	故障原因	轴承与轴配合过松

表 7-12　triple2. txt 样例数据

头　实　体	关　　系	尾　实　体
电机	故障现象	不能起动
不能起动	故障原因	负载过大
负载过大	解决对策	选择大容量电机或减轻负载
电机	故障部位	集电环
集电环	状况	火花过大
火花过大	原因部位	电刷

ref. txt 文件就是种子对齐数据(见表 7-13);ref. txt 文件中的第一列数据来自 triple1. txt,第二列数据来自 triple2. txt。最后可以得到 triple1. txt、triple2. txt、ref. txt,其中 triple1. txt 文件中包含 750 条数据,triple2. txt 文件中包含 786 条数据,ref. txt 文件中包含 316 条数据。对于 ref. txt 文件,首先将其分为训练集和测试集,训练集用于训练模型,测试集用于测试模型学到的对齐信息的好坏。

表 7-13　ref. txt 样例数据

实　体　1	实　体　2
电动机	电机
不能启动	不能启动
超载	负载过大
替换	更换

7.7.2　融合文本表示和三元组表示的嵌入实体对齐模型

由 triple 文件得到实体集 entity 文件的一般流程如图 7-33 所示。首先使用 triple1. txt 和 triple2. txt 文件生成对应实体集 entity1. txt 和 entity2. txt 文件。在生成实体集的过程中,需要对 triple1. txt 和 triple2. txt 文件进行按行读取操作。其次定义变量 e,对于每一行数据,都进行以逗号为标志的切割操作,形成三项数据元后,将第一个数据元和第三个数据元存到变量 e 中,在对变量 e 进行去重之后,将 e 中的每一个元素单独成行写到 entity1. txt 或 entity2. txt 文件中。如此得到的实体集 entity1. txt 和 entity2. txt 文件可供后续实验使用,其中每行包括一个实体。

在开始实验之前,需要构建模型的测试方法。在测试过程中,先将对齐文件 ref. txt 分为对齐训练集 refTrain. txt 和对齐测试集 refTest. txt。为了除去训练数据的偏好性,在读取完 ref. txt 后,将其转换为 numpy 中的数组,使用 numpy 中的 shuffle 操作将获得的 ref. txt 数据打乱,取前 70% 作为训练数据 refTrain. txt,后 30% 的数据作为测试数据 refTest. txt。然后根据模型学到的实体向量,找到 refTest. txt 文件中实体对应的向量,对 refTest. txt 中两列数据对应的向量计算曼哈顿距离。对于任一实体,计算另一列中所有实体与该实体的距离,并将这些距离从小到大排序。如果正确对齐实体距离值排名前 m,则对应计数值加一,最后计算该值占 refTest. txt 总长度的比率,形成最后的命中率 Hits@ m 值。本次计算过程是从左到右和从右到左两个方向上的命中率 Hits@ m 值。从左到右方向测试具体流程如图 7-34 所示。

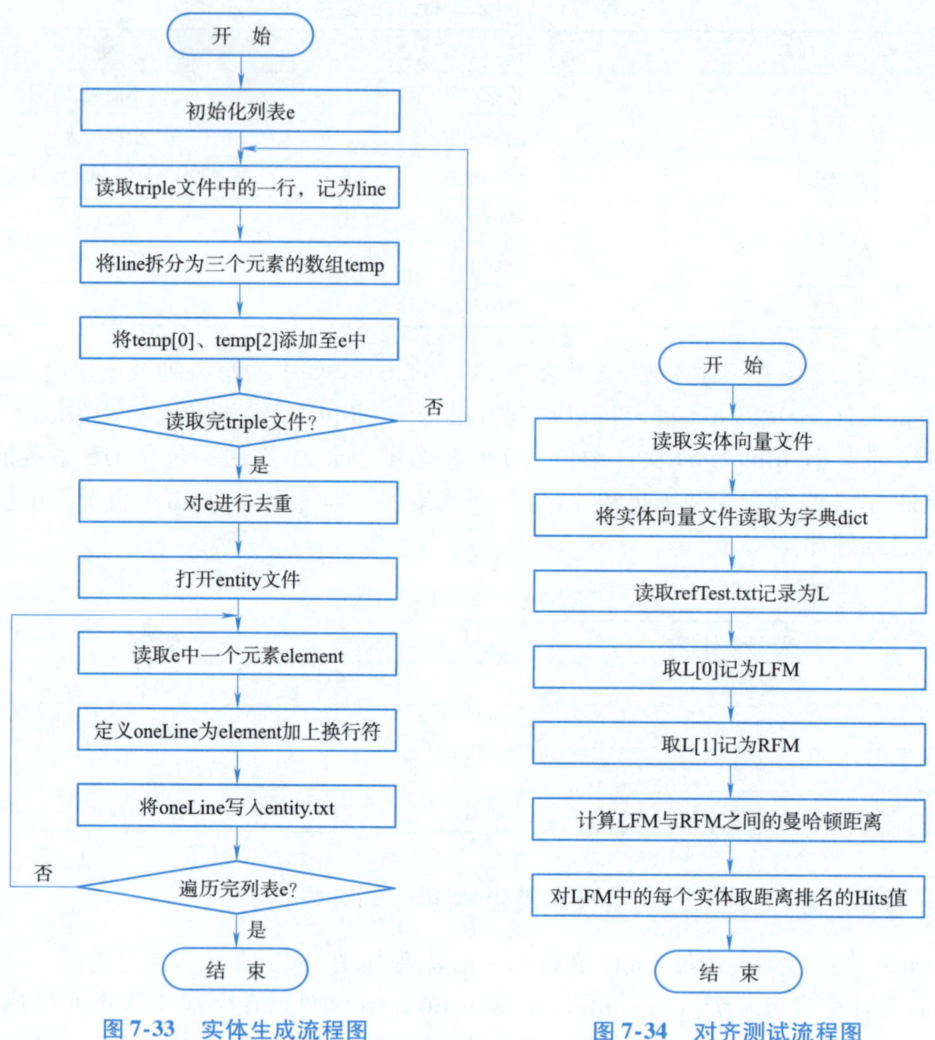

图 7-33　实体生成流程图　　图 7-34　对齐测试流程图

本节使用 Bert 模型进行以文本匹配为宗旨的实体对齐。由于牵引电机运维数据集中实体的内容是长度不一的词语，其中包含着语义信息，因此可以从通用语义层面来获得实体的向量表达。预训练语言模型可以获得通用语义，其中 Bert 模型在获取通用语义向量表达上的优越性不断被证实。因此，本节使用 Bert 模型对实体的通用语义进行获取。生成向量流程图如图 7-35 所示。

GCN_align 模型可以获取实体的邻域信息（即图结构信息）、属性信息和对齐信息。为研究图结构信息和对齐信息的补充对获取实体真实语义的增益，同时考虑到所用数据集中不存在属性信息，针对 GCN_align 模型需要属性信息输入的问题，在此基于 GCN_align 模型设计一种改进模型 RGCN_align。RGCN_align 模型可以学习到图结构信息与对齐信息。

RGCN_align 模型将节点的邻域信息学习到向量中，由表 7-14 可以看到 RGCN_align 模型可以较好地表达出向量和其中的对齐信息，当 Hits 取值 10、50 时，较低的 Hits 值可以分别达到 91. 84% 和 96. 94%。

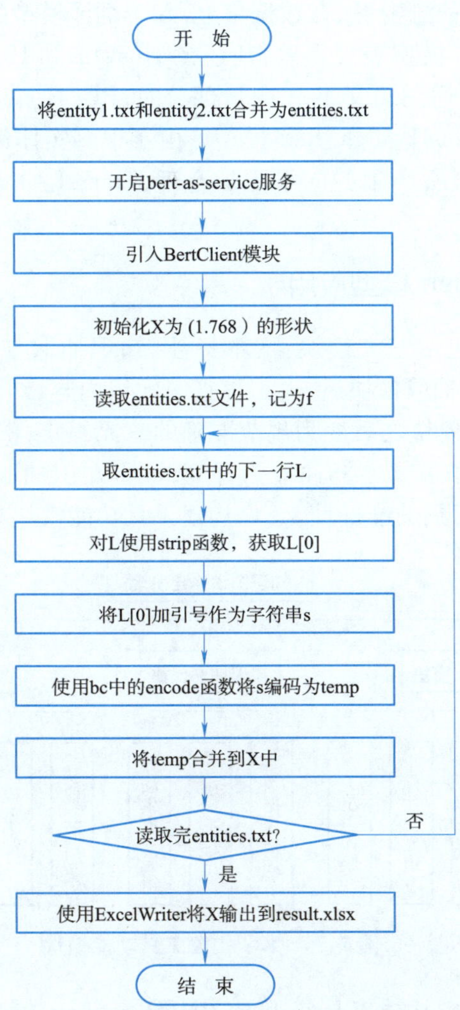

图7-35　BERT模型生成向量流程图

表7-14　RGCN_align模型Hits指标

模　型	从左到右 Hits			从右到左 Hits		
	Hits@ 1	Hits@ 10	Hits@ 50	Hits@ 1	Hits@ 10	Hits@ 50
RGCN_align 模型	70.41%	91.84%	96.94%	71.43%	91.84%	97.96%

将表现较好的TransH_align_Bert模型与RGCN_align_Bert模型进行比较，对比结果见表7-15。

表7-15　TransH_align_Bert与RGCN_align_Bert模型Hits指标对比

模　型	从左到右 Hits			从右到左 Hits		
	Hits@ 1	Hits@ 10	Hits@ 50	Hits@ 1	Hits@ 10	Hits@ 50
TransH_align_Bert	93.88%	98.98%	100.00%	91.84%	96.94%	100.00%
RGCN_align_Bert	95.92%	98.98%	100.00%	93.88%	96.94%	100.00%

单从结构信息和对齐信息上看,在数据集上,基于翻译模型的 TransH_align 模型不比基于图卷积模型的 RGCN_align 模型表现得差,甚至在 Hits@1 和 Hits@50 上超过 RGCN_align 模型。但当两个模型结合了通用语义 Bert 向量部分时,RGCN_align_Bert 模型在更重要的指标两个 Hits@1 值上超过 TransH_align_Bert 模型。由于很多实体都是词语,本身具有通用语义,因此可认为结合 Bert 模型所产生的向量更加合理,TransH_align_Bert 模型的对齐能力不如 RGCN_align_Bert 模型。

7.7.3 RGCN_align_Bert 模型应用

KG 构建工具中主要包括三大模块:文本标注、知识抽取与知识融合。此工具支持上传 TXT、Word 文档,经过知识抽取模块后,人工核查三元组内容,纠正错误内容并进行标注,形成的三元组集经过知识融合模块之后变为规范准确的三元组集,然后工具将这些三元组集存储到 Neo4j 中。其中知识抽取和文本标注互为补充,可将知识抽取的内容和人工标注的内容用于模型的再学习,以提高工具的准确性。KG 构建工具功能模块如图 7-36 所示。

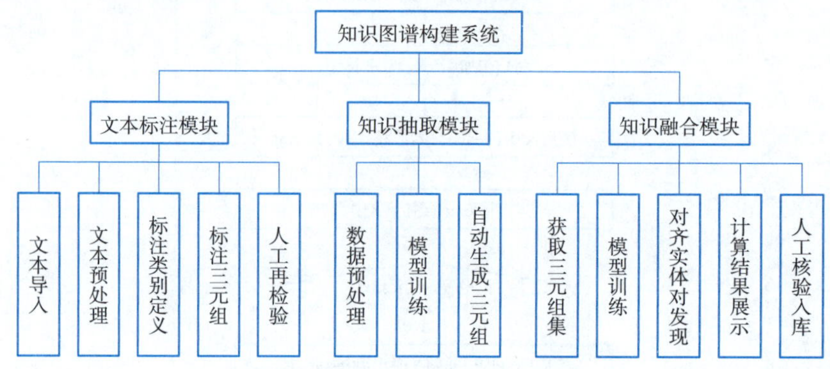

图 7-36 KG 构建工具功能模块

在知识融合模块中,KG 构建工具使用 RGCN_align_Bert 模型进行对齐实体对的发现,知识融合模块主要包括将三元组集提取出来、使用种子对齐件进行模型训练并计算实体间距离,从而发现对齐实体对、按照阈值要求将对齐结果输出到界面上、人工确认是否匹配正确、选择要存入数据库中的标准称呼四个步骤,最后将三元组集存回到数据库中。

接下来介绍在牵引电机运维信息上的 RGCN_align_Bert 模型应用。

1. 取出三元组集

首先需要从库中取出三元组集并添加人工标注的种子对齐文件,对应于上述 triple1. txt、triple2. txt 和 ref. txt 文件。

2. 模型训练与计算

使用 RGCN_align_Bert 模型进行训练和计算。首先,使用已经训练好的 RGCN_align_Bert 模型将所有实体中的特征表示出来,即将实体表示为低维向量 result。其次,对两个数据集文件 triple1. txt 和 triple2. txt 中的实体进行一对一距离计算,将满足用户要求的实体对所对应的向量选择出来。再次,对应到 RGCN_align_Bert 模型最开始的实体位置关系,从而由向量得到实体对所对应的 ID。最后,查询 entity1. txt 和 entity2. txt 文件,从而找到 ID 对应的实体名称,并将实体名称对显示给用户。在过程中,记录 entity1. txt 中实体数目 l1,实体总数为 e。以 l1

行号为分界线将 result 分为 r1 和 r2 矩阵。经过图 7-36 所示的流程之后，res 中的内容为每行两个实体及它们之间的向量欧几里得距离，将 res 写入 result. txt 文件中。计算过程如图 7-37 所示。

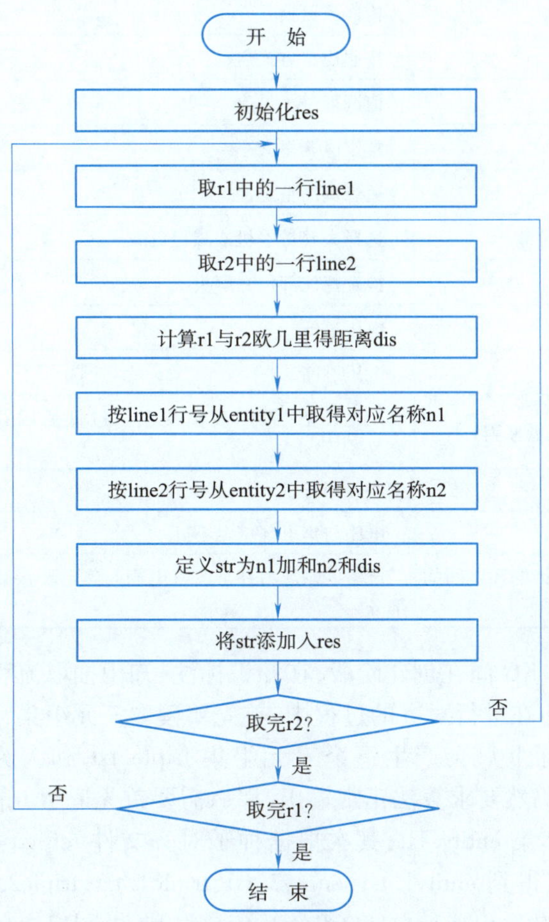

图 7-37　实体之间距离计算流程图

根据阈值进行对齐结果展示，结果见表 7-16。

表 7-16　阈值为 3.0 的部分实体对齐结果展示

实　体　1	实　体　2	欧几里得距离
电动机	电机	2. 839 967 716 863 687
未接通	没有接通	2. 973 613 226 719 223 7
定子绕组	转子绕组	2. 384 648 467 568 908
用电桥测量各元件电阻、机壳绝缘电阻，局部或全部替换线圈	用电桥测量各元件电阻机壳绝缘电阻，更换线圈	2. 323 217 172 747 325
接线错误	接线出错	2. 147 060 936 624 614 5
转子绕组	定子绕组	2. 400 402 112 301 883 5
转子绕组	绕线型转子	2. 974 885 896 219 798 4

续上表

实　体　1	实　体　2	欧几里得距离
熔丝	熔体	2.830 067 598 098 59
检修或替换	检修或更换	2.627 223 697 449 927 5
按照规定方式起动	按照规定方式启动	2.840 852 867 210 059 3
值调得太小	值调得过小	1.638 175 624 799 122 8
值调得太小	整定值调得太小	2.956 158 991 932 753 6
适当提高整定值	适当调高整定值	1.823 616 227 955 571 9
选择较大容量电动机或减轻负载	选择大容量电机或减轻负载	1.442 550 100 801 216
检查被扎住部位并解决	检查扎住部位并解决	2.002 708 066 495 917 4
电压太低	电压过低	1.840 116 733 395 614
电压太低	电压过高	2.977 323 269 770 321 4
用电压表、万用表检查电压太低原因	用电压表、万用表检查电压过低原因并修复	1.557 122 610 037 092 7
绕线式转子	绕线型转子	2.338 842 302 935 532 3
电刷与集电环接触不良	电刷与集电环接触不好	1.763 126 674 881 453 4
调整电刷压力及改善电刷与集电环之间的接触	调整电刷压力并且改善电刷与集电环接触部分	2.050 678 557 684 307 6

在集成过程中，由于 KG 尚在创建阶段，在知识标注、知识抽取流程结束之后，得到的三元组集存储在 Neo4j 中。而在进行对齐的过程中，首先要读取三元组集，读取到的文件是三元组集 TXT 文本。因此，实际上只会产生一个三元组集 triple. txt 和人为标注的种子对齐文件 ref. txt。在这种情况下，仍然要求算法正常输出，那么需要首先遍历 triple. txt，获取三元组每一元数据，存入去重的实体集 entity. txt；其次根据种子对齐文件 ref. txt 将 entity. txt 和 triple. txt 分别分开。如此，就可以得到 entity1. txt、entity2. txt、triple1. txt、triple2. txt 文件。得到 RGCN_align_Bert 模型所需要的 entity1. txt、entity2. txt、triple1. txt、triple2. txt、ref. txt 和 entity. txt 等六个文件之后，可以训练和使用 RGCN_align_Bert 模型。

在 RGCN_align_Bert 嵌入实体对齐模型，对应于工具的知识融合模块计算结束之后，工具将满足用户阈值要求的实体对结果展示到界面上，用户需要对计算出的实体对结果进行核实验证，并选择要存入库中的标准称呼，最后将实体更换成标准称呼存入数据库。

小　　结

本章介绍了一些高速铁路运维信息处理的综合案例，通过分析这些案例，了解先进信息处理技术在高铁运维领域的实际应用，以及在具体应用中先进信息处理技术的使用思路和方法，为其他领域的相关研究与应用提供新的思路。

习　题

1. 介绍自己最感兴趣的一个案例,并分享你觉得可能的方法或思路。
2. 总结学习本书的心得与收获。

参考文献

[1] BROECK J V D, FADNES L T. Data cleaning[M]. Epidemiology: Principles and Practical Guidelines, 2013.

[2] 张鹏. 多数据库环境数据集成与转换技术研究[D]. 北京: 北方工业大学, 2016.

[3] 康睿智, 郝文宁. 数据归约效果评估方法研究[J]. 计算机工程与应用, 2016, 52(15): 93-96.

[4] PARK J S, CHEN M S, YU P S. An effective hash-based algorithm for mining association rules[J]. Acm Sigmod Record, 2010, 24(2): 175-186.

[5] LEE H B. An efficient hashing mechanism of the DHP algorithm for mining association rules[J]. Kips Transactions Partd, 2006(5): 651-660.

[6] SONAWANI S, MISHRA A. DHPTID-HYBRID algorithm: a hybrid algorithm for association rule mining[M]. Berlin Heidelberg: Springer-Verlag, 2010.

[7] NAJADAT H, SHATNAWI A, OBIEDAT G. A new perfect hashing and pruning algorithm for mining association rule[J]. Communications of the Ibima, 2011, 652178: 4715-4725.

[8] TANNA P, GHODASARA Y. Foundation for frequent pattern mining algorithms implementation[J]. Computer Science, 2014, 4(7).

[9] CHIOU C K, TSENG J C R. An incremental mining algorithm for association rules based on minimal perfect hashing and pruning[C]// International Conference on Web Technologies and Applications, 2012.

[10] TSENG J C R, GWOMGEN H, WENFU T. A minimal perfect hashing scheme to mining association rules from frequently updated data[J]. Journal Chinese Institute of Engineers, 2006, 29(3): 391-401.

[11] 威顿, 莫夫特, 贝尔. 深入搜索引擎: 海量信息的压缩、索引和查询[M]. 梁斌, 译. 北京: 电子工业出版社, 2009.

[12] 吴恒, 吴根秀, 毛临川, 等. 一种基于DHP的动态链地址关联规则挖掘算法[J]. 江西师范大学学报(自然科学版), 2015(5): 463-468.

[13] 周国军, 吴庆军. 基于MapReduce的DHP算法并行化研究[J]. 计算机应用与软件, 2016(6): 47-50.

[14] 杨燕霞, 冯林. 基于Hadoop平台的并行DHP数据分析方法[J]. 计算机应用, 2016,36(12):3280-3284.

[15] BOTELHO F C, LACERDA A, MENEZES G V, et al. Minimal perfect hashing: a competitive method for indexing internal memory[J]. Information Sciences, 2011, 181(13): 2608-2625.

[16] BOTELHO F C, GOMES D M, ZIVIANI N. A new algorithm for constructing minimal perfect hash functions[J]. 2008.

[17] 莱斯科夫, 拉贾拉曼, 厄尔曼. 大数据: 互联网大规模数据挖掘与分布式处理[M]. 王斌, 译. 北京: 人民邮电出版社, 2012.

[18] XIAO T, YUAN C, HUANG Y. PSON: a parallelized SON algorithm with MapReduce for mining frequent sets[C]// IEEE Computer Society, 2011: 252-257.

[19] GUO J, PI J. Implementation of paralleled SON algorithm based on FP-growth[J]. Microcomputer & Its Applications, 2014, 106(4): 1243-1250.

[20] WANG H, SHEN Y, WANG L, et al. Large-scale multimedia data mining using MapReduce framework[C]// IEEE International Conference on Cloud Computing Technology & Science, 2012.

[21] BHANDARKAR M A. MapReduce programming with apache Hadoop[J]. IEEE International Symposium on Parallel & Distributed Processing, 2010: 5470377.

[22] 郭进伟，皮建勇. 基于 MapReduce 的 SON 算法实现[J]. 计算机应用，2014，34(增刊1)：100-102.

[23] 周静. 动车组关键部件运维效率的关联关系分析技术研究[D]. 北京：北京交通大学，2017.

[24] LU K S. Failure prediction for an on-line maintenance system in a Poisson Shock environment[J]. IEEE Transactions on Systems Man & Cybernetics, 1978, 9(6): 356-362.

[25] ROBERT M, ED B, MIKE D. Predicting faults with real-time diagnosis[C]// Proceedinigs of the 30th Conference on Decision and Control, 1991: 2598-2603.

[26] MARSEGUERRA M, MINOGGIO S, ROSSI A, et al. Artificial neural networks applied to multiple signals in nuclear technology[J]. Progress in Nuclear Energy, 1992, 27(4): 297-304.

[27] BUNKS C, MCCARTHY D, AL-ANI T. Condition-based maintenance of machines using hidden Markov models[J]. Mechanical Systems and Signal Processing, 2000, 14(4): 597-612.

[28] ELENA P, JEAN-JACQUES G. Improving fault prediction using Bayesian networks for the development of embedded software applications[J]. Software Testing Verification & Reliability, 2010, 16(3): 157-174.

[29] 王亮，吕卫民，李伟，等. 复杂系统健康状态评估技术现状及发展[J]. 计算机测量与控制，2013，21(4)：830-832.

[30] HESS A, FILA L. The joint strike fighter (JSF) PHM concept: potential impact on aging aircraft problems[C]// Aerospace Conference Proceedings, 2003.

[31] BANKS J, MURPHY B, REICHARD K. A demonstration of embedded health management technology for the HEMTT LHS vehicle[C]// Aerospace Conference, 2006: 8.

[32] LIU H, TK A K, THOMAS J P. Cleaning framework for bigdata: an interactive approach for Data cleaning[C]// IEEE Second International Conference on Big Data Computing Service and Applications, 2016: 174-181.

[33] SHEWHART W A, WILKS S S. Exploratory data mining and data cleaning[Z]. 2003.

[34] ANYSZ H, ZBICIAK A, IBADOV N. The influence of input data standardization method on prediction accuracy of artificial neural networks[J]. Procedia Engineering, 2016, 153: 66-70.

[35] 樊玉光，何敏，林红先，等. BP 神经网络预测石化塔顶系统腐蚀的应用研究[J]. 石油化工腐蚀与防护，2014，31(2)：1-4.

[36] COVAVISARUCH N, PRATEEPAMORNKUL P. Personal identification system using hand geometry and iris pattern fusion[C]// IEEE International Conference on Electro/information Technology, 2006: 597-602.

[37] 徐苏娅，胡彩平，王立松. WSNS 中基于 Fusion-Bayes 的离群点检测[J]. 电子科技，2013，26(5)：102.

[38] KEITH M J, RAYMOND R B. Diagnostics to prognostics: a product availability technology evolution[C]// The 53rd Annual Reliability and Maintainability Symposium (RAMS 2007), 2007.

[39] VARDE P V, PECHT M G. Prognostics and Health Management[C]// Solid State Lighting Reliability, 2013.

[40] MICHAEL P. Prognostics and health management of electronics[M]. Hoboken, New Jersey: Encyclopedia of Structural Health Monitoring, 2008.

[41] SHEPPARD J W, KAUFMAN M A, WILMER T J. IEEE standards for prognostics and health management[J]. IEEE Aerospace and Electronic Systems Magazine, 2009, 24(9): 34-41.

[42] CHAN W C, CHAN C W, CHEUNG K C, et al. On the modelling of nonlinear dynamic systems using support vector neural networks[J]. Engineering Applications of Artificial Intelligence, 2001, 14(2): 105-113.

[43] JI H, HE X, SAI H, et al. Fault detection of EMU brake cylinder[C]// Control Conference, 2016: 6668-6672.

[44] SONG L L, WANG T Y, SONG X W, et al. Research and application of FTA and petri nets in fault diagnosis in the pantograph-type current collector on CRH EMU trains[J]. Mathematical Problems in Engineering, 2015 (9): 1-12.

[45] CREMONA M A, LIU B, HU Y, et al. Predicting railway wheel wear under uncertainty of wear coefficient, using universal kriging[J]. Reliability Engineering & System Safety, 2016, 154: 49-59.

[46] FUMEO E, ONETO L, ANGUITA D. Condition based maintenance in railway transportation systems based on big data streaming analysis[J]. Procedia Computer Science, 2015, 53(1): 437-446.

[47] TRAUB-ENS A, BORDOY J, WENDEBERG J, et al. Data fusion of time stamps and transmitted data for unsynchronized beacons[J]. IEEE Sensors Journal, 2015, 15(10): 5946-5953.

[48] 陈卓，杨炳儒，宋威，等. 序列模式挖掘综述[J]. 计算机应用研究，2008，25(7)：1960-1963.

[49] LV Y, XIANG S, GENG J, et al. An alert correlation algorithm based on the sequence pattern mining[C]// IEEE Advanced Information Technology, Electronic and Automation Control Conference, 2015: 1146-1151.

[50] LI Y, XUE Y, YAO Y, et al. An attack pattern mining algorithm based on fuzzy logic and sequence pattern [C]// International Conference on Cloud Computing and Intelligence Systems, 2016: 234-238.

[51] DESAI N A K, GANATRA A. Efficient constraint-based sequential pattern mining (SPM) algorithm to understand customers' buying behaviour from time stamp-based sequence dataset[J]. Cogent Engineering, 2015, 2(1): 1072292.

[52] KIM H G, KIM S S. Utilizing a distributed publish/subscribe system for connecting online shopping services with social funding projects[C]// International Conference on Information Science and Security, 2017: 1-2.

[53] QIU Y, WANG Y, JIN X, et al. Stepwise reasoning for multi-relation question answering over knowledge graph with weak supervision[C]// The 13th ACM International Conference on Web Search and Data Mining, 2020.

[54] ZHANG F, YUAN N J, LIAN D, et al. Collaborative knowledge base embedding for recommender systems [C]// ACM, 2016: 353-362.

[55] WANG H, ZHANG F, WANG J, et al. Ripplenet: propagating user preferences on the knowledge graph for recommender systems[C]// CIKM, 2018: 417-426.

[56] 凡友荣，杨涛，孔华锋，等. 基于知识图谱的电信欺诈通联特征挖掘方法[J]. 计算机应用与软件，2019，36(11)：182-187.

[57] 侯梦薇，卫荣，陆亮，等. 知识图谱研究综述及其在医疗领域的应用[J]. 计算机研究与发展，2018，55(12)：13.

[58] 陈晓军，向阳. 企业风险知识图谱的构建及应用[J]. 计算机科学，2020，47(11)：245-251.

[59] SHADBOLT N, HALL W, BERNERS-LEE T. The semantic web revisited[J]. IEEE Intelligent Systems, 2006, 21(3): 96-101.

[60] STUDER A R, V. BENJAMINS B C R, FENSEL A D. Knowledge engineering: principles and methods[J]. Data & Knowledge Engineering, 2008, 25(1/2): 161-197.

[61] HAO L, GUO Q. Progress in knowledge discovery from unrelated literature[J]. Journal of the China Society for Scientific and Technical Information, 2006, 25(3): 342-348.

[62] SOWA J F. Principles of semantic network: exploration in the representation of knowledge[J]. Frame Problem in Artificial Intelligence, 1991(2/3): 135-157.

[63] GUHA R V, LENAT D. CYC: a large-scale investment in knowledge infrastructure[J]. Applied Artificial Intelligence, 1990, 5(1): 45-86.